HISTOIRE DE MADAME DU BARRY (3) • CHARLES VATEL

Note de l'éditeur

Les descriptions du livre que nous demandons aux libraires de placer en évidence préviennent qu'il s'agit d'un livre historique contenant de nombreuses coquilles ou du texte manquant ; il n'est pas référencé ni illustré.

Le livre a été créé en recourant au logiciel de reconnaissance optique de caractères. Le logiciel est précis à 99 pour cent si le livre est en bon état. Toutefois, nous comprenons que même un pour cent peut représenter un nombre agaçant de coquilles ! Et, parfois, il peut manquer une partie d'une page voire une page entière dans notre copie du livre. Il peut aussi arriver que le papier ait été si décoloré avec le temps qu'il est difficile à lire. Nous présentons nos excuses pour ce désagrément et remercions avec gratitude l'assistance de Google.

Après avoir recomposé et reconçu un livre, les numéros de page sont modifiés et l'ancien index et l'ancienne table des matières ne correspondent plus. Pour cette raison, nous pouvons les supprimer ; sinon, ignorez-les.

Nous corrigeons attentivement les livres qui vendront suffisamment d'exemplaires pour payer le correcteur ; malheureusement, c'est rarement le cas. C'est pourquoi, nous essayons de laisser aux clients la possibilité de télécharger une copie gratuite du livre original sans coquilles. Entrez simplement le code barre de la quatrième de couverture du livre de poche dans le formulaire Livre gratuit sur www.RareBooksClub.com.

Vous pouvez également remplir les conditions pour adhérer gratuitement et à l'essai à notre club de livres pour télécharger quatre livres tout aussi gratuitement. Entrez simplement le code barre de la quatrième de couverture sur le formulaire d'adhésion qui se trouve sur notre page d'accueil. Le club de livres vous permet d'accéder à des millions de livres. Entrez simplement le titre, l'auteur ou le sujet dans le formulaire de recherche.

Si vous avez d[...] vous d'abord con[...] Foire Aux Quest[...] BooksClub.com/fa[...] vez également nou[...] General Books LL[...] 2012. ISBN: 97812[...]

※ ※ ※ ※ ※

MADAME DU BARRY
CHAPITRE PREMIER (1777)
MADAME CAHOET DE VILLERS AMIE DE MADAME DU BARRY. VOL CHEZ LA MÈRE DE MADAME DU BARRY.
16 mars 1777. — Un événement, qui eut alors beaucoup de retentissement, aurait pu compromettre singulièrement madame du Barry: une certaine madame Cahiiet de Villers, femme d'un trésorier général de la maison du roi, était notoirement une des amies intimes de madame du Barry; cette madame Cahiiet de Villers, née Victorine Wallard des Nuées, était une femme distinguée: elle avait des talens célébrés par la *Muse 1.* Voy. *Almanach royal de* 1775, sous la rubrique Trésorier des deniers royaux, M. Cahiiet de Villers (Pierre-Louis-René), place Vendôme, trésorier général de la maison du roy, et à Versailles, rue de Satory, maison du sieur *Bouillerot*. Hardy ajoute quelque chose de plus, il dit « thrézorier-payeur des *gages de la maison du roi* ». 2. On voit, d'après le répertoire de Lepot d'Auteuil, qu'elles avaient le même notaire. *limonadière* dans le *Mercure de France* mais elle avait aussi malheureusement une fâcheuse aptitude pour l'intrigue.
Elle ne reculait même pas, pour parvenir à ses fins, devant les moyens les plus criminels et allait non seulement jusqu'à l'escroquerie, mais jusqu'au faux. L'affaire que nous nous proposons de raconter offre cet intérêt qu'elle ressemble beaucoup au procès du collier. Madame Gahûet de Villers servit de précurseur à madame de la Motte, elle lui donna l'idée de son audacieuse entreprise et lui enseigna à se servir du nom de la reine pour faire des dupes.

pan avait parlé de [...] ns dans la correspondance [...] Mercy un récit que [...] qu'il est tout à la [...] plus exact; on en [...] la raison: Mercy, comme ambassadeur d'Autriche, avait rédigé la plainte et requis l'arrestation de la dame Cahiiet de Yillers. Il était donc aussi bien informé qu'on pouvait l'être. Voici ce qu'il raconte d'après les interrogatoires de l'accusée. Elle avoua que 1. Charlotte-Jacqueline Renier, épouse du sieur Marc Bourette, limonadier à Paris, rue Croix-des-Petits-Champs, près la rue SaintHonoré, d'abord madame Curé.
2. Les maris ne sont pas louangeurs;
Ton époux m'a vanté tes talons enchanteurs;
Autant en fait la Renommée.'
A cette gloire confirmée
Je joins cncor ma faible voix!
Je t'en dois le tribut: ta peinture chérie
Honore également mon sexe et ma patrie.
(*Mercure de France* de janvier 1770, p. 3.)
Madame Cahiiet de Villers avait fait notamment un portrait de
Marie-Antoinette. Voy. Manuscrits'Campan, chap. iv.
3. Chap. vi de ses Mémoires. son plan était de faire croire qu'elle était admise dans l'intimité de la reine pour emprunter plus facilement de l'argent en son nom personnel; en conséquence, elle avait fabriqué et produit des lettres supposées de Marie-Antoinette et s'était vantée faussement d'avoir eu de fréquentes audiences de Sa Majesté; elle avoua plus encore: elle confessa qu'elle s'était munie d'un registre sur la couverture duquel étaient les armes de la reine. Par ce moyen, elle s'était procuré plus de 100,000 écus d'un sieur Loiseau de Béranger, fermier général et trésorier du duc d'Orléans; 100,000 livres de Benoît de La Fosse, banquier, etc., etc.
Ces faits et d'autres du même genre

constituaient nettement des faux et des escroqueries. Mercy dit que, d'après nos lois, la coupable pouvait être condamnée à la potence. 1) se trompait en ce sens que, d'après le droit commun, la peine aurait dû être moins sévère; mais, dès qu'il s'agissait de lèze-majesté, la pénalité n'avait plus de limites et pouvait aller jusqu'au dernier supplice sans que personne songeât à s'en étonner ni à s'en plaindre.

Mercy aurait voulu que le procès fût porté devant la justice réglée, c'est-à-dire devant les tribunaux du droit commun, le Châtelet d'abord, puis le Parlement s'il y avait appel; les ministres furent d'un autre avis, ils insistèrent pour que la connaissance de l'affaire fût réservée à une commission extraordinaire; cette opinion prévalut et il fut nommé une commission, par arrêt du Conseil du 11 avril 1777, pour juger souverainement les « causes et contestations d'entre le sieur Cahùet et ses créanciers. » En même temps il fut dé 1. Yoy. affaires Lachaud et Dubourg.
cidé que la dame Cahûet de Villers serait mise dans un couvent de Paris. Entrée à la Bastille le 13 mars 1777, elle fut transférée au couvent de la Croix, sous le nom de madame de Noyan, le 5 août 1777 K

Mercy ajoute que ce fut sur l'insistance du comte de Maurepas que l'évocation eut lieu, et il insinue charitablement que « sans doute le ministre craignait que son neveu, le duc d'Aiguillon, se trouvât impliqué dans les machinations de madame de Villers, l'un des principaux soutiens de madame du Barry.» Les soupçons de M. de Mercy étaient dénués de tout fondement: jamais le duc d'Aiguillon ne fut impliqué, de près ni de loin, dans les intrigues de la dame de Villers. Nous n'en voulons pour preuve que le témoignage muet de madame Campan, une créature du parti Choiseul; elle n'aurait pas manqué de charger sur ce point le duc d'Aiguillon, s'il y avait eu la moindre apparence contre lui: la *Correspondance secrète inédite sur Louis XVI* donne de la conduite du ministre une raison simple et péremptoire, « c'est que, depuis la mort de Louis XV, cette dame de Villers avait su se mettre bien avec le comte de Maurepas et s'impatroniser auprès de notre jeune reine et obtenait même sa confiance pour certaines petites affaires secrètes. »

Le sieur Cahìiet de Villers, qui d'abord avait été arrêté, fut mis en liberté sur les justifications par lui faites qu'il était resté étranger aux menées de sa femme. Il en fut quitte pour rembourser les créanciers dupés. La finance de sa charge était de 400,000 livres; sa 1. Voy. V', 116, Arch. nat.
2. La *Bastille dévoilée,* par Manuel, 14 livraison. terre, situé en Artie dans le Vexin français, évaluée à 160,000 livres, tout y passa. On peut voir les détails de cette affaire aux Archives nationales (V, 116).

M. de Mercy a parlé d'après les pièces du procès: écoutons les bruits d'antichambre recueillis par madame Campan, madame du Barry n'y est pas étrangère:

Une femme, dit madame Campan, nommée Cahouette (Cahtiet), douée de l'esprit le plus inventif et ayant une conduite fort irrégulière, avait la fureur de vouloir passer... pour une personne favorisée à la Cour. Pendant les dernières années de la vie de Louis XV, elle avait fait beaucoup de dupes et trouvé le moyen d'escroquer des sommes assez considérables en se faisant passer pour la maîtresse du Roi. La crainte d'irriter madame du Barry était, selon elle, la seule chose qui la privait de jouir de ce titre d'une manière avouée; elle venait régulièrement à Versailles, et se tenait cachée dans une chambre d'hôtel garni et ses dupes la croyaient appelée à la Cour par des motifs secrets.

Jusque-là, madame Cahiiet de Villers ne faisait qu'usurper le rôle de madame du Barry. Auprès la mort de Louis XV, ce rôle cessait d'être attrayant; elle changea ses batteries. Elle voulut jouer à la favorite de la nouvelle reine. Dans ce but:

Elle prit pour amant un sieur Gabriel de Saint-Charles, intendant des finances de S. M., et dont les privilèges se bornaient à jouir le dimanche des entrées de la chambre.de la Reine; madame de Villers venait tous les samedis à Versailles avec M. de Saint-Charles et logeait dans son apparte 1. Rue de Satory, maison Bouillerot, n578 du rôle des boues et lanternes, au coin de la rue de la Chancellerie, la première maison à main droite.
ment; M. Campan s'y trouva plusieurs fois Là, elle se procura facilement des brevets et des ordonnances signées par S. M. Elle s'appliqua à imiter son écriture et composa un grand nombre de billets et de lettres écrites par S. M. dans le style le plus familier et le *plus tendre.* Pendant plusieurs mois elle les montra sous le plus grand secret à plusieurs amis particuliers; puis elle se fit écrire de même par la Reine, pour des acquisitions d'objets de fantaisie dont elle la priait de se charger, sous prétexte de vouloir exécuter fidèlement les commissions de S. M. Elle lisait les lettres aux marchands et parvint à faire dire dans beaucoup de maisons que la Reine avait pour elle des bontés particulières.

C'est ce que Mercy traduit ainsi:

Dans la recherche de toutes les menées de cette femme, il s'y est trouvé beaucoup d'autres intrigues où nombre de gens connus seraient fort compromis si le jugement final était prononcé par les tribunaux ordinaires.

On trouve en effet aux archives parmi les créanciers des listes de dupes assez considérables; ces gens sont évidemment pris dans l'entourage de la cour, par exemple Isidore Lottin, écuyer, scelleur de France; on comprend quels risques dut courir madame du Barry, amie intime de madame Cahiiet de Villers; elle pouvait être comprise dans cette vaste procédure secrète, comme elle le fut dans l'affaire du collier. Le parti de Ghoiseul, la reine en tête, étaient là à l'affût, prêts à s'emparer de la moindre faute pour perdre une ancienne ennemie toujours détestée. Il fallut qu'elle fut bien irréprochable pour qu'on ne pût rien relever contre elle; nous savons d'ailleurs qu'elle avait tou 1. Metra, *Corr. secrète,* iv, 199.
jours professé le plus profond respect pour Marie-Antoinette; elle ne se serait donc certainement pas associée à aucune démarche irrévérencieuse. Il en est peut-être une autre raison. Metra af-

firme que madame de Villers ayant su Se mettre bien avec les amis du comte de Maurepas et s'impatroniser à la nouvelle Cour, avait été chargée de différentes petites affaires et commissions pour la Reine.

De là le soin pris par Maurepas et les autres ministres d'étouffer ce procès à sa naissance; cette conduite prudente eut un résultat heureux reconnu par madame Campan elle-même; l'affaire ne produisit aucune sensation, aucun scandale. La reine resta dans l'éclat de sa gloire, pour parler le langage de M. de Mercy, et madame du Barry ne fut pas inquiétée dans son obscurité.

Hardy' a sur cette affaire Cahiiet une version toute différente des trois autres écrivains qui en ont parlé; à l'entendre, il s'agissait de libelles dans la distribution desquels le mari et la femme se seraient immiscés. Il donne le titre de ces libelles, qu'il qualifie d'infâmes et qui auraient été dirigés contre le roi et la reine, le titre de l'un d'eux était *la Coquette et V Impuissant;* — on parlait aussi d'un autre pamphlet intitulé: *les Besicles.* On ne connaît pas ces productions dont le Journal de Hardy ne fournit point l'analyse. Gomme libraire, il pouvait être bien informé, mais éloigné de la-cour il devait en savoir moins que Mercy sur le fond de 1. *Correspondance secrète.* 2. *Journal de mes loisirs,* du 17 mars 1777: « Le sieur Cahouet et son épouse mis à la Bastille, pourquoi? » l'affaire. S'il est vrai que les sieur et dame Cahiiet de Villers aient été impliqués dans la publication de ces pamphlets, surtout du premier, madame du Barry dut être très heureuse de ne pas s'y trouver compromise; déjà on avait fait courir le bruit qu'elle s'était permis des plaisanteries indécentes sur l'impuissance du dauphin 1. L'accusation serait facilement devenue très grave contre elle, mais elle y échappa probablement à cause du profond respect qu'elle avait toujours témoigné au roi et à la reine dans le temps où ils n'étaient encore que dauphin et dauphine.

En résumé, la dame Cahiiet était seule coupable et elle fut condamnée. Suivant les Nouvelles à la main de la Mazarine, la commission extraordinaire ordonna qu'elle serait enfermée, pour le reste de ses jours, à Sainte-Pélagie, maison de force pour les personnes de son sexe qui sont vouées au mépris public. On lui fit grâce en la traitant ainsi: elle sera rasée et vêtue de bure (28 mars).

Versailles, le 4 mars 1777. Une autre mort qui, il y a quelques années, aurait pu Être de grande conséquence, c'est celle du comte Guillaume du B..., époux figuratif de la fameuse comtesse de ce nom, elle n'aura sûrement pas de peine à se consoler de cette perte. *(Correspondance secrète inédite sur Louis XVI.)* I. Voici une de ces chansons: Le Maurepas est triomphant.
Voilà ce que c'est qu'd'être impuissant.
Le Roi lui dit en l'embrassant:
Quand on se ressemble
Il faut qu'on s'assemble.
Entre nous tout sera décent,
Voilà c'que c'est d'être impuissant!
Co couplet se trouve dans la *Correspondance secrète de Paris,* de l'abbé Baudeau.

Anne Bécu, Mère De Madame Du Barry, Volée D'un Plat D'argent

L'an 1777, le lundi 6 octobre, heure de midi, en l'hôtel et par-devant nous Pierre Chénon, etc., est comparue demoiselle Anne Bécu, épouse du sieur Nicolas Rançon, bourgeois de Paris, demeurante en sa maison de Villiers-sur-Orge, paroisse de Longpont, près Monthléry, étant ce jour à Paris: laquelle nous a dit que le samedi 27 septembre, entre sept et huit heures du soir, il a été volé chez elle dans la salle à manger un plat d'argent rond servant de dessous à un pot à oille, les bords gravés de la façon du sieur Roëttiers, orfèvre du Roi, avec la grande cuillère en forme de cuillère à pot, lesquels étaient dans leur étui de cuir bouilli. Le lendemain dimanche, depuis six heures du matin jusqu'à huit, il a été encore volé dans la chambre de son mari deux montres d'or, l'une au nom de Hardy dans sa boîte gravée d'attributs de jardinage en or de couleur, l'autre sans nom d'ouvrier, si ce n'est deux lettres dont une M dans la boite d'or unie. On a jeté quelques soupçons sur un ami du nommé Fauvé, cuisinier de la comparante, qui était venu ledit jour samedi 27 septembre annonçant qu'il se proposait de passer les fêtes avec son ami et qui a disparu dès le lendemain dimanche. De laquelle déclaration nous lui avons donné acte.
Signé: A. Bécu, Chénon.
Ce vol avait été commis par un nommé Desrolles, cidevant garçon de cuisine chez madame du Barry, de complicité avec un sieur Lefèvre. — Ils furent arrêtés à la fin du mois d'octobre de la même année et Anne Bécu recouvra son plat d'argent; — c'est ce qui résulte de l'information qui eut lieu en suite de la plainte.
1. Pièce communiquée par M. Campardon.
CHAPITRE II (1778)
MADAME DU BARRY CHEZ VOLTAIRE.— ELLE LUI PRESENTE BRISSOT. LES PROMENADES NOCTURNES SUR LA TERRASSE DE VERSAILLES. MORT D'ADOLPHE DU BARRY.

On sait que Voltaire reparut à Paris en 1778, après une absence de vingt ans et plus. Le but de son voyage était de faire jouer une de ses tragédies, espèces de pièces de circonstance ou plutôt de libelles rimés, dans lesquelles il se plaisait à propager ses doctrines philosophiques.

Madame du Barry se présenta chez le grand homme. Les Nouvelles à la main (les Mémoires de Bachaumont, ceux de Penthièvre, etc.) s'empressèrent d'annoncer la nouvelle qui paraissait les étonner; ils ignoraient qu'entre Voltaire et madame du Barry il avait existé autre chose que des relations de simple galanterie littéraire; ils avaient fait ensemble de véritables affaires commerciales. Les fabriques de Ferney avaient fourni à madame du Barry des montres; on en trouve les traces dans ses registres.
20 septembre 1773.

Je prends donc la liberté, Madame, de vous adresser un essai des travaux de la colonie que j'ai établie dans ma terre. Cette montre est ornée de diamants, et, ce qui vous surprendra, c'est que les sieurs Ceret et Dufour, qui l'ont faite sous mes yeux, ne demandent que mille francs

Madame du Barry a-t-elle payé?

Elle venait donc moins en favorite tombée et jadis adulée qu'en cliente utile. Cependant Voltaire hésita à la recevoir. On a dit qu'il n'avait pas fait sa toilette et que son amour-propre aurait souffert de se montrer sans préparation devant cette beauté célèbre. Nous voulons qu'il fût absorbé par le soin de corriger son *Irène*. Mais ce motif supposé était-il bien le motif réel? Madame du Barry n'était plus à la cour, elle était toujours en disgrâce, il se peut que Voltaire ne tînt pas beaucoup à affronter la contagion de sa défaveur; il hésita donc, mais il se ravisa et la fit entrer dans son cabinet. Les souvenirs de l'ambassade de la Borde étaient encore tout récents et auraient pu suffire à leur conversation s'ils n'avaient eu à traiter d'intérêts pécuniaires. Après cette audience, madame du Barry se retirait lorsqu'elle rencontra sur l'escalier même de Voltaire un personnage destiné à devenir une des victimes les plus illustres de la Révolution.

Brissot raconte dans ses *Mémoires* qu'il aurait désiré présenter à Voltaire l'introduction de sa *Théorie des Lois criminelles*. Il se rend chez lui, arrivé là, son courage l'abandonne et il se retire.

Le lendemain il revient à la charge et se propose de remettre en personne une lettre adressée à Voltaire.

1. Compte de madame du Barry, F. Fr. 8158, p. 110. — Etat de ce qui reste dû par madame du Barry, le 21 août 1774, t. II, Pièces justificatives: Ceret et Dufour, horlogers, de Ferney: 1,050 livres.
2. Voy. vol. 1", p. 258.

Nous allons lui laisser la parole pour raconter cette scène qui est charmante:

J'étais presque parvenu à l'antichambre, où il n'y avait pas moins de mouvementée jour-là que laveille; j'entendis du bruit au dedans, la porte s'entr'ouvrit; assailli par ma sotte timidité, je redescendis rapidement; mais honteux de moimême, je retournai sur mes pas. Une femme que le maître de la maison venait de reconduire était au bas de l'escalier. Cette femme était belle et elle avait une physionomie aimable. Je n'hésitai pas à m'adresser à elle; je lui demandai si elle pensait que je pusse être introduit près de Voltaire, en lui apprenant ingénuement quel était l'objet de ma visite. M. de Voltaire n'a reçu presque personne aujourd'hui, me répondit-elle avec bonté; cependant c'est une grâce, Monsieur, que je viens d'obtenir et je ne doute pas que vous ne l'obteniez aussi. Et comme si, à mon embarras, elle eût deviné ma timidité, elle appela elle-même le maître de la maison, qui n'avait pas encore fermé la porte sur lui. J'étais pris. Elle me laissa après avoir répondu à mes profondes salutations par un sourire plein de bienveillance et qui semblait me recommander. Je dirai tout à l'heure quelle était cette femme.

Je remis ma lettre à l'hôte de Voltaire.... c'était l'aimable Vilette....

P. 281. —Je dois nommer cette femme aimable que j'avais rencontrée à la porte de Voltaire: c'était madame du Barry. En me rappelant son sourire si plein de grâce et de bonté, je suis devenu plus indulgent envers la favorite; mais je laisse à d'autres le soin d'excuser la faiblesse et l'infamie de Louis XV. On ne pouvait avoir plus d'attraits, ni « un plus grand assortiment de beautés », comme le disait un peu brutalement un portrait que l'on a fait d'elle et dans lequel l'auteur convenait que le déshonneur de cette femme venait de sa naissance, de son éducation, de ceux qui l'ont prostituée, tandis que le déshonneur de ceux qui se sont prostitués dans ses bras ou à ses pieds ne venait que d'eux seuls. Ce portrait était de Mirabeau, avec qui je causais de la Maintenon, de la Pompadour et auquel je témoignais en riant quelque indulgence pour la du Barry, aussi vile mais cent fois moins odieuse à mes yeux que ses rivales et qui n'eut de commun avec elles qu'une faveur dont elle n'abusa pas despotiquement et des mœurs qui ne me semblaient guère plus coupables. « Vous avez raison, me dit Mirabeau, si ce ne fut pas une Vestale,

La faute en est aux dieux qui la firent si belle; niais du moins elle n'a pas lancé de lettre de cachet contre ceux qui médisaient de ses vertus. — Il faut la purifier, répliqua Laclos qui était présent ainsi que madame N.... » Je parus curieux de voir la purification dont on offrait de me faire juge et qu'on devait offrir pour je ne sais quelle galerie secrète.

Madame N... m'envoya effectivement, avec plusieurs volumes que je lui avais prêtés, le portrait de madame du Barry; j'en parle, parce qu'en le copiant, elle y avait joint le portrait de madame Sillery. Je pensai que le second était une méchanceté de Laclos, qui était bien aise de me faire lire ses épigrammes contre une femme qu'il détestait et pour laquelle il connaissait mes sentiments d'estime, sentiments que la conduite de madame Sillery et ses opinions plus constitutionnelles, plus républicaines peut-être que celles des républicains qui la calomnient aujourd'hui, m'empêcheront de jamais démentir.

. Laclos, auteur des *Liaisons dangereuses* et secrétaire intime du duc d'Orléans.

On attribue à Laclos l'*Epilre à Margot*, dirigée contre madame du Barry. (V. La Harpe, *Correspondance littéraire*.)

S'il est réellement l'auteur de cette pièce satirique, on ne comprendrait guère qu'il fût devenu l'apologiste de madame du Barry. Ce n'est guère de son caractère.

Mémoires secrets, 1778, 21 février. (Voltaire était arrivé le 12 du même mois.)

Vendredi, Voltaire a tellement travaillé, qu'il n'a pas laissé à son secrétaire le temps de s'habiller.

Madame la Comtesse du Barry s'est présentée l'après-dîner pour le visiter; on a eu bien de la peine à déterminer le vieux malade à la voir. Son amour-propre souffrait de paraître devant cette beauté sans toilette et sans préparation. Il a cédé enfin à ses instances et réparé par les grâces de son esprit ce qui lui manquait du côté de l'élégance extérieure.

Voltaire meurt le 31 mai suivant.

Les promenades nocturnes de la cour sur la terrasse du château de Versailles, préludes du jeu de Décampativos, ont eu un retentissement grave dans l'histoire de Marie-Antoinette.

Cette belle invention était due au comte d'Artois. Pendant les grandes chaleurs de l'été, on sait que la cour s'assemblait le soir sur la terrasse donnant en face du *Parterre,* par conséquent sous les appartements de la reine. Plus tard, ces réunions changèrent de caractère; on se livra à des jeux innocents, en installant dans un des bosquets un trône de fougère où l'on jouait au roi comme les enfants. Marie-Antoinette s'adonna avec passion à cet amusement qui était moins enfantin en réalité qu'en apparence. On en trouve la trace dans la Correspondance de Mercy, de 1777 à 1779. Il juge ce divertissement *peu convenable, déplacé.* Les pamphlets d'alors sont moins indulgents: ils appellent nettement les promenades de la terrasse les *nocturnales,* c'est-à-dire les saturnales du parc de Versailles, comme ils parlent des orgies de Trianon. Il y avait sans doute une singulière exagération dans ce langage, mais il faut convenir que la conduite de la malheureuse reine était bien inconsidérée et qu'elle s'exposait grandement aux rumeurs d'un public malveillant. Prolonger ces veillées jusqu'à deux heures du matin, c'était braver de gaîté de cœur les soupçons et compromettre sa santé. Marie-Antoinette ne voulut écouter ni les représentations de son entourage ni celles des médecins qui s'en mêlèrent à leur point de vue. Bien plus, la funeste affaire du collier n'a pas eu d'autre origine. La scène du bosquet d'Apollon, qui forme l'un des épisodes les plus curieux de ce procès, était due à l'habitude bien connue qu'avait la reine de se promener le soir dans le parc En bonne justice, la responsabilité morale de ces imprudences ne pouvaient.atteindre que celle qui les avait commises; on n'aurait pas soupçonné surtout qu'elle pût aller trouver l'exilée de Louveciennes, madame du Barry, — c'est pourtant ce qu'a tenté madame Campan dans le passage de ses Mémoires que nous allons rapporter:

L'été de 1778 fut extrêmement chaud: juillet et août se passèrent sans que l'air eût été rafraîchi par un seul orage. La Reine, incommodée par sa grossesse, passoit les jours 1. La Reine se promenoit quelquefois les soirs de l'été dans les jardins de Versailles, suivie des personnes de sa Maison, te Trouvez-vous dans les jardins, dit la dame de la Motte à M. le cardinal de Rohan, quelque jour peut-être vous aurez le bonheur d'entendre la Reine elle-même confirmer de sa bouche la consolante révolution que j'entrevois pour vous. » Il s'y promenoit lui-même de temps en temps... *Mémoire pour le cardinal de Rohan,* par Target, p. 19. Paris, Lottin, 1876, in-4».) dans ses appartements exactement fermés et ne pouvoit s'endormir qu'après avoir respiré l'air frais de la nuit, en se promenant avec les princesses et ses frères sur la terrasse au-dessous de son appartement. Ces promenades ne firent d'abord aucune sensation; mais on eut l'idée de jouir, pendant ces belles nuits d'été, de l'effet d'une musique à vent. Les musiciens de la Chapelle eurent ordre d'exécuter des morceaux de ce genre sur un gradin que l'on fit construire au milieu du parterre. La Reine, assise sur un des bancs de la terrasse avec la totalité de la famille royale, à l'exception du Roi, qui n'y parut que deux fois, n'aimant point à déranger l'heure de son coucher, jouissoit de l'effet de cette musique.

Rien de plus innocent que ces promenades (?) dont bientôt Paris, la France et même l'Europe furent occupés de la manière la plus offensante pour le caractère de Marie-Antoinette. Il est vrai que bientôt il y eut foule depuis onze heures du soir jusqu'à deux et trois heures du matin. Les fenêtres du rez-de-chaussée, occupées par Monsieur et Madame, restoient ouvertes et la terrasse parfaitement éclairée par les bougies allumées de ces deux appartements. Des terrines placées dans le parterre et les lumières des gradins des musiciens éclairoient le reste de l'endroit où l'on se tenoit.

J'ignore si quelques femmes inconsidérées osèrent s'éloigner et descendre dans le bas du parc: cela peut être; mais la Reine, Madame et madame la comtesse d'Artois se tenoient par le bras et ne quittaient jamais la terrasse. Vêtues de robes percale blanche, avec de grands chapeaux de paille et des voiles de mousseline (costume généralement adopté par toutes les femmes, etc.).

Les contes les plus scandaleux ont été faits et imprimés dans les libelles du temps.... Rien n'étoit plus faux que ces bruits calomnieux.

Cependant, il faut l'avouer, ces réunions avoient de graves inconvénients.

J'osai le représenter à la Reine, en l'assurant qu'un soir où elle m'avoit fait un signe de la main de venir lui parler sur le banc où elle étoit assise, j'avois cru reconnaître à côté d'elle deux femmes très voilées qui gardoient le plus profond silence; que ces femmes étoient la comtesse du Barry et sa belle-sœur, et que j'en avois été convaincue en rencontrant à quelques pas du banc où elles étoient auprès de Sa Majesté, un grand laquais de madame du Barry, que j'avois vu à son service tout le temps qu'elle avoit résidé à la Cour.

Le récit de madame Campan renferme de nombreuses erreurs de dates.

Elle place l'origine des réunions de la terrasse en 1778, époque de la grossesse de la reine.

La Correspondance de Mercy prouve que ce genre d'amusement, qu'il trouve peu convenable, avait commencé dès l'année 1777.

Il s'étoit établi, dit-il, en dernier lieu, un nouveau genre d'amusement peu convenable, mais qui, heureusement, doit cesser avec la belle saison. Cet objet a été, depuis un mois, de faire établir vers dix heures du soir, sur la grande terrasse des jardins de Versailles, les bandes de musique de la garde française et suisse. Une foule de monde, sans en excepter le peuple de Versailles, se rendoit sur cette terrasse et la famille royale se promenoit au milieu de cette cohue, sans suite et presque déguisée. Quelquefois, la Reine et les Princesses royales étoient ensemble; *quelquefois aussi elles se promenoient* Séparément, prenant une seule de leurs dames sous le bras. De pareilles promenades — surtout pour la Reine — pouvoient produire de grands inconvénients. C'est toujours M. le comte d'Artois qui est le promoteur de ces sortes d'amusements déplacés, etc. (12 septembre 1777, ch. m, p. 113.)

Les chaleurs de l'année 1778, la grossesse de la reine, ne sont donc que des prétextes inventés pour masquer habilement une imprudence reconnue par les serviteurs les plus dévoués de Marie-Antoinette.

Bien plus, la même Correspondance prouve que ce divertissement dangereux existait encore en 1779 Il n'y avait plus de chaleur exceptionnelle, et la reine avait cessé d'être enceinte, puisqu'elle était accouchée le 19 décembre 1778.

Madame Campan s'est donc trompée ou plutôt elle a trompé volontairement ses lecteurs. Ecrivant sous la Restauration, pour faire oublier les souvenirs impériaux d'Ecouen, ses Mémoires sont, avant tout, une apologie de Marie-AnLoineUe et d'elle-même; on ne doit donc les consulter qu'avec précaution. Nous en trouvons ici la preuve. Elle touche à un point délicat dela vie de son héroïne. Elle a besoin de masquer 1. Le 18 août 1779, Mercy y revient encore en ces termes: « La Reine et les Princesses ses sœurs ont repris l'habitude de se promener quelquefois après le souper et le jeu sur la grande terrasse des jardins de Versailles où tout le public a la liberté de se rendre. Cotte cohue, rassemblée dans les heures de la nuit, n'est pas sans inconvénients; mais on a pris un peu plus de mesures que dans les années précédentes pour écarter la mauvaise compagnie et l'empêcher de s'approcher de trop près des Princesses royales. »

Puis il ajoute, après une longue conversation avec le premier médecin Lassone, que ce dernier *voudrait réformer ou au moins modérer les promenades qu'elle fait après le souper* et qui sont souvent prolongées jusqu'à Deux Seures après minuit, 'es Princes et les Princesses royales partagent ces veillées et en sont quelquefois incommodées. (111, 342.)

Et Marie-Thérèse répond en se félicitant de ce que « le train de sa fille soit plus tranquille. Je voudrons seulement, ajoutet-elle, que les promenades nocturnes fussent retranchées ou modérées. (Lettre à Mercy, du 31 août 1779, vol. III, p. 348.) Mercy est ici d'accord avec madame Campan.

des fautes indiscutables. Alors elle transpose les dates, elle déplace les faits, et puis elle a recours à un artifice bien connu dans une polémique, elle accuse, au lieu de défendre, et donne ainsi le change à la discussion. Marie-Antoinette s'est promenée dans le parc de Versailles jusqu'à une heure avancée de la nuit, ou, pour mieux dire, jusqu'au petit jour (trois heures du matin dans l'été, c'est l'aube); elle a été sourde à toutes les représentations; elle n'a pas écouté mademoiselle Genêt elle-même. Cette conduite a les inconvénients les plus graves, elle suscite les méchancetés du public, la calomnie des libelles, et pourquoi? C'est encore, c'est toujours, à cause de madame du Barry, qui arrive tout exprès de Louveciennes pour se voiler et ne rien dire! Il est vrai qu'on a reconnu, non loin du banc de la reine, un grand laquais qui avait été au service de la favorite cinq ans auparavant!

C'était là le danger des *nocturnales* de Versailles. De pareilles futilités ne méritent même pas de réponse. Elles ne pouvaient avoir cours qu'au temps où l'on représentait madame du Barry comme l'ennemie acharnée de la reine. On aurait pu croire que Jeanne Vaubernier accourait à ces réunions pour en surprendre et en divulguer les secrets, les scandales. Aujourd'hui, cette légende est tombée devant la Correspondance de Mercy. On sait que, loin de nourrir des sentiments d'animosité contre Marie-Antoinette, madame du Barry n'eut jamais envers sa souveraine que j'atiitude dela soumission et du respect, plus tard même du dévouement. On chercherait vainement de mauvaises intentions dans sa présence sur la terrasse du parc, en supposant qu'elle fût établie par les conjectures de madame Campan. La seule question de quelque intérêt serait celle de savoir si le séjour de Versailles était encore interdit à madame du Barry. On a vu que, quand elle était à Saint-Vrain, il lui avait été permis d'en sortir pendant les voyages de la cour à Fontainebleau. Il serait possible que, dans les premiers temps de son séjour à Louveciennes, la même condition lui eût été imposée. C'est ce qu'on ne pourra affirmer, tant que l'on ne connaîtra pas la pièce qui a levé la lettre de cachet de 1774. — Et elle n'a pas été découverte jusqu'à ce jour. Le passage ci-dessus des Mémoires permettrait de croire qu'il lui était encore interdit d'approcher de la cour. On comprendrait alors l'émoi de madame Gampan et ses communications effarées à la reine.

Sur l'incident du *Décampativos*, voyez le pamphlet intitulé: *Vie privée et ministérielle de Necker.*

MORT D'ADOLPHE DU BARRY.

La fin de l'année fut marquée par un incident qui dut porter un coup cruel à madame du Barry: le soidisant vicomte Adolphe du Barry, son neveu par alliance, périt en Angleterre, frappé à mort dans un duel dont les circonstances sont restées mémorables par le caractère atroce qu'elles portent 1. Nous avons suivi la narration de Dutens qui se trouvait à Bath au moment de cette catastrophe et qui a pu la raconter dans tous ses détails avec l'autorité d'un témoin oculaire... (Voy. *Mémoires d'un voyageur qui se repose à Paris,* volumes in-8, 1806, tome II, page 147.) Nous avons seulement complété la relation de Dutens à l'aide d'un journal anglais local, *The Bath and Chellergen Gazette.* Nous devons en outre à d'aimables correspondants anglais des détails inédits jusqu'à ce jour, tels que l'acte mortuaire et l'inscription sépulcrale de du Barry.

Il s'était rendu aux eaux de Spa avecsa femme et la jeune sœur de celle-ci, Sophie de Tournon. C'était à l'approche de l'hiver; ce qui ferait supposer qu'il s'agissait bien moins de prendre des bains que de fréquenter le Ridotto. De là on partit pour Bath, le Spa de l'Angleterre, toujours en famille et en compagnie d'un comte Rice, Irlandais, grand joueur comme Adolphe du Barry; ils descendirent tous dans une maison meublée au *Royal Crescent* (au Croissant Royal) et vécurent de la manière la plus somptueuse, table ouverte, petit souper le soir, cartes ensuite et grand cortège de domestiques. Malheureusement une querelle, dont on n'a jamais connu la véritable cause, s'éleva entre Adolphe du Barry et le comte Rice. Un duel à outrance fut convenu; du Barry employa un jour et une nuit à régler ses affaires et probablement aussi à cher-

cher des témoins un chirurgien, etc.. Ces préparatifs étant terminés on fit venir une chaise de poste à quatre chevaux et, vers une heure du matin, on se rendit à la colline de Claverton, lieu ordinaire des rencontres de ce genre. Il fallut attendre plusieurs heures avant que le jour rendît le combat possible et les parties adverses durent rester en présence dans la voiture, ce qui a été signalé comme une des circonstances étranges de cette dramatique affaire. Enfin l'aube parut et les distances furent marquées. Chacun des combattants avait deux pistolets et son épée, du Barry tira le premier, il logea dans la cuisse de son adversaire une balle qui pénétra jusqu'à l'os. Celui-ci, habitué au métier des armes, sut comprimer la douleur et riposta par deux coups de feu; le second atteignit du Barry en pleine poitrine; il 1. Qui furent un M. Toole et un autre nommé Regers. tomba raide mort. Rice fat porté à l'hôtel de YorkHouse. Le corps de du Barry resta plus de vingt-quatre heures sur le champ de bataille où il devint l'objet de la curiosité publique jusqu'au moment de son inhumation dans le cimetière de Bathampton. On peut lire encore, quoique avec quelque difficulté, ces mots inscrits sur la tombe: HERE REST THE REMAINS OF
JOHN BAPTTSTE, VISCOUNT DU BARRY
OBIIT 18 NOVEMEiR 1778.
Le registre des décès de la paroisse contient cette inscription sous la date du 22 novembre 1778: JOHN BAPTISTE VISCOUNT
DU BARRY, KILLED IN A DUEL
Bathampton Vicarage, Bath.

Le pommeau de l'épée de du Barry a été conservé, il sert de cachet à la municipalité de Bath.

Le comte Rice était blessé si grièvement qu'on ne put lui faire son procès qu'au mois d'avril 1779. Les assises eurent lieu à Taunton: il y comparut sous l'accusation d'homicide. L'attitude de Rice fut généreuse, loin de charger Adolphe du Barry, il le disculpa et se borna à invoquer en termes pathétiques les nécessités du point d'honneur; il ne dit rien cependant de l'origine du duel.

Le jury revint avec un verdict de *not guilty* et le comte fut mis immédiatement en liberté.

Il périt plus tard, en Espagne, dans la campagne de 1808.

Quelque temps après l'événement, madame du Barry reçut du duc d'Aiguillon une lettre de condoléance, qu'elle conserva et qui s'est retrouvée dans les papiers saisis chez elle en 1793. Nous la reproduisons: elle est intéressante; elle est la seule pièce connue qui témoigne des rapports entre M. d'Aiguillon et madame du Barry; à en juger par elle, ces rapports n'auraient pas été d'une intimité aussi grande qu'on l'a dit Il y a sans doute une vive cordialité de sentiments, mais on y trouve aussi une certaine réserve qui se comprendrait peu entre d'anciens amants.

Aiguillon, 16 déoembre 1778.

J'ai bien imaginé, madame la Comtesse, que vous esties aussi touchée qu'affectée de la perte cruelle que vous avés faite, et je n'ai point voulu ajouter à la douleur que vous en ressentiés l'importunité d'un compliment. J'ai prié mademoiselle du Barry, de vouloir bien y suppléer et de vous renouveller dans cette triste occasion les assurances bien sincères de la part que je ne cesseray jamais de prendre à tous les événemens qui vous intéressent. Je me flatte que vous n'en doutés point et que je n'ay pas besoin de vous répéter ma profession de foy à cet égard, dont vous devés depuis longtemps être convaincue de la verité (sic). Madame la vicomtesse du Barry est certainement fort à plaindre dans ce moment, mais je connois trop bien votre tendresse pour elle pour n'être pas persuadé que vous vous empresserés à adoucir son malheur et qu'elle trouvera auprès de vous les secours et la consolation qui luy sont nécessaires; une amie telle que vous dédomage de tout: je désire que le triste spectacle qu'elle vous donnera et les soins que vous lui rendrés n'altèrent point votre santé et qu'elle soit toujours aussi bonne et aussi brillante qu'on m'assure qu'elle l'est actuellement.

Conservés moy toujours vos bontés, madame la Comtesse, et ne doutés jamais de ma reconnoissance, de mon attachement et de mon respect.

Madame d'Aiguillon me charge de vous témoigner toute sa sensibilité.

Adolphe du Barry avait échappé, grâce à son heureux naturel, à la répulsion générale qui avait enveloppé sa famille ».

Il devait donc être particulièrement cher à madame du Barry, et sa mort tragique n'avait pu paraître que plus pénible à celle qui l'avait élevé, doté.... Nous avons vu que pendant le séjour à Saint-Vrain il y avait eu un parrainage concerté entre elle et son neveu. Quelques mois avant le duel fatal de Claverton-Down, madame du Barry faisait ratifier par son mari la donation de 200,000 liv. qu'elle avait faite à Adophe du Barry et à sa femme et qui jusquelà était restée imparfaite. Son affection était donc entière. Son chagrin n'en fut que plus profond. La conduite de la jeune veuve envers la famille de son mari dut aggraver encore les ennuis de madame du Barry. Déjà la vicomtesse, à Bath, avait montré peu de sensibilité, tant en ne cherchant point à empêcher le duel qu'en n'envoyant aucun des nombreux domestiques qui l'entouraient pour relever le cadavre gisant sur la dune de Glaverton.

Lorsqu'elle monta en voiture pour retourner en France, on avait observé que ses yeux étaient bien plus 1. Le vicomte du Barry, dit M. de Belleval (p. 140), a réellement de solides qualités; jl a même l'estime de ceux qui haïssent le plus la Comtesse, et ne peuvent s'empêcher de reconnoître que c'est un galant homme *(Souvenirs d'un chevauléger)*, et plus loin: le pauvre vicomte du Barry a fait place à M. le marquis du Dresnay; il a porté la peine d'un nom que l'on tâche d'oublier, ceux-là même qui l'ont encensé et adulé. C'est ainsi que va le monde *(Ibid. p. 240).*
secs que ceux des assistants rassemblés pour la voir partir. Puis, dans un séjour qu'elle fit en route à Newberry, elle ne s'était pas montrée telle qu'on aurait pu l'attendre. On dit même qu'elle était en correspondance avec Rice (Dutens). Ce n'étaient encore là que des préludes. A peine arrivée à Paris, elle engagea les

hostilités en frappant d'opposition les sommes dont monsieur le comte de Provence était débiteur envers le grand du Barry, le Roué. Bientôt après et le huitième mois de son veuvage n'était pas encore expiré qu'elle lui signifiait l'intention où elle était de changer de nom et de prendre le titre de comtesse de Tournon. En même temps elle faisait effacer de dessus sa voiture les armes de son mari, accolées aux siennes, elle changeait la livrée de ses domestiques et enfin elle obtenait des lettres patentes qui régularisaient tous ces actes. On était en décembre 1779, elle était donc dans les délais de son grand deuil de veuve, qui, dit le Roué, « est si religieusement observé parla décence et surtout doit l'être par la reconnaissance. » Pour couronner ces démarches, la veuve d'Adolphe du Barry paraissait à la cour, le 13 février 1780, sous son nouveau nom de comtesse de Tournon. Il y avait là un outrage public à la mémoire d'un homme mort si récemment, si tragiquement. Du Barry le père, malgré l'abjection où il était tombé, releva l'injure et fit un procès en règle à sa belle-fille; il publia même un mémoire, écrit avec beaucoup d'art, dit le mémoire adverse, et qui eut du succès L'épouse ingrate eut la honte d'être rappelée 1. Voy. Procès de M. le comte du Barry avec madame la comtesse de Tournon. Amsterdam, 1781.

Réponse au Mémoire à consulter du comte du Barry.

Les deux opuscules ont été réunis sous le titre collectif de *Procès* et publiés ensemble.

III î

à la pudeur, et en termes fort convenables, par le Roué du Barry! Elle voulut répondre, mais le mémoire de son défenseur anonyme ne prouve, ne contient absolument rien. Que du Barry père eût joué un rôle abject, nul ne le contestait, mais ce n'était pas à mademoiselle de Tournon à s'en plaindre, car cette turpitude était notoire; elle l'avait acceptée, elle retombait sur elle! Le fils était joueur! C'était le vice de l'époque à commencer par les plus hauts personnages, Marie-Antoinette, le comte d'Artois, etc. Tout cela ne détruisait pas le reproche d'ingratitude qui faisait le fond de l'affaire. Aussi l'auteur du mémoire pour la veuve du Barry en est-il réduit à nier que la reconnaissance *soit une obligation naturelle et à méconnaître l'existence du plus impérieux des sentiments moraux*. Du Barry contestait à sa belle-fille le droit de changer de nom et, pour l'avoir fait, il formait une demande en déchéance et révocation des avantages à elle conférés par le contrat de mariage.

Une consultation délibérée par M Delpech, Piet et Blin de Linières, le 22 mai 1781, démontrait le bien fondé de cette dernière prétention.

La famille de Tournon eut le crédit de faire *évoquer* l'affaire au Conseil du roi C'était reconnaître implicitement le droit de du Barry.

1. Secrétariat. — Depesches du Roi à la marquise de Tournon, 1 juin 1782. « J'ai (probablement M. Amelot, alors ministre de « la maison du Roi ») fait hier au Conseil le rapport de votre affaire. « Le Roi a bien voulu évoquer à soi et à son Conseil tant la de« mande formée au Châtelet de Paris par le comte du Barryu Cérès que son opposition à l'enregistrement des lettres d'érec« tion des terres de *Banari* et de *Sora* en comté de Tournon. Je « vais faire expédier l'arrêt. Assurance de respect, etc., etc. . Archives nat., E, 3612).

Madame Vaubernier du Barry ne s'associa pas à l'action de son beau-frère, elle en avait cependant la possibilité, car elle aussi était donatrice, et elle était atteinte par une injure adressée au nom qu'elle portait. Elle eut le bon sens de s'abstenir et de se taire, c'était le seul parti qui convînt à sa position.

La veuve ne voulait qu'une chose, se remarier. C'est ce qu'elle fit en 1782; elle épousa un de ses parents, Jean-Baptiste-Marc-Antoine de Tournon, marquis de Claveyron, son cousin, et put posséder ainsi légitimement ce nom qu'elle avait demandé d'abord à l'ingratitude et au scandale. Mais elle mourut sans postérité en 1785, trois ans après ce nouveau mariage, et bientôt son mari la suivit au tombeau, tant il est vrai qu'il y a souvent dans nos destinées les représailles du talion.

CHAPITRE III (1779-1780)
AMOURS ET CORRESPONDANCE ENTRE MADAME DU BARRY
ET HENRY SEYMOUR.

L'abbé Georgel a parlé assez longuement de madame du Barry dans les Mémoires qu'il nous a laissés sur la fin du xvm siècle. Il dit notamment: « Elle parut se consoler de sa grandeur passée en vivant d'abord avec le comte de Seymour, Anglais, et *ensuite* avec le duc de Brissac » (le futur commandant de la garde constitutionnelle de Louis XVI).

Ces deux assertions sont, en substance, très exactes.

La liaison entre madame du Barry et le comte Henry Seymour a été prouvée par une correspondance dont les pièces ont commencé à paraître dans les ventes d'autographes en 1837, colligées par M. P. Barrière et imprimées par MM. de Goncourt en 1838.

Les amours du duc de Brissac avec l'ancienne favorite appartiennent pour ainsi dire à la notoriété de l'histoire. Nous en recueillerons cependant et en produirons les monuments qui ont une tragique authenticité.

1. *Portraits intimes du XVIII siècle.*
Occupons-nous d'abord du comte Seymour.

MM. de Goncourt le qualifient de lord et en font un ambassadeur d'Angleterre en France. C'est une double inexactitude. Le comte Seymour n'était pas membre de la chambre des lords, il n'a jamais été ambassadeur d'Angleterre en France. Pour s'en convaincre, il suffit de consulter la liste en français et anglais publiée par François-Marie Guérard, 1833.

Voici l'historique du comte Seymour, tel qu'il l'a tracé lui-même dans des documents qui existent encore en original aux Archives de la préfecture de Sein-et-Oise. On peut s'en fier à lui-même pour connaître la vérité sur son origine, son état civil, ses dignités, etc.

Henry Seymour était né à Londres le 21 octobre 1729. Il appartenait à la grande famille des Somerset, dont les puînés portaient le titre de Seymour. Le frère de son père était Edouard huitième, duc de Somerset. Son père, Francis Seymour de Sherbourne, avait épousé Elisabeth Popham, veuve d'un vicomte de Hinchinbrook. (Déclaration de Pierre Steel, avocat du banc du roi et sollicitor de la cour de chancellerie.)

Henry Seymour portait les titres de Esquire of Redland-Court, Count of Gloucester, Northbrook, Devon, etc. C'était donc, comme on voit, un assez grand personnage; s'il n'était ni lord ni ambassadeur, ni même baronnet, il était comte; sous ce rapport, l'abbé Georgel avait raison. Il s'était marié une première fois en 1753 avec la fille du comte G. Cowper et avait eu d'elle deux filles: Caroline et Georgiana Devenu veuf, il s'était marié en secondes noces le 5 octobre 1775 à Louise, comtesse de Ponthou, d'une an 1. *Dictionnaire héraldique* de Burke.

cienne et noble famille de Normandie. Peut-être est-ce grâce à cette circonstance qu'on le voit acheter en France une propriété située à Prunay, entre PortMarly et Louveciennes; c'est un élégant petit château à mi-côte, avec un parc;. de là, l'on jouit de la vue magnifique qui s'étend de Saint-Germain-en-Laye à Paris. — Le souvenir de Henry Seymour n'est pas encore effacé dans la contrée. On en parle toujours comme d'un gentilhomme accompli, très beau de sa personne, de manières distinguées et en même temps toutefois populaires. Le dimanche, il ouvrait son parc, et le soir il faisait danser les paysans dans des salles de verdure qui n'ont pas été détruites. Il existait, en 1870, à Port-Marly, de vieilles femmes qui se rappelaient avoir dansé dans leur jeunesse au château de M. le comte Seymour.

Ce n'est pas à ce moment que la connaissance avec madame du Barry a pu se faire, il y en a deux raisons: le second mariage de Henry Seymour était trop récent (5 octobre 1775), et madame du Barry était encore reléguée à dix lieues de Paris; si elle était sortie du couvent de Pont-aux-Dames, elle était à Saint-Vrain, d'oîTelle n'est revenue qu'en novembre 1776. Les relations ont pu s'établir peu à peu par le voisinage. Des terrasses de Louveciennes, on aperçoit le château de Prunay. Il n'y a pas une demi-lieue d'un endroit à l'autre.

Mais la première lettre décisive ne peut être antérieure à 1780, voici pourquoi. Madame du Barry dit en finissant: « Notre voyage a été très heureux, *Cornichon* ne vous oublie pas et *parle* sans cesse de vous. » Il faut savoir que Cornichon était le fils d'un 1. Probablement Panthou, des Pantol, restés en Normandie.

sieur Cornichon, qui était jardinier chez madame du Barry, la femme était employée aussi chez elle comme blanchisseuse. L'enfant était d'une jolie figure, madame du Barry l'avait adopté et le comblait de caresses! Il était toujours avec elle, soit dans ses appartements, soit dans sa voiture. C'est ainsi qu'elle l'avait conduit probablement chez M. Henry Seymour. Nous avons pu nous procurer l'acte de naissance-baptême de cet enfant. Il était né le 5 novembre 1775 Pour qu'il pût se rappeler M. Seymour et en *parler sans cesse,* il faut lui supposer 3 ou 4 ans. La lettre serait donc de 1779 ou 1780, et c'est en ces années qu'il faudrait placer ce petit roman dont on a conservé la trace épistolaire.

Deux remarques se présentent ici:

Henry Seymour était né en octobre 1729. Il avait donc, en 1780, cinquante ans accomplis. Madame du Barry avait trente-sept ans. Si elle n'était plus très jeune, elle avait pour elle les restes d'une grande beauté, l'attrait de la célébrité, l'entourage d'une existence riche et élégante. Henry Seymour était moins jeune encore qu'elle; il était quinquagénaire, comme l'était, au moment de ses plus grandes audaces auprès de Marie-Antoinette, M. de Besenval. Mais les modes du temps, particulièrement l'usage de la poudre, pouvaient effacer les traces de l'âge. 11 était, en outre, d'une belle figure et d'un aimable caractère. Madame 1. An 1775, le 5 novembre, a été baptisé Jean-François, né avant-hier à Marly, fils légitime de *François Cornichon* et de Marie-Françoise Certain, son épouse: le parrain-Jean Ollivier..., la marraine Victoire Jobert, lesquels ont signé avec nous, le père présent, etc. — Massard, vicaire. (Archives du greffe du tribunal de Versailles.) 2. Voy. son portrait dans ce volume.

du Barry redevint Jeanne Bécu: elle fut subjuguée, elle aima. C'est aussi son excuse. Autrement, sa conduite serait injustifiable. Henry Seymour était nouvellement marié, il avait deux filles du premier lit et un fils né du second et encore au berceau.

L'entraîner à l'oubli de ses devoirs d'époux et de père était une mauvaise action. Il y a toujours une certaine atténuation dans une passion violente, involontaire.

La liaison entre Henry Seymour et madame du Barry ne paraît pas avoir été exempte d'orages. Elle ne fut pas de longue durée. Sous ce rapport, il y a une rectification légère à faire au passage de l'abbé Georgel. Mais sir H. Seymour ne continua pas moins de résider à Prunay jusqu'à la Révolution. Il demeurait à Paris, rue de la Planche, n-23. Il ne quitta la France qu'en 1792, après les massacres de septembre. Peut-être eut-il horreur de la tête du duc de Brissac, qui fut enfouie non loin de son habitation.

Il n'existe aucun doute sur l'authenticité de ces lettres, dont nous ne craindrions pas de répondre, quoiqu'il ne nous eut pas été donné de les voir. L'écriture, l'orthographe, la manière de scinder les mots, la situation de personnes en scène ne permettent pas de douter un seul instant de leur origine; elles sont une révélation qui a été presque une réhabilitation dans l'histoire de madame du Barry; le style est supérieur à tout ce que l'on connaissait d'elle. Elle n'écrit en général, pour nous servir de son langage, que des *terre à terre.* La passion a dicté ces lignes brûlantes ou résignées. On croirait entendre la courtisane amoureuse vaincue par un sentiment dont elle s'est jouée trop longtemps.

Constance n'eut sitôt l'amour au cœur,
Que la voilà, craintive devenue
Ce que la belle avoit
Pris et donné de plaisirs en sa vie
Compter pour rien jusqu'alors se devoit.
Pourquoi cela? Quiconque aime le die.
(la Fontaine, *la Courtisane amoureuse,* conte.)

Ecoutons-la elle-même nous faire sa

confession:

Première lettre.

Je suis bien touchée, Monsieur, de la cause qui me prive du plaisir de vous voir chez moi, et je plains bien sincèrement mademoiselle votre fille du mal qu'elle souffre, je juge que votre cœur est tout aussi malade quelle même, et je partage votre sensibilité; je ne puis que vous exorter à prendre courage, puisque le médecin vous rassure sur le danger. Si la part que ji prans pouvoit être de quelque adousicesement pour vous, vous seriez moins agité.

Mademoiselle du Barry est aussi sensible que moi pour tout ce qui vous touche, et me charge de vous en assurer de sa part.

Notre voyage a été très heureux; Cornichon ne vous oublie pas et parle sans cesse de vous; je suis charmée que le petit chien puisse distraire un instant mademoiselle votre fille.

Recevez, Monsieur, l'assurance des sentiments que je vous et voue.

De Louveciennes, samedi à 6 heures.

Deuxième lettre. On a dit depuis longtemps que les petits soins entretiennent l'amitié et Monsieur Seymour doient être bien persuadée a quel point on est occupée à Louvecienne de tout ce qui peut lui plaire et convenir, il paraît désirer avec beaucoup de chaleur une pièce de monoye prodigué fort mal à propos au mince jeu de loto; elle est du temps de Louis quatorze. Monsieur Seymour est grand admirateur de ce siècle si fégont en merveille, en voilà un diminutif que les dames de Louvecienne lui envoient. C'est avec plaisir quelle lui en font l'homage, elles s'en privent parce qu'elles savent bien que Monsieur Seymour sentira le prix du sacrifice et sera bien persuadée que les Dames voudres trouver des ocations plus essentielles à lui marquer leur amitié.

Il n'y a point de nouvelles ici que celle du petit chien qui ce porte bien et boit tout seul.

Troisième lettre.

L'assurance de votre tendresse, mon tendre ami, font le bonheur de ma vie. Croyes que mon cœur trouve ces deux jours bien long et que slil était en son pouvoir de les abréger il naures plus de peine. Je vous attends samedi avec toute l'impatience d'une ame entièrement a vous et j'espere que vous ne desirerais rien. Adieu, je suis a vous.

Ce jeudi, à deux heures.

Quatrième lettre..... Mon cœur est à vous sans partage et, si j'ai manqué à ma promesse, mes doits sont seule coupable. J'ai été très incomodée depuis que vous m'avez quitté et je vous assure que je n'avez de force que pour pencer à vous... adieu mon tendres amis, je vous aimes, je vous le répète et je crois être heureuse, je vous embrace mille fois et suis a vous: venez de bon heur... 1. Cela veut dire probablement que cette pièce servait de jeton pour jouer au loto. — D'où ce mot: « *Prodigué mal à propos.* » 2. Ceci paraît dit ironiquement, ainsi qu'on le voit par ces mots: *Ocations plus essentielles.* — M. Seymour allait donc aussi à Louveciennes et y jouait au loto ou l'on avait joué devant lui. *Cinquième lettre.*

Vous n'aurez qu'un mot de moi et qui cerais de reproche si mon cœur pouvez vous en faire, je suis si fatigué de quatre grande lettre que je viens décrire que je n'ai la force que de vous dire que je vous aime. Demain je vous dirai ce qui ma empeché de vous donner de mes nouvelles, mais croyez *quoique vous en disiez i,* vous serais le seul amis de mon cœur. Adieu, je n'ai pas la force de vous en dire davantage.

Vendredi à 2 heures.

Sixième lettre.

Mon Dieu, mon tendre ami, que les jours qui suive ceux que j'ai le bon heur de passer avec vous son triste: et avec quelle joie je vois arriver le moment qui doit vous raprocher de moi.

Septième lettre .

Je n'irai point à Paris aujourdhui parce que la personne' que je devez aller voir et venue mardi? comme vous veniez de partir. Sa visite m'a fort embarassé car je crois que vous en étiez l'objet. Adieu, je vous attends avec l'impatience d'un cœur tout à vous et qui malgré vos injustices sent bien qu'il ne peut être à un autre. Je pense à vous, vous le dit, et vous le répètte et n'ai d'autre regret que de ne pouvoir vous le dire à chaque instant.

De Louveciennes à midi.

1. *Quoi que vous en disiez.* — Ces mots sembleraient indiquer que Seymour se plaignait de ne pas occuper seul le cœur de madame du Barry. Elle va revenir sur ce reproche dans la lettre suivante. Voy. *infrà.* 2. Cette lettre ne faisait pas partie de la collection Barrière; elle a été ajoutée par nous. 3. Cette personne serait-elle M. le duc de Brissac, qui peut-être était jaloux, non sans raison, de Henry Seymour, et se serait rendu à Louveciennes pour savoir si son rival y était, quelle figure il y faisait, comment il y était reçu. 4. *Malgré vos injustices.* — Donc, Seymour ne croyait pas être le seul en possession de madame du Barry. *Huitième lettre.*

Il est inutile de vous parler de ma tendresse et de ma sensibilité, vous la connoisé. Mais ce que vous ne connoissés pas ce son mes peines, vous navez pas daigné me rassurer sur ce qui affecte mon âme. Ainsi je croit que ma tranquilité et mon bonheur vous touche peu, c'est avec regret que je vous en parle mais c'est pour la dernière foit. Ma tête est bien; mon cœur souffre. Mais avec beaucoup d'attention et de courage, je parviendrai à le dompter; l'ouvrage est penible et douloureux, mais il est nécessaire, c'est le dernier sacrifice qu'il me reste a lui faire; — mon cœur lui a fait tous les autres, c'est a ma raison a lui faire celui cy. Adieu, croiie que vous seul occuperai mon cœur.

Ce mercredi à minuit.

MM. de Goncourt ont apprécié très délicatement ces lettres en ces termes:

Quel accent inattendu dans cette correspondance! Ne semble-t-elle pas mettre dans la vie de cette courtisane le charme inespéré et l'émotion contenue de l'histoire de madame Michelin dans les Mémoires de Richelieu? et comme une autre du Barry vous y est révélée dans l'ombre, derrière la du Barry populaire des pamphlets et des romans 1 Ce n'est plus la courtisane, ce n'est plus la favorite; c'est une femme qui aime. Quel étonnement, quelle expiation! Ces humilités de gnsette, ces timidités et presque ces pudeurs, ces effusions, ces larmes, ces résignations, ces plaintes étouffées comme un gémissement, ces regrets qui ont la noblesse du sacrifice! et quelle lumière et aussi quel pardon sur cette femme, un tel amour et cette charmante confidence de tendresses si sincères! *(Les maîtresses de Louis XV,* ch. xu.) CHAPITRE IV (1780-1783).

M. LE DUC DE BRISSAC. MADAME DU BARRY A BAYEUX.

Le duc de Brissac serait, d'après l'abbé Georgel, le second, en date, parmi les successeurs que madame du Barry donna à Louis XV, si tant est que cet auteur ait attaché une valeur sérieuse à l'ordre qu'il a suivi dans cette énumération. Quoi qu'il en soit de l'indice, jeté en passant, nous l'adoptons, parce que c'est en effet vers 1782 ou 1783 que l'on voit apparaître le nom du duc dans l'histoire de madame du Barry. Il faut procéder ici, comme nous l'avons fait pour Henri Seymour, et déterminer exactement quel est le duc de Brissac dont il va être question. Il y a, chose difficile à croire, des confusions étranges entre le père et le fils, entre le maréchal duc de Brissac, et le duc de Cossé-Brissac. C'est ce qu'il faut éclaircir avant tout.

Jean-Paul-Timoléon de Cossé, septième pair et quatrième maréchal de France, du nom de Brissac, était

I. On lit dans Expilly:

"Les ville, terre et seigneurie de Brissac en Anjou, après avoir appartenu à une famille ancienne qui en portait le nom jusqu'au xin siècle, passèrent vers la tin du xiv dans la famille de né le 12 octobre 1698; — il mourut le 17 octobre 1780, âgé de 82 ans.

Jean-Paul-Timoléon de Brissac avait gagné bravement son bâton de maréchal sur les champs de bataille de Guastalla, Lawfeld, Raucoux, Hastembek, etc. Le cardinal Fleury disait de lui « qu'il entrait dans les escadrons comme *dans du beurre* » (de Luynes). C'est au siège de Prague qu'il avait montré la valeur la plus brillante. Aussi modeste que vaillant, il se déclarait incapable de bien commander un corps de troupe de plus de dix mille hommes (Hardy, 18 décembre 1780). Le maréchal duc de Brissac était donc un guerrier accompli; on a voulu en faire un diseur de bons mots, un paladin des anciens temps, un écrivain fantaisiste jusqu'à l'absurde et pour comble de ridicule on l'a pris pour l'amant de madame du Barry.

Le maréchal de Brissac avait épousé Marie-Josèphe Durey de Sauroy. Il avait eu d'elle trois fils dont il va être parlé.

Voici le portrait du père et celui du fils tracés de la main de témoins oculaires:

Je n'ai vu le *maréchal* de Brissac qu'aux Tuileries, où il se promenait très souvent; il paraissait bien âgé, mais il se tenait fort droit et marchait encore comme un jeune homme. Son costume le faisait remarquer; car il portait toujours ses cheveux nattés, qui formaient deux queues tombant derrière la tête, l'habit long, très ample avec une ceinture au

Cossé-Brissac, avec titre de duché et maîtrise des eaux et forêts, diocèse et élection d'Angers, parlement de Paris, intendance de Tours. On y comptoit 169 feux, à deux lieues et demie S. E. d'Angers, cinq de Saumur. »

Les armes de la famille sont: *de sable à trois fasces d'or, denichées.* bas de la taille et des bas à coins, brodés en or, roulés sur ses genoux. Une toilette aussi antique ne lui donnait rien de grotesque, il avait l'air extrêmement noble et l'on croyait voir un courtisan sortant des salons de Louis XIV. (Madame Le Brun, *Souvenirs,* t. II, p. 253.)

Hardy nous représente Hercule-Timoléon de Brissac, fils du maréchal, assistant aux obsèques de son père; il est poudré à blanc, il lorgne les femmes avec un sans-gêne qui indispose le narrateur, il est déjà ou va devenir l'amant de madame du Barry. Aucune confusion n'est possible entre des personnages aussi différents

Le maréchal duc de Brissac avait eu de son mariage trois fils: l'aîné, Louis-Joseph-Timoléon, comte de Brissac, colonel du régiment de Vivarais, né le 28 avril 1733, fut blessé à la bataille de Rosbach en 1757 et mourut de ses blessures en 1759 sans laisser d'enfant.

Le second, Louis-TIercule-Timoléon, né le 14 février 1734, connu d'abord sous le nom de marquis de Cossé, avait été capitaine au régiment de dragons de Ca 1. Cependant elle est complète dans *les Maîtresses de Louis XV,* par MM. deGoncourt; ils disent: « Madame du Barry fut l'enfant gâté de l'amour... Elle finit par l'adoration d'un chevalier du dernier pair de France!Ce héros d'un autre temps dont l'âme était comme l'habita la mode de Louis XIV... Ce beau vieillard, le dernier courtisan des femmes, élevé dans le monde et presque dans la langue de Clélie et de l'Astrée » Ces comparaisons archaïques ne peuvent s'appliquer à M. de Cossé, et le maréchal n'a pas été épris de madame du Barry, à 75 ans.

11 était en paralysie dès 1750 (de Luynes). 2. Roussel, *Etat militaire.* 3. Nous ne parlons que pour mémoire du troisième fils, PierreEmmanuel-Joseph-Timoléon, appelé le marquis de Thouarcé, né le 15 février 1741, — mort le 27 mai 1756. raman, ensuite guidon des gens d'armes d'Aquitaine, le 23 janvier 1754, et colonel du régiment de BourgogneCavalerie en 1759, gouverneur de Paris et ultérieurement colonel-capitaine des Cent-Suisses du roi, sur la démission de son père en 1775; son état de services montre qu'il avait fait les campages de 1759 à 1766 en Allemagne. Il s'était marié, le 28 février 1760, à Adélaïde-Diane-Hortense-Délie Mancini, seconde fille du duc de Nivernais.

M. de Cossé était d'une haute taille, d'une belle figure, de manières libérales, d'une grande urbanité; chez lui *la droiture* du cœur et l'élévation du caractère suppléaient à l'esprit (d'Allonville). Il était amateur passionné des beaux-arts. Ses collections, aussi riches que nombreuses en livres, tableaux, statues, objets de curiosité et d'histoire naturelle, étaient de véritables musées. Nous en publierons les catalogues que possèdent nos archives.

C'est lui, et non le maréchal son père, qui a été l'amant de madame du Barry.

Ses rapports avec la favorite dataient de loin. On voit par les *Bons du roi,* que « dès le 2 avril 1770, le roi avait donné à M. de Cossé, capitaine des Cent-Suisses de la garde, l'appartement qui avait d'abord été destiné à madame la comtesse du Barry. » A cette pièce est

1. Voy. Suzanne, *Historique du régiment de Bourgogne-Cavalerie*. 2. Lettre du prince de Soubise sur la bataille de Rosbach. « J ai connoissance que M. de Durfort est tué. M. Revel, M. de Cossé, M.de Custine, M. de Beauvilliers, blessés et pris.» (6 novembre 1757, à Freyburg, chevalier de Rohan, prince de Soubise, ministre de la guerre.) 3. Voy. Archives, O.

4. O', 1769. annexé un « plan de l'appartement destiné à M. de Cossé dans la mansarde au-dessus des nouvelles salles à manger du roy » (même date que dessus). Le 1 may suivant, devis de ces travaux, évalués à 10,000 livres, avec cette note: « *le surplus à sa charge* ». Le 16 juin, une lettre de M. de Cossé au sieur Gabriel père, l'architecte du palais de Versailles, annonce la terminaison de cet aménagement d'intérieur. Voici comment elle est conçue:

Le roy m'ayant accordé, Monsieur, l'apartement que devoit occuper madame la comtesse du Barry, j'ai l'honneur de vous proposer d'avancer l'argent nécessaire pour le mettre en état d'estre habité. Je vous serai infiniment obligé si vous voulés bien en prendre le Bon de Sa Majesté et de donner vos ordres en conséquence 1.

Recevés avec certitude, Monsieur, l'hommage de mes sentimens distingués:

Le duc De Cossé.

Telle est probablement l'origine de la liaison qui s'établit dès cette époque entre M. le duc de Cossé et madame du Barry. Ce sont des relations de voisinage qui l'amènent. L'appartement de madame du Barry est donc l'attique située au-dessus de la chambre à coucher du roi; au-delà sont au premier les nouvelles salles à manger et dans les mansardes supérieures on installa le 1. On trouve encore dans les registres des magasins du Roy,— Archives du château de Versailles, — cette mention à la date du mois de mars 1771: « Appartement de M. le duc de Cossé, cidevant de madame de Beauvilliers, »et ces mêmes registres nous apprennent que le logement de madame de Beauvilliers était celui où devait demeurer madame du Barry (janvier 1770); madame la duchesse de Beauvilliers était la première dame d'honneur de madame Adélaïde. *(Alm. royal.)* logement de M. de Cossé, qui, en sa qualité de capitaine des Cent-Suisses de la garde (en survivance), devait veiller sur la personne du roi. C'était un poste de confiance; on imagine aisément ce qui a pu se passer entre un grand seigneur, aux formes accomplies, aux manières galantes, et une favorite avide d'hommages. Un contemporain malveillant a écrit que M. de Cossé était *entièrement livré* à la comtesse du Barry; mais il ne faudrait pas conclure de cette expression de MercyArgentau que M. de Cossé était la *créature de madame du Barry*; c'est pourtant ce qu'ont fait les éditeurs des lettres de Marie-Thérèse.

Etre la créature, ceci supposerait que M. de Cossé dut à la protection de la favorite son existence ou tout au moins des honneurs, des dignités, des places, etc. Or, rien de tout cela n'a eu lieu, au contraire. Ainsi il était colonel du régiment de Bourgogne-Cavalerie dès 1759, il n'est devenu capitaine colonel des Cent-Suisses en titre qu'en 1775, chevalier des ordres du roi en1776, gouverneur de Paris à la même époque, il n'a donc reçu aucune faveur de Louis XV, tant que madame du Barry a été à la cour. Dès lors, l'expression de MM. Arneth et Geoffroy est impropre et blessante pour un homme qui a pu avoir des faiblesses, mais dont le noble caractère n'a jamais été mis en doute.

De 1772 à 1782, dix années s'écoulent pendant lesquelles nous ne savons rien des agissements de M. de Cossé. Nous lisons dans les *Mémoires de Brissot*, « qu'il fut disgracié sous Louis XVI parce qu'il n'avait point 1. Voy. définition du Dictionnaire: personne qui tient sa fortune ou son élévation d'une autre.

2. Tome IV, p. 169, à la note. abandonné madame du Barry dans sa disgrâce (sic), après l'avoir courtisée dans sa fortune. » Ces sentiments sont dignes de M. de Brissac: on peut les lui supposer sans craindre de trop s'avancer, mais nous ne connaissons aucune preuve, aucun indice à l'appui de cette conjecture. Nous ne voyons sa présence constatée ni à l'abbaye de Pont-aux-Dames ni à Saint-Vrain, pas même à Louveciennes. On ne trouve non plus aucune correspondance entre eux pendant ce laps de temps. 11 y a là une lacune dont nous ne pouvons que préciser les limites sans l'approfondir autrement. En 1780, le maréchal de Brissac meurt dans son hôtel, rue Cassette, âgé de quatre-vingt-deux ans(18déc). M. de Cossé mène le deuil qui eut lieu à Saint-Sulpice. Hardy paraît avoir assisté à la cérémonie. Il consigne dans son *Journal* une note de blâme contre M. de Cossé.

Nombre de personnes se scandalisèrent avec raison de voir le sieur duc de Cossé (fils du défunt maréchal) à son convoi, poudré à blanc, la tête nue sans chapeau ni crêpe, et lorgnant avec une affectation déplacée les personnes du sexe qui se trouvaient sur son passage, plutôt que d'y paraître avec la gravité et la modestie qu'exigeait une cérémonie qui avait dû être pour lui doublement lugubre. (18 déc. 1780, p. 384, *mes Loisirs.*)

L'attitude du duc de Cossé n'est pas celle d'un homme qui aurait été déjà absorbé par une passion profonde; il paraît plutôt chercher de nouvelles conquêtes au point de choquer l'honnête et trop scrupuleux libraire Hardy. En 17S3, les choses changent de face tout à coup. Madame du Barry est donnée dans les Nouvelles à la main (les petits journaux du temps) pour la maîtresse avérée du duc de Brissac. On parle même de cette liaison comme d'une chose ancienne et notoire. « On assure, dit l'un, qu'il a fait un enfant à cette belle. » — « Elle a entraîné, dit un autre, dans ses embarras de fortune le duc de Brissac, gouverneur de Paris, avec lequel elle avait formé une étroite liaison». Et tous les deux s'accordent pour prétendre que l'ancienne favorite va être reléguée une seconde fois à l'abbaye de Pont-aux-Dames, ce dont ils semblent se réjouir charitablement; Hardy ajoute même que cette mesure serait motivée sur une lettre adressée par madame du Barry à la reine et conçue en des termes qui auraient mécontenté cette princesse. Tous ces bruits étaient faux, madame du Barry n'a jamais eu d'enfants, pas plus de M. de Brissac que de tout autre. Le gouverneur de la ville de Paris avait, en cette qualité seulement, de grands revenus (40,000 livres), sans parler de son patrimoine montant à plusieurs millions, que les prodigalités de madame du Barry ne pouvaient ébranler. Enfin, la cour était si peu mécontente de cette dernière que peu de temps après elle lui accordait une somme de 1,230,0000 livres, en échange, il est vrai, de 50,000 livres de renies viagères à elle constituées sur l'Hôtel-de-Ville par le feu roi. C'était toutefois une faveur qui lui était octroyée et qui excluait toute idée de disgrâce, et de disgrâce surtout telle que l'envoi au couvent de Pont-aux-Dames par lettre de cachet. Il est probable qu'il n'y avait là qu'une de ces mauvaises plaisanteries familiales aux nouvellistes des *Mémoires secrets*, toujours acharnés contre la victime habituelle du parti Choiseul.

1. *Mémoires secreis,* 5 juin 1783. 2. Hardy, *mes Loisirs,* du 13 juillet 1783.

Vers 1782, madame du Barry aurait fait un voyage en Normandie pour aller y visiter le duc de Brissac, à ce que rapporte M. d'Allonville '.

Le camp de Vaussieux avait mis à la mode les spectacles militaires; le régiment de Condé tenait en 1782 garnison à Bayeux. Il était commandé par le comte du Barry, beaufrère de la courtisane dont les amours flétrirent la vieillesse de Louis XV. Solitaire et délaissée dans son château de Luciennes, cherchant des distractions, elle vint à Bayeux, rendre visite à son beau-frère. Son séjour fut accompagné de fêtes. Une petite guerre fut organisée sur les confins de Huppain et de Commes et attira une foule considérable. Parmi les autres plaisirs qui lui furent offerts, on remarqua un bal magnifique donné par les officiers du régiment de Condé, à l'hôtel de Faudoas dont la galerie extérieure, qui donne sur les jardins, fut convertie en une élégante salle de danse. Huit ans s'étaient déjà écoulés depuis la mort de Louis XV. Madame du Barry avait alors trente-huit ans et sa vie nouvelle n'appelait l'attention que par la protection dont elle entourait les arts. Tout ce que le pays renfermait de plus distingué se rendit sans scrupule à cette fête qui fut signalée parmi les plus brillantes du temps. *(Bayeux à la fin du XVIII siècle,* études historiques, par M. Peset, 1854, p. 52.) 1. *Mémoires secrets,* t. I, chap. m; madame de Savignac et Peset: *Hist. de Bayeux.* 2. D'après l'état de services du ministère de la guerre, M. du Barry n'a jamais fait partie du régiment de Condé, seulement on voit qu'en 1781 il a été nommé brigadier; il a pu avoir le régiment de Condé sous ses ordres.

3. En 1780 une école de canon avait été établie à Commes par ordre du ministre de la guerre. Huppain est à deux kilomètres de Bayeux. 4. Hôtel de Bonvouloir, rue Saint-Nicolas.

VISITE DE M. DE BELLEVAL A LOUVECIENNES

En 1783, pendant un voyage que je fis à Paris, j'allai voir madame du Barry à Luciennesoù on lui avoit permis d'habiter. Elle y vivoit à peu près dans la retraite et n'étoit plus guère visitée que par des étrangers de distinction qui alloient la voir comme le reste le plus curieux du dernier règne. Ce n'étoit plus là comme à Versailles et l'on parvenoit à elle sans difficulté. Elle avoit aux approches de quarante ans alors, et elle étoit aussi belle qu'en 1769. Sa beauté avoit même quelque chose de plus remarquable et de plus complet. Il y avoit huit ans que je ne l'avois vue; je n'eus pas besoin de me nommer et elle me dit comme jadis: « Ah! mon chevau-léger! » mais au lieu de l'éclat de rire d'autrefois, des larmes roulèrent dans ses yeux; je lui rappelois le passé et tout ce qu'elle avoit perdu. Elle s'informa de ma position qui étoit bien augmentée, m'en félicita et ajouta: « Je ne pourrois plus vous demander ce que je puis pour vous. Je crois que vous avez eu tort de toujours refuser; mais aussi vous avez dans M. le duc de Penthièvre un protecteur meilleur que je ne l'aurois été. C'est un honnête et excellent prince. » Ce que je ne pouvois lui dire, c'est que je m'applaudissois de ma conduite et que je n'aurois jamais voulu, quitte à demeurer chevau-léger toute ma vie, devoir des grades ou des pensions à la maîtresse du Roi. Elle revenoit toujours sur le passé dans lequel je vis bien qu'elle se réfugioit le plus possible, car il valoit mieux pour elle que le présent. Quand je la quittai, elle me tendit la main et me dit adieu avec un accent plein de sensibilité. Je partis avec l'idée que je m'étois acquitté uvec elle pour l'affaire de Carpentier. Je ne suis pas retourné depuis à Luciennes. *(Souvenirs d'un chevau-léger,* par M. de Belleval. — Paris, 1866, p. 136.) 1. Née en 1743, elle avait juste 40 ans en 1783.

CHAPITRE V (1784)

REMBOURSEMENT DE PLUS D UN MILLION FAIT PAR LE ROI A MADAME DU BARRY.

Lorsque le fameux *Livre Rouge* fut produit à l'Assemblée constituante, le *Rôdeur,* un journal de l'époque, s'étonnait de ne point trouver sur la liste des pensions les noms de madame de Brienne, de madame du Barri *(sic).* Il en concluait que tous les pensionnaires n'avaient pas été inscrits sur ce registre. « Pourquoi? » ajoutait-il. Et il répondait: « Je n'en sais rien; » — peut-être parce que c'était la liste des faveurs accordées incognito et assignées sur la cassette du roi 1.

Cependant dans le deuxième mémoire du *Livre Rouge,* sous la date du 22 avril 1784, on lit:

Ordonnance au porteur d'un million de livres pour remboursement à compte de un million douze cent cinquante mille livres de comptant à quatre pour cént, dont *la comtesse* fait l'abandon au roi 1,000,000 liv.

23. Ordonnance au porteur de deux cent cinquante mille livres pour compléter le remboursement ci-dessus 250,000 liv. 1. *Le Rôdeur,* 10 décembre 17S9, n» 6.

Le nom de madame du Barry n'est pas prononcé: mais il n'y a pas à s'y tromper. En effet, les minutes de Griveau, le successeur de Lepot d'Auteuil, contiennent, à la date du 23 avril 1784, un acte intitulé: Transport

DE RENTES PAR MADAME LÀ COMTESSE DU BARRY AU ROY.

Voici le libellé de cet acte fort important:

Par devant les... notaires.comparait dame Jeanne Gomard de Vaubernier, comtesse-du R/irry, demeurant ordinairement à Luciennes, étant dè ce jour à

Paris, etc., laquelle a transporté, etc.. au roi, ce Accepté par messire Joseph Micault d'Harvelay, etc., garde du trésor royal,— cinquante mille livres à prendre, en celles créees à 4 p. 100 sur les Aydes et Gabelles par édit.du mois de février 1770, constituées en dix parties de cinq mille livres chacune au principal de 120,000 livres, au-profit de M Denis-André Rouen Desmottes, etc., notaire au Châtelet de Paris, suivant contrat passé devant M Lepot d'Auteuil, etc.

Desquelles dix parties de rente madame la comtesse du Barry est propriétaire au moyen des déclarations que lui en a passées M Rouen par dix actes reçus en minutes par le dit M" Lepot d'Auteuil et ses confrères, le même jour que les contrats sus-dits.

Ce transport a été fait moyennant la somme de douze cent cinquante mille livres que madame la comtesse du Barry reconnaît avoir reçue de M.-4arvelay des deniers à ce destinés, etc.

Tout est précieux dans ls révélations de cet acte. Elles confirment d'aborœelles de l'acte du 31 décembre 1769. A cette date une libéralité énorme a été faite à madame du Barry, et précisément parce qu'elle était considérable, on l'a déguisée. Le prête-nom a été le *notaire* Rouen. Par dix»actes il a reconnu, lui, notaire, la substitution de personnes, et c'est ainsi que les deniers du Trésor public sont venus enrichir la maîtresse du roi.

Mais cette libéralité n'était encore que viagère. Nous avons montré quelles considérations pouvaient, sinon la justifier, au moins l'expliquer, en rendre compte. Ici il n'en est plus de même. A une pension usufructuaire de 50,000 livres, devant faire retour à l'Etat dans un temps plus ou moins éloigné, succède une aliénation, opération toute différente. Capitaliser une rente viagère à 5 p. 100, c'était, en réalité, faire à la créditrentière une donation que l'on peut évaluer ici à un demi-million au minimum. Comment s'expliquer cette largesse insensée de la part de Louis XVI, si peu prodigue par lui-même, si peu favorable à madame du Barry et sévère envers elle jusqu'à l'injustice? Comment comprendre que Marie-Antoinette ait fait trêve à sa constante animosité contre la favorite pour autoriser une pareille dilapidation à cause d'elle? Maurepas n'était plus (14 novembre 1781). D'Aiguillon, toujours en disgrâce? Necker, il est vrai, n'était plus au ministère des finances; mais M. de Calonne y était entré, et avec lui avait commencé *Yorgie financière* (H. Martin) qui devait coûter à la France 487 millions en deux ans!

Le nom de Calonne peut seul faire comprendre le remboursement scandaleux fait à madame du Barry sans motif appréciable, sans prétexte possible. M. de Calonne est un de ceux qui avaient lutté avec le plus d'ardeur contre le parlement de Bretagne. Il avait dû y avoir nécessairement des rapports entre d'Aiguillon et lui, et par suite entre madame du Barry, l'alliée du gouverneur de Bretagne, ensuite du ministre. Là est peut-être le ressort secret que Jeanne Vaubernier aura fait jouer pour obtenir de la complaisance du trop facile Calonne une concession qui était un véritable gaspillage. Nous ne voyons pas qu'il en soit parlé dans les histoires générales . Les documents que nous produisons sur ce point ne sont pas seulement nouveaux, ils sont de la plus incontestable authenticité, et toute leur signification est dans les dates.

Au contrat intervient M. J.-Marc-Antoine de Tournon, marquis de Claveyron, avec lequel s'était remariée Rose-Marie-Hélène de Tournon, veuve du vicomte du Barry. 11 déclare être donataire universel en usufruit de tous les biens de sa femme, qui, comme légataire elle-même de son mari, avait droit à la rente de dix mille francs, constituée par la comtesse du Barry. En cette qualité, il avait formé une opposition entre les mains du conservateur des hypothèques sur le capital des rentes payées à la comtesse. Pour obtenir là main-levée de cette opposition, celle-ci s'oblige à remettre incessamment entre les mains du trésorier des Etats de Languedoc une somme de deux cent mille livres, pour acquérir, dans l'emprunt actuellement ouvert par les Etats, une somme de dix mille livres de rente.

Madame du Barry versa-t-elle les deux cent mille francs, comme elle s'y était engagée? Un grand procès s'ouvrit sur cette question, longtemps après sa mort, dans la contribution ouverte sur sa succession. Nous aurons à en dire quelques mots, par forme d'épilogue. Nous ne voulons, en ce moment, qu'indiquer la difficulté et en préciser l'origine.

1. Voy. Droz, Michelet, Henri Martin.

Trois mois après cette fructueuse opération, madame du Barry règle ses comptes avec divers et notamment avec le duc d'Aiguillon. Le duc donne à son amie quittance d'une somme de deux cent vingt-sept mille livres, prêtée sous le nom d'un sieur Binet de Beaupré, et probablement en réalité par le duc d'Aiguillon.

On remarque dans cet acte les oppositions formées par M. d'Aiguillon sur toutes les valeurs appartenant à madame du Barry et poussées jusqu'au luxe. En auraitil été ainsi, dans le cas où des rapports intimes auraient existé entre eux? Il faudrait que cette liaison n'eût pas exclu la défiance qui n'existe ordinairement à ce point qu'entre étrangers. Au reste, madame du Barry n'était pas mieux traitée par ceux qui lui étaient redevables de véritables bienfaits: nous l'avons vu par la conduite des membres de la famille de Tournon.

CHAPITRE VI (1785)
MADAME DU BARRY CHEZ DON OLAVIDÉS DE PILOS.

La bibliothèque de Blois possède en manuscrits les Mémoires inédits du comte Dufort de Cheverny, en son vivant introducteur des ambassadeurs à la fin du règne de Louis XV (1753 à 17641.) Il n'avait donc pu connaître madame du Barry à la cour, dans son rôle de favorite déclarée, et cependant il a laissé sur elle une page fort intéressante et entièrement ignorée jusqu'à ce jour. Nous allons le laisser parler; nous donnerons ensuite quelques détails sur l'auteur et sur les personnages qu'il met en scène.

Nous mourrions d'envie de connaître la fameuse madame du Barry. Rien n'était si aisé. Elle était pour ainsi dire aux ordres du comte de Pilos, pour lequel elle avait une vénération marquée.

Nous primes donc jour et le comte se chargea de lui-demander si elle voulait venir dîner ce jour-là chez lui. Elle demeurait à sa belle maison de Lucienne que Louis XV lui avait donnée et que Louis XVI lui avait laissée. Nous nous rendîmes donc en petit comité. Il gelait à pierre i. Voy. *Âlm. royal.* fendre. Elle arriva en carosse à six chevaux, seule, entra avec aisance et noblesse. Elle était grande, extrêmement bien faite et était une tres jolie femme de toutes les manières. Au bout d'un quart d'heure, elle fut aussi à son aise avec nous que nous le fûmes avec elle. Ma femme était seule de femme avec elle. Toutes les attentions de madame du Barry furent pour ma femme et pour le maître de la maison; elle fut aussi carressante et aimable pour tout le monde. Le président de Salaberry et le chevalier de Pontgibault, son neveu, y était, ainsi que plusieurs autres; elle fit les frais de la conversation; elle parla de Luciennes; nous savions que c'était un endroit délicieux, tant pour le luxe et la magnificence que pour le goût. Elle nous invita à venir le voir et à venir dîner avec elle; elle fit tous les frais. Nous n'acceptâmes la partie qu'indéfiniment. Son joli visage était un peu échauffé. Elle nous dit qu'elle prenait un bain froid tous les jours. Elle nous fit voir que sous une longue plisse fourrée elle n'avait que sa chemise et un manteau de lit très léger. Elle portait tout avec une si grande magnificence, reste de son ancienne splendeur, que je n'ai jamais vu de batiste plus belle. Elle voulut absolument que nous touchâmes ses cottes, pour nous assurer combien le froid lui était utile. Le dîner fut charmant; elle en fit tous les frais. Elle nous conta cent histoires de Versailles, toutes arrangées à sa manière, et elle était fort intéressante à entendre. Apercevant la croix de Cincinnatus à Pontgibault, voici ce qu'elle nous conta: «Dans le temps que j'étais à Versailles, mon nom faisait une grande impression, j'avais six laquais qu'on appelait valets de pied, les plus beaux qu'on avait pu trouver; mais c'étaient les domestiques les plus indisciplinés, les plus tapageurs qui aient existé. Celui qui menait les autres en fit tant qu'il sentit bien que je serais obligée de le renvoyer. C'était au commencement de la guerre d'Amérique; il vint me trouver et me demanda des lettres de recommandation, je les lui donne et il part, la bourse bien garnie, et moi trop heureuse d'en être débarrassée. Il y a un an, il entre chez moi et se présente avec la croix de Cincinnatus.» Celle histoire fit rire tout le monde, excepté le chevalier de Pontgibault.

La conversation après diner fut plus sérieuse. Je la mis sur la voie de plusieurs choses qui avaient trait à elle. Elle fut d'une franchise charmante à l'égard du duc de Choiseul; elle montra du regret de n'avoir pas eu son amitié; elle nous conta tous les frais qu'elle avait faits pour l'obtenir et elle nous dit que, sans sa sœur, la duchesse de Gramont, elle en serait venue à bout; ne se plaignant de personne et ne disant aucune méchanceté. Je lui rappelai certaine anecdote où j'avais eu part par la Borde, premier valet de chambre du Hoi, qui lui était fort attaché. Dans cette circonstance, j'avais fait des démarches très vives pour obtenir à Rousseau la place de receveur de la ville, que Buffault avait eue de préférence. Elle me rendit raison de tout, m'expliqua ce qui l'avait engagée à refuser cette proposition et finit par me dire: «Pourquoi n'êtes-vous pas venu me trouver? — J'en avais chargé la Borde. — Croyez-vous que, dans la place que j'avais, je dusse effrayer un galant homme? Je ne voulais qu'obliger tout le monde. Ah! si M. de Choiseul avait voulu me connaître et ne pas se livrer aux conseils de gens intéressés, il serait resté en place et il m'en serait rejailli quelques bons conseils; au lieu que j'ai été obligée de me livrer à tous gens qui avaient intérêt de nous perdre, et le Roi ne s'en est pas trouvé mieux.»

A six heures, elle nous quitta, aussi lestement qu'elle était arrivée, nous laissant l'impression qu'elle avait eu le bon esprit dn rentrer dans un état mitoyen, avec une bonhomie sans exemple, qu'elle avait dû être une maîtresse charmante, et notre étonnement cessa sur le rôle qu'elle avait joué vis-vis d'un homme de 04 ans, blasé sur tous les plaisirs. Sa conversation ne nous laissa aucun déboire. Enfin je la peins lelle (lne je l'ai vue et nous nous en trouvâmes si bien que nous dînâmes une seconde fois avec elle chez le comte de Pilos. (Page 178 des Mémoires.)

M. A. Dupré, bibliothécaire de la ville de Blois, a bien voulu nous donner sur le manuscrit et sur son auteur des éclaircissements que nous sommes heureux de reproduire:

Le manuscrit en question, dit-il, n'est pas précisément un journal, il renferme simplement les souvenirs auto-biographiques de M. Dufort, comte de Cheverny, domaine et château situés aux environs de Blois. Ce gentilhomme fut nommé introducteur des ambassadeurs avant le ministère de M. de Choiseul, en 1751, il n'avait encore que vingt ans. Il devint lieutenant général au gouvernement de l'Orléanais pour le pays Blésois. Il obtint cette dernière charge par le crédit de madame de Pompadour dont il parle en bons termes. C'était un de ces hommes sans conviction qui s'accommodent volontiers de tous les régimes, pourvu qu'ils y trouvent le compte de leur ambition et de leurs calculs égoïstes. Le comte Dufort écrivit ses Mémoires, non pas au jour le jour, mais seulement en 1795, lorsque, déjà avancé en âge, il vivait retiré dans son château de Cheverny, près Blois, où il eut la chance d'échapper aux proscriptions de la Terreur. Il raconte les premières années de sa vie et poursuit son récit jusqu'au temps où il a écrit. Outre son autobiographie, il fait de fréquentes digressions sur les événements généraux de l'époque et particulièrement sur la cour de Louis XV. Son manuscrit renferme des anecdotes très graveleuses, qui peignent bien la corruption des mœurs dont les grands se faisaient gloire. Lui-même était, comme on le voit par ses récits, un franc libertin, ami de Voltaire et des philosophes, ainsi que la plupart des nobles de son temps.

Il semble que M, de Cheverny tenait pour le duc de Choiseul; car il fait l'éloge de ce ministre qui lui avait rendu des services; il fut même un des courtisans de son exil et fit le voyage de Chanteloup. On voit aussi qu'il tenait pour les parlements et désapprouvait les mesures violentes attribuées au chancelier Maupeou, à rencontre de ces compagnies opposantes. Quant au duc d'Aiguillon il n'en dit pas un seul mot.

Don Pablo-Antonio-Jose Olavidez comte de Pilos, chez lequel se passa l'entrevue entre le comte et la comtesse de Cheverny et madame du Barry, était né à Lima en 1725; il mourut en 1803, après une vie orageuse semée d'aventures qui ont fait de son histoire un véritable roman.

Il avait épousé Dona Isabelle de Los-Rios. Possesseur d'une grande fortune, qu'il devait à des spéculations aussi heureuses que hardies sa maison de Madrid était devenue le centre des réunions les plus à la mode; son esprit, ses manières élégantes, son entrain avaient fixé l'attention sur lui. On jouait dans ses salons à Madrid, *Zaïre* et *Mérope, Ninette à la Cour* et *le Peintre amoureux de son modèle.* L'Inquisition laissait faire et ne disait rien. Mais tout à coup, en novembre 1776, le comte de Pilos fut arrêté et plongé dans les cachots du Saint-Office. Le prétexte de cette mesure rigoureuse était que, pendant une épidémie, il avait empêché qu'on ne sonnât les cloches. Il répondait pour sa défense qu'il avait voulu préserver les contrées menacées du fléau, de l'alarme que le son du toscin aurait pu y répandre. Cette raison aurait été suffisante pour le disculper, mais au fond il y avait à son incarcération des motifs secrets qu'on n'avouait pas. Il était de l'école de Voltaire, de Housseau et des philosophes; là était son véritable crime. Il avait eu aussi le tort non moins impardon 1. Il avait notamment défriché, peuplé et civilisé la SierraMorena.

nable d'avoir coopéré à l'expulsion des jésuites, ou de l'avoir approuvée. Aussi, après une procédure longue et ténébreuse, il comparut devant une commission du tribunal de l'inquisition, revêtu d'un habit de serge jaune, un cierge de cire verte à la main. Il succomba et n'échappa que difficilement à la mort, ayant été déclaré *hérétique* dans toutes les formes. Seulement on lui fit payer cher la vie, et voici quelles furent les peines étranges portées dans la sentence. Don Olavidez de Pilos fut condamné: 1 A être enfermé huit ans dans un monastère de la Manche et à y être soumis à la discipline la plus rigoureuse. (Jeûnes, prières à genoux, exercices religieux sous la surveillance de deux moines qui ne devaient pas le quitter et lui feraient réciter son chapelet, avec sept *Ave Maria* et son *Credo.*) 2 A être exilé pour le reste de ses jours à vingt lieues de toute habitation royale ou de toute grande ville, notamment de Séville, de Lima sa patrie. 3 A ne posséder à l'avenir aucun emploi ni titre honorifique. 4 A ne pas monter à cheval ni en voiture. 5 A ne porter que des habits de serge grossière, le drap, la soie, le velours lui étant défendus et la couleur jaune lui étant imposée, comme souvenir du SanBenito qui lui-même représentait la paille du bûcher. 6 Et, après une abjuration solennelle, à faire amende honorable, sans préjudice de la confiscation des biens qui était de droit. Ce mélange de pénalités disparates, empruntées les unes aux dispositions les plus dures du droit criminel, les autres aux pénitences grotesques du moyen âge, soulevèrent l'étonnement et l'indignation de l'Europe du xviii siècle. On ne pouvait comprendre tant de férocité froide avec tant de puérilités mesquines. La farce se mêlait au drame. Olavidès fut inscrit dans le martyrologe du fanatisme à côté de La Barre, Calas et Sirven. Cependant il subit sa peine pendant trois années. Il obtint alors la permission d'aller pour sa santé aux eaux dans la Catalogne; il parvint à s'évader et se réfugia en France, c'était en 1780. Là il fut accueilli comme un martyr de l'Inquisition, consolé par les philosophes, célébré par les poètes 1, acclamé par tous les hommes d'esprit et de cœur. Le gouvernement espagnol trouva le moyen d'ajouter à ses extravagances et à ses torts, il réclama du gouvernement français l'extradition du comte de Pilos. Louis XVI, quoique d'une religion fort étroite, refusa, par cette raison judicieuse que le prison 1. Roucher, à la fia de son poème, lui a consacré ce souvenir: Ainsi mes vers chantoient la marche de l'année

Que de l'Ibère enfin la pieuse furie
Flétrissoit un vieillard l'honneur de la patrie
Et solennellement replaçoit aux autels
L'Hydre avide de l'or et du sang des mortels.
(roucher, *les Mois,* chant xu«.)

Marmontel dit aussi dans son discours sur *l'Espérance de se survivre:*

Hélas! puisse de même, au comble de l'outrage,
Se sentir revêtu de force et de courage
Le citoyen flétri par l'absurde fureur
D'un zèle mille fois plus affreux que l'erreur!
Au pied d'un tribunal que la lumière offense,
Accusé sans témoins, condamné sans défense
Pour avoir méprisé d'infâmes délateurs.
En peuplant les déserts d'heureux cultivateurs,
Qu'il regarde ces monts où fleurit l'industrie,
Et fier de ses bienfaits qu'il plaigne sa patrie.
Le temps la changera comme il a tout changé:
D'une indigne prison Galilée est vengé.
(Vol. *Mélanges,* p. 554.) Reconnu par la Convention comme citoyen adoptif de la R. F, nier évadé n'avait commis aucun acte puni en France comme un crime.

Le comte de Cheverny avait fait la connaissance du comte Pilos, dès l'année 1756, aux eaux de Bagnèresde-Bigorre.

Plusieurs fois ce personnage, qui n'était pas encore illustré par la persécution, était venu en villégiature à Cheverny. La liaison était donc lointaine et intime entre eux. On pense bien que l'acharnement inique de l'Inquisition et la menace suspendue au-dessus de la tête de don Pilos n'avait pu que resserrer cet attachement de vieille date. Le comte et la comtesse de Cheverny furent donc les hôtes assidus du bel hôtel que don Olavidès habitait rue Sainte-Apolline, n 31, hôtel qui avait vue et jardin sur lé boulevard. Là, le comte espagnol oubliait ses malheurs « au milieu, dit Grimm, de nos spectacles, de nos philosophes, de nos Aspasies et quelquefois même de nos Phrynés ».

Madame du Barry était une des habituées de la maison; elle avait, nous a dit M. Dufort, une *vénération marquée* pour le comte de Pilos; elle était à ses ordres. Elle se rend donc à son premier appel et arrive, malgré la rigueur du froid, dans son carrosse à six chevaux. Elle entre... Ce qui frappe tout d'abord le narrateur, c'est l'aisance et la *noblesse* de son maintien. Rapprochement remarquable! Cette expression est celle du premier et du plus véridique des portraitistes de Jeanne, du rédacteur anonyme des Rapports de M. de Sartine'.

1. Supplément à la *Correspondance de Grimm et Diderot.* Buisson, 1814, p. 388. 2. Voy. notre premier volume, p. 81.

L'homme de cour se rencontre donc ici avec l'homme de police. Ils signalent chez madame du Barry une distinction qu'ils traduisent par le même mot alors en usage pour exprimer une certaine dignité dans les manières. Tous ceux qui ont écrit sur cette femme ont été étonnés « que, sans y avoir été élevée, elle eût pris le ton et les manières des femmes dela cour », le prince de Ligne, M. de Belleval, auquel nous empruntons ce passage, et M. d'Allonville, M. de Baltus, madame Le Brun. Nous croyons en avoir donné l'explication dans l'initiation aux habitudes du monde qu'elle avait reçue chez madame de la Garde, surtout chez Jean du Barry.

M. Dufort ajoute un détail qui précède cette remarque. Madame de Cheverny était seule de femme, ditil; toutes les attentions de madame du Barry furent pour elle et pour le maître de la maison, et il ajoute: « Elle fut aussi caressante et aimable pour tout le monde. » C'est le propre d'une personne bien élevée. Polie envers tous, plus spécialement attentionnée pour les personnes éminentes qui méritent cette déférence particulière. L'auteur des Mémoires cite les noms de deux des convives: M. de Salaberry, M. de Pontgibaud.

Gharles-Victor-François de Sallaberry ou Salaberry d'Yrumberry, d'une famille basque d'origine, était cependant né à Paris vers 1730. Il était devenu président à la Chambre; nous dirions aujourd'hui à la Cour des comptes. C'était un magistrat homme du monde. On a conservé le souvenir de comédies d'amateurs jouées chez les célèbres demoiselles Ver 1. Voy. premier volume, p. 86.

rièresi, où il remplissait certains rôles. Ces charmantes sœurs, qu'on appelait les Aspasies du siècle, avaient un théâtre de société pour lequel Golardeau écrivait des pièces: il était tout à la fois et tour à tour auteur et acteur de la troupe. On dit même qu'il était l'amant de l'aînée, belle, spirituelle et de plus fort coquette. « On donna, disent les *Mémoires secrets* de la République des lettres, *la Surprise de l'amour,* de Marivaux. M. Colardeau représentait le comte, Lubin son valet était le président de Salaberry, Lisette était mademoiselle de Verrières l'aînée. Le tout a été passablement joué. »

Le chevalier de Pontgibault (ou Pontgibaud) était le neveu du président de Salaberry. Il appartenait à la sénéchaussée d'Auvergne. Il figure dans les listes des baillages en 1789 sous les noms de Gilbert-François de Moré de Pontgibaut. Il était né le 21 avril 1758 de César Moré Chaulnes, comte de Pontgibaud, et de MarieCharlotte de Salaberry.

Le chevalier de Pontgibaud fut un des volontaires qui suivirent M. de La Fayette dans sa croisade en faveur des colonies d'Amérique insurgées.

C'était à la fin de 1776, M. de La Fayette avait dixsept ans et demi, M. de Pontgibaud avait à peu près le même âge. Il s'embarqua sur le navire VArc-en-Ciel à Nantes; après avoir fait naufrage et avoir échappé miraculeusement aux Anglais, il parvint à sa destination. 11 fut attaché comme aide de camp à l'état-major de 1. Leurs nom et prénom véritables étaient Marie et Geneviève Rintcnu. L'une d'elles était la bisaïeule (le madame George Sand. (Yoy. *Théâtre des demoiselles de Verrières*, par Adolphe Jullien, 1875.)

III 4

La Fayette et le suivit dans toutes les péripéties de la guerre de l'Indépendance. Il revint en France au milieu de la campagne et retourna une seconde fois en Amérique jusqu'au 3 février 1783, date du traité de paix définitif. M. de Pontgibaud a laissé des Mémoires intéressants qui ont été publiés et où l'on trouve le récit de ses aventureuses expéditions « Ces mémoires, a-t-on dit, sont écrits avec l'humour et presque le style d'une nouvelle de Sterne. » On y remarque en effet de la facilité et de l'agrément, et, pour la guerre de 1777 à 1782, ils ont un véritable intérêt historique.

L'auteur a parlé de la société de Cincinnatus. Il raconte comment il en reçut l'emblème des mains mêmes de M. de La Fayette, dans le passage suivant qui nous ramène à notre sujet:

Un des premiers actes de cette nouvelle République fut de fonder l'ordre de Cincinnatus et de le fonder héréditaire. C'était un ruban bleu de ciel moiré, bordé d'un liseré blanc et au bas duquel on voyait un aigle d'or émaillé, les ailes éployées.

Il arriva à M. le marquis de La Fayette une pacotille de douze aigles pour distribuer à lui et aux Français ses compagnons d'armes. Je fus un des douze qu'il honora de cette marque de distinction. Pour juger combien elle était flatteuse, il faut se transporter à l'époque. Je crois me rappeler que le comte de Rochambeau reçut aussi trente-six aigles 1. Sous ce titre *Mémoires du comte de M...* , Paris, 1828, Victor Thiercelin, 1 vol. in-8. Bibliothèque nationale, Ln, 27, 13098.

2. Balch, *les Français en Amérique.* 3. Pour marquer de l'union entre l'Amérique et la France. *(Considérations fur l'ordre des Cincinnati,* par Mirabeau, p. 12b.) de Cincinnatus pour lui et les principaux officiers de son corps d'armée.

Les réclamations en droits oi en prétentions ne tardèrent pas arriver, ainsi qu'il en est de ces sortes de signes dans tous les temps en France depuis Louis XIV. La marine française en demanda avec juste raison, de sorte qu'au bout d'un an je ne voudrais pas jurer que Beaumarchais lui-même n'en ait pas été gratifié, — le plus petit point de contact avec les Américains avait fini par devenir un titre.

Je reçus donc des premiers l'ordre de

Cincinnatus et avec un sensible plaisir. (P. 192.)

On voit que M. de Pontgibaud avait sur la médaille de Cincinnatus des idées fort raisonnables, il ne s'en exagérait pas le mérite. Sans dissimuler le plaisir que lui avait causé l'envoi de cette distinction, à lui décernée par M. de La Fayette, il montre l'abus qui en avait été fait, les ambitions qui s'éveillent, les réclamations 1. Les officiers de l'armée américaine ayant la plus haute vénération pour le caractère de cet illustre romain, LuciusQuintus Cincinnatus et étant résolus de suivre son exemple en retournant à leur domicile, ils pensent qu'ils peuvent avec convenance se dénommer *Cincinnatus*.

Suit la description de la médaille dont la première partie est déjà donnée par M. de Pontgibaud, et qui continue ainsi: La principale figure est celle de Cincinnatus; trois sénateurs lui présentent une épée et d'autres attributs militaires; au fond et plus loin, sa femme à la porte de sa chaumière; près d'elle sa charrue elles instruments du labourage; autour: *Omnia reliquit servare Rempublicam.* Sur le revers: le soleil levant, une cité avec les portes ouvertes et des vaisseaux entrant dans le Port; la Renommée couronnant Cincinnatus et cette inscription: *Virtuiis prsernium*; au-dessous: deux mains jointes supportant un coeur avec le mot, *Esto perpetua*; autour du tout: *Societas Cincinnatorum instituta A. D. 1183. (Considérations sur l'ordre de Cincinnatus ou Imitation d'un pamphlet anglo-américain,* par le comte de Mirabeau, etc. Londres, Jonhson, 1785.) qui se produisent. Beaumarchais lui-même, qui avait eu des démêlés commerciaux avec les Américains, mis sur les rangs pour l'obtenir. La critique de madame du Barry était donc au moins superflue; ajoutons que cette critique tombait complètement à faux. La société Gincinnatus n'avait rien de commun avec les ordres de chevalerie; la médaille n'était pas une croix comparable à notre croix de Saint-Louis, du Saint-Esprit et autres insignes militaires. M. le comte de Cheverny s'y est trompé comme madame du Barry, si elle a tenu le langage qui lui est prêté dans cette relation, les Cincin-

nati étaient:

An association, constitution and combination of the generals and other officers of the army who have served three years or were discharged by the Congress, into a society of friends to perpetuate the memory of the Revolution and their own mutual Friendship, etc. *(Constitution des Cincinnati,* par Mirabeau.)

Washington était président général de l'association. Le caractère de l'association de la société de Gincinnatus était défini. Le récit de madame du Barry ne prouvait qu'une chose: la parfaite ignorance de ce dont elle parlait. Pour en faire partie, il fallait avoir été général ou officier dans l'armée américaine. Son ancien valet de chambre avait donc gagné ce grade. Il 1. Une association, constituée et organisée entre les généraux et autres officiers de l'armée qui avaient servi pendant trois ans ou qui avaient été réformés par le *Congrès*, lesquels se rassemblent dans une société d'amis destinée à perpétuer la Révolution et leur propre confraternité, etc.. (tes *Cincinnati,* p. 3).
2. Déjà les Cincinnati ont conféré l'honneur et les prérogatives de leur association à l'ambassadeur de France, à M. Gerard, cidevant ministre plénipotentiaire de cette puissance, aux gênea-vait servi honorablement au moins dans une guerre sérieuse, il était dès lors réhabilité, comme tant de soldats de 92 qui de conditions très humbles devinrent des généraux illustres ou des officiers supérieurs distingués sous la République ou l'Empire. Et d'ailleurs était-ce à madame du Barry de se montrer si sévère, elle qui était la fille, la petite-fille, la bellefille de domestiques et qui avait elle-même porté la livrée royale dans des circonstances encore bien autrement déshonorantes. M. de Pontgibaud était un homme d'esprit capable de lui répondre et de la faire repentir de sa petite malice ou de son étourderie. Les rieurs n'auraient pas été du côté de l'ex-favorite, ancienne soubrette chez madame de la Garde.

Cette mention de la médaille des Cincinnati prouve qu'on était au moins en 1784, puisque l'asssociation s'était fon-

dée en 1783 et que déjà une année s'était écoulée depuis que l'ancien domestique s'était présenté chez sa maîtresse.

On se met à table: le dîner est charmant, madame du Barry en fait tous les frais. Elle conte cent histoires de Versailles. Elle parle de Louveciennes, elle invite les convives de M. d'Olavidès à venir la voir dans le lieu de son délicieux exil et à dîner avec elle. Elle était, dit M. de Cheverny, fort intéressante à entendre: ne se plaignant de personne et ne disant aucune méchanceté raux français qui sur terre et sur mer ont combattu pour les Américains, aux colonels de l'armée employée dans le continent et aux capitaines de vaisseau des flottes françaises. *(Les Cincinnati,* p. 12).
1. Elle montrait la vertu rare parmi son sexe de ne jamais dire de mal de personne et de ne jamais se permettre les

Après le dîner, la conversation devient plus sérieuse; le nom du duc de Choiseul est prononcé 1 Madame du Barry se montre d'une grande franchise. Elle persiste dans le langage qu'elle a toujours tenu, sans jamais varier; elle regrette de n'avoir pas eu l'amitié du ministre; elle raconte tous les frais qu'elle a faits pour l'obtenir; elle s'en prend enfin à la duchessede Gramont, affirmant que sans l'opposition de celle-ci elle serait venue à bout de son frère, et ce sans aucune amertume, ajoute-t-elle: « Si M. de Choiseul avait voulu me connaître... il serait resté en place? » On connaît notre conviction à cet égard. La chute de M. de Choiseul a tenu à bien d'autres causes! nous croyons l'avoir démontré. Madame du Barry se serait donc ici vantée d'une influence qu'elle n'a pas exercée sur les événements. Mais il faut faire attention que c'est un partisan du duc de Choiseul qui tient la plume, qu'il écrit longtemps après cette rencontre et qu'il peut bien être tombé dans la redite familière à son parti.

Notons en passant un joli mot que l'on doit savoir gré à M. de Cheverny d'avoir retenu et conservé. Madame du Barry termine son explication sur la place de receveur de la ville qu'elle avait fait avoir à Buffaut et elle dit à son interlocuteur: — « Pourquoi n'êtesvous pas venu me trouver? — J'en avais chargé la Borde, dit le comte. » Et. elle: « Croyez-vous que dans la place que j'avais je dusse effrayer un galant homme! » plaintes ou les reproches qu'un sentiment bien naturel de vengeance pouvait lui suggérer contre ses envieux calomniateurs. *Anecdotes,* p. 153).

i. Buffaut prenait le titre suivant: «Ecuyer, receveur général des domaines, dons, octrois et fortifications de la ville de Paris, conseiller du Roi en l'Hôtel-de-Ville. »

Cette réplique sent en plein son xvin siècle, si ce n'est pas de l'esprit littéraire, c'est au moins un compliment de cour bien tourné et auquel il était impossible de ne pas se rendre.

On ne se serait guère douté, sans le témoignage irrécusable de M. de Dufort, que, au temps de madame du Barry, on pratiquait l'hydrothérapie et qu'elle fût une adepte fidèle de cette méthode ressuscitée de nos jours; il est facile de s'en rendre compte: elle avait une tendance à la couperose, c'est ce que disent M. de Dufort, madame Le Brun et le grand portrait laissé par cette dernière. Le régime des personnes atteintes de cette affection doit consister, disent les livres de médecine, à éviter une température trop élevée. Madame du Barry, suivant madame Le Brun, ne portait plus, l'été comme l'hiver, que des robes et des peignoirs de percale ou de mousseline blanche. Tous les jours, quelque temps qu'il fît, elle se promenait dans son parc ou au dehors, sans qu'il en résultât pour elle aucun inconvénient, tant le séjour de la campagne avait rendu sa santé robuste. Madame Le Brun attribue ces habitudes à la simplicité que la comtesse avait adoptée dans sa toilette et sa façon de vivre. Mais on voit par le récit de M. de Gheverny qu'il y avait là un véritable traitement thérapeutique, un bain froid tous les jours et un costume tout particulier que l'on ne peut s'expliquer que par des raisons d'hygiène. Elle fait toucher aux autres convives ses cottes, c'est-à-dire ses jupes, pour leur montrer combien elles sont légères et combien le *froid* lui est utile. C'est précisément ce que nous avons essayé d'expliquer au point de vue médical.

Nous ne reproduisons pas la conclusion du récit, nous y renvoyons; elle est saisissante et forme la meilleure apologie de l'ancienne favorite. C'est un homme du monde qui parle, un partisan des Choiseul, et il ne trouve que des éloges à prodiguer à celle que son parti avait si longtemps traînée dans la boue du ruisseau; sa conversation irréprochable, sa bonhomie, sa résignation sans exemple sert donc d'excuse à la faiblesse de Louis XV qui, blasé sur tous les plaisirs, a pu trouver un renouveau de jeunesse dans cette maîtresse charmante:

Je la peins telle que je l'ai vue, dit M. de Cheverny, etnous en trouvâmes si bien que nous dînâmes une seconde fois avec elle chez le comte de Pilos.

Qu'on relise le passage de d'AUonville, ce sont les mêmes idées, presque les mêmes expressions, quoique les sources soient différentes.

I
CHAPITRE VII (1786)
MADAME DU BARRY ET L'AFFAIRE DU COLLIER

Nous avons déjà dit que madame du Barry avait eu le bonheur d'échapper aux dangers que présentait pour elle la découverte des escroqueries de la dame Cahiiet de Villers, son amie intime. Son nom, en cette circonstance, n'avait pas même été prononcé. Il n'en fut pas ainsi dans le trop fameux procès dit *du Collier.* On mit une insistance extrême à l'envelopper dans une accusation qui coûta la liberté, au moins provisoire, à tant de personnes aussi étrangères que l'ancienne favorite aux machinations de la dame de la Motte. On prétendit d'abord que le collier de brillant dit en esclavage avait appartenu à madame du Barry avant de passer dans les mains de Bœhmer et de Bassange. Nous avons fait déjà justice de cette fable, que l'on trouve consignée dans la *Correspondance secrète de Metra* On a cherché en outre à insinuer que la fausse correspondance entre la reine et le cardinal avait été fabriquée chez madame du Barry. C'était là, au point de vue politique, le
1. Vol. XVIII, 24 août 178«.

côté le plus grave de l'affaire. Sous les apparences d'une escroquerie vulgaire, il s'agitait en réalité une question de lèse-majesté qui primait tout; de là les lettres supposées tantôt entre le cardinal et la reine, tantôt entre le cardinal et l'impératrice Marie-Thérèse. La justification sur ce dernier point était aussi facile pour madame du Barry que pour le cardinal. MarieAntoinette avait épousé le dauphin le 16 mai 1770; le prince Louis n'était parti pour son ambassade de Vienne que le 6 janvier 1772. 11 y avait donc impossibilité morale dans le premier cas, et matérielle dans le second; aussi la calomnie en fut pour ses frais de mensonge: madame du Barry ne fut point inquiétée de ce chef, mais elle avait été acteur et témoin dans une dés scènes préliminaires jouées par la dame de la Motte; elle fut citée et dut comparaître à la Bastille (?), où se faisait l'instruction. On trouvera sa déclaration reproduite *in extenso* aux Pièces justificatives.

En resumé, elle raconta que, vers 1782, la dame de la Motte était venue à Louveciennes l'implorer et la supplier de faire parvenir au roi un mémoire qu'elle se proposait de lui adresser. Il s'agissait de terres données à ses ancêtres par Henri II, retournées au domaine royal, et dans lesquelles elle prétendait rentrer.
1. On lit dans les *Mémoires justificatifs* de madame de la Motte; « On voit par la justification du cardinal qu'il étoit plus que soupçonné *d'avoir fabriqué chez la du Barry* les lettres dont il est fait mention... P. 31.) » C'était là le grand grief de la reine contre le prince de Rohan. Beugnot, *Mémoires:* « 11 avait aux yeux de Marie-Antoinette l'irréparable tort d'avoir peint de couleurs assez vraies, lorsqu'il était ambassadeur à Vienne, l'archiduchesse, alors destinée au trône de France. Cette conduite d'un honnête homme était devenue le tourment de sa vie. » *Aff. du Collier,* t. I, p. 55.)

La première réponse que fit madame du Barry, c'est qu'elle ne voulait se mêler en aucune façon de cette affaire. Cependant, vaincue par les instances et les larmes de la sollicitante, elle consentit à prendre le placet et le déposa sur sa cheminée, dans la ferme résolution de n'en faire aucuu usage; malheureusement, elle se tint parole à elle-même, et elle brûla bientôt une pièce qui aurait pu devenir importante.

Elle ajouta qu'ayant entendu dire que l'acte remis par madame de la Motte aux joailliers était revêtu de la signature *Marie-Antoinette de France,* elle s'était écriée: « Mais il n'y a pas là un faux, c'est sa signature, et elle rappela le mémoire qu'elle avait entrevu et qui était signé, à ce qu'elle croyait, *Marie-Antoinette de France, de Saint-Remy de Valois, femme du sieur de la Motte,* garde du corps du comte d'Artois. »

Madame du Barry devait se tromper: Faîtière descendante de Henri II était trop enivrée de sa royale bâtardise pour mélanger à son nom celui des Bourbons qu'elle considérait sans doute comme fort audessous des Valois. Mais, erronée ou non, la déposition de madame du Barry était plutôt favorable à madame de la Motte que contraire à ses intérêts. Elle lui ouvrait une porte de salut en disant qu'il n'y avait pas de faux de sa part, puisqu'elle aurait eu l'habitude de signer: *Marie-Antoinette de France:* l'inculpée repoussa ce secours bienveillant avec hauteur. Elle n'avait pas, ditelle, l'air d'une suppliante, ni les larmes aux yeux. Elle n'était pas non plus dans le cas de demander de grâces à personne, puisque Madame (sans doute de Provence), et madame la comtesse d'Artois, ainsi que plusieurs dames de la cour, s'intéressaient à elle. Son but en allant à Louveciennes « n'étant point du tout d'implorer la protection de madame du Barry auprès du roi, elle n'était mue que par le désir de la voir et de faire connaissance avec elle d'après la façon honnête dont elle avait bien voulu recevoir, quelques jours auparavant, le neveu d'elle, madame de la Motte, qui était page chez Monsieur. »

Puis elle présenta une hypothèse ingénieuse pour expliquer la confusion que le témoin avait pu commettre. « Ayant dit dans la conversation qu'elle s'appelait *de Valois,* madame du Barry parut étonnée, ne croyant pas que ce nom fût encore porté en France; à quoi l'accusée répondit qu'elle le portait à juste titre, puisqu'elle avait été reconnue en 1776 descendante de la maison de Valois, et qu'elle tira en même temps de sa poche un mémoire généalogique de cette maison; que c'était sans doute cette pièce que madame du Barry avait prise pour une pétition. »

Quoique empreinte d'une'certaine fierté, cette réponse cependant était polie. Elle n'avait rien de désobligeant pour madame du Barry dont on louait les façons honnêtes, la bienveillance. L'appréciation de la dame de la Motte changera bientôt de caractère et deviendra progressivement hostile jusqu'à l'insulte.

L'ancienne favorite avait un de ces noms qui ont le privilège de captiver l'attention du public. Lorsqu'on sut que madame du Barry avait été entendue comme témoin dans la grande affaire qui occupait tous les esprits, on s'empressa d'en faire une spéculation de librairie et de comprendre sa déclaration dans un 1. Alors, pourquoi madame de la Motte aurait-elle laissé ce mémoire généalogique entre les mains de madame du Barry à Louveciennes? ouvrage intitulé: *Recueil de pièces* Authentiques Et Intéressantes *pour servir d'éclaircissement à l'affaire concernant le cardinal prince de* Rohan, avec ces mots en évidence: Déposition De Madame Du Barry. Strasbourg, 1786, in-8 de 52pages.— Il se présentaittoutefois une difficulté: la procédure était alors secrète, comme elle l'est encore de nos jours. Il était donc impossible de connaître une déclaration gardée sous les clés de la Bastille. Aussi la version de ce factum est-elle entièrement imaginaire. Nous la reproduirons à côté de la déposition véritable de madame du Barry, pour montrer jusqu'où peut aller l'audace des falsificateurs, et à quel point il faut s'en défier. D'autres s'amusèrent de cet interrogatoire et ils en rirent franchement. Voici ce qu'on lit dans la *Correspondance secrète sur le règne de Louis XVI:*

L'interrogatoire de madame du Barry a été fort gai. Lorsqu'on lui a demandé son nom, elle a répondu: « Mon nom ne fait rien à l'affaire. Vous ne pouvez, au reste, l'avoir oublié; je suis connue depuis longtemps. —Votre âge? — En vérité, la question n'est pas trop polie; on n'a jamais demandé l'âge à une jolie femme. — Eh bien, si Madame refuse, on n'a qu'à mettre cinquante ans. — Pourquoi pas soixante? Cela rendrait l'interrogatoire tout à fait intéressant. » Ce n'est qu'une caricature non déguisée; elle a toutefois un avantage, c'est de nous montrer quelle idée on se 1. Dans le *factum* pour Cagliostro, signé par M" Thilorier, l'accusé, alors enfermé à la Bastille, rapporte l'interrogatoire qu'il a subi le 30 janvier 1786, et il l'accompagne de cette note, p. 30: « Il a été écrit de *mémoire,* mais ma mémoire est bonne, et je puis assurer au lecteur qu'il n'y a dans cet interrogatoire aucune omission essentielle. » Cette note indique bien ce que peuvent être ces défenses écrites de *mémoire* et sans avoir les originaux des pièces sous les yeux.

faisait encore de madame du Barry; on lui prête le langage effronté de l'ancienne Bourbonnaise, *au Cadran bleu.*

Bientôt commencent à paraître ces *Mémoires à consulter,* dont les procès criminels d'alors étaient inondés, productions condamnées à l'avance à être creuses et insipides, puisque les pièces de la procédure n'étaient pas connues. Les auteurs de ces écrits ne pouvaient donc parler que par conjecture et dans le vide; aussi ne remplaçaient-ils les faits que par les déclamations, les raisonnements par les calomnies, le tout distribué au hasard, à grand renfort d'injures. C'est ce qui ne manqua pas d'arriver en cette circonstance à madame du Barry. Elle avait déposé avec une grande modération, plutôt dans l'intérêt de l'accusée que contre elle; elle aurait dû être considérée comme un témoin à décharge; mais les pamphlétaires n'avaient pas attendu que cette déposition fût connue: ils avaient parlé d'après les suggestions de leur imagination. Alors, M Doillot, le conseil de la dame de la Motte, se monte la tête, et, dans un *sommaire* pour la Comtesse De VaLois, il insère cette apostrophe à l'adresse de madame du Barry:

L'imposture a été plus loin, car parmi une foule de témoins imposteurs, il s'en est présenté un dans l'information lequel a déposé que la dame de la Motte lui avoit donné, il y a quelques années, un placet pour le recommander auprès du Roi et signé Marie-Antoinette de France; témoin, si nous le nommions, qu'on verroit n'être pas fait pour protéger la comtesse de Valois la Motte, moins fait encore pour la recommander auprès du Roi, glorieusement régnant. Aussi, lors des confrontations, a-t-il été reconnu que le prétendu placet n'étoit qu'une copie du Mémoire généalogique, distribué partout en 1776, par la comtesse de la Motte, dressé et certifié par qui? par nous Antoine-Marie d'Hozier, juge d'armes de la noblesse de France, en sorte que c'est la qualité dejuge d'armes de France, ce sont les noms de baptême d'Antoine-Marie d'Hozier que le témoin avoit transformés en Marie-Antoinette de France. Quelle calomnie! Et qui donc avoit donné à M. le Procureur général accusateur ce nom d'un témoin qui pendant six mois a trompé les gazetiers et leurs lecteurs?

Le Mémoire disait vrai en un certain sens: le nom de madame du Barry n'était pas fait pour protéger madame de Valois, surtout auprès du roi. Mais quelle indignation! Quelle superbe! M. Doillot ne parle que d'imposteurs et d'impostures; il aurait dû être plus modeste lorsqu'il représentait une femme qui avait menti tant de fois et avec tant de cynisme pendant le procès. Il pouvait y avoir un malentendu sur les intentions de la sollicíteuse, mais le fait de la visite à Louveciennes n'était pas nié. L'explication tirée des prénoms de d'Hozier, Marie-Antoine, n'était pas admissible et, lors de la confrontation, il n'avait nullement été reconnu que madame du Barry se fût trompée, encore moins qu'elle eût calomnié l'accusée. Loin de là, elle avait maintenu énergiquement sa déposition comme étant conforme à la vérité et y avait persisté jusqu'au bout. Enfin on ne comprend guère que le procureur général se trouvât pris à partie si aigrement par le mémoire de la dame de la Motte pour avoir fait citer un témoin qui paraissait bien plus être à décharge qu'à charge. Preuve nouvelle que le besoin des auteurs de ces factums était de déclamer sans cesse et de mettre des mots retentissants à la place de bonnes raisons qu'il ne dépendait pas d'eux de donner.

Ce n'était pas tout cependant. Madame de la Motte flétrie, fouettée, marquée, devait s'échapper des cabanons de la Salpêtrière et réussir à se réfugier à Londres. Elle y arrivait furieuse, altérée de vengeance, et elle y publiait ces abominables Mémoires que l'on connaît. Frédégonde et Médicis sont les noms les plus doux prodigués à la *cruelle,* à la *féroce* Antoinette; l'adultère, l'inceste, l'amour impur de Sapho lui sont imputés à tour de rôle; madame du Barry pouvait dès lors s'attendre à des traitements analogues, seulement moins élevée en dignité, elle devait encourir plus de mépris que d'indignation de la part de la descendante des Valois. Voici donc ce qu'on lit dans les Mémoires justificatifs de la comtesse de la Motte, écrits par elle-même et imprimés à Londres en 1789, — à la page 215:

Je ne puis me refuser à la tentation de dire un mot sur le rôle qu'on fit jouer à la *Reine douairière,* l'imaculée du Barry de monastique mémoire. La déposition de cette fâme portait que j'avois été chez elle pour lui demander sa *protection!* et que je lui avois laissé un Mémoire signé *Marie-Antoinette de France.* Le fait est que je n'ai été chez elle que par curiosité, dans une bonne voiture à quatre chevaux; qu'à cette époque j'avois d'autant moins besoin de sa protection que *Madame* et madame la comtesse d'Artois m'avoient prise sous la leur. Sur ce qu'elle me marqua qu'elle considéroit la branche des Valois comme éteinte, je lui donnai un Mémoire auquel se trouvoit annexée ma généalogie, signé *Antoine-Marie d'Hozier de Sérigny, juge de la noblesse de France.* C'est ce qu'il lui a plu transformer en *Marie-Antoinette de France,* disant que je signois ainsi. Lorsqu'elle m'a été confrontée, elle s'est avisée de prendre avec moi un ton de hauteur et d'impudence; je me hâtai de la mettre à sa place en lui faisant sentir la distance de sa naissance à la mienne; alors elle s'écria: « Il est bien dur pour moi qu'on me fasse venir ici pour y être humiliée par Madame »; sur quoi le rapporteur lui dit assez haut pour que je l'entendisse: « Allez, madame, ne vous inquiétez pas, vous serez bientôt vengée. » Le projet de ces messieurs n'était pas un secret, comme on voit.

Je demande pardon à madame du Barry si je la mets en si mauvaise compagnie, mais en vérité, sans affectation, le nom de Debrugnière est celui qui se présente immédiatement après le sien.

A ces prétendus Mémoires justificatifs est joint un appendice, qui justifie surtout cet axiome: *in caudâ venenum.* C'est pour la fin que la dame la Motte avait réservé le poison le plus violent. Elle avait fabriqué vingt-cinq lettres échangées entre la Reine et le Cardinal. Cette correspondance, a-t-elle dit, était restée à Bar-sur-Aube dans un secrétaire à *secrets* dont l'ouverture avait échappé à la perspicacité de des Brugnières. Madame du Barry a encore trouvé place dans ces lettres; en ce qui la concerne, la méchanceté a remplacé les injures.

On lit dans la lettre n V, datée du 4 avril 1784 et soi-disant écrite par le Cardinal à la Reine. Lettres du Cardinal à la Reine et de la Reine au Cardinal.

Lisez-moi avec attention, jugez du désir que j'avois de rentrer en grâce pour avoir fait toutes les démarches que j'ai faites et rendez justice à celui qui a tant souffert sans l'avoir mérité!

Madame de Guémenée, pour m'ôter tout soupçon que sa conduite pourroit faire naître et m'engager à une confiance sans bornes, me dit qu'elle étoit presque persuadée que vous aviez connoissance de différentes lettres *que j'avois écrites* 1. 2 Mémoire, p. 67.
2. Voy. aux Pièces justificatives. *pour mettre obstacle à votre mariage avec le Dauphin, que ces lettres avaient été fabriquées chez madame du Barry* et ensuite montrées par elle à Louis XV dans un de ces moments où elle savoit lui persuader tout ce qu'elle vouloit; que cette première découverte étoit le motif de la haine et du mépris que vous aviez, dit-elle, ce que j'ai appris. Si effective-

ment les écrits ont existé et que vous en soyez l'auteur, vous ne devez jamais vous attendre à un pardon et je me garderai bien de faire aucune démarche pour le vous faire obtenir; mais, si au contraire vous n'avez été que l'agent dans cette affaire et que la *du Barry,* à qui vous ne devriez rien refuser (d'après les services qu'elle vous avoit rendus), vous ait engagé à prêter votre nom pour faire cette méchanceté, il me sera facile, par les.tournures que je donnerai, à concilier les choses. Mais, avant de faire une seule démarche, j'exige de vous un aveu sincère de tout ce qui s'est passé. Le récit, que j'abrège beaucoup, me mit dans un état que je ne saurois définir; l'étonnement, l'indignation, la fureur s'emparèrent de mes esprits et me fit vomir contre tous ces monstres un torrent d'épithètes qu'ils méritoient bien, mais que le respect m'empêche de répéter. (N V. — Lettre du *Cardinal à la Reine,* du 4 avril 1784, p. 9.)

Le Parlement rendit son arrêt le 31 mai 1786. — Les Mémoires imprimés pour Jeanne de Saint-Remy de Valois de la Motte furent supprimés comme contenant des faits faux, injurieux et calomnieux..... au Cardinal et à Cagliostro.

Madame du Barry n'est pas nominalement désignée. Elle avait, en effet, joué un rôle trop effacé dans ces retentissants débats pour qu'on s'occupât d'elle davantage; elle rentra donc dans l'obscurité et la tranquillité dont elle n'aurait pas dû sortir.

CHAPITRE VIII (1787)
MADAME VIGÉE LE BRUN CHEZ MADAME DU BARRY A LOUYECIENNES.
AUTHENTICITÉ DE SES MÉMOIRES DISCUTÉE.
AMOURS AVEC LE DUC DE BRISSAC. — CORRESPONDANCE.
ASSEMBLÉE DES NOTABLES. — PIÈCES DIVERSES.

Madame Vigée Le Brun, l'artiste célèbre, a certainement connu madame du Barry, puisqu'elle a fait plusieurs portraits d'elle d'après nature. Elle a publié en 1835, nu a laissé publier sous son nom, trois volumes de *Souvenirs* qui auraient, pour nous, un grand intérêt si nous étions sûrs qu'ils eussent été composés par elle.' Malheureusement l'authenticité de ces mémoires a été mise en doute, entre autres par M. J.-J. Guiffrey, dans un article de la *Revue critique d'histoire et de littérature*.

« Le style, dit-il, la composition et bien d'autres détails... tendraient à faire présumer que si madame Le Brun a bien voulu prendre la responsabilité de la rédaction, si même le 1. Marie-Louise-Elisabeth Vigée, née à Paris le 16 avril 1755, mariée au sieur Le Brun en 1776, morte en 1842 (29 mai), âgée par conséquent de quatre-vingt-sept ans.
2. Paris, Vieweg, 1870. livre a été écrit sous sa surveillance, il ne l'a été par elle ni sous sa dictée, mais seulement avec des documents ou des renseignements fournis par elle... »

On voit que le critique se borne à invoquer sommairement, suivant l'usage et les nécessités de cette revue, des présomptions générales. Elles nous paraissent cependant convaincantes à elles seules; nous ajouterons seulement deux remarques à l'appui de la même thèse.

1 Les notes placées à la fin de l'ouvrage, spécialement les listes de portraits et tableaux qui sont incontestablement l'œuvre de madame Le Brun, ne sont pas d'accord avec les *Souvenirs* et les démentent souvent.
Si madame Le Brun avait composé les uns et les autres, elle ne se serait pas mise en contradiction avec elle-même.
2 Il existe une lettre de madame Le Brun à madame du Barry d'une authenticité absolue; car elle fait partie du dossier criminel du Tribunal révolutionnaire; elle a été saisie à Louveciennes, dans les papiers de l'accusée, et elle est restée au dossier. Cette lettre est fort longue et permetd'apprécier le mérite de l'écrivain.

Madame Le Brun adresse à *son* amie une description détaillée de Naples et de ses environs: le Vésuve, le Pausilippe, 1e golfe de Baïa, depuis le cap Misène jusqu'à l'île de Gaprée, s'offrent à ses regards et à ses impressions. On peut comparer ce style avec celui des *Souvenirs,* La plume de madame Le Brun ne valait pas son pinceau; elle écrit d'une façon terne et vulgaire, sans esprit, quelquefois même avec une puérilité inintelligente, presque niaise. La grandeur des images qu'elle veutrracer n'élève pas son âme; la vue du tom 1. Archives nationales, W 16, 701.

beau de Virgile, l'ombre de Pline, l'antre de Tibère ne lui inspirent pas une pensée. Le style des *Souvenirs* est, au contraire, facile, correct en certains instants; on y trouve sinon de l'esprit, au moins du trait.
La lettre originale est, en outre, d'une orthographe barbare; on dirait qu'elle émane d'une personne illettrée: le volcan est pour elle le *terrible emphythéate (sic)*. Nous croyons donc, avec M. Guiffrey, que les *Souvenirs* sont apocryphes, quant à la *rédaction.*

Il n'en est pas de même du fonds des choses. Les faits — ceux qu'il nous a été donné de contrôler — sont en général fort exacts. Ils ont dû être fournis par madame Le Brun de mémoire, ce qui expliquerait peut-être le titre de *Souvenirs* donné à l'ouvrage. Tout ce qu'elle raconte de madame du Barry est en pleine harmonie avec les autres documents alors inconnus que nous publions. C'est, ce qui nous décide à reproduire le texte de ces pages que nous déclarons n'être pas authentiques, en soulignant les passages dont la véracité est établie par la concordance avec d'autres sources non contestées ou par contre les rectifications nécessaires.

C'est en 1780 que j'allai pour la première fois à Louveciennes, où j'avais promis de peindre madame du Barry, et j'étais extrêmement curieuse de voir cetle favorite, dont j'avais si souvent entendu parler. Madame du Barry pouvait avoir alors quarante-cinq ans environ. Elle était grande sans l'être trop; elle avait de l'embonpoint, la gorge un peu forte, mais fort belle; son visage était encore charmant, ses traits 1. Madame Le Brun dit avoir fait en 1778 une copie d'un portrait de madame du Barry, et, en 1781, *un portrait* de madame du Barry. Elle la connaissait donc bien avant 1786.

réguliers et gracieux; ses cheveux étaient cendrés et bouclés comme ceux d'un enfant; son *teint seulement commençait à se gâter.*

Elle m'établit dans un corps de logis, situé derrière la machine de Marly, dont le bruit lamentable m'ennuyait fort. Dessous mon appartement se trouvait une galerie fort peu soignée, dans laquelle étaient placés, sans ordre, des bustes, des vases, des colonnes, des marbres les plus rares et une quantité d'autres objets précieux; en sorte qu'on aurait pu se croire chez la maîtresse de plusieurs souverains, qui tous l'avaient enrichie de leurs dons.

Ces restes de magnificence contrastaient avec la simplicité qu'avait adoptée la maîtresse de la maison et dans sa toilette et dans sa façon de vivre. L'été comme l'hyver, madame du Barry ne portait plus que des robes-peignoirs de percale ou de mousseline blanche, et tous les jours, quelque temps qu'il fit, elle se promenait dans son parc ou dehors, sans qu'il en résultât aucun inconvénient pour elle, tant le séjour de la campagne avait rendu sa santé robuste.

Elle n'avait conservé aucune relation avec la nombreuse cour qui l'avait entourée.

L'ambassadrice de Portugal, la belle madame de Souza et la marquise de Brunoy étaient, je crois, les deux seules femmes qu'elle vit alors, et, durant mes séjours chez elle, que j'ai faits à trois époques différentes, j'ai pu m'assurer que les invités ne troublaient pas sa solitude Je ne sais 1. J'y voyais souvent M. de Monville, aimable et très élégant. Il nous mena à sa campagne appelée le *Désert,* dont la maison était une tour seulement.

Les *Mém. secrets* disent de lui: 5 août 1781. — « M. de Monville est un riche particulier de cette capitale, qui, comblé de tous les dons de la nature, y a joint tous les talents que l'art lui pouvoit procurer, et, pourvu ainsi des diverses choses capables de rendre en apparence un homme heureux, est cependant le plus ennuyé mortel de France. Quoi qu'il en soit, il supporte ce fardeau et le secoue autant qu'il peut. Pour se distraire, il a choisi une de ses possessions, pourquoi cependant les ambassadeurs de Tipoo-Saïb se crurent obligés d'aller visiter l'ancienne maîtresse de Louis XV. Non seulement ils vinrent à Louveciennes, mais ils apportèrent des présents à madame du Barry, entre autres des pièces de mousseline, très richement brochées en or; elle m'en donna une superbe, a fleurs larges et détachées, dont les couleurs et l'or sont parfaitement nuancés.

Le soir, nous étions le plus souvent seules, au coin du feu, madame du Barry et moi. Elle me parlait quelquefois de Louis XV et de sa Cour, toujours avec le plus grand respect pour l'un et les plus grands ménagements pour l'autre. Mais elle évitait tous les détails; il était même évident qu'elle préférait s'abstenir de ce sujet d'entretien, en sorte qu'habituellement sa conversation était assez nulle. Au reste, elle se montrait aussi bonne femme par ses paroles que par ses actions et elle faisait beaucoup de bien à Louveciennes où tous les pauvres étaient secourus par elle. Nous allions souvent ensemble visiter quelque malheureuse, et je me rappelle la sainte colère où je la vis, un jour, chez une femme accouchée qui manquait de tout. « Comment, disait madame du Barry, vous n'avez eu ni linge, ni vin, ni bouillon? — Hélas, rien, Madame. » Aussitôt nous ren intitulée le Désert. C'est un lieu à l'extrémité de la forêt de Marly, où il a prodigué les merveilles dans le genre des jardins anglois. Le plus curieux morceau de cette Thébaïde est aujourd'hui son château à la chinoise, parce qu'il est dans un genre neuf, dans un costume unique et parfaitement conforme, au rapport de divers voyageurs qui ont été sur les lieux. Les autres parties, non moins agréables, sont semblables, du reste, aux surprises qu'on trouve partout. 11 fait travailler actuellement à deux bâtiments plus originaux et plus piquants par leur bizarrerie: l'un est une maison dans un fût de colonne; l'autre est une porte en rocher.

H Le Désert, quoiqu'à six lieues de Paris, est devenu aujourd'hui l'objet des promenades des amateurs. Mais on n'y entre qu'avec un billet de M. de Monville qui ne le refuse point aux gens honnêtes. La possession est de 90 arpens enclos de murailles. La Reine y est allée plusieurs fois et s'y plaît beaucoup. » trons au château; madame du Barry fait venir sa femme de charge et d'autres domestiques qui n'avaient point exécuté ses ordres. Je ne puis vous dire dans quelle fureur elle se mit contre eux, tout en faisant faire devant elle un paquet de linge qu"elle leur fit porter à l'instant même, avec du bouillon et du vin de Bordeaux.

Tous les jours, après dîner, nous allions prendre le café dans ce pavillon, si renommé pour le goût et la richesse de ses ornements. La première fois que madame du Barry me le fit voir, elle me dit: « C'est dans cette salle que Louis XV me faisait l'honneur de venir dîner. Il y avait au-dessus une tribune pour les musiciens qui chantaient pendant le repas. » Le salon était ravissant; outre qu'on y jouit de la plus belle vue du monde, les cheminées, les portes, tout était du travail le plus précieux; les serrures même pouvaient être admirées comme des chefs-d'œuvre d'orfèvrerie et les meubles étaient d'une richesse, d'une élégance au-dessus de toute description.

Ce n'était plus Louis XV alors qui s'étendait sur ces magnifiques canapés, c'était le duc de Brissac, et nous l'y laissions souvent, parce qu'il aimait à faire la sieste. Le duc de Brissac vivait comme établi à Louveciennes; mais rien dans ses manières et dans celles de madame du Barry ne pouvait laisser soupçonner qu'il fût plus que l'ami de la maîtresse du château. Toutefois, il était aisé de voir qu'un tendre attachement unissait ces deux personnes et peut-être cet attachement leur a-t-il coûté la vie.

L'amour de M. de Brissac fait le plus grand honneur à madame du Barry, a dit avec justesse M. d'Allonville. Cette liaison équivaudrait presque pour elle à la 1. Lorsqu'un homme s'étend sur les canapés d'une femme, il fait soupçonner qu'il est plus que l'ami de la maîtresse du château. — Louis XV lui-même s'y couchait-il? Madame Le Brun ne pouvait rien en savoir.

2. *Mém. secrets,* tome I. purification de son passé, si elle n'avait été illégitime et doublement adultère au point de vue légal; mais il régnait de part et d'autre une telle observation des convenances extérieures que la sévérité de l'opinion était désarmée dans un monde qui of-

frait alors tant d'exemples de ces arrangements. M. de Brissac, quoique vivant *comme établi* à Louveciennes, ne laissait soupçonner à personne qu'il fût autre chose que l'ami de la maison. Madame du Barry ne descendait pas à l'hôtel de la rue de Grenelle à Paris sans être enveloppée par le plus strict incognito. Malgré ces précautions, une notoriété s'était fait jour et, dès l'année 1783, les Nouvelles à la main parlaient sans mystère de l'attachement du duc pour l'ancienne favorite. Elles allaient bientôt être remplacées par des gazettes, par la presse devenue libre. Avec le temps, le bruit public alla toujours en grandissant et en s'envenimant de plus en plus jusqu'à l'impopularité. Tous deux furent enveloppés dans cette antipathie qui s'exaspéra et devint de la haine aux jours de la Révolution. Pourquoi? M. le duc de Brissac était essentiellement inoffensif; il n'avait pris aucune place dans les partis. Il n'avait rempli aucune charge qui pût l'exposer à irriter, même à mécontenter de loin la multitude. L'origine de cette malveillance devait provenir de madame du Barry, de ressentiments soulevés contre elle. Les inimitiés politiques se gagnent comme les maladies.; leur vie était devenue commune; leurs morts furent semblables et se suivirent de près; leurs existences vont marcher de front dans les dernières p%ges de notre récit. A cette époque, il y a encore pour eux des jours de tranquillité et de bonheur passager; mais on entend la menace gronder au-dessus de leur tête et on voit l'orage se rapprocher de plus en plus de la catastrophe fatale.

M. de Brissac n'était pas cependant un partisan rétrograde des idées anciennes, des préjugés de sa caste, loin de là; il était même amateur des nouveautés qui déjà circulaient dans l'air. Les plus grands seigneurs n'en étaient pas exempts; c'était une tendance générale. Voltaire, le roi des sceptiques, Frédéric de Prusse, son disciple en scepticisme, étaient francs-maçons; le duc et la duchesse de Chartres, le comte et la comtesse de Polignac, la princesse de Lamballe étaient à la tête de la Loge dite du *Contrai social*. M. de Brissac était grand maître de l'ordre du Temple depuis 1776.

Dans sa nombreuse bibliothèque, dont nous possédons le riche catalogue , on voit tous les ouvrages qui composaient l'évangile du jour. Non seulement M. de Brissac les possédait, mais il ne les laissait pas sur ses rayons comme un vain ornement, il les lisait, on en a la certitude par les mentions qui se trouvent en marge du catalogue. Le bibliothécaire inscrivait comme memento: « Remis à Monseigneur, le.... tel livre; par exemple: *le Contrat social, VAnSMO*, de Mercier, où la Révolution se trouve prophétisée et décrite à l'avance jour par jour. M. de Brissac se tenait au courant des événements et les suivait avec intérêt. On trouve dans le catalogue de ses livres un article ainsi conçu:

Mémoires et pièces relatives à la Révolution actuelle dont l'origine commence à l'Assemblée des notables en 1786.

1. Voy. aux Pièces justificatives. 2. Département des manuscrits, acquisitions nouvelles. F. fr., n 317, in-folio gaufré d'or, aux armes.

Viennent ensuite des collections du même genre:

Pièces manuscrites et imprimées concernant l'administration de MM. de Calonne, de Brienne, etc., etc.

Etats généraux. Recueil de tous les écrits sur cette matière et collection de tous les cahiers.

Polémique entre M. de Mirabeau et Necker.

M. de Brissac ne restait donc pas étranger aux questions qui s'agitaient sous ses yeux. Nous en aurons bientôt une nouvelle preuve dans sa correspondance. Auparavant nous avons encore à parcourir quelques lettres qui nous initieront de plus en plus à ses rapports avec madame du Barry. Nous les trouvons dans le dossier criminel du Tribunal révolutionnaire (W, 16).

A Angers, ce samedy 25 aoust à midy.

Je n'ai point encore reçu des nouvelles ministérielles et je les attens avec impatience. On m'a mandé de Versailles que la lettre estoit à la signature, si cela est je l'auroi ce soir ou lundi, mais que votre lettre du 22, madame la Comtesse, est philosophique et savante! Oui, il faut de la philosophie et de l'espérance ainsi que de la patience lorsque l'on est loin de vous et lorsque les Etats généraux travaillent si lentement sur les vrais points principaux qu'attend toute la France et qui doit la tranquilliser; elle est portée à la résignation, au moins le noble. La nation doit être tranquille et contente sur leur compte, car on les a trouvés partout et sans armes et sans défense et sans projet. On dit que Paris n'est pas tranquille; il manque ainsi que nous de subsistances. Que ne puis-je partager avec vous tous les fruits que cette belle Cérès nous a procuré cette année; mais il ne seroit ni prudent ni possible de tenterde vous en envoyer, et les municipalités redoutent le peuple qui, non content de ce qui lui est nécessaire, veut garder le superflu. Mais adieu, adieu, madame la Comtesse, il est tout à l'heure midy et je veux aller dîner à Brissac '. Je vous offre mes hommages et mes remerciements de votre exactitude à me donner de vos nouvelles, elles sont mon seuls bonheur comme de penser, a vous. Mes sentiments éternelles que je vous ai voué et que je vous offre de tout mon cœur.

J'aurois pu hier recevoir de vos nouvelles et je n'en ai pas eu.

A la Flèche, ce 26 aoust 178G, à dix heures du matin.

Je suis arrivé hier ici à une heures et toutes les personnes qui devoient courir la poste pour me devancer aussi, cher cœur, suis-je à attendre des cheveaux. Je vais suivre une route de traverse, où l'on va, au pas; ainsi donc me voilà retardés d'un jour. Mon impatience de vous rejoindre n'en diminue pas, oui cher cœur le moment de me réunir a vous, non d'esprit, car je le suis toujours, mais de présence, est un violent désir qui ne peut se rallentir. Adieu, cette lettre va partir avec celuy d'Angers que l'on attend pour dépécher celles de cette ville, où il y a un monde infini qui viennent chercher leurs enfants. Adieu cher cœur, je vous baise milles et milles fois de tout mon cœur, à mardi, ou mercredi de bonne heure.

Il n'y a ni signature ni adresse, mais l'écriture de M. de Brissac est parfaitement reconnaissable, on ne peut s'y méprendre. L'enveloppe extérieure n'est pas conservée. Cependant on ne saurait s'y tromper, c'est à madame du Barry seule que le duc écrivait en termes si tendres. Nous verrons que ces formules lui étaient habituelles.

Le 26 aoust était un samedi, M. de Brissac comptait être trois ou quatre jours en route. C'était le temps alors d'usage.

1. Angers esta 4 lieues N. E. de Brissac.

A Vensdosme, ce 10 août 1787.

Je voudrois, chère amie, que vous eussiez pû m'annoncer une totale guerison, que votre embonpoint me la certifiât, et vous ne faites ny l'un ny l'autre. Néantmoins, chère amie, il faut se réjouir de ce que votre nouvelle paresse (?) qui vous est chose étrangère, vous fasse croire que vous vous éloignerès moins de moy, tant mieux si elle vous en raproche cet hiver de votre paresse! oui, aimés la, c'est un nouveau goust et dans ma dernière lettre (sic) je vous en désirois, elle estoit bien longue cette lettre.

Scavés vous que je suis assez piqué de n'avoir pas été nommé Président de l'Assemblée provinciale d'Anjou i, je ne l'ai pas demandé, mais à qui puisje attribuer d'avoir été oublié. En vérité cela me passe et m'afflige, paresse à part, oui cette paresse, tout agréable qu'elle est, qui m'engage à rester tranquille, soit à Paris, soit à la cour, à moins que la trompette éclatante ne m'appelle, j'y resterai, car j'ai non ma poitrine, mais mes varisses à la poitrine ou à la gorge, ainsi que me l'a dit ce matin le vieux Guérin, qui ne demandent que repos et tranquillité, et ouverture de veines, 1. Le *Journal de Paris* annonce qu'elle a été arrêtée dans le conseil du Roi du 1 décembre 1786, sans cependant Taire connaître quels en sont les membres. On dit seulement que la liste est d'environ 140 personnes choisies parmi les plus qualifiées et les plus éclairées du clergé, de la noblesse et de la magistrature; cette liste, quelle qu'elle fût, ne pouvait manquer de faire des mécontents. Le Parlement se saisit de l'occasion et il annonça l'intention de convoquer lui-même son Assemblée des notables. (Hardy, 12 janvier 1787.)

Hardy, du vendredi 12 janvier. — Ce jour le bruit se répandoit qu'un projet du Parlement de convoquer les princes et les pairs à une Assemblée des chambres pour y discuter leur prétention à être tous admis dans la future et prochaine Assemblée de notables du royaume, comme aussi d'y arrêter les principaux articles et mémoires qui seroient présentés au Roi sous cet objet, se trouvoit contrarié par des ordres supérieurs qui en retardoient l'éxécution.

s'il seieut avant que l'accident n'arrive; je crois que ce sera très raisonnable, mais vous êtes peu pour la saignée, aussi vous n'approuverez pas cette vieille routine.

J'arrive de Rancé, par conséquent l'esprit de Vernage ne m'aura pas fait changer d'avis; mais il faut, chère amie, aller voir les troupes, vous quitter, vous dire que je vous aime et que je serai heureux et satisfait de vous revoir en aussi bonite santé que je désire.

Au milieu de ce chaos de phrases incohérentes, inintelligibles, un seul passage nous frappe, c'est celui qui concerne les Assemblées provinciales. M. de Brissac est blessé de ne pas avoir été nommé président de l'Assemblée d'Anjou. Cette exclusion l'étonne et l'afflige; il se demande quelle peut être la raison de cet oubli.

Il faut savoir que le gouvernement procéda avec une extrême prudence, on pourrait dire avec une excessive timidité à la réunion des Assemblées provinciales. Il n'y eut pas de mesure générale prise. On ne forma d'abord que des assemblées partielles, comme celle du Berry, de Champagne (23 juin), et puis, cette tentative ayant réussi, on l'étendit peu à peu aux autres provinces en juillet et août; une proposition d'ensemble fut soumise à l'Assemblée des notables et adoptée (22 févr. 1787).

Ici se présente une observation préjudicielle qui va résoudre d'avance la question précédente. Les notables étaient au nombre de 114, dont 36 notamment ducs et pairs: M. de Brissac n'était pas sur la liste.

Les notables, on le sait, furent convoqués par deux fois, l'une en 1787, l'autre en 1788. M. de Brissac ne fut pas plus admis dans la seconde Assemblée que dans la première. Cependant, les choix furent faits par le gouvernement seul de la manière la plus discrétionnaire. Tel était alors l'aveuglement de la monarchie. Elle admettait dans ses conseils, pour venir à son aide au moment du danger, M. de La Fayette; elle en bannissait opiniâtrement M. de Brissac. Au risque de nous répéter, nous dirons encore qu'une telle défaveur ne peut s'expliquer que par les ressentiments qui subsistaient contre madame du Barry et qui s'étendaient à ses amis, à plus forte raison à son amant affiché et passionné.

M. de Brissac une fois exclu du nombre des notables, il était tout simple qu'il ne fût pas nommé président d'une Assemblée provinciale; le pouvoir pouvait craindre un mécontentement de sa part; c'était à coup sûr lui faire une injure; l'exclusion ne fut pas moins maintenue. Les anciennes provinces de Touraine. Maine et Anjou, avec une portion du Poitou, avaient été réunies pour ne former qu'une généralité, celle de Tours, la plus étendue des pays d'élection.

En présence d'un tel amalgame, on institua une assemblée particulière pour chaque province et une générale pour l'ensemble...

L'Assemblée générale des trois provinces composant la généralité de Tours se réunit d'abord à Tours, sous la présidence de M. de Gonzié, archevêque du diocèse.

L'Assemblée particulière de l'Anjou se réunit à Angers, sous la présidence du duc de Praslin, fils du ministre de la marine et cousin du célèbre duc de Choiseul; mais il ne fut admis que comme membre du tiers, ainsi que Mirabeau à Marseille.

Cette concession n'aurait peut-être pas été du goût de M. de Brissac.

Le comte de Gossé fut nommé président de l'Assemblée d'Anjou pour représenter la noblesse, et dans le district de Brissac les voix du tiers se portèrent sur un M. Versillé, régisseur des domaines du duc qui eut la majorité. La place de M. de Brissac n'était pas là. Il ne pouvait siéger au dessous de son jeune parent ou de son subordonné. Son regret ne l'en honore pas moins. « Les Assemblées provinciales, a dit M. Léonce de Lavergne, ont été l'une des plus nobles tentatives pour régénérer par elle-même une société en décadence. C'était peut-être le seul moyen de prévenir une Révolution qui aurait gagné en durée à être moins sanglante si, entre le règne trop divisé de Louis XIV et le règne déshonoré de Louis XV, il y avait place pour une transaction, c'est par les Assemblées provinciales qu'on pouvait la concevoir. » *A madame la comtesse du Barry à Lucienne.* Cachet: armes de Brissac (de sable à trois fasces d'or denchées).

Milles amours, milles remercîments, cher cœur; ce soir je seroi prest de vous, oui c'est mon bonheur d'estre aimé de vous. Je vous baise milles fois. Ce soir j'ai à huit heures un rendez-vous avec madame de Lascases. Je ne scais ce quelle me veut. J'irai chez elle et ne lui donnerai point la peine de venir chez moy quoiqu'il n'y aye rien qui puisse toucher mon cœur que vous. Adieu. Je vous aime et pour toujours. J'attends mon monde qui je crois sera nombreux.

Ce dimanche a 2 heures aprest midi.

D'après *l'Almanach des nobles et des notables de Paris,* publié par la veuve Lesclapart, 1788, in-12, le marquis et la marquise de Lases-Cases demeuraient à

1. *Ass. prov.,* p. 9.

l'hôtel de Toulouse. Cet hôtel était situé rue du CherchéMidi, au coin de la rue du Regard. — Voir le plan topographique de Paris de 1778. L'hôtel de Toulouse avait été bâti sur les dessins de François Mansard. Les figures de Mars et de Pallas qui sont au-dessus de la porte d'entrée sont de Biard fils. La cour en est belle.

Le grand escalier est un des plus beaux de Paris, des tableaux des plus fameux maîtres ornent les appartements du palais: Poussin, Le Guide, Pierre de Cortone, Carie Maratte, Le Valentin, etc., etc..

Madame de Lases-Cases était dame de la princesse de Lamballe; elle avait décidé celle-ci à se laisser nommer grande-maîtresse de la loge maçonnique du Contrat social, ce qui avait eu lieu le 24 février 1781. M. de Beaumanoir, secrétaire de cette loge, fit en son honneur deux couplets rapportés par madame Guénard dans les Mémoires qu'elle a publiés sous le nom de la princesse de Lamballe. Le second est intitulé: « A la Sœur de Lases-Cases remplissant les fonctions de *Sœur terrible.* » Ne serait-ce pas là l'occasion du rendez-vous demandé à M. de Brissac, qui était, comme nous le savons, grand-maître de l'ordre du Temple et pouvait être affilié à la franc-maçonnerie?

Nous avons trouvé dans les papiers provenant du garde-meuble de la couronne la menlion suivante, qui par elle-même n'a pas de signification. Nous la donnons comme une pierre d'attente qui peut-être acquerra un intérêt quelconque par suite d'autres révélations sur cette époque.

I. *Almanach des voyageurs,* de 1783, p. 83.

Etat des voyages du quartier d'avril faits par Pierre, commissionnaire de M. Thierry de Ville-d'Avray.

(Avril 1787). Le 4, un voyage à Lasselle, pour porter une lettre à madame la comtesse du Barry.

Le roi avait été fortement indisposé contre Thierry, l'un de ses valets de chambre. Le 1" janvier 1782, il lui donnait l'ordre de se défaire de sa charge. Bien plus, sur son refus d'obéir, Thierry était envoyé au fort l'Evêque et mis au cachot jusqu'à ce qu'il eût donné sa démission. Nous ne connaissons pas la cause de cette disgrâce. L'aurait-il méritée par suite de ses relations avec madame du Barry ou par ses opinions? Thierry fut un des premiers maires de Versailles, et la ville royale était alors si mal notée à la cour que cette charge ne pouvait être auprès d'elle une recommandation.

Mémoire des coiffures et fournitures faites à madame du Barry, par Antié, dit Léonard. 1787. Du 14 janvier, une frisure 24 liv.
Fourni une tocque et un peigne... 18
Fourni d'épingles 9
Fourni 3 bandeaux en satin 18
Du 16, une coiffure 12
Du 27, une frisure 24
Fourni d'épingle 9
Total 114 liv.
Certifié véritable, Antié. *François Antié, dit Léonard, à Versailles, rue Satori,* n *97.*
(Archiv. du dép. de S.-et O., carton Q.).
1. Voy. registre des Dépêches, à cette date.

On lit en marge de la production faite par Antié l'annotation suivante:

La déclaration cy-contre doit être considérée nulle en ce que, lorsqu'elle fut faite, la du Barry étoit crue émigrée; que depuis elle a été réintégrée dans la jouissance de ses biens et ensuite guillotinée pour crime de conspiration.

CHAPITRE IX (1788)
LETTRE DE M. DE BRISSAC A M. VIEN. LES AMBASSADEURS DE TIPPOO-SAIB A LOUVECIENNES. MORT DU DUC D'AIGUILLON. DÉCÈS D'ANNE BÉCU, FEMME RANÇON, SE DISANT DE MONRABÉ. LETTRE DE RANÇON. LETTRE DU ROUÉ A MADAME DU BARRY. DU PRINCE DE BEAUVAU A LA MEME.

Paris, le 15 février 1788.

Le duc de Brissac fait bien des compliments à M. Vien, et lui envoie (rois billets noires (sic) que madame la comtesse Dubarry *(sic)* lui a remis pour lui remettre, en lassurant de la satisfaction quelle a toujours de posséder ces deux charmants tableaux; elle espere que M. Vien aura pensé à celui quelle désire. Le duc de Brissac compte que M. Vien ne lapas oublié, et qu'il voudra bien lui donner un pendant, pour cadrer avec sa marchande d'amours qui continue de faire ses 1. Les billets de la Caisse d'escompte (établie en 1776) étaient imprimés en caractères *rouges.* (Voyez à la Bibl.. département des estampes, p. 10.) D'autres billets de banque étaient imprimés en caractères noirs. De là peut-être l'expression dont se sert ici M. le duc de Brissac; elle se retrouve fréquemment dans l'affaire du Collier. (Voy. Campardon.) delices. Le duc de Brissac souhaite une bonne santé à M. Vien; s'il habitoit Paris il auroit été le voire et ses travaux, car il faut souhaiter que M. Vien travaille toujours.

Metz, le 24 aout 1788.

Les ambassadeurs de Tipo-Saïb rapporteront donc dans l'Inde, madame, une idée de la nouvelle merveille de votre montagne; la nouvelle est venue jusqu'icy de la façon tout à fait aimable dont vous les avez reçus. Que jaurois été charmée de vous voir leur faire les honneurs de votre pavillon; il me semble que vous auries encore plus intéressée que la présence de ces ambassadeurs.

On ne peut plus révoquer en doutte ce camp. Je laisserai aller M. de Boisseson sous la toile et jattendrai icy avec impatience son retour. Vous devriés bien venir passer ce temps là à Metz; je pourrais vous y loger, pas aussi bien que je le desirerois, mais surement le mieux qu'il me seroit possible; je vous donnerois du bien bon beurre frais et des œufs de nos poules. Le camp n'est qu'à une demi lieue de la ville; ainsi nous pourrions aller nous y promener tous les jours. On dit que nous y verrons beaucoup de monde. Il paroist certain que Monsieur y viendra; le facheux de tout cela, c'est la dépense que ce camp occasionnera aux troupes; nous n'y aurions pas regret, s'il nous procuroit le plaisir de vous y voir, mais je n'ose m'en flatter; cependant pourquoy ne vous rendriés vous pas à notre plus grand desir; si vous voulés, je vous accompagnerai ensuite au mois d'octobre par la route qui pourra vous être la plus agréable; j'écris par ce même courrier une lettre de reproche à madame Cantigny sur ce que depuis mon départ de Louvecienne, elle ne m'a pas donné une seule fois des nouvelles de madame de Montrable, quoique je lui aie écrit trois fois; j'ai appris par voie indirecte avec le plus grand plaisir que sa santé étoit toujours bonne; il y a apparence que cette chère maman aura passé une partie de l'été avec vous à Louvecienne. in 6

Blanche m'a donné une nouvelle qui m'a véritablement affligée; elle m'apprend qu'on vous a volé du linge; de tels voleurs doivent bien connoitre les êtres de votre maison, et il seroit bien essentiel de les découvrir; méfiés-vous de votre facilité à faire grâce à des manquements quelquefois bien importans. Je me persuade que si vous fesies ce voyage de Metz, il vous seroit agréable et vous en tiriés peut-être des avantages. M. de Boisseson se joint à moy pour vous en prier, ayant le même espoir. Il vous prie d'agréer icy son tendre et respectueux hommage, ainsi que celui de nos enfans qui nous témoignent le plus grand désir de vous revoir. Il n'y a pas de jour qu'Hercule ne me demande quand est-ce que nous retournerons à Louvecienne. Ce desir me le rend encore plus cher; il s'accorde si bien avec le vœu de mon cœur qui vous est si tendrement et si respectueusement attaché.

Le renom dont jouit ce pays-cy pour la qualité des fruits me paroit assés mérité; je les crois meilleurs que dans d'autres provinces. La mirabèle surtout me paroist devoir être distinguée; je vous en envoye une boite parle courrier pour vous mettre à même d'en juger; la crainte que j'ai qu'elles ne se gâtent dans le chemin m'engage à vous en envoyer quelques unes de confites, en vous priant d'en faire parvenir deux boëtes de ma part à madame de Montrable, comme un échantillon des productions du pays, nous avons mangé d'assés bons melons; cependant vos cantaloups méritent la préférence. M. de Boisseson prie M. Buffault de vous faire parvenir ces mirabèles le plus promptement possible; il est bien affecté des nouvelles que le Journal de Paris nous donne. Vous devez aisément en deviner la raison. N'oublies jamais que dans tous les temps vous pourrés disposer de nous.

Les ambassadeurs de Tippoo, successeur d'Ityde Ali, comme sultan du Mysore (on écrit aujourd'hui Maissour, capitale Seringapatam), arrivèrent en 1788. Le sultan, qui se préparait à déclarer la guerre aux Anglais, avait voulu auparavant solliciter l'appui de la France. Us firent leur entrée à Paris dans douze voitures à six chevaux. Ils allèrent loger rue Bergère, à l'hôtel Necker. Leur réception à Versailles eut lieu le 12 août, et le 15 ils assistèrent à la messe à Notre-Dame. Ils repartirent le 17 décembre, fort mécontents, dit la Gazette de France, de ce qu'on leur eût refusé le secours en troupes qu'ils avaient demandé au gouvernement français. Ce refus leur coûta la vie. En effet, à leur retour, Tippoo-Saïb leur fit couper la tête sous le prétexte qu'ils avaient trahi ses intérêts; ils avaient sans doute le pressentiment de leur fin, et ils s'attendaient à ce qui devait leur arriver. Peut-être étaient-ils allés chez madame du Barry, moins par curiosité que pour tenter tous les moyens d'obtenir ce qu'ils sollicitaient, et dont le refus devait leur coûter si cher. Ayant entendu dire que madame du Barry avait été la favorite du roi sans se rendre bien compte du quel, ils espéraient sans doute quelque chose de son influence; aussi lui avaient-ils apporté des présents divers, suivant l'usage de l'Orient, et entre autres des pièces de mousseline des Indes brochées d'or. Madame Le Brun emporta la pièce que madame du Barry lui donna dans ses voyages. Elle raconte qu'étant revenue en France sous l'Empire, et invitée à l'improviste à un grand bal chez madame de Bourreuil, elle pensa à cette fameuse pièce de mousseline des Indes qui avait fait tant de chemin avec elle et avait couru tant de risques depuis le jour où madame du Barry la lui avait donnée. Madame de Bourreuil la trouva fort belle et la porta à madame Germain qui lui en fit une robe à la mode pour le soir même . 1. Chap. xxviu, p. 116 du tome II.

Le 1 septembre 1788 eut lieu un événement qui dut toucher profondément madame du Barry. Le duc d'Aiguillon mourut à Paris, dans son hôtel de la rue de l'Université, 103. Il succombait à une longue maladie de langueur; né en 1720, il n'avait que soixante-huit ans. Moins d'un mois auparavant (8 août 1788), son oncle, le maréchal duc de Richelieu, l'avait précédé dans le dernier sommeil; mais il avait quatre-vingt-quatorze ans et demi. Le monument élevé dans l'église de la Sorbonne au grand cardinal et à sa famille se rouvrit donc une seconde fois; c'est là que M. d'Aiguillon fut déposé.

M. d'Aiguillon est un exemple mémorable de la puissance de la calomnie.

Jamais homme n'a été poursuivi de plus d'accusations; et, nous l'avons montré, quand on examine cette accumulation d'attaques irréfléchies, on ne trouve rien, pas même l'ombre d'un crime, ni le prétexte du plus léger reproche. Bien plus, il n'y a de sa part que de belles et héroïques actions. Le jour de la justice n'était pas encore venu pour lui; aussi, nulle voix ne s'éleva sur sa tombe. Il mourut dans le plus profond oubli, à ce point que le lieu et le jour de sa mort sont aujourd'hui complètement inconnus. C'est presque une découverte de les avoir trouvés enfouis dans les journaux du temps. Pas une biographie, pas un historien n'en parle! *Le Journal de Paris* est le premier qui ait mentionné le décès sous la date du 4 septembre 1788. Il nous apprend que M. d'Aiguillon 1. Les armes de Richelieu sont: *d'argent à trois chevrons de gueules.* 2. *Journal de Paris,* du 4 septembre 1788, p. 1072. 3. Voy. Jal, qui n'en dit rien. est mort en son hôtel, rue de l'Université, près de la rue de Bourgogne, et qu'il a été transporté à la Sorbonne. Suivent ses titres et dignités rapportés d'une manière très exacte et très fidèle *Le Courrier de l'Europe,* du 9 septembre, indique que M. d'Aiguillon a succombé lundi soir, 1 septembre, à *sa longue maladie,* à l'hôtel d'Agénois ou petit hôtel d'Aiguillon, et il ajoute: « Il laisse vacant le gouvernement d'Alsace et un cordon bleu. » *La Gazette de France* du même jour 9 sept. (n 73) rapporte le fait sans un mot de commentaire en honneur d'un homme qui avait été lieutenant général des armées, commandant de provinces et à la tête de deux ministères! On savait quelle avait été jusqu'au bout la haine aveugle de Marie-Antoinette contre le vainqueur de Saint-Cast. Le journal devait se conformer aux inspirations d'en haut!

Anne Bécu, femme Rançon, se disant de Monrabé, 1. *Journal de Paris,* jeudi 4 sept. 1788, p. 1072. *Morts.* — T. H. et T. P. Seigneur Monseigneur Emmanuel-Armand-Duplessis Richelieu, duc d'Aiguillon, pair de France, comte d'Agénois, Condomois, Plélo, et Saint-Florentin, baron de Pordic, marquis de Montcornet, seigneur de Véretz, Larçay et autres lieux, noble Génois, chev. des 0. du Roi, lieutenant général de ses armées, ancien lieutenant de la compagnie des chevau-légers de la garde ordinaire de S. M., gouverneur général de la Haute et BasseAlsace, gouverneur particulier des ville, citadelle, parc et château de La Fère, ancien lieutenant général de la province de Bretagne au département du comté Nantais, ancien commandant en chef pour S. M. dans ladite province de Bretagne, ministre et ancien secrétaire d'Etat des affaires étrangères et de la guerre, etc., en son hôtel, rue de l'Université, transporté en l'église de la Sorbonne.

2. *Souvenir d'un chevau-léger,* p. 155. mourut le 20 octobre 1788, à la Maison-Rouge, paroisse de l.ongpont, hameau de Villiers-sur-Orge.

C'était, comme on le sait, la mère de madame du Barry. Née en 1713, elle avait 75 ans. Son mari, Nicolas Rançon, vivait encore auprès d'elle et ne mourut que longtemps après. Il faut dire qu'il avait dix ans de moins que sa femme, étant né en 1723. Nous avons vu que madame du Barry avait toujours entouré sa mère de soins et d'affection. Cependant celle-ci parait s'être montrée peu reconnaissante de tant de témoignages de tendresse filiale. Elle avait fait un testament notarié en date du 2 avril 1785, par devant M Rouen .

Ce testament déshéritait sa fille au profit de madame de Boisseson. Madame du Barry ne pouvait pas sans doute recevoir de dispositions universelles comme enfant illégitime, mais elle n'était pas incapable de recevoir des legs particuliers. Sa mère aurait pu lui laisser au moins un souvenir. — Elle n'eut rien!

Peut-être verra-t-on là, comme l'a fait plus tard le tribunal de la Seine, une preuve que madame du 1. *Paroisse de Longpont, arrondissement de Corbeil (Seine-etOise):* L'an mil sept cent quatre-vingt-huit, le vingt-daux du mois d'octobre, daine Anne Bécu, épouse de M. Nicolas Rançon, ancien officier du Roy, décédée le vingt du même mois à la MaisonRouge, hameau de Villiers, de cette paroisse, âgée de soixanteseize ans, a été inhumée au cimetière de cette église, en présence de Messire Paul Mathieu de Boisaison, lieutenant-colonel du régiment de Condé, dragon, et de messire Louis Gendron Duromont, thrésorier de France, honoraire de monsieur Louis Joseph, ancien négociant et de M. Nicolas Huet, ancien peintre du garde-meuble du Roi; lesquels ont signé avec nous.

Suivent les signatures.) 2. Voy. aux Pièces justificatives. 3. Attendu que la dite Anne Bécu est décédée le 20 octobre 1788 dans une maison appartenant à madame du Barry, mais Barry était bien sa fille et une crainte que les dispositions, qu'elle aurait pu faire à son avantage, fussent attaquées comme faites en faveur d'un enfant né d'un commerce illégitime. La faute était irréparable, puisque, selon toute apparence, le père était engagé dans les ordres religieux, ce qui équivalait alors au vice d'adultérinité. Il suffisait d'ailleurs que madame du Barry fût enfant naturelle — ainsi que cela résultait de l'acte de baptême — pour que les dispositions testamentaires, qui auraient exclu la famille légitime, fussent annulées. Dans l'ancienne législation, les bâtards n'héritaient pas de leurs parents naturels, à moins qu'ils n'eussent été légitimés par mariage subséquent ou par lettres du prince. Leurs biens étaient confisqués et tombaient dans le domaine du fisc. Par la même raison, ils ne pouvaient rien donner par testament ou donation entre-vifs sans quoi la prohibition de la loi eût été de nul effet (Pothier).

Banson, l'époux survivant, fut vivement et péniblement affecté de cette préférence accordée par sa femme à madame de Boisseson. Nous verrons bientôt sa mauvaise humeur se traduire par ses actes et par ses lettres. Madame du Barry semble au contraire avoir pris à tâche de le consoler.

Dès le 17 novembre 1788, un mois après la mort d'Anne Bécu, elle signe devant Rouen un acte qui assure à Rançon une rente annuelle et viagère de deux mille francs, garantie par une hypothèque sur ses qu'il résulte de l'inventaire fait après son décès par 11 Rouen, notaire à Paris, le 29 dudit mois, que sa succession a été recueillie par les enfans de Jean Bécu, oncle de la dame du Barry, quoique cette dernière y eût eu seule droit, si elle eût été enfant légitime. (Jugement du Tribunal de la Seine du 9 janvier 1828, confirmé par la Cour avec adoption de motifs, biens et sous la caution de monsieur et madame de Boisseson.

La libéralité par elle-même n'était pas tout: madame du Barry y ajouta l'expression des sentimens les plus honorables pour Rançon, elle les fit consigner dans l'acte en ces termes: « Cette donation est faite dans le but de donner des preuves au sieur Nicolas Rançon de sa sensibilité pour les bons procédés dont il a entouré sa femme, qu'il n'a cessé d'avoir pour son épouse et lui témoigner sa reconnaissance pour l'attachement qu'il lui a toujours montré. Elle veut aussi rendre justice aux *qualités du cœur* du sieur Rançon ainsi qu'à sa parfaite probité. » Enfin, elle se loue des bons procédés de Rançon avec elle-même. La phrase est un peu longue et nébuleuse, elle est toute une histoire du ménage Rançon. La meilleure part des éloges paraît revenir au mari. Jeanne Bécu lui exprime sa sensibilité pour les sentimens qu'il lui a témoignés en différentes circonstances. Sans doute, la chose va d'elle-même, avant son élévation à la cour ou même son entrée chez du Barry. Ces expressions: sensibilité, qualités de cœur, probité, se rencontrent rarement dans les actes des notaires; on sent que c'est madame du Barry qui parle. Son langage perce encore sous la plume des hommes de loi. Elle a dû dicter cette partie de la donation ou manifester son désir que sa satisfaction fût consignée dans l'acte. Rançon se retira à Versailles. De cette ville il écrit à madame du Barry la lettre suivante:

Versailles, le 9 janvier 1789,
Madame la Comtesse,

Par ma dernière lettre, j'ai eus l'honneur de vous prier de dire à madame Boisseson que je ne voulois pas la voire et quelle ne vienne pas augmenté mes peines; je mie suis pris trop tard; elle sest sans doute plains à vous, madame, de la façon dont je lai reçu; elle devoit bien cependant si attendre, d'après les indignes procédés qu'elle a eue pour moi. Elle a déposé cent çous chez M. Graillet. Crois-t-elle qu'avec cette argent je puisse me meublée une chambre; le lit quelle ma envoyer vous appartient tout entier; je ne veux pas etre complice de ce qu'on à enlever. Je voulois mon lit complet, six chaises de la grande salle a manger, avec deux fauteuils, les couverts que Ion ma mis apart. Les douze chaisses vous appartiennes; nous navons fournis que les dessus: six fauteuils roulans du salon sont aussi à vous. Mes demandes étoient résonnables. Permettez que je vous fasse le détail de ce que j'ai vus enlever qui vous appartient. Les deux armoires au linge, la grande chiffonieres du se gond, les deux lits blanc que vous eutes la bonté de nous envoyers, les rideaux et courtes pointes etoient dans larmoire de feu mon epouse, les couchages dans la garde robe et les bois de lits dans le fruitiers. Nous avons détachez les roullettes d'un. Je vous reitères, madame, la prière que je vous ai faites, de leurs dire que je ne veux pas les voirs ni ne veux de leur argent. Du jour du décès demon epouse, j'ai un ans et un jour pour me faire rendre justice. Sitot que le tems le permettera jirai a Paris, a moins que vous ne men ordonnier autrements. Pour lors, mes volontés seront les votres, naiant rien de plus a faire que ce qui peut vous faire plaisir. Cest dans ce sentiment que jai l'honneur d'être, Madame la Comtesse,

Votre très humble et très obeissant serviteur,
Rançon De Monrabé.

Si madame de Boisseson avait été la fille de madame du Barry, Rançon ne pouvait manquer de le savoir, et il n'aurait pu se plaindre d'une préférence toute naturelle.

LETTRE A LA COMTESSE FANNY DARROS.

Toulouse... déc. 1788.

J'oubliais de vous dire que j'ai vu cette fameuse madame du Barry, dont nous avons si souvent entendu parler dans notre enfance. Voici comme cela est arrivé. Mademoiselle Chon avait fait prier mon père de passer à son hôtel pour l'engager à composer un intermède, destiné à être joué dans une fête que l'on donnait à madame du Barry, dans le château du duc d'Aiguillon. Mon père m'y avait fait un petit rôle de paysanne, où je chantais de fort jolis couplets.

Après la pièce, on me conduisit auprès de madame du Barry; elle est encore fort belle, quoiqu'elle ne soit plus très jeune. Je lui trouve trop d'embonpoint, mais la coupe de son visage est charmante; ses yeux sont doux et expressifs, et, lorsqu'elle sourit, elle laisse apercevoir des dents éblouissantes de blancheur.

Excepté le comte Guillaume et madame Lemoine, toute la famille du Barry était là: le comte Jean, ses sœurs et son beau-père, qui ressemble assez à ce paysan d'un de nos opéras auquel on a mis un bel habit brodé *(Nanette et Lucas,* je crois). Tout le monde m'a embrassée, m'a fêtée; madame du Barry m'a donné de jolies boîtes de Paris et une parure en satin, où il se trouve un de ces manchons qu'on appelle un petit baril; les cercles sont en cygne.

(Souvenirs d'une actrice (mademoiselle Louise Fleury, femme de l'acteur Fusil), vol. I, p. 70.)

LETTRE DU ROUÉ A MADAME DU BARRY.

Disposé, ma chere soeur, à aler vous porter moi-meme le tribut d'un cœur sensible et reconnaissant, et de reparer les mouvemens d'impatience et de désespoir où m'avoint plongé les premières lignes de votre lettre. J'ai changé de sentiment après avoir reflechi que vous seriés, en ce jour, 1. Elle avait quarante-cinq ans. environée d'une *classe de monde* devant lequel vous n'aimeries à me voir qu'environé d'une illustration à laquelle vous m'aidés à ariver.

Remetons donc cette époque aux premiers jours de janvier, et alors, à moins de mort, nous nous verrons obstensiblement.

Mais, par des fausses concidérations, ne nous privons point du fruit que nous pouvons tirer de deux heures de conversation. Quoique cette conversation doive se tenir en présence de *notre* plus tendre partisan, dont, par parentèse, vous avez fait un admirateur enthousiaste, vous m'entendrez à demi-mot sur certains points. Je ne perdrai pas un instant à récapituler ce qu'il vous a dit sur mes affaires. Mais, après vous avoir instruite sur bien dos points qui peuvent éclairer votre opinion sur d'autres objets que le mien, je vous démontrerai jusques a l'évidence la possibilité de vous faire revenir réclamer et obtenir l'objet de vos premières réclamations; chose impossible aujourd'hui, infaillible *pendant ou après les états-généraux*. (Ici le comte invite sa belle-sœur à lui apporter de l'argent ou des effets pour calmer les poursuites de ses créanciers; et, après d'assez longs détails qui offrent peu d'intérêt, il poursuit en ces termes:)

Ces extrémités sont cruelles, ma chère sœur; le cœur m'en saigne en les indiquant aux autres, quoique, depuis deux ans, accoutumé à les exercer moi-même. Mais juges moi sur mes œuvres passées, et vous concevres plus que l'espérance que vous serez bien indemnisée de m'avoir sorti du fonds de la tombe et m'avoir placé dans un lieu oit *mon premier soin*, après celui du devoir, sera de vous faire ratraper un niveau de fortune si mérité et, comme je le prouverai, si Légitime. Alors, je ne doute pas, à en juger par le présent, que vous ne me procuriez l'avantage de vivre, le reste de mes jours, au pair de ma fortune, qui est, après une carrière *si orageuse,* tout ce qu'il me reste à désirer.
Pas de signature ni autre formule fixe.)
Cette lettre a passé aux ventes Lalande, 4850, vendue, 14 fr.; et Lajariette, 1860, vendue, 10 fr.

LETTRE ATTRIBUÉE AU PRINCE DE BEAUVAU.

Comment madame la comtesse se trouve-t-elle de sa courbature?

Est-elle toujours incommodée de l'odeur de la rivière?

Je serois bien fâché qu'elle ne jouit pas de tous les agréments de Louveciennes qui en a tant pour moi par le voisinage.

Si nous y gagnons d'avoir l'honneur de vous voir icy, comme madame de Beauvau en sera fort aise; il vaut mieux que ce ne soit pas cette semaine parce que madame de Mirepoix doit l'y passer.

Recevés, madame, tous mes hommages.
(Pas de signature.)
Voudriés vous avoir la bonté de faire passer cette lettre par *l'Anglais* qui est chés vous? Au Val de Dieu, 28 aoust.
(Pas d'adresse ni rie cachet.)

CHAPITRE X (1789)
LETTRE D'UN MEMBRE DE LA NOBLESSE A MADAME DU BARRY.
h'OJRGANT, POÈME DE SAINT-JUST, ET MADAME DU BARRY.
JACQUERIE QUI SUIVIT LA PRISE DE LA BASTILLE.
M. DE BRISSAC AU NOMBRE DES ARISTOCRATES PROSCRITS.
LETTRE DE MADAME D'ANGIVILLER A MADAME DU BARRY.
LETTRES DU DUC DE BRISSAC.
MADAME DU BARRY REÇOIT LES GARDES DU CORPS FUGITIFS APRÈS LES 5 ET 6 OCTOBRE.
LETTRE A MARIE-ANTOINETTE. — PIÈCES DIVERSES.

Avec l'année 1789 commence l'ère des tempêtes. Cependant l'agitation ne règne encore que dans les esprits jusqu'à l'ouverture des Etats généraux, le serment du Jeu-de-Paume et la prise de la Bastille. On était dans l'attente de grands événements; maison voyait, en général, la situation avec faveur. Le retour de l'âge d'or, le règne de la raison, l'avènement de la philosophie et en politique de la liberté, tels étaient les rêves dont se berçaient les contemporains, sur la foi de Necker! Madame du Barry paraît avoir appartenu à cette opinion, qui avait, il faut le dire, des contradicteurs. Ce double courant se montre dans une lettre fort curieuse qui s'est trouvée à Louveciennes et qui nous a été conservée par le dossier du parquet. L'auteur ne se nomme pas, mais c'est évidemment un homme d'esprit, de la famille des Tilly et des Rivarol. Comme eux, il sait parler le langage propre aux femmes et comme eux aussi il est du parti aristocratique. Nous chercherons à pénétrer son incognito et nous espérons y être parvenu, et tout d'abord il faut connaître la lettre qui est longue.

Prière à madame la Comtesse de se charger d'une réponse.-Il n'y a point d'adresse, mais madame la Comtesse sait à qui elle doit la remettre.
Pas de signature.)
Je ne puis plus longtems vous dissimuler, madame la Comtesse, qu'un de mes plus grands déplaisirs, en m'éloignant de la capitale, a été de partir sans avoir eu le plaisir de vous voir. Car il faut que vous sachiés que c'est pour moy un vrai bonheur de vous rencontrer. Cela est certain. Vous le prendrés comme vous voudrés. Personne ne peut s'en fâcher: pourquoi inspirés-vous ces sentimens. A présent, vous savés à quoi vous en tenir sur mon compte. Je n'en parlerai plus et il n'est pas nécessaire de vous le répéter pour que vous en soyés pleinement assurée. Pendant que vous étiés occupée à jouir des plaisirs du carnaval, pendant que l'on vous faisoit au bal de l'Opéra des contes auxquels je n'avois malheureusement aucune part, j'étois tristement sur un grand chemin, rêvant au malheur de l'Etat et cherchant à démontrer les moyens d'y remédier en faisant produire à ma paroisse un superbe cahier de doléances. Rempli de ces belles idées, j'arrive; mais, hélas! j'apprends qu'il n'y a rien à faire; que vos illustres pasteurs, nos scientifiques curés viennent de se liguer avec les illustres du tiers des villes, qu'ils vont endoctriner nos simples campagnards, et que ce qui viendra de cette méprisable noblesse ou de l'ignorant haut clergé ne sera pas même écouté. D'après cela, vous croyez que ces deux mille citoyens, entachés de ces anciens privilèges d'autant plus absurdes qu'ils font partie de la monarchie, vont tout abandonner, tout céder; point du tout, nos nobles Auvergnats n'entendent pas de cette oreille-là. Ils veulent rester nobles et sont prêts à vilipender leurs confrères qui voudraient leur prêcher cette doctrine nouvelle, si répandue à Paris et si peu connue en province. Voilà où en sont les choses. Quoique tout soit pour le mieux, en mon particulier, je souffre un peu de toutes ces innovations. L'an passé, j'avois trouvé parmi les citoyennes du tiers quelques facilités pour des mésalliances momenta-

nées. Que les tems sont changées! *(sic)* le tiers se tient sur la réserve; entre nobles on se ménage; le bas clergé, au moyen de son traité d'union avec le tiers, conserve ses gouvernantes, et, en attendant, nous mourons de faim. C'est bien dur à Paris! Encore vit-on (?) On fait l'hipocryte. Mais ici chacun est à visage découvert; le vilain homme que *votre Genevois* ! Il nous fera payer cher ses projets de République. Vous voilà au courant de ce qui se passe en Auvergne. Tout y est cependant assés tranquille. Les têtes fermentent, mais se calmeront, je crois, aisément. D'ailleurs, il me paroit que, si elles ont une explosion à faire, chacune l'éprouvera dans son ordre. On n'est nullement disposé à la confusion. Pour ce qui me regarde, je ne veux en entendre parler que lorsqu'il s'agira de délibérer sur quelques projets relatifs à la population, mais pour tout autre cas on délibérera par ordre, à ce que j'espère.

La cloche sonne, je vous quitte pour un mauvais dîner, mais encore faut-il en faire un.

Me voicy revenu, madame la Comtesse, avec la conviction 1. *Votre* Genevois! madame du Barry était donc pour Necker. Elle avait son portrait, je crois même son buste.

de ce que je craignois. Je ne suis point chés moi, mais bien à la campagne chés une tante qui m'aime de tout son cœur, et qui, en déraisonnant tout le jour sur les affaires présentes, est sans cesse au moment, malgré son amitié, de me dévisager, en soupçonnant que l'air empesté de Paris m'a un peu détourné des intérêts de notre ordre. Elle est si furieuse contre tous les aboyeurs des villes, que, si elle avoit la force en main, elle se chargerait, je crois, de leur entière destruction, en anéantissant leur postérité. Oh! c'est une brave femme. La chaleur de sa tête n'est pas refroidie par les neiges qui nous environnent, car vous saurés qu'il fait icy un tems affreux depuis huit jours. Je vais la semaine prochaine me lancer au milieu de mes illustres confrères. Que de belles choses nous allons dire! Nous serons mille nobles au moins à Riom et il est convenu, si nous nous armons, de prendre des chaudrons pour tambours. C'est l'instrument guerrier des Auvergnats. Au surplus, il fait bon rire avant, peut-être ne serons-nous pas si gais dans quinze jours. Dieu veuille que tout se passe tranquillement, et sans trouble et de bon accord. Cela déconcertera, il est vrai, un peu les intéressés au désordre. Qu'ils prennent garde à eux à notre arrivée à Paris. Malgré mon zèle et mon patriotisme, il me tarde d'y être, et vous êtes bien pour quelque chose dans mes désirs à cet égard. Adoucissez donc un peu mes regrets, en me donnant de vos nouvelles. Vous ne vous imaginez pas le plaisir que j'aurai à en recevoir. Il m'est permis, en faveur de l'ancienne connoissance, de réclamer un peu d'amitié, et vous la devez par reconnoissance de celle que je vous ai vouée.

Que vous seriez aimable, madame la Comtesse, si vous aiyiez de M. le prévôt un petit bulletin des nominations de la ville (point de son écriture, je vous prie), comme pour vous, et de ce qui s'y est fait. Vous me l'enverriez à *Clermont*, en Auvergne. Vous pourrez dire à mon cher oncle les nouvelles de mon pays dont je crois vous avoir assez instruite. Mille compliments à votre nièce. Je prends part à sa peine d'être séparée de son époux, afin qu'elle me plaigne d'être à cent lieues de ma compagne. Je veux aussi n'être pas oublié de madame Laneuville, et je la prie de dire à sa fille que je n'ai rien vu dans ma province d'aussi joli qu'elle.

Si vous voyez le baron d'Escars, un mot pour moi: qu'il fasse des vœux pour mon retour; et ma cousine l'ambassadrice qui m'en veut d'être parti sans être allé la voir; chargez-vous de ma paix; je serai tranquille si vous vous en mêlés.

Adieu donc, madame la Comtesse; que j'ai de peine à vous quitter. En recevant mon respect, permettez-moi de baiser le pouce de votre main gauche; il m'a paru qu'il étoit charmant. Qu'il est désagréable d'être si loin de personnes auprès desquelles on voudrait se trouver, et d'être obligé de finir la conversation. C'est avec ces sentiments que j'ai l'honneur d'être, etc., etc., etc. Je n'en finirais pas si je disois tout ce que je pense.

Clermont, le 6 mars 1789.

Cette lettre a été publiée par madame Guenard en 1801. Elle méritait de l'être, parce qu'elle a un caractère historique sous une apparence frivole. Elle a un double intérêt pour la biographie de madame du Barry et pour l'étude de son temps.

Le bal de l'Opéra n'était pas alors ce qu'il est devenu de nos jours, une orgie dansante. Rien ne ressemblait moins à une bacchanale. C'était une réunion grave et distinguée, cachant de véritables intrigues sous le masque et le domino. Les plus grands personnages s'y donnaient rendez-vous. Le roi, la reine, le comte d'Artois, la princesse de Bourbon, etc., ne dédaignaient 1. Madame de Souza, femme de l'ambassadeur de Portugal, était une des amies de madame du Barry.

2. *Mém. de Favrolle,* vol. III, p. 26. pas de l'honorer de leur présence. Marie-Antoinette aimait avec fureur le bal de l'Opéra; l'on connaît le duel entre deux princes du sang, qui avait pris naissance dans cette réunion. Madame du Barry le fréquentait encore en 1789; elle avait quarante-six ans à cette époque; l'âge des folles amours n'était plus depuis longtemps; mais l'habitude des intrigues galantes subsistait. On peut imaginer que madame du Barry devait être un centre de propos et de contes amusants, comme dit son correspondant anonyme. Elle avait trois logements à Paris; ce qui pourrait faire croire que les conversations qui s'agitaient autour d'elle n'étaient pas purement platoniques.

En politique, madame du Barry nous paraît avoir été du parti de Necker. Déjà, on pouvait la soupçonner par les livres de sa bibliothèque, par les portraits, les bustes trouvés chez elle Ici, l'imputation devient directe: « Le vilain homme que *votre* Genevois!/»... Et, dans la seconde lettre du même, ce personnage revient encore à la charge: « Craignant, dit-il à madame du Barry, de me trouver nez à nez avec le scélérat Necker qui intrigaille à Genève »...

L'inconnu (pour nous) était évidemment de la société intime de madame du

Barry. Mademoiselle Aline de la Neuville était, en effet, de la plus jolie figure; son portrait l'atteste, et elle avait conservé jusque dans sa vieillesse les traces d'une grande beauté. Il l'avait donc vue, et ce qu'il dit n'est pas un compliment banal: c'est une vérité exprimée d'après nature.

L'ambassadrice de Portugal, madame de Souza, née Noronha, était une des amies de madame du Barry.

1. Voy. Inventaire, etc.

Nous savons par les lettres et les souvenirs de madame Le Brun qu'elle était une des personnes de l'ancienne cour restées fidèles à Louveciennes. Le correspondant, qui en parle, montre par là qu'il était lui-même de l'entourage de madame du Barry. Nous savons l'absence de M. deBoisseson; sa fem/ne n'est pas nommée, mais on ne peut s'y méprendre.

Son culte pour le pouce gauche de l'ancienne favorite n'est-il qu'une simple plaisanterie ou cache-t-il quelque allusion secrète des aventures d'autrefois? C'est ce que nous ne saurions dire.

La peinture des dispositions réciproques de la noblesse, du haut et du bas clergé et du tiers-Etat est prise sur le vif; c'est une page qui rappelle tout à fait la manière de Tilly. Sérieuse sous une apparence légère, la vieille tante aristocrate est un type dont on devine la ressemblance. Les plaisanteries sur les armes parlantes de l'Auvergne, sur *les mésalliances* avec les citoyennes du tiers et l'accroissement de la population qui peut en résulter cachent une menace finale et des résolutions peu conciliantes.

En somme, la lettre est fort piquante et elle acquiert un nouveau degré d'intérêt par une seconde lettre du même, écrite en 1791. En la reproduisant à sa date, nous aurons l'occasion de rechercher quel peut être Tauteur de cette correspondance.

MADAME DU BARRY ET L'auteur
V'organt,
SAINT-JUST DE RICHEBOURG.

Dans les premiers mois de 1789, et avant le mois de juin parut un livre portant ce titre à effet: Grimm en rend compte en juin 1789, dans sa correspondance. ORGANT *Poème en vingt chants*

Avec cette épigraphe tirée de Gilbert:
Vous, jeune homme, au bon sens avez-vous dit adieu?
Au Vatican, 1789, 170 pages, petit in-8.

L'auteur ne se faisait pas connaître; il disait seulement dans une préface de deux lignes: *J'ai vingt ans; foi mal fait, je pourrai faire mieux.*

On sait aujourd'hui quelle est la main qui a tracé ces mots singuliers. Ils sont de Saint-Just, celui qui devait être avec Robespierre un des plus farouches apôtres de la Terreur. Nous avons raconté ailleurs comment et dans quel lieu il avait composé ce poème, début qui contraste si étrangement avec le surplus de sa carrière '. Nous sommes amené à nous en occuper de nouveau, parce que, chose à peine croyable, la satire était d'abord dirigée contre M. le duc de Brissac et madame du Baiiry. On pourrait en douter tant la pensée de l'auteur est souvent obscure. Mais, dans l'une des réimpressions, on trouve une clef gravée, contenant les noms des personnages mis en scène sons des allégories diverses. La Bibliothèque nationale possède un exemplaire avec cette clef, insérée à la fin du volume. Nous y lisons ce qui suit: *Sornit.* — Timoleon De Cossé Brissac, gouverneur de Paris, homme très bien monté, qui, à la mort de Louis XV, voulut avoir madame du Barry (sic) 1. *Charlotte de Corday et les Girondins, l" roi.* p. CXLI.

enfermée au couvent par ordre de M. de Benumont, archevêque (?), et retenue par le duc d'Aiguillon.

Il la retrouve au iv chant. *Adelinde.* — Madame du Barry, au iv chant, à Louveciennes.

Il n'y a donc pas, de notre part, une supposition gratuite, une interprétation plus ou moins hasardée. La certitude est complète, une fois d'ailleurs le mot de l'énigme connu, les allusions deviennent parfaitement intelligibles et transparentes. Le poème est une satire générale contre les mœurs du temps. Partout le jeune censeur voit le règne de la Folie: pour lui tout est extravagance, stupidité, ânerie. Exerçant déjà son esprit accusateur, il traduit en scènes odieuses ou comiques les épisodes contemporains les plus connus; il les immole à son vers sans pitié, comme sera plus tard sa justice. L'élévation de l'abbé de Beauvais, l'affaire du collier, l'Académie, l'Opéra, le Palais-Royal, tout passe sous son fouet vengeur. La première anecdote qui s'offre à ses traits malins est la liaison de M. de Brissac avec madame du Barry, et voici comment il la travestit: *Sornit* (le duc de Brissac) chevauche en paladin, Alinde en croupe sur son palefroi: ils parcourent ainsi une forêt magique, qui s'avance toujours à mesure que l'on veut en sortir; ils sont en quête d'aventures; un chevalier inconnu se présente, provoque Sornit au combat et lui enlève sa belle. Sornit s'élance sur ses traces; mais un château enchanté s'élève et le chevalier disparaît avec Alinde derrière des remparts d'airain. Sornit veut enfoncer les portes: il est changé en âne. Alinde est violée par un ermite, nommé *Serricon.*

Nous laissons à nos lecteurs le soin de concilier la peinture avec les faits de l'histoire et les indications de la clef. Le duc d'Aiguillon serait-il l'ermite? Il est curieux de voir attribuer à l'archevêque de Paris l'entrée de madame du Barry au couvent. Ceci rentrerait dans l'opinion que nous avons émise sur le véritable auteur de son incarcération

Au iv chant, Sornit retrouve Alinde endormie dans une île. Il veut imiter l'âne d'Apulée. Alinde devine ce qu'il peut être et, grâce à un anneau enchanté, lui fait recouvrer sa première forme... Ensuite leur liaison reprend son cours et ils passent d'heureux jours ensemble.

Ce poème est un mélange confus de souvenirs empruntés à l'Ane d'or, à l'Arioste, au Tasse, à la Pucelle, à la Dunciade, peut-être à l'Arétin, si l'on en juge par l'obscénité du style. L'auteur se montre indécent à froid et comme par parti pris. Nous l'avons jugé ailleurs, nous n'y revenons plus. Cherchons seulement ce qu'il peut y avoir à glaner, pour notre sujet, dans ces rimes tour à tour lubriques et élégantes.

Le nom bizarre de Sornit paraît bien

cacher une anagramme. Le mot retourné donnerait *Tinros* ou teint rose, allusion aux traits de la figure. Sornit est-il un mot de patois picard, synonyme de sornetteux disant des sornettes, applicable à celui que Saint-Just a peint sous le nom de sire de Picardie? Nous l'ignorons. Quoi qu'il en soit, nous trouvons sur la personne physique de M. de Brissac ces deux légers renseignements. Le *blond* Sornit 2, le poète parle de *ses yeux bleus.* 11 y 1. Voy. vol. II, p. 335. 2. P. 6 et 8. a là deux éléments à retenir pour une comparaison à faire avec un portrait du duc. Il était gouverneur de Paris, il figurait souvent dans les solennités publiques. Sa physionomie pouvait être fort connue. Il est assez piquant de voir madame du Barry poser devant la palette de Saint-Just. La ressemblance pouvait être exacte. Le futur triumvir devait bien la connaître, et il l'a décrite avec fidélité dans les jolis vers qu'il consacre à Alinde ou Adelinde:

Ces yeux errants sous leur *paupière brune,*
Ces bras d'ivoire étendus mollement,
Ce sein de lait que le soupir agite
Et sur lequel deux fraises surnageaient,
Et cette bouche et vermeille et petite,
Où le corail et les perles brillaient,
Au dieu d'amour les baisers demandaient. (Ch. i, p. 13).

Madame du Barry était en effet blonde avec les sourcils et les cils bruns (signalement dans le passeport du 17 mars 1793). Saint-Just a bien saisi en passant le trait caractéristique de sa figure.

On reconnaît aussi très bien Louveciennes dans les vers suivants:

Une autre fois, vous apprendrez comment
Un merveilleux et rare enchantement
1. Il continue ainsi:
Quelques instans, Adelinde plaintive
De son amour entretint les regrets,
Et soit le bruit des vagues sur la rive,
Soit même encor cette stupide paix
Qui naît du choc de nos troubles secrets,
Elle dormit. Le maître du tonnerre
Fit le sommeil exprès pour la misère.
(Loc. cit.)

De ce désert effroyable et sauvage
Fit tout à coup un riant paysage.
Mille bosquets s'élèvent dans les champs.
La terre prend une face nouvelle.
Là, des oiseaux par les airs gazouillans;
Là, des ruisseaux où Phébus étincelle.
L'on voit flotter sur la tête des monts
Des ormeaux verts où paissent des moutons.
L'âme s'élève, une illusion tendre
Peuple ces bois de Nymphes, de Sylvains,
D'une Driade elle anime les pins.
Le cœur écoute, et le cœur croit entendre
Les chalumeaux, les hautbois, les pasteurs,
Et des amans les naïves langueurs.
Là, Philomèle, en pleurant, se soulage.
Un beau palais domine le rivage,
Son faîte altier s'élève dans les cieux,
El de rubis chaque pierre incrustée
Dans l'onde au loin va répéter ses feux.
Linde dormait. A cette Ile enchantée
Il ne manquait que l'éclat de ses yeux.
Sornit d'abord oubliant qu'il est âne
Porte à sa bouche une lèvre profane.
(Tome IV, p. 56).

L'incrustation de rubis est une exagération poétique évidente; mai3 la situation est bien celle du pavillon de Louveciennes; il domine en effet les rives de la Seine et se confond de loin avec les lignes de l'horizon.

Au chant xvn, p. 106, l'auteur, au milieu de ses divagations, se rappelle l'épisode du commencement qu'il a laissé interrompu. Il y revient.

Pour s'égayer, il faut changer de ton. J'aime Chaulieu lorsque j'ai lu Platon, dit-il, et après avoir raconté comment Sornit, armé de l'anneau d'Adelinde, précipite Serricon dans les flots; il chante ainsi les amours de ses deux héros devenus paisibles possesseurs de leur Ile. Nous passons quelques vers terminés par une de ces images grossières qui sont une nécessité pour la muse érotique de Saint-Just.

Dans les transports de son âme ravie
Il s'écriait: « Mon éternelle mie,
Mon univers et ma divinité,
Toi seule au monde est la félicité!
Mon cœur, ma vie expire sur ces rives.
Ah! profitons des heures fugitives.
Mon tendre cœur regrette les moments
Qu'il a perdus dans les combats sanglants.
Je poursuivais la gloire et la fortune,
Fortune, Linde, ah I n'en es-tu pas une,
Est-il un bien comparable à ton cœur?
Qu'est-ce qu'un trône où n'est pas le bonheur? »
Un doux baiser, une étreinte brûlante
De ce langage entrecoupait le cours.
Le paladin ainsi coulait ses jours.
Le jour trop long et l'aurore trop lente
De leurs plaisirs aiguillonait l'attente.
Dès l'aube pâle ils s'en vont quelquefois,
L'arc à la main, épouvanter les bois.
L'Enfant malin se met de la partie,
Dans le taillis sa flèche les épie,
Les faons légers échappent aux chasseurs,
L'Amour adroit ne manque pas les cœurs.
(Chant xvn, p. 107.) 1. La seconde édition *d'Organt* est intitulée: *mes Passe-Temps,* poème lubrique.

Le jour trop long et l'aurore trop lente
De leurs plaisirs aiguillonait l'attente.

C'était bien la devise du duc de Brissac et de madame du Barry: l'un faisait sa sieste sur les sophas du pavillon de Louveciennes, l'autre posait dans les jardins pour les pinceaux de madame Le Brun, lorsqu'ils furent tirés de cette douce existence, où ils s'endormaient, par un terrible réveil. Le canon qui annonçait la prise de la Bastille retentit, la Bévolution commençait, et l'on sait qu'elle s'annonça d'abord par une jacquerie générale 11 y avait déjà eu des signes précurseurs de ces catastrophes. On n'attendait que le moment de renverser les emblèmes du système féodal, et puis l'odeur du sang est contagieuse. Les têtes coupées et promenées à Paris firent école et amenèrent, dans les provinces, une mode meurtrière de massacres. Les individualités les plus hautes furent les plus exposées.

1. Dans les premiers transports de

l'effervescence, ce fut un crime d'être gentilhomme, et le sexe même ne put se garantir de la vengeance de la multitude. M. de Montesson fut fusillé au Mans après avoir vu égorger son beau-père. En Languedoc, M. de Barras fut coupé en morceaux devant sa femme prête d'accoucher. En Normandie, un seigneur paralytique fut abandonné sur un bûcher, dont on le retira les mains brûlées. En Franche-Comté, madame de Batteville fut forcée, la hache sur la tête, de faire abandon de ses titres; la princesse de Listenay y fut également contrainte, la fourche au col et ses deux filles évanouies à ses pieds. Madame de Tonnerre, M. L'Allemand eurent le même sort. Le chevalier d'Ambly, traîné nu sur un fumier, vit danser autour de lui les furieux qui venaient de lui arracher les cheveux et les sourcils. M. d'Ormesson, M. et madame de Montesu eurent pendant trois heures le pistolet sur la gorge, demandant la mort comme une grâce et ne voulant pas consentir à la cession de leurs droits, ils furent tirés de leurs voitures pour être jetés dans un étang. *Monit.* du 4 août 1789.)

Le duc de Brissac, quoique partisan dans une juste mesure des idées nouvelles, ne fut pas épargné. Il est probable qu'après le coup de tocsin du 14 juillet, il avait voulu se rendre dans sa seigneurie de Brissac. Toute la contrée était en feu. Le Maine avait été soulevé par les récents événements de Ballon. Il fut arrêté, gravement menacé, et le 26 juillet 1789 on écrivait:

M. de Brissac, gouverneur de Paris, après avoir passé la ville du Mans, a été reconnu et arrêté à Durlal, près de la Flèche, d'où l'on a dépêché vers la capitale un courrier pour s'informer s'il était coupable et si on le décollerait provisoirement ou si on le conduirait à Paris.

(L, 39, 2068, brochures: — *Massacre occasionné au Mans par le retour des députés; prise du duc de Brissac,* etc. — Buchez et Roux, vol. IV, p. 166-168: lettre du 26 juillet 1789, sur les événements du Maine.)

On ne sait pas quelles furent les suites de cette arrestation. Il est certain que M. de Brissac échappa; malheureusement, ce n'était que pour subir plus tard une destinée du même genre, à laquelle il devait finir par succomber d'une manière tragique. Dans un pamphlet, intitulé: *la Chasse aux bêtes puantes et féroces,* etc., on voit à la suite une *Liste particulière des proscrits de la nation,* avec les notices des peines, 1789. Voici ce qui concerne le duc de Brissac, p. 32:

Remettons à prononcer sur le sort du duc de Brissac, après les charges et informations des accusations intentées contre lui.

Enjoignons à tous nos officiers haut justiciers de tenir la main à l'exécution des présents jugements et à nous en rapporter les procès-verbaux signés de la main des coupables. (Voy. Hattin, p. 115.)

On le trouve encore désigné dans une table de proscription, intitulée: *Listes des aristocrates, masculins et féminins,* par le portier de M. de Gazalès, p. 5: *Le ci-devant duc de Brissac.*

Madame du Barry ne figure pas encore dans ces listes, mais elle va bientôt entrer en scène, et elle n'en sortira plus jusqu'au dénouement final.

L'attaque commence par un journal fort peu connu, intitulé: *Le Petit Journal du Palais-Royal,* ou *Affiches, Annonces et Avis divers,* in-8, au Palais-Roy., de l'imp. du Caveau.

Du 15 sept. 1789, p. 17.

Vente de chevaux et voitures.

La comtesse du Barry, veuve du roi Louis XV.

Cette infâme Messaline veut vendre une demi-douzaine de vieux chevaux en faveur d'un jeune Poulain qui lui a été procuré par le prince de Beauvau.

Deschiens, p. 272, et E. Hattin, p. 96, parlent de ce journal sans dire quel en était l'auteur. Ce dernier bibliographe le signale comme très hostile à la reine *très obscène.* Il n'a eu que six numéros. Nous devons à M. Menetrier, qui possède la collection complète de ce journal fort rare, la communication du passage rapporté ci-dessus.

LETTRE DE MADAME D'angiviller. 12 juin 1789.

Que de grâces nous avons à vous rendre, madame la Comtesse, de vos aimables et obligeants souvenirs! Le beau tems nous rapelle de quel attroit serait pour nous la promenade de vos jolis bosquets et le plaisir de les parcourir avec vous. Mais nous sommes bien contrariés par un diner prié qui a lieu tous les samedi *(sic)*, et que nous ne pouvons remettre sans manquer aux égards dus à messieurs les députés. Veuillez donc, ma belle madame, recevoir tous nos regrets. Elle les partage bien aussi l'enchanteresse qui a trop de son art pour faire en vous voyant un ouvrage plein de charmes. S'il n'y avoit point d'inconvénient pour toutes deux, nous irions nous dédommager au milieu des perfections de l'art et de la nature, mardi prochain, vers les trois heures. Veuillez me faire savoir si cela est possible; alors, nous aurons le plaisir de réparer une partie de nos torts, bien involontaires en vérité. J'ai l'honneur de vous en assurer, ainsi que de notre empressement à vous porter nos bien véritables et sensibles hommages, madame la Comtesse. Ce vendredi, 12 juin 1789.

Pardon de toutes les taches de l'eau sur le papier; elles vous disent assez que je suis au fond de mon bain, et que le désir de vous répondre bien vite ne m'a pas permis d'attendre que je fusse hors de cette humide demeure où je passe ma vie.

N... de la Borde, mariée en premières noces à M. de Marchais, et en secondes à M. d'Angiviller, surintendant des bâtiments du roi, avait été l'une des grandes amies de madame de Pompadour, qui l'avait associée d'abord à ses spectacles des petits appartements et ensuite l'avait convertie aux doctrines de Quesnay. Elle avait embrassé avec tant de zèle les principes du maître que son cercle devint le *salon du produit net.* On ne voyait chez elle que brochures économiques, lettres de Turgot à l'abbé Terray, dialogues de l'abbé Galiani sur les grains, etc., et autres livres du même genre. Madame de Marchais avait donc d'abord un esprit sérieux, mais sans pédantisme, et elle avait conservé au milieu de ses graves études la légèreté vive, l'amabilité de la femme, le sourire et le *coup de dent* (madame Necker).

Elle contait avec un art si merveilleux, écrit Marmontel, qu'il passait pour le plus parfait de Paris; puis elle avait une politesse de ton enchanteresse, toujours attentive; elle était à tous, elle parlait à chacun, et l'à-propos, la mesure, la nuance et les convenances du mot semblaient lui venir à la bouche naturellement, selon la personne et le moment. Ses qualités morales lui avaient valu l'honneur de servir de modèle à Thomas pour peindre la femme *aimable* telle que la rêvait le siècle. Elle aimait à s'entourer de personnes distinguées, Ducis, Laclos, le chevalier de Chatelux, le marquis de Bièvres, le marquis de Créquy. Elle était donc très recherchée, très courue, et, dans les magnifiques soupers qu'elle donnait aux Tuileries, on voyait passer successivement la société de madame Geoffrin, la société de madame Necker, la société de madame du Deffand et madame du Deffand elle-même. C'est cette dernière qui l'avait surnommée *Pomone,* parce qu'elle servait sur sa table les fruits qu'elle devait à la galanterie de M. d'Angiviller et qui provenaient du potager du roi.

Telle est la femme qui n'a pas dédaigné la société de madame du Barry aux jours de sa défaveur; nous n'irons pas jusqu'à dire qu'elle l'a honorée de son amitié. Nous n'oublions pas que madame d'Angiviller était, selon M. de Lévy, complimenteuse à l'excès, mais on adit qu'elle était un peu méchante, et sa malice s'aiguisait dans la compagnie de M. de Bièvres, de Laclos, etc. On peut croire qu'elle n'aurait pas déshonoré son salon, si elle avait reconnu dans la favorite déchue la créature sotte et vile qu'on a représentée, une maîtresse de maison peut-être plus jalouse pour son cercle que pour elle-même: il y a une sorte de solidarité entre elle et ses amis.

LETTRES DE M. DE BRISSAC A MADAME DU BARRY.

A Angers, ce samedi 29 aoust, à midi.

Je n'ai point encore reçu des nouvelles ministérielles, et je les attends avec impatience. On m'a mandé à Versailles que la lettre estoit à la signature. Si cela est, je l'aurai ce soir ou lundi, mais que votre lettre du 22, madame la Comtesse, est philosophique et savante; oui, il faut dire de la philosophie et de l'espérance. Ainsi que de la patience lorsque l'on est loin de vous, et lorsque les Etats-Généraux travaillent si lentement sur les vrais points principaux qu'attend toute la France et qui doit la tranquilliser. Elle est portée à la résignation au moins le noble. La nation en doit estre contente et tranquile sur leurs comptes, car on les a trouvés partout et sans armes et sans defenses et sans projets. On dit que Paris n'est pas tranquile; il manque, ainsi que vous, de subsistance. Que ne puis-je partager avec vous tous ces beaux fruicts que cette belle Cérès angoumoise nous a procuré *(sic)* cette année; mais il ne seroit ni prudent, ni possible de tenter de vous en envoyer, et les municipalités redoutent le peuple qui, non content de ce qui lui est nécessaire, veut partager le superflu. Mais adieu, adieu, madame la Comtesse; il est tout à l'heure midi, et je veux aller diner à Brissac; je vous offre mes hommages et mes remerciements de votre exactitude à me donner de vos nouvelles; elles sont mon bonheure comme de penser à vous, aux sentiments éternelles que je vous ai voué et que je vous offre de tout mon cœur. J'aurais pu hier recevoir de vos nouvelles et je n'en ai pas eu.
1. La lettre serait donc de 1789. 2. La vérification des pouvoirs n'avait pas duré moins de trois Brissac, ce samedi 5 septembre 1789.

Les courriers ne sont pas assez fréquens, madame la Comtesse, il est bien vrai; car cette lettre qui partira demain par le Mans, arrivera aussitôt que celle d'hier par la levée; mais c'est un plaisir que de s'entretenir avec vous qu'il ne faut pas laisser échapper. Oui, l'avenir comme le présent est désolant. A moins que la raison, le plus beau de l'apanage de l'homme, ne le cède à l'esprit, l'ambition, la vanité, quel est l'homme qui ne désire pas le bonheur et la liberté pour lui et les autres, à moins qu'il ne soit un forcené? et je vois qu'il y en a trop. Mais des personnes agissantes, assez franchement loyales pour concourir à l'arrangement avantageux de tous, à ce gros de la nation, dont la philosophie parle ainsi que le philosophe, qui par malheure ne connois, ni n'a les moyens de lui faire éprouver ce charme du vrai bonheure qu'il n'est pas permis à tout le monde de connoltre, où sont-ils, ces hommes? Bien loin de nous. Ou on ne les écoute pas, ou ils ne parlent pas, ou ils n'existent pas. Que de tristesse toutes ces idées procurent! L'amour sortant, ou fuyant l'esclavage, n'est pas mon emblème, madame la Comtesse, quoique ce soit celui de mon âge; il n'en est point, il est vrai, si la beauté et la bonté d'accord partagent un sentiment senti par un cœur digne de celui qu'il a pu toucher. Mais, par parenthèse, j'ai ouï dire du mal de ce tableau, que l'on trouve froid, correcte, mais peu picquant. Je l'ai un peu pensé comme le critique; mais les détails et le fini, ainsi que le coloris, en sont beaux, et donnera toujours du charme à ce tableau. Pas une dame ne prendra pour elle ces insulte que leurs fait l'amour, ou plutôt le peintre qui peut être froid, vû son âge et ses travaux. Je pense qu'il y a eu fort peu de portraits, surtout de madame le Brun, qui a présenté celui de madame la duchesse d'Orléans. Elle est faite pour être généralement aimée et estimée, et peut paraître en publique en quel temps que ce soit. Le Salon est-il beau? Je e»«i« n"« les campagnards n'auront pas été le voir. D'ailleurs il ne vaut pas la peine depuis longtemps de se déplacer.

— Je ne crois pas vous avoir dit que je mangeais de mauvais pain; je le fais venir du Pontde-Cé, et il est bon, pas très bien fait, mais mieux qu'ici, où on devrait le manger excellent à cause de la beauté et bonté du grain. Notre froment est un des plus beaux de la France, sans vouloir néanmoins attaquer, et celui de Brie, et le bienfait aimable et charmand de vos amies du Pont. Elles vous aiment pour vous-même, parce qu'elles vous connaissent bien, et qu'alors il est difficile de vous refuser le tribut qu'arrache *et beautés, et bontés et douceures, et cette aimable et parfaite égalité d'humeures qui fait le charme d'une société habituelle.* Aussi auroient-elles voulu vous garder, aussi vous y voudroient-elles; *et moy je voudrois également y partager avec vous retraite et solitude, le tout bien tranquil.* C'est ainsi que ce trouble fait penser l'homme raisonnable, qui a reconnu que le plus grand bien à faire est la chose la plus difficile, et plus tumultueuse que l'orage, qui ramène si souvent et si promptement un beau jour. Je ne vois pas que nous avancions en besogne. Hélas! pourvu qu'elle soit faite, terminée, je serai content. Je le serai beaucoup aussi, madame la Comtesse, quand il me sera permis de vous offrir tous mes hommages, tout mon respect et tous les sentiments que je vous ai toujours offerts avec joye et plaisir.

Vos lettres sont presque toujours sept jours à ariver. Il m'en parvient de Paris à deux jours de dattes; celles de Versailles éprouvent le même retard. Mille respectueux hommages à mademoiselle votre belle-sœur.

LETTRE D'UN INCONNU.
Versailles, le 17 septembre 1789.
Madame,

Pardonnez à un jeune mi-Gascon qui, indocile aux leçons ingénieuses, mais subtiles de la capitale, a trop croupi dans la naïveté, son défaut capital peut-être.

S'yl s'obstine d'y rester encore, c'est pour vous assurer qu'il a pu sentir, mais qu'il ne peut exprimer le mouvement qui a agité son âme, en lisant la lettre du 14 que vous luy avés fait l'honneur de lui adresser.

Il était réservé à un maître si parfait et si doux de corriger son erreur. C'est là où la nature s'écrie que l'art peut la surpasser.

Ouï, madame, les douze cents maçons qui grimpent tous les jours les immences échafaudages qu'ils ont établi dans l'atelier national, étaient moins en état que vous de détruire mon erreur.

Vous m'apprenés qu'il faut être connu pour être méprisé; mais apprenés moy, je vous supplie, à présent, madame, à être connu de vous sans être méprisé.

Si vous vous intéressés au sort d'un malheureux, daignés honorer encore d'une de vos lettres l'auteur de celle qui est incérée dans le n 4 du *Journal politique et national* auquel vous avés fait l'honneur de souscrire. C'est un jeune écrivain qui brule de l'ardeur de mériter votre estime et votre protection, s'il n'a pas le malheur de vous ennuyer, n'y de rendre ses adresses infructueuses.

Je suis avec un profond respect, madame, le plus humble, le plus obéissant et le plus dévoué de vos serviteurs,
FILZAC,
Avocat, chez M. l'abbé Sabattier, avenue de Paris, n 3G.

ÉPITAPHE DE M. DE VARICOURT, *Tué à la porte de la Reine et enterré à Versailles.* Un héros cher au sentiment
Repose en cette triste enceinte;
Sur son front modeste et touchant
Grâces, vertus avoient mis leur empreinte;
Mars de ses lauriers couvert le monument
Sur lequel l'amitié vouloit graver sa plainte,
Et la gloire ordonne aux amours
Dont il a défendu la reine,
D'écrire en lettres d'or l'histoire des beaux jours
Qu'il perdit pour la souveraine
Qui les gouvernera toujours ».

On lit dans les *Notices historiques* que Laflont d'Aussonne a ajoutées à ses *Mémoires de la reine de France* ce qui suit:

Lorsque la Révolution éclata, la maison de madame du Barry devint le rendez-vous de tous les amis de Louis XVI et de la Reine. Les gardes-du-corps, échappés au massacre du 6 octobre, se traînèrent de Versailles à Louveciennes, et la comtesse les fit soigner dans son château, comme auraient fait leurs propres parents.

La Reine, informée à Paris de cette conduite aimable et généreuse de la comtesse, chargea quelques seigneurs de sa confiance d'aller à Luciennes et d'y porter ses remerciements empressés.

La comtesse du Barry aussitôt eut l'honneur d'adresser à la Reine les paroles que je vais transcrire. Je les tiens d'un de ses parents.

« Madame,

« Ces jeunes blessés n'ont d'autre regret que de n'être point morts avec leurs camarades pour une princesse aussi parfaite, aussi digne de tous les hommages que l'est assurément Votre Majesté. Ce que je fais ici pour les braves chevaliers est bien au-dessous de ce qu'ils méritent. Si je n'avais point mes femmes de chambre et mes autres serviteurs, je . Ces vers ont été attribués à Delille. C'est une erreur évidente.
servirais vos gardes moi-même. Je les console, je respecte leurs blessures; quand je songe, madame, que sans leur dévouement et ces blessures, Votre Majesté n'existerait peutêtre plus!

« Luciennes est à vous, Madame. N'est-ce pas votre bienveillance et votre bonté qui me l'ont rendu? Tout ce que je possède me vient de la famille royale; j'ai trop bon cœur et trop de reconnaissance pour l'oublier jamais; le feu Roi, par une sorte de pressentiment, me força d'accepter mille objets précieux avant de m'éloigner de sa personne. J'ai eu l'honneur de vous offrir ce trésor du temps des Notables; je vous l'offre encore, Madame, avec empressement et toute sincérité: vous avez tant de dépenses à soutenir et des bienfaits sans nombre à répandre. Permettez, je vous en conjure, que je rende à César ce qui est à César.

« De Votre Majesté, la très fidèle servante et sujette,

« Comtesse Du Barry. » *Notice historique*, p. 398, à la suite des *Mémoires secrets et universels des malheurs et de la mort de la reine de France,* parLaffont d'Aussonne. Paris, Petitot-Richard, 1824, 1 vol. in-8.)

La reine, toujours grande et magnanime, n'accepta pas le trésor pour la seconde fois.

Quelle foi doit-on ajouter à cette anecdote? Nous devons avouer que tout d'abord nous l'avions reléguée au rang des historiettes apocryphes, le nom de l'auteur ne nous inspirant aucune confiance. Cependant, nous avons appris par une personne qui ne connaît aucunement les mémoires sur la reine de France que M. Marion deBarghon-Monteil et M. Lefebvre de Lubersac, gardesdu-corps de Louis XVI, avaient trouvé un asile chez madame du Barry après le 6 octobre. Le fait lui était connu comme notoire. Dès lors, nous avons reproduit le récit de Laffont d'Aussonne qu'il dit tenir d'un des parents de madame du Barry. La lettre reproduit-elle bien le style de madame du Barry? Il y a une habileté de plume qu'elle ne possédait pas; mais elle peut s'être fait aider ou corriger, ou bien Laffont d'Aussonne lui aura prêté quelque peu de sa rhétorique. Il a nécessairement servi d'intermédiaire, puisqu'on n'a pas la rédaction originale de la lettre.

Si madame du Barry a réellement exprimé à la reine le regret de n'avoir pas servi elle-même ses gardes, il y aurait là un sentiment délicat dont il faudrait lui savoir gré; seulement, on ne peut pas se fier beaucoup à l'exactitude du narrateur. Il en est de même de l'offre faite aux Notables. Ce serait encore là un fait très méritoire. Malheureusement, la preuve manque, et nous ne l'avons pas trouvée, malgré des recherches persévérantes; toutefois, nous devons dire qu'il y a eu au temps des Notables plus d'une offre de ce genre. Voy. Bibl. nat. *Discours de M. Duclos-Dufresny,* notaire au Châtelet de Paris, sur l'offre d'un crédit de six millions à prêter au roi par la compagnie des notaires, le 14 octobre 1787.

Aux Thuileries, ce mercredi 11 nov. 1789.

Je vais me mettre au lit, cher cœur, pour estre demain moins enrumé que je ne le suis, et pouvoir vous faire meilleure compagnie que je ne le ferois, si j'étois aussi entrepris de rume que je le suis; ce rume est humorique et vient de la stagnation d'un trop long séjour fait à Paris, auquel je ne suis rien moins qu'accoutumé ce qui finira par me tuer ou me désoler, si bientôt ma résidence n'est levé. Je l'esper et 1. M. de Brissac avait été obligé de suivre la cour à Paris, à cause de sa fonction de grand panetier. ne vous en parle pas dans la crainte qu'une précipitation de joye ne la retarde. Adieu, tendre amie. Je vous aime et vous baise mille fois du plus tendre de nos cœurs, je voulois dire de momcœur, mais je n'effacerai pas ce que ma plume a tracé, aimant à penser que nos cœurs ne sont pour jamais qu'un. Adieu, à demain. Je vais tacher de suer et de cracher. 3oli projet à mettre en réalité; c'est une occupation moij£s..désagréable dans la circonstance présente qu'elle ne le séroit si le tems estoit calme et, par conséquent beau. Tout *ch* qui se passe est réellement mistérieux et fol, et la sagesse est de nous unir. Adieu, tendre amie, adieu, cher cœur. Je vous aime et vous baise.

A MADAME LA COMTESSE DU BABRY, AVEC UNE BOURSE.
Eglé dans ce triste moment
Où le royaume sans ressource
S'anéantit sous un chef impuissant,
Où du crédit et de l'argent
Douze cents conjurés ont épuisé la source;
Ce créancier qui vous doit tant,
Et que l'on nome *(sic) sentiment,*
Ordonne que je vous rembourse.
(Pourrait être de la main de madame du Bourdic de l'Etang.)

CHAPITRE XI.
(1790)

ATTAQUE DE MARAT. — VERS TROUVES DANS LE PARC DE MARLY.
LETTRE DE MADAME DU BOURDIC.
LETTRE DE MADAME D'AN GIVILLER.

L'ami Du Peuple, N 277.
Du jeudi 11 novembre 1790.
Discours aux infortunés.
Sachez que ce que coûte à l'Etat l'Assemblée nationale, ne coûte pas pendant une année entière le quart de ce que lui coûtoit l'une des catins favorites de ce vieux pécheur, Louis XV. Voyez comme il a calé à Julienne cette du Barry, qui trottoit ci-devant dans la crotte. Ahl si vous l'aviez vue, il y a vingt années, couverte de diamans; dame, il falloit la voir faire son embarras dans le château de Versailles, et donner par hottées à ses voleurs de parens les louis d'or de la nation....

A la citoyenne du Barry, à sa maison de Louveciennes,
par Marly-la-Machine, Louveciennes.
Villeneuve-Saint-Georges.

Il y a des siècles, chère amie, que je n'ai eu de vos nouvelles et des siècles que je ne vous ai vû. Depuis le dernier voyage que j'ai fait à Lucienne, j'ai presque été constamment à '. Dans les premiers moments, mon oncle ne comptait y faire qu'un sejour passager. Mais les derniers événements ont augmenté les irrésolutions et nous devons rester ici jusqu'au mois d'octobre, à quelques courses rapides près que ces affaires l'obligent à faire à Paris. J'en ai déjà fait avec lui et j'en ai profité pour aller voir madame de Bandeville, qui m'a donné de vos nouvelles et qui m'a dit que Lucienne étoit toujours le plus beau lieu du monde, et que vous vous portiés à merveille. Vous êtes privilégiée de la nature. Il en est de votre beauté comme de votre bonté; l'un et l'autre ne finiront qu'avec vous.

Conservez-vous longtemps, chère amie, pour le bonheur de tout ce qui vous connoit. J'espère que le jour heureux où les communications seront moins difficiles arrivera et me donnera la possibilité de vous aller voir et de vous parler des tendres sentiments qui m'attachent à vous pour la vie. Adressez-moi votre réponse chez moi ou à la rue de Clichy.

Vers trouvés au pied d'une statue de Vénus mutilée dans les bosquets de Marly:
Cet air majestueux, ce regard bienfaisant,
Ce sein criblé des coups que dirige la haine,
Offrent un modèle frappant
De cette malheureuse reine Jadis si chère au sentiment
Qu'il prononça lui-même le serment
Qui des Français la nomma souveraine?
Mais la cabale et ses fureurs
Ont voulu briser une chaîne,
Que les amours couvroient de fleurs!
Vénus, ô toi qui fus leur mère, 1. Le mot est rayé dans le texte.
On n'a pas respecté ton image en ces lieux.
Lorsque l'on outrage les dieux,
Fera-t-on grâce à l'art de plaire?
Si j'en crois un présage heureux,
Antoinette et Vénus reprendront leur puissance,
L'une au milieu de ces bosquets riants
Retrouvera ses attributs charmants.
L'autre regagnera tous ses droits sur la France,
Elle y rappellera les jeux, les agréments
Qu'avoit exilé *(sic)* la licence.

On sait que des furieux vinrent fondre sur les plus belles statues de Marly, qu'ils dégradèrent à coups de pierre; ils brisèrent le carquois de l'Amour, les flèches de Diane et tous les attributs de Vénus.

On voit par ces vers que madame du Barry n'était pas si mal avec Marie-Antoinette qu'on l'a cru.

On croit que ces vers sont de l'abbé Delille, poète en titre de madame du Barry.

Au dos est écrit ce seul mot de la main de madame du Barry: Timoléon.

Versailles, le 28.

Nous avons joué aux barres, madame la Comtesse, j'ai été à Marli en partie pour avoir l'honneur de vous voir et vous étiez absente de Lucienne, j'ai été à Paris, j'ai envoyé à l'hôtel de Brissac et vous veniez de repartir pour Lucienne. J'espère qu'avant votre départ pour l'Angleterre vous voudrez bien me donner un rendez-vous, afin que je puisse jouir un moment du plaisir de vous voir et de vous entendre. En attendant je veux vous procurer une occasion d'exercer le penchant que vous avez à faire du bien et vous recommander un homme estimable qui est sans fortune et marié à une femme charmante. La Révolution l'a fait sortir de son régiment. Il pense à merveille. Son mémoire vous instruira de l'objet de ses demandes. Je vous supplie de vouloir bien mettre auprès de M. le duc de Brissac l'intérêt nécessaire pour le faire réussir. Je vous en aurai une bien grande obligation.

J'ai l'honneur d'être, madame la Comtesse, votre très humble et très obéissante servante.

Du Bourdic, née baronne De L'estang.

LETTRE DE MADAME D'ANGIVILLER.

Le mardi 9 novembre 1790.

Nous vous devons mille et mille remerciements, madame la Comtesse, de tous vos aimables souvenirs et obligeances. Nous voudrions bien vous en rendre grâces jeudi; mais notre vie se passe en courses et nous serons sûrement demain à Paris, je ne sais pour combien. Les affaires de mon époux et ma mauvaise santé contrarient tous nos plaisirs; mon médecin, cette famille affligée que j'ai toujours chez moi, et la solitude du lieu qui convient à mes maux me retiennent ici. Mais les devoirs passent avant tout et nous concilions les choses en allant nous consacrer aux affaires, de *mon cher partner*, deux ou trois fois vingt-quatre heures par semaine. Vous voyez, ma belle madame, combien cette vie toute en l'air s'oppose à l'effet de notre empressement pour passer quelques heures bien douces près de vous. Jusqu'à ce que nous puissions les retrouver, veuillez recevoir tous nos regrets et nos hommages sans nombre.

J'ai l'honneur de vous en offrir mille et mille, bien vrais, madame la Comtesse.

CHAPITRE XII (1791).
VOL DES DIAMANTS DE MADAME DU BARRY. SECONDE LETTRE D'iN ÉMIGRÉ, RECHERCHE DE CE PERSONNAGE.

Déjà, nous avons vu que madame du Barry avait été victime d'un vol avec violence commis envers elle lorsqu'elle était encore à Saint-Vrain. En 1788, madame deBoisseson, sa nièce, lui parlait dans une lettre d'un vol de linge commis à son préjudice et elle la conjurait « de.se défier de ces gens, qui devoient bien connoitre les êtres de sa maison. Il y a, disait-elle, des tentatives Quelquefois bien importantes... » C'était un pressentiment qui ne devait être que trop justifié. Madame du Barry fut volée, menacée dans sa fortune, tant la somme était importante, et finalement, de conséquence en conséquence, de fautes en fautes, atteinte dans sa vie même.

Ses liaisons avec le duc de Brissac étaient notoires. On lui adressait ses lettres à l'hôtel de la rue de Grenelle. Il y a plus, elle y occupait tout un appartement, 1. Voy. ci-dessus, p. 9?.
2. On trouve parmi les nombreuses réclamations dirigées contre la succession de madame du Barry le mémoire d'un sieur à ce point que les héritiers du duc soutinrent plus tard qu'il y avait eu entre eux concubinage public avéré.

Le 10 janvier 1791, il y avait fête chez le duc de Brissac à l'occasion de l'Epiphanie qui tombait ce jour-là. Peut-être dans les circonstances où l'on se trouvait, la politique s'en mêlait-elle un peu '. M. de Brissac insista pour que madame du Barry ne retournât pas à Louveciennes. Elle passa donc la nuit à l'hôtel de la rue de Grenelle.

Oes malfaiteurs étaient au guet: ils avaient probablement des intelligences à l'intérieur. Ils savaient que la maîtresse de la maison ne rentrerait pas chez elle. Ils s'introduisirent dans le château de Louveciennes à l'aide d'une échelle de maçon qui avait été laissée imprudemment à leur portée et pénétrèrent en brisant un carreau et une jalousie dans l'antichambre de madame du Barry. Là, dans une commode, avan été laissé tout ce qui composait l'écrin de l'ancienne favorite, un trésor royal, les diamants de Golconde; les voleurs firent main basse sur ces richesses et disparuVeut.

Louis Pauquet, demeurant à Paris, rue de Grenellfcj'n 92; — il expose « qu'étant employé chez Brissac *(sic)* en qualité de frotteur, il a eu soin pendant dix mois *des appartements qu'y a occupés* la femme du Barry... ce qui lui a occasionné une dépense de 24 francs par mois. (Arrêté du Comité du district; de Seineet-Oise du 4 thermidor an VI, carton Q, n 3. ArCh. de la préf.).

1. Témoin ce couplet que l'on trouve dans les papiers de madame du Barry et qui pourrait se rapporter à cette époque:
CHŒUR BÉARNAIS.
En *sot*, amoroso.
Un troubadour béarnais, _i
Les yeux inondés de larmes,
A ses montagnards chantait
Ce refrain, source d'allarmes:
Louis, le fils de Henry,
Est prisonnier dans Paris.

La prévision de madame de Boisseson s'était réalisée de point en point, comme si elle avait été guidée par une sorte de seconde vue. C'était celle du bon sens et de la prudence.

Madame du Barry reçut à Paris, dans la matinée du 11 janvier, la nouvelle du malheur qui lui était arrivé pendant la nuit. Elle se hâta aussitôt de retourner à Louveciennes rechercher quels pouvaient être les voleurs et mettre la justice sur leurs traces s'il était possible.

Dès le 11 janvier 1791, procès-verbal

du vol était dressé par Pierre-Louis Lampion, maréchal de logis de la ci-devant maréchaussée de l'Isle-de-Prance, et une information judiciaire commençait contre les auteurs, fauteurs, complices et adhérents du délit commis en la maison de Jeanne-Bénédicte Gomard de Vaubernier *veuve* (sic) de Guillaume du Barry. Nous verrons ultérieurement quelles furent les suites de cette information..

Madame du Barry prit une autre mesure. Elle fit venir son joaillier de confiance, le sieur Rouen, pour s'éclairer sur l'étendue du désastre qu'elle éprouvait et aussi pour l'aider à retrouver les objets volés. Celui-ci était un fort honnête homme, mais d'un esprit étroit et assez simple. Il ne vit là qu'une affaire de son métier et, sans songer à la position délicate de madame du Barry devant la Révolution, il fit imprimer et tirer à grand nombre une notice de huit pages portant ce titre à sensation: 1. Voyez: Instruction sur un vol fait à la personne de la cidevant comtesse du Barry et déclaration de J. Rouen, joaillier *sic)*, certifiée véritable (Arch. préf. de Versailles, carton Q, n° 3). «... Il fit faire sur-le-champ une grande quantité d'exeinDEUX MILLE LOUIS A GAGNEE *Et récompense honnête et proportionnée aux objets qui seront rapportés.*

Il a été volé chez madame du Barry, au château de Louveciennes dit Lucienne, près Marly, dans la nuit du 10 au 11 janvier 1791, les diamans et bijoux ciaprès.

Suivait l'énumération des objets par catégories: *Diamans sur papier. Diamans montés et bijoux d'or.*

La brochure se terminait par la note suivante (p. 8): S'adresser à Lucienne, près Marly, chez madame Dubarry.

Et à Paris, chez M. Rouen, notaire, rue des PetitsChamps, chez M. d'Angremont, rue de la Verrerie, et à M. Rouen, orfèvre, joyaillier, rue Saint-Louis-auPalais, et au clerc du syndic du bureau des orfèvres.

Le brave Rouen croyait avoir accompli un coup de maître; il avait bien soin de faire remarquer qu'il avait conservé copie de ce précieux opuscule pour montrer qu'il était bien son œuvre personnelle; il ne se doutait pas que c'était la perte de sa cliente.

Cette énumération éblouissante de diamants, de ru plaires, dont *le citoyen Rouen en a copié;* — qu'ils furent inutiles tant à Paris que dans la République, quoique je me sois transporter dans toutes les villes les plus cômerçantes et même chez l'étranger. » 1. D'Angremont, chef du bureau militaire à l'hôtel-de-ville. Ce malheureux est le premier qui ait été guillotiné pendant la Révolution. (Voir la liste de Descloseaux.) bis, de perles; ce tableau de pierreries, de bijoux sans nombre; ces magnifiques promesses de pièces d'or par milliers, devaient éveiller l'attention, stimuler l'envie et appeler de dangereuses évocations d'un passé encore récent. C'est ce qui ne manqua pas d'arriver. Le journal de Prudhomme prit le premier la parole, et tout d'abord il contesta la réalité du vol. « La dame du Barry, dit-il, dont les revenus sont menacés, a voulu se rendre intéressante aux yeux de l'Assemblée nationale en se donnant pour victime d'un événement fâcheux... ». Suit une tirade violente contre madame du Barry pour abus de pouvoir et atteinte à la liberté individuelle. On l'accuse d'avoir fait arrêter et mettre aux fers un soldat suisse caserné à Courbevoie. Ce soldat devait faire la garde extérieure pendant toute la nuit, tandisqu'un jardinier couchait dans l'antichambre. Tels étaient les ordres de madame du Barry. Mais il s'était laissé emmener dans un cabaret par des individus qu'il ne connaissait pas et qui l'avaient fait boire outre mesure jusqu'au point de l'enivrer. Madame du Barry, suivant le journal de Prudhomme, s'était rendue en voiture à quatre chevaux à Courbevoie et avait obtenu du commandant des Suisses, qui les lui avait accordés, 50 grenadiers pour arrêter l'inculpé.

Prudhomme termine en menaçant madame du Barry d'un procès au nom de toute la compagnie des Suisses 1. *Révolution de Paris,* n 79, du 8 au 15 janvier 1791, p. 143.
2. Les Suisses observaient une discipline très sévère, soit qu'ils se sentissent en pays étranger, soit qu'ils eussent une législation rigoureuse. On voit par les Nouvelles à la main, de Penthièvre, qu'en 1772, le 5 octobre, un Suisse de la caserne de Courbevoie fut condamné à être *scié* vivant entre deux planches, et que cet atroce supplice reçut son exécution, quoique en terre française! pour avoir réparation du dommage causé à un jeune homme de 18 ans, d'une figure aimable et très honnête...
Ces menaces étaient ridicules, comme les détails dont elles étaient accompagnées. Le Suisse Rouge avait commis une faute grave en abandonnant son poste pour aller boire dans un cabaret. Il n'en existe pas en face du château. Il avait donc fallu s'éloigner au moins d'un demi-kilomètre. Il y avait là une négligence qui pouvait le faire soupçonner de complicité. Le procès n'eut pas lieu, mais l'accusation d'arbitraire lancée par le journal resta; elle était dangereuse, et il n'en fallait pas plus alors pour être mis à la lanterne ou tout au moins à l'index, d'autant plus que Prudhomme continua ses attaques.

Le numéro du 12 février contenait ce passage dans une étude consacrée à l'influence des femmes dans les révolutions.

Depuis la Révolution, la dame du Barry n'a cessé d'employer tout l'ascendant que lui donnent de grandes richesses acquises, *on sait comme,* à faire régner la mésintelligence entre les habitants des environs de Lucienne et les Suisses de Courbevoye. Ses menées sourdes, concertées avec les principaux officiers, n'ont pas eu tout le succès désiré. Tout au contraire, on est prévenu si défavorablement sur le compte de la maîtresse du château de Lucienne, qu'on ne craint pas d'élever des doutes sur la réalité du vol de ses diamants; la réduction considérable dont les revenus de ladite dame sont menacés, lui a fait naître l'idée, dit-on, de se rendre intéressante en se donnant pour victime d'un événement fâcheux et en se procurant un titre à l'indulgence de l'inexorable Assemblée nationale.

Quoi qu'il en soit, sa conduite, dans la position où elle s'annonce, n'est guère propre à la faire plaindre. Ladite dame donnoit des appointements fort honnêtes à un soldat suisse pour lui servir comme de concierge à Lucienne. Le gardien actuel est un jeune homme de dix-huit ans, d'une figure aimable et 1res honnête. A la nouvelle de l'enlèvement de ses pierreries, la première démarche de la maîtresse du château est de se transporter dans une.voiture à quatre chevaux chez le commandant des Suisses à Courbevoye; elle en obtient sans peine cinquante grenadiers qui viennent aussitôt, mais à regret, s'emparer de la personne du jeune Suisse, estimé généralement et chéri de tous ses camarades, et est conduit dans la prison de Ruelle, et les ordres sont en même temps donnés de le mettre aux fers dans le plus noir des cachots.

Nous tenons ces détails de la bouche d'un Suisse de Courbevoye, jeune homme candide, qui nous apprend en même temps que toute la compagnie du détenu, quitte des devoirs de la discipline militaire, se propose de prendre à partie la dame du Barry et de lui demander raison, en justice, de la violence exercée à sa sollicitation sur la personne d'un soldat tout au plus soupçonné.

Le vol de tous les diamants de Golconde ne justifierait pas cette atteinte portée aux droits de l'homme et du citoyen; et d'ailleurs est-il délit assez grave pour mériter le supplice d'être mis aux fers sur le simple soupçon d'une femme, fière encore d'avoir été un moment la première des courtisanes de l'empire? *(Révolution de Paris,* n 81, du 1 au 8 janvier 1791, vol. XIV, p. 143.)

Pendant ce temps, l'instruction judiciaire se poursuivait. Madame du Barry s'était adressée à la police de Paris et à celle de Versailles. A Paris, l'affaire avait été confiée, par l'administrateur en chef, à M. d'Angremont, chef du bureau militaire, à l'hôtel-dc-ville. A 1. Je présente à madame du Barry l'assurance de mon respect, ainsi que le vif intérêt que je prends à son accident. M. d'AngreVersailles, c'était un sieur Barthélemy Piles, inspecteur de police, agent très habile, qui s'en occupait. Le Suisse de Courbevoie, un nommé Badou, avait été interrogé par le prévôt du régiment. Cependant les efforts étaient restés *inutiles* tout un mois, comme l'écrivait Bouen, lorsque le. 15 février madame du Barry reçut un courrier de Londres qui annonçait l'arrestation des voleurs au nombre de cinq, trois Juifs allemands, un Français se disant brocanteur, en habit de garde national, et un Anglais, nommé Harris, qui faisait le rôle d'interprète. Elle partit sans retard dès le lendemain 16, en poste, de Saint-Denis, accompagnée de M. le chevalier d'Escourre, une femme de chambre, deux laquais, un valet de chambre, et de Bouen qui, ayant monté les diamants, pouvait les reconnaître mieux que personne. Elle arriva le dimanche 20 à Boulogne; le même jour un journal anglais, le *Public Advertiser,* publiait sur le vol de Louveciennes les détails suivants:

Arrivés à Londres au nombre de cinq, dans une auberge de la cité, ces messieurs demandèrent une seule chambre, ce qui parut étonnant. Ils commandèrent ensuite un bon dîner, et comme leur équipage n'en imposoit pas, ils dirent mont, chef du bureau militaire à l'hôtel-de-ville, à qui j'ai communiqué les renseignements que madame du Barry m'a adressés, m'a témoigné le plus grand désir de joindre ses bons offices aux nôtres pour les perquisitions à faire, et il a désiré prendre luimême quelques informations sur les lieux. Madame du Barry peut avoir en M. d'Angremont toute la confiance que méritent, comme lui, les honnêtes citoyens, amis de l'ordre et de la tran quillité publique. Perron, *Administrateur de la police.* Hôtel de la mairie, le 14 janvier 1791. 11 prend le titre *d'appariteur de police.* 1. C'est à Piles que l'on dut plus tard l'arrestation de Dubosc, l'assassin du courrier de Lyon, le trop fameux Sosie de Lesurques.

à l'hôte que leur argent n'étoit pas encore converti, mais que le lendemain ils en auroient abondamment. Cette confidence faite, ils allèrent chez le sieur Simon, riche lapidaire, et lui proposèrent plusieurs diamants d'un grand prix, en lui demandant à peu près le sixième de leur valeur. Le lapidaire acheta d'abord cette partie, qu'il eut pour 1,500 livres sterling. Il s'informa de ces particuliers, s'ils n'en avoient pas davantage, et sur leur réponse affirmative, il alla prévenir le lord-maire. Ce magistrat fit enlever toute la bande; ils furent fouillés, et quoiqu'ils se fussent hâtés de jeter au feu les gros diamants, la partie la plus importante de leur vol est en sûreté. Celui de ces bandits qui faisoit le rôle d'interprète est un Anglais, déjà très connu par un grand nombre de brigandages. *(Journal Anglais* du 20 février 1791.)

Dès le 26 février, Horace Walpole écrivait: Madame du Barry est venue réclamer les bijoux qu'on lui a volés, non pas l'Assemblée nationale, mais quatre Juifs qu'on a arrêtés ici et envoyés à Newgate (la grande prison de Londres, si connue). Quoique feu lord Barrymore ait reconnu le mari de la comtesse comme appartenant à son illustre sang, madame reconnaîtra-t-elle son parent dans le comte actuel quand elle le trouvera devenu saltimbanque (strolling player)? Si elle recouvre ses diamants, peut-être madame Hastings voudra-t-elle bien la présenter à la cour.
(The Letters of Horace Walpole, Earl of Oxford, edited by Peter Cunningham. Richard Bentley, 1859, London, vol. IX, p. 291.)

Quelques jours après il revient sur le même sujet:

Madame du Barry devait aller affirmer par serment devant le lord-maire que les diamants étaient bien les siens. Boy 1. La reine Charlotte affectionnait beaucoup madame Hastings, femme du fameux Warren Hastings... La méchanceté politique du jour accusait madame Hastings d'avoir reçu des pots-de-vin énormes en diamants. — *Note de M. Cunningham.* dell, qui est un peu mieux élevé que M. Bailly (alors maire de Paris), lui fit ses excuses d'être obligé de lui faire prêter serment chez lui, mais il la pria d'indiquer l'heure qui lui conviendrait; elle le fit et il vint lui-même la chercher dans sa voiture de grande tenue, et à son arrivée Madame trouva un banquet de Maire-Royal tout préparé. (Lundi, 7 février, p. 293.)

Elle a rattrapé la plupart de ses bijoux. Je voudrais bien que le roi envoyât les quatre Juifs à l'Assemblée nationale et qu'il leur fasse dire que c'est la monnaie de lord *George Gordon,* l'Israélite

Le 5 mars, Walpole y revient encore en ces termes:

Le lord Mayor n'est pas allé chercher madame du Barry dans sa voiture de parade, mais il la garda au diner. Elle est partie. Elle reviendra en avril.

Horace Walpole était bien informé. Madame du Barry était repartie le 1 mars de Londres et arrivée le 4 mars à Louveciennes. Pendant son séjour en Angleterre, elle avait été confrontée avec les voleurs; elle n'en avait reconnu aucun. Il n'en fut pas ainsi des bijoux volés. Quoique plusieurs eussent été dénaturés, on put encore en distinguer la forme primitive. Rouen, qui les avait montés et démontés plusieurs fois, affirma qu'ils étaient bien l'œuvre de *son travail laborieux* (suivant son naïf langage).

Les frais de ce premier voyage furent payés par M. le duc de Brissac qui se regardait comme la cause involontaire du vol; ils s'élevèrent à 6,193 francs.

1. Lord George Gordon était soit un fou, soit une tête exaltée, qui, après avoir excité le bas peuple à incendier toutes les chapelles catholiques, Newgate et beaucoup de maisons particulières, a été mis eu prison. 11 se fit juif. 2. Madame la comtesse n'ayant point fourni de ses fonds pour

Au bout d'un mois, madame du Barry fut obligée de retourner à Londres; une grave difficulté de droit avait surgi. La loi anglaise ne permettait pas de condamner pour un délit commis sur un territoire étranger. Il y avait donc à craindre que les accusés ne fussent mis en liberté. Madame du Barry repartit, mais après s'être précautionuée d'une lettre de crédit de MM. Van den Yver, ses banquiers à Paris, sur les sieurs P. Simond et J. Henkey, de Londres (2 avril 1791). Elle prit aussi un passeport qui lui fut délivré par M. de Montmorin le 3 avril et pour trois semaines seulement. Elle emmenait avec elle le chevalier d'Escourre, Rouen le joaillier, deux femmes, un valet de chambre et deux courriers. Partie le 4 avril, elle arriva le 9 à Londres et y resta jusqu'au 18 mai, c'est-à-dire pendant trente-huit jours. On la voit pendant ce séjour se rendre à la prison pour parler à un sieur Levet 11 faut savoir que Levet était un des auteurs du vol des bijoux. On lit en effet dans le *Journal de la Cour et de la Ville,* sous la date du 22 mars 1791:

Le principal voleur des bijoux de madame du Barry est un nommé Levet, d'Issoire en Auvergne; il est arrêté, ainsi que ses complices....

le premier voyage, je ne lui en remets pas l'état que j'ai porté en compte à M. le duc, se montant à 6,193. Si cependant madame la comtesse le désirait pour ses menus plaisirs, je le lui remettray. (Note de Morin. Dossier du parquet. Mémoire des frais de voyage en Angleterre. Troisième liasse C.) 1. Compte des dépenses de madame du Barry, tenu par Morin: « A la prison pour voir *Levet,* 0,1 schilling. » 2. Le journal continue ainsi: «Levet est le neveu de M. Biauzat; il avoit un passeport de M. de Montmorin et une lettre de recommandation de M. Robertsp... Nous disons les faits sans faire de réflexions. »

Le n 317 du même journal réfute ce qui avait été dit précé

On remarque encore parmi les dépenses de madame du Barry l'achat du *ballet d'Eurydice*. Elle n'aurait donc pas été aussi hostile à Gluck qu'on l'a dit?

La dépense de ce rapide voyage se solde encore par une somme de 15,059 1. 8 s. 9 d., dans laquelle entre, il faut le dire, le prix de deux chevaux anglais.

Rouen se fait remettre pour sa part 4 guinées (100 fr.) et 20 louis d'or de France (480 fr.), ce qui ne l'empêchera pas de réclamer plus tard une somme énorme (près de dix mille francs) pour ses voyages, lorsqu'il saura madame du Barry hors d'état, de par la guillotine, de discuter ses prétentions.

Madame du Barry arrive à Louveciennes le samedi 21 mai; dans la nuit même du 23 elle reçoit un courrier lui annonçant que sa présence était indispensable à Londres.

Elle repart donc le jour même, 23 mai, et va s'installer à Londres, Bruton street, près de Berqueley square. Malgré les mouvements qu'elle s'est donnés, les inculpés sont relâchés. Tout ce qu'elle peut obtenir, c'est qu'il soit ordonné qu'ils auront à se *pourvoir en preuve de propriété,* c'est-à-dire à prouver qu'ils étaient bien propriétaires des objets argués de vol. Il est décidé que jusque-là les bijoux seront mis dans une boîte scellée et resteront déposés chez les sieurs Ilamson, Morland et Hammers, banquiers à Londres, Pall. Mail street, en face de Marlborough.

demment,au sujet de ce Levet, d'Tssoire, sans doute lorsque les détenulhftirent mis en liberté. Le numéro du 20 avril revient encore sur ce sujet: « On assure que c'est un neveu de M. G. de B..., député à l'Aseublée nationale, qui est l'auteur du vol des diamants de madame djB...

« Voyez-vous ce petit téméraire! n'a-t-il pas l'impudence de prétendre être pendu avant son oncle! »

Alors commence un procès qui est ajourné à une prochaine session.

Madame du Barry parait avoir attendu la solution définitive, ce qui la conduisit à la fin d'août. Jusque-là, on voit, par le compte de ses dépenses, qu'elle cherche à employer son temps le mieux qu'elle peut. Elle achète pour le *prince de Beauvau* deux livres anglais *(sic);* pour elle-même, elle fait diverses emplettes: le portrait de la duchesse de Ruthland, du prince de Galles, la *traduction des Droits de l'homme,* par Th. Payne, et le deuxième numéro de *Shakespeare,* sans doute l'édition de John Boydell, qui parut sous forme de loterie; enfin deux cartes de France et une généalogie anglaise. Elle visite le cabinet de tableaux de M. Gosway, peintre habile en miniature, qui fait son portrait. Elle va à la Tour de Londres; elle offre une bague à madame de Calonne, une autre à Forth, son agent, dont elle veut ainsi sans doute reconnaître et stimuler les services; elle ne néglige pas les bonnes actions, ce qui est dans les habitudes constantes de sa vie. Elle donne aux pauvres de Saint-Paul, à l'homme qui *s'est percé* le pied 11 livres (27 décembre). Si elle va à Saint-Paul, elle va aussi au Ranelagh; elle va dans le monde; ici nous retrouvons les lettres d'Horace Walpole qui lui servent de journal, disons mieux, d'observateur satirique: 1. C'est celui que nous reproduisons dans ce volume.

2. Ranelagh-Gardens, moins vaste, mais plus fréquenté que le Vaux-Hall, à un mille de Saint-James. Il y avait café, orchestre. Quoique l'assemblée soit quelquefois de trois à quatre mille personnes, parmi lesquelles on remarque les plus jolies femmes, il y règne un silence qui étonne les étrangers. (Vol. II, p. 420.) 3. Il est souvent question, dans les comptes de madame du Barry, de madame *Aubourne* (sic). Ce mot, mal orthographié, désigne madame Hobart, femme du monde élégant de ce temps. Madame Hobart était par sa naissance Albinia, fille et héritière de

Vaux-Hall Gardon, lieu principalement destiné à la danse. C'était dans l'origine une fameuse guinguette; éloigné du pont de Westminster de deux milles, éclairé par plus de trois mille lanternes, artistement mêlées aux arbres, le Vaux-Hall était un des plus brillants jardins de l'Europe. La sculpture et la peinture avaient contribué à l'ornement de ce beau lieu. Parmi les statues les plus remarquées, on citait celle de l'illustre Hamdel, par Roubillac, artiste français. La rotonde est une salle spacieuse, superbement illuminée, où le public se réunit en temps de pluie. On y voyait deux grands tableaux de Hayman.

On boit et mange au Vaux-Hall mais à des prix excessifs. *(Londres, la cour et les provinces,* 1816, vol. 1, p. 419.)

Le 6 février 1792, jugement définitif prononcé, au tribunal du district de Versailles, contre les auteurs du vol du H janvier 1791.

On juge, d'après son affirmation, que les diamants, perles et bijoux appartenaient à la comtesse du Barry.

Alors, celle-ci regagne la France pour la troisième fois, le 25 août, et elle reste à Louveciennes jusqu'au 14 octobre 1792, c'est-à-dire pendant près d'une année.

lord Vere Bertie et petite-fille du duc d'Ancaster. Elle devint comtesse de Buckinghani par la mort de son beau-frère.

Elle avait une maison de campagne qu'elle avait appelée *SansSouci*. « Peut-être ne savez-vous pas, écrit Horace Walpole dans une de ses lettres, que la dame, ayant fait autant de conquêtes que feu le roi de Prusse, a emprunté le nom de ce héros pour sa baraque sur Ham-Common, où elle a construit deux grandes chambres en charpente sous un chou (under a cabbnge). » Les comptes de madame du Barry mentionnent aussi souvent *SansSouci*. Ham-Common est une villa près et en face de Richmond-Park. —Voyez une carte des environs de Londres.

1. Nous n'avons pu retrouver le jugement dans les Archives du greffe de Versailles. Nous ne savons même pas s'il y eut condamnation; nous ne connaissons que le fait du jugement. « Nous, commis greffier assermenté au tribunal du district de Versailles, certifiions que sur le procès-verbal 'dressé le 11 janvier 1791, par *A Madame du Barry au château de Luciennes près Versailles, à Marly.*

Large cachet de cire noire avec cette devise: *Vivons unis,* et deux colombes qui se becquetent.

Après dix huit mois d'absence et de silence, Madame la Comtesse, pourrés vous permettre à un expatrié de se rappeler à votre souvenir. Rien n'a diminué l'attachement que je vous avois voué, mais beaucoup de choses ont augmenté mon estime. C'est assés vous dire que si je ne vous ai pas écrit je ne m'en suis pas moins occupé de vous et que sans cesse, en demandant de vos nouvelles, j'apprenois des particularités dont tous ceux qui vous connoissent savoient susceptible, mais qui dans ces momens n'en sont pas moins admirables. Je finis, pour ne pas gener votre modestie à cet égard. Qu'il vous suffise de savoir que votre petit fils a été instruit de tout ainsi que ceux qui partagent son sort et que j'ai suivy jusqu'ici. Depuis mon départ en juillet 1789, ma femme eut le plaisir de vous voir quelquefois avec son amie la Polonaise Pendant que je traversois en bonne

Pierre-Louis Campion, maréchaldes-logis de la ci-devant maréchaussée de l'Ile-de-France, lequel procès-verbal constate le délit commis en la maison de Jeanne-Benedic Gomard de Vaubernier, veuve de Guillaume du Barry, et le vol de bijoux et diamants commis en ladite maison sise à Louveciennes; il a été instruit contre ces auteurs, fauteurs, complices et adhérents dudit vol, que le procès a été suivi jusqu'à jugement définitif prononcé audit tribunal du district de Versailles, le 6 février 1792.

« En foi de quoi, nous avons délivré le présent à Versailles, le vendredi 26 avril 1793, l'an XI de la République française. »

Morin.

Enregistré à Versailles, le 26 aVril 1793, l'an II de la République.

1. Madame du Barry était liée avec la princesse Lubomirska. Voy. Clément, Bulletin du tribunal révolutionnaire du 3 ftoréal an II, n 46 et 47: « La femme Lubomisky, se disant princesse polonaise, était liée avec la prostituée et la conspiratrice du Barry. » compagnie l'Allemagne et la Suisse, elle se préparait à partir avec mes enfans pour ma terre: elle vous promit de vous écrire, et ne l'a pas fait, ce dont elle se repent et fut dans mon chateau essuyer tant de vexations qu'elle en décampa en février pour passer lé Mont Cenis et venir à Turin, attendre mon retour d'Italie, dontj'ai été faire le voyage dès nov. 1789. Après avoir laissé icy tout le monde établi pour l'hiver pressentant l'inaction où l'on a été forcé d'être et après avoir vu Gènes, Florence, Naples, l'Ascension à Venise, Milan, je me suis rejoint à mon épouse, à mon fils, le 1 juillet. Depuis ce temps, je ne suis pas sorti d'icy, me trouvant sans cesse au milieu d'une foule excedente de mes compatriotes, dont le zèle inconsidéré a pensé nous couter bien cher et dont les suites ne sont encore que trop malheureuses. Au surplus votre petit fils est parti d'ici laissant à son beau-père sa femme et ses enfans qui sont charmans. Rien ne manque à leur amabilité, leurs sentiments sont tels qu'on peut les desirer. Ainsi que leur esprit surtout le cadet, qui, par parenthèse, n'a presque pas grandi, au lieu que l'aîné» l'est beaucoup. Vous aurés, je l'espere, des détails sur tout cela, *par quelque honnête homme que nous avons vu.* Votre petit fils donc a voulu faire un voyage et remplir les devoirs que l'amour et l'amitié

lui inspiroient depuis longtems. Il est à présent à Venise, de là je ne sais où il ira. Son cousin et ses enfans sont aussi partis cette semaine par une route bien opposée et seront à Berne du 15 au 18. Je ne sais pas s'ils se contentent de rêver à la Suisse. Je souhaite qu'ils se conduisent avec prudence et ne compromettent pas leurs affaires. Quand à nous ne trouvant pas 1. On ne connaît pas d'enfant à madame du Barry, et d'ailleurs elle n'était pas d'âge à avoir eu en 1789 un petit-fils ayant de grands enfants; elle aurait été bisaïeule. Ces mots désignent, suivant nous, le comte d'Artois. 2. Victor-Amédée de Savoie, roi de Sardaigne. 3. Le duc d'Angoulême. 4. Le prince de Condé. la saison bonne pour passer les Alpes et craignant de me rencontrer sur la route nés à nés avec le scélérat Necker, qui intrigaille à Genève, je me décide à faire ma cour aux Piémontaises, dont le nombre des jolies est très considérable en toutes les classes. A mon ordinaire, je connois tout le monde et je passerois un hyver agréable, si les nouvelles des malheurs qui nous affligent personnellement, ou dont nos ames sont accablées ne venoient à chaque instant troubler les momens de plaisir et de tranquillité qu'on voudroit goûter. Vous m'en procurerés un bien doux en répondant à ma lettre et en me donnant des nouvelles de votre santé, sur laquelle on nous a laissé prendre des inquiétudes.

Ayés soin de faire affranchir votre lettre et adressés la à Turin à mon nom que vous devinez, je crois, sans peine. Ayant porté le même habit que Lolo, il y a bien longtems que vous me connaissés, et si selon mon habitude je me tiens éloigné des personnes dans leur moment brillant, je n'en ai que davantage le désir de leur témoigner mon estime, ma considération, mon attachement dans celui où tous les sentiments sont un hommage qui leur est du. Adieu donc, madame la Comtesse. J'attends de vos nouvelles, de ce que vous pourrés me dire et je recevrai la commission que vous voudrés me donner en l'executant avec empressement.

Turin et Piémont, le 8 janvier 1791.

M. Pelletier est à Chambery avec ses enfans, ayant passé le Mont-Cenis plusieurs fois pour entreprendre la tournée d'Italie, mais ne sachant se résoudre a rien et presque dans l'imbécillité par intervalle.

On a tant de crainte du nouveau mal français que l'on ne permet à personne l'entrée de l'Etat de Naples, mais toute l'Italie est pleine de voyageurs distingués, surtout à Rome, Milan, Venise, Genes, Florence et Pise.

1. Lolo du Barry. Jean-Baptiste, vicomte du Barry, fils du Koué, appelé Adolphe ou Lolo.

A Chambéry près de 200 personnes établies, davantage a Nice. En Suisse, il n'y a plus de place nulle part ainsi qu'à Aix La Chapelle.

Le personnage inconnu qui a écrit ces lettres était un noble de la sénéchaussée de Riom ou Clermont. Il avait une place qui l'attachait au comte d'Artois.

Enfin, il avait fait partie de la première émigration, c'est-à-dire de celle qui suivit immédiatement la prise de la Bastille.

Ces trois conditions nous paraissent désigner M. le comte Gain de Montagnac.

Il était de la noblesse de la sénéchaussée de Riom.

Il était gentilhomme d'honneur du comte d'Artois.

Il était de la première émigration qui eut lieu le 18 juillet 1789.

Il resterait à savoir s'il existe une liste des émigrés réfugiés à Turin et s'il y figure.

CHAPITRE XHI (1792)
H. DE BRISSAC COMMANDANT DE LA GARDE CONSTITUTIONNELLE.
LICENCIEMENT DE CETTE GARDE.
M. DE BRISSAC ENVOYÉ DEVANT LA HAUTE COUR D'ORLÉANS.
ARRESTATION DE M. DE BRISSAC.
LETTRE DE M. DE MAUSSABRÉ A MADAME DU BARRY.
PROJET DE LETTRE DE MADAME DU BARRY A M. DE BRISSAC.
LETTRE DE MADAME DE MORTEMART.
M. DE BRISSAC DEVANT LA HAUTE-COUR.
IL EST TRANSFÉRÉ A VERSAILLES, IL Y EST MASSACRÉ.
SA TÊTE PORTÉE A LOUVECIENNES.
QUATRIÈME VOYAGE DE MADAME DU BARRY EN ANGLETERRE.
î

Nous allons passer en revue les nombreux événements qui remplirent cette année et auxquels l'existence de madame du Barry se rattache de près ou de loin.

Le 20 juin notamment eut lieu le départ de la famille royale, suivi de son arrestation à Varennes. On a écrit que le roi avait songé d'abord à se faire accompagner par M. le duc de Brissac, mais qu'il fut arrêté par cette considération que sa faiblesse pour madame du Barry l'empêcherait de garder le secret sur 1. M. le duc Gabriel de Choieeul. l'entreprise projetée. M. de Choiseul fut donc préféré à M. de Brissac, et l'on sait quel fut le résultat final. Louis XVI continua cependant à régner, dans la situation la plus humiliante et la plus désespérée. Les événements du Champ-de-Mars relevèrent non pas la cause, mais les espérancesdes royalistes, et l'on gagna ainsi la fin de l'Assembléeconstituante. A l'avènement d'un nouveau régime, le. 'roi n'ayant plus de gardes-ducorps, il fallut organiser sa maison militaire: une garde constitutionnelle avait été décrétée. Elle devait se composer de dix-huit cents hommes, douze cents d'infanterie, le surplus de cavaliers. Les soldats de cette garde devaient avoir vingt ans au moins et trente ans au plus, et être choisis dans la troupe de ligne ou dans la garde nationale, un tiers-, au-choix du roi.,.A la tête était un état-major qui devait" présider à la formation de ce corps d'élite. Ici/Louis XVI fit taire ses scrupules et Marie-Antoinette ses ressentiments. Il s'agissait d'une question de vie et de mort. M. de Brissac fut nommé commandant en chef

La garde constitutionnelle fut équipée, armée et elle prêta serment'

Mais bientôt s'élevèrent des critiques, des plaintes... De là, on passa aux dénonciations", les journaux d'abord 1. 16 octobre 1791. — Brevet de nomination de M. de CosséBrissac, comme commandant général de la garde du roi, et pour qu'il en remplisse les fonctions en jouissant des honneurs du titre et prérogatives y attachés.

Considérant les grands et importants services du sieur LouisHercule-Timoléon de Cossé-Brissac et ceux rendus par ses ancêtres à nos prédécesseurs, nous confiant dans sa valeur et expérience au fait des armes, dont il a donné les preuves en différentes circonstances de guerre, et surtout en sa fidélité et affection particulière à notre personne. (Arch. nat. 0. 3696.) et ensuite les membres de l'Assemblée législative intervinrent dans le débat. A cette époque, une défiance générale et une extrême exaltation régnaient dans les esprits; des débats envenimés s'engagèrent; la garde constitutionnelle fut cassée et son commandant en chef fut mis en accusation comme coupable de trahison. M. de Brissac fut donc envoyé devant la Haute-Cour, dont le siège était alors à Orléans. Le décret de licenciement et celui d'accusation furent rendus au milieu de la nuit du 30 mai 1792.

M. de Brissac, prévenu à temps aux Tuileries, où il logeait, aurait pu échapper par la fuite à une arrestation; il préféra, dit M. Gabriel de Choiseul, l'attendre froidement. 11 passa le reste de la nuit à écrire une longue lettre pour madame du Barry. M. de Maussabré, son aide-de-camp, la fit parvenir à Louveciennes, à sa destination. Il n'y avait assurément rien de blâmable dans cette conduite, malgré les insinuations contraires qui se sont produites. Se sauver, c'était presque s'avouer coupable et compromettre la cour elle-même. Quel crime pouvait-on sérieusement faire à M. de Brissac? La composition de la garde constitutionnelle ne pouvait point passer pour un attentat. Cette garde n'avait pas encore agi, elle ne s'était pas rassemblée. Sa formation eût-elle été irrégulière qu'elle n'aurait constitué ni crime, ni délit. M. de Brissac attendit l'événement avec dignité. Il écrivit à madame du Barry: rien n'était plus naturel dans la situation donnée. L'avertir, la rassurer sur une séparation inattendue qui devait lui causer une vive alarme et qui avait ses dangers, l'événement ne l'a que trop prouvé. Nous ne pouvons trouver *inexplicable* un acte qui s'explique de soi-même.

Le décret du Corps législatif emportait l'effet d'un décret de prise de corps, et il n'était pas assujetti aux lenteurs de la sanction royale

M. de Brissac put donc être arrêté le 31 mai, à six heures du matin, et transféré immédiatement à Orléans. Le trajet se fit sans incidents; cependant, c'était là une grande épreuve; l'exaspération était si profonde dans les masses que l'on pouvait-craindre pour l'accusé; ses jours pouvaient être menacés; cependant il n'en fut rien; il arriva sain et sauf, et M. de Maussabré put écrire dès le 2 juin à madame du Barry la lettre suivante:

Paris, ce *i* juin, à 3 heures du matin.
Madame la Comtesse,

Je m'empresse de vous envoyer une lettre de M. le duc de Brissac, par laquelle vous apprendrez qu'il est arrivé au lieu de sa destination sans qu'il lui soit arrivé le plus petit événement. J'aurais été vous le porter moi-même si je n'étais chargé de plusieurs commissions importantes; dès qu'elles seront faites, je me mettrai en marche pour aller vous informer de plusieurs particularités qu'il est bon que vous sachiez. En attendant, permettez-moi, madame la Comtesse, que j'ai l'honneur de vous faire agréer l'hommage de mon respect avec lequel j'ai l'honneur d'être votre très humble et très obéissant serviteur. Maussabré.

Cettelettre est datée d'heure, ce qui indique l'importance qu'on y attachait. M. de Maussabré voulait sans doute montrer à madame du Barry qu'il n'y avait aucun retard à lui imputer. Nous serions tenté de croire que M. de Maussabré, changeant d'avis, porta 1. Articles *1* et 8 de la loi du 15 mai 1791. lui-même cette lettre à Louveciennes pour rendre compte en personne de sa mission. Voici en effet ce que madame du Barry écrivait à M. de Brissac:

J'ai été saisie d'une crainte mortelle, monsieur le duc, quand on m'a annoncé M. de Maussabré ; il m'a assuré que vous vous portiez bien, que vous aviez le calme d'une conscience pure. Mais cela ne suffit pas à mon intérêt pour vous; je suis loin de vous, j'ignore ce que vous allez faire; vous me direz que vous l'ignorés vous-même. J'envoye l'abbé savoir ce qui ce passe et ce que vous faite, pourquoi ne suisje pas près de vous, vous recevriés les consolations de la tendre et fidèle amitié. Je sais que vous n'avés rien à craindre si la raison et la bonne foix régnoit dans cette assemblée. Adieu, je n'ai pas le tems de vous en dire davantage. L'abbé entre dans ma chambre. Je veux vite le faire partir. Je ne serés tranquille que quand je çaurés ce que vous devenés. Je suis bien sure que vous êtes en règle sur la formation de la garde du roy, ainsi je n'ai rien à redouter pour vous de ce côté. Votre conduite a été si pure depuis que vous êtes aux *Tuileries* qu'on ne pourra vous rien imputer. Vous avés fait tant *d'acte de patriotisme* qu'en vérité je ne sais pas ce qu'on peut trouver à redire. Adieu. Donnés moi de vos nouvelles et ne douttés jamais de tout ce que j'éprouve .

Ce mercredy à onze heures (6 juin 1792).

1. L'aide-de-carnp de Brissac qu'on a trouvé caché chez la du Barry et qui a péri dans les prisons te 3 septembre. (Voyez *Y Agonie de Saint-Uéard).* 2. Un passage de l'interrogatoire subi par madame du Barry le 9 brumaire (19 octobre 1793) explique pourquoi cette lettre ne fut pas remise à son adresse.

D. Est-ce vous qui avés écrit une lettre datée du mercredi à onze heures? (C'est bien celle-ci). R. Oui.

D. A qui était-elle adressée et dans quel temps a-t-elle été écrite?

R. Elle était adressée à M. de Brissac, le même jour qu'il est

Cette pièce est une de celles qui permettent le mieux d'apprécier madame du Barry, de se former une opinion sur elle. Evidemment elle écrit au courant de la plume, sous le coup d'une vive émotion, d'une précipitation extrême. Elle n'a donc le temps ni de recueillir ses idées, ni de préparer ses phrases. Elle ne peut pas dire tout ce qu'elle pense, car elle écrit à un prisonnier accusé de haute trahison. Elle doit craindre de le compromettre. Le sentiment de tendresse qui perce dans ces lignes est donc contenu et relégué au second plan. Ce qu'elle met en avant, c'est la conscience si pure et si calme du duc, ce sont les preuves réitérées de son patriotisme, la régularité inattaquable de sa conduite dans la formation de la garde du roi. Puis viennent les inquiétudes de la femme, saisie d'une crainte mortelle à l'aspect de M. de Maussabré qui vient peut-être lui apprendre la mort de l'illustre captif, bien vite suivies des consolations de la tendre et fidèle amitié.

Sans doute, le style de madame du Barry ne s'élève jamais; on ne peut lui demander ni des images, ni du trait, mais elle a un fonds de bon sens qui lui manque rarement et qu'on retrouve ici comme dans sa correspondance avec le comte Seymour. Elle ne dit qu'un mot, en passant, sur l'Assemblée et il est juste. « Vous n'auriez rien à craindre, dit-elle, si la raison et la bonne parti pour Orléans ou de la veille. Mais je ne l'ai pas fait partir, ayant eu de ses nouvelles par un de ses gens.

D. Quel est cet abbé dont il est question dans cette lettre?

R. C'est l'abbé Billiardi, employé dans les affaires étrangères et qui est mort l'année dernière ou dans le commencement de celle-ci, pendant mon séjour à Londres.

Et de suite nous avons paraphé ladite lettre avec la répondante qui a signé avec nous.

VoULLAND. — Jagot. — Du BAHRY.

foi régnaient dans cette Assemblée. » Ce n'était, hélas! que trop vrai, et Vergniaud tenait le même langage à ses commettants.

En résumé, il n'y a pas dans cette lettre d'exagérations, d'enflure, et c'est son seul mérite. Une émotion franche, un intérêt simplement exprimé pour l'homme qu'elle aimait «t dont elle était aimée.

Suivent quelques autres lettres qui surprendront au premier abord. Elles sont de madame de Mortemart, la fille propre du duc de Brissac, et adressées par elle à madame du Barry dont elle connaissait les relations avec son père. Nous ne la justifierons pas. Elle ne voyait avant tout qu'un moyen de sauver une tête qui lui était si chère. Toute autre considération s'effaçait à ses yeux. La première de ces lettres se rapporte à l'époque qui nous occupe; elle est du 5 juin 1792. Elle est ainsi conçue:

Le S de juin.

Reconnoitrés-vous mon écriture, madame? Il y a trois ans que vous la vîtes dans un triste moment, en voilà un bien plus triste encor pour votre amitié et pour mes sentiments. Ah! que je souffre depuis deux jours. Son courage, sa fermeté, les éloges dont on l'accable, les regrets que tous luy donnent, son innocence, rien ne peut calmer mon immagination effrayée. M. de et moy voulions partir avant hier, plusieurs personnes de pois (sic) nous en ont empêché. Ils y voyoient du danger pour mon époux, sans avantage pour mon père, ils disoient que même sa qualité d'émigré pouroit luy nuire. Mais moy, madame, est-ce que je ne pourrois lui être de quelques utilité, ne pourrois 1. Voy. manuscrits de Vergniaud.
2. Mortemart probablement. je espérer de le voir? Peut-on faire un crime à *une femme malade* d'avoir été prendre les eaux et le faire retomber sur son père? Je ne le crois pas. Et c'est la seule chose que je craindrois si vous croyez que je puisse luy être bonne à quelque chose à Paris ou à Orléans. Ayés la bonté de me le mander, et j'y voilerai. Est-il un moyen d'avoir de ses nouvelles, d'avoir quelques communications avec luy? Mandezle-moi, je vous supplie, et je la saisirai avec empressement. J'ai appris par un homme qui peut-être vous est inconnu (le nom, écrit entre parenthèses, est effacé) que vous êtes partie pour Orléans. Ne trouvés pas mauvais que cette marque d'attachement pour celui qui m'est si cher vous acquièrent des droits éternels sur mon cœur, et agréés, je vous prie, l'assurance des sentiments que je vous ai voué pour la vie.

Trouvés bon que je retranche les compliments de fin de lettres et donnés-moy la même marque d'amitié. J'envoye cette lettre à quelqu'un de sur à Paris, qui, j'espère, vous la fera parvenir sans inconvénient. Pardon de mon griffon age.

Madame de Mortetnart pensait, d'après cette lettre, que madame du Barry était partie pour Orléans. Peutêtre n'y alla-t-elle pas aussitôt. Mais nous tenons de mademoiselle de La Neuville qu'elle y est allée en effet. D'après cette dernière, elle aurait essayé de faire évader le duc, et c'est ainsi que mademoiselle de La Neuville expliquait la libéralité que nous verrons bientôt apparaître. Il nous semble bien difficile d'admettre que madame du Barry, qui connaissait si bien les sentiments du duc de Brissac, qui avait dû recevoir ses confidences les plus intimes, ait pu concevoir la pensée de le faire évader. S'il l'avait voulu, il ne se serait pas constitué prisonnier en quelque sorte volontairement.

M. de Brissac fut incarcéré dans l'ancien couvent des Minimes, rue Illiers, à Orléans. Cette épreuve dut paraître pénible à un homme habitué à une e-xistencc princière. Le gouverneur de Paris avait plusieurs aidi s de camp, M. d'Escourre, M. de Maussabré et deux pages attachés à sa personne, M. d'Averton et M. de Grimaudet. 1! dut rester longtemps seul réduit au service d'un geôlier. 11 occupait la cellule n 8 dans le deuxième corridor

La procédure suivie devant la Haute-Cour nationale voulait que les inculpés fussent mis au secret jusqu'au moment où l'acte d'accusation était rédigé et arrivé au greffe avec les pièces à conviction. L'acte d'accusation de M. de Brissac ne fut rédigé que le 12 juin et ne parvint à la Haute-Cour que le 14. Son interrogatoire eut lieu immédiatement.

M. de Brissac, qui écrivait fort mal, parlait fort bien. A cette question: Quel est son âge, quelle est sa qualité et sa demeure? Il répondit: « Soldat depuis ma naissance, ayant servi dans tous les corps... » Ce langage dans la bouche d'un homme qui avait gagné son titre de lieutenant-général sur les champs de bataille, aurait dû suffire pour le faire mettre en liberté. Il n'en fut rien et peutêtre la chose n'était pas possible. M. de Brissac resta sous les verrous, attendant

que les grands jurés fussent réunis pour statuer sur son sort. Il semble qu'il ne pouvait concevoir d'inquiétude, car les faits relevés contre lui ne constituaient aucun délit capable de tomber sous l'application d'une loi, quelque 1. *Liste de tous les prisonniers traîtres à leur patrie, conspirateurs, détenus dans les prisons d'Orléans et jugés en dernier ressort par le peuple souverain à Versailles. — De l'imprimerie de Paris, cloître Saint-Honoré.*
draconienne qu'elle pût être. Cependant les événements politiques s'assombrissaient de plus en plus, les fautes de la cour précipitaient les crises de l'Assemblée et de la rue, les petites perfidies de la contre-révolution soulevaient les grandes colères du peuple, les divers partis enfin, confondus dans un commun délire, s'avançaient vers cette mer de sang où ils allaient tous aboutir. Le contre-coup du 20 juin dut se faire sentir à Orléans. Quelle pouvait être la sécurité des serviteurs de la royauté, depuis qu'elle avait été elle-même assaillie, menacée dans son chef, et couverte de ces outrages pires que la mort, et qui en sont souvent le précurseur. L'inquiétude ne devait pas être moindre à Louveciennes qu'aux Minimes. On peut l'affirmer, quoique aucun document particulier n'en dépose. Puis peu à peu les esprits se calmèrent encore. L'attitude de La Fayette, la suspension de Petion, le langage ferme et mesuré du roi, ramenèrent quelque peu d'espoir dans l'âme de ses partisans. « Pourvu, disaient-ils, qu'on ne nous gâte pas notre Vingt-Juin ! » Le baiser Lamourette qui se rapporte à cette époque contribua à inspirer un peu de confiance aux royalistes.

M. de Brissac n'était pas certainement un des moins résolus, on le voit par la nature des occupations auxquelles il se livre. Tantôt il fait coller sur toile des cartes de géographie par un relieur, et tantôt, en d'autres moments, il pourvoit aux distractions de ses compagnons d'infortune. Par ses soins et à ses frais, le 1. On a attribué ce mot à André Chéuier.

2. Mémoire des cartes collées pour M. le duc de Brissac. Pour vingt-une cartes, toile et main-d'œuvre, 91 liv. 5's. réfectoire de l'ancien couvent est transformé en un jeu de volant où les détenus pourront s'exercer i.

LETTRE DE MADAME DE MORTEMART A MADAME DU BARRY.
10 juin 1792,

Je vous rends un million de grâces, madame, des nouvelles que vous avez eu la bonté de me donner. Comme votre lettre a été retardée, je ne l'ai reçue qu'avec des nouvelles de mon père, de sa propre main, ce qui m'a fait grand plaisir. J'ai su depuis qu'il avoit été interrogé et n'étoit plus au secret. Le voilà aussi passablement que possible pour un prisonnier... Malgré son innocence reconnue, je crains que les procédures ne soient longues.

Malheureusement, les événements du dehors firent bientôt trêve à l'accalmie de l'intérieur. La déclaration trop fameuse de Pilnitz, la proclamation par la municipalité de Paris, portant que la patrie était en danger, vinrent surexciter les passions de la capitale; l'arrivée des Marseillais à Paris s'y joignit bientôt, et les symptômes les plus alarmants firent pressentir le dénouement fatal du 10 août. Après la prise des Tuileries, la captivité du roi et les massacres qui suivirent, il n'y avait plus à se faire d'illusion; pour les prisonniers d'Orléans, c'était la mort et la mort à bref délai. M. de Brissac ne s'y Irompa pas; aussitôt que la nouvelle de la catastrophe 1. Papiers des prisonniers d'Orléans. — Toisé des ouvrages faits par Dubois, maître maçon, dans le cy-devant couvent des Minimes, à Orléans, pour l'établissement d'un jeu de volant dans l'ancien cy-devant réfectoire, lesquels ouvrages ont été exécutés d'après les ordres de M. le duc de Brissac, dans le mois de juillet 1192. Blanchissage des murs; peintures à la colle; réfection du carrelage, etc., 211 liv.

lui fut parvenue, il prit une plume et consigna l'expression de ses dernières volontés.

Après avoir institué sa fille légataire universelle et pourvu à divers arrangements de famille ou à des dispositions rémunératoires, le testateur continue en s'adressant à sa fille, madame de Mortemart:

Je lui recommande aussi ardemment une personne qui m'est chère et que les malheurs des teins peuvent meltre dans la plus grande détresse. Ma fille aura de moi un codicille qui lui indiquera ce que je lui ordonne à ce sujet.

Puis ce codicille, qui est du même jour que le testament, s'explique ainsi:

Je donne et lègue à *Madame du Barry de Louvecienne,* outre et par-dessus ce que je lui dois, l'usufruit d'une terre en Poitou, une rente annuelle et viagère de 24,000 francs, ou bien une somme de 300,000 francs une fois payée en argent, le tout à son choix.

Je la prie d'accepter ce faible gage de mes sentimens et de ma reconnaissance, dont je le suis d'autant plus redevable que j'ai été la cause involontaire de la perte de ses diamans.

Ecrit et signé de ma main, à Orléans, le H aout 1792. Louis-Hercule-Timoléon De Cossé-bkissac

Puis, M. de Brissac écrit encore, à cette même date du H, la lettre suivante, évidemment adressée à madame du Barry:

Ge samedi, 11 aoust 1792, à Orléans, 6 heures du soir.

J'ai reçeu ce matin la plus aimable des lettres et celles qui depuis longtemps a plus davantage à mon cœur. Je vous en remercie. Je vous baises milles et milles fois; oui, vous serez ma dernière pensée. Nous ignorons touts les détails. Je gémis, je frissonne. Ah! cher cœur, que ne puis-je être avec vous dans un desert plus que je n'ai pus estre qu'à Orléans, ou il est fort fâcheux d'estre. Je vous baise milles et milles fois. Adieu, cher cœur. La ville est tranquille jusqu'à présent. (Arch. nat., W, 16, pièce X.)

Les pressentiments de M. de Brissac n'étaient que trop bien fondés. Sa tête fut bientôt désignée nomina-' tivement au fer des assassins par un de ces pamphlets sanguinaires qui couraient les rues:

Brissac, ci-devant Gouverneur de Paris, ci-devant commandant en chef des plaisirs de la *du Barry* et de la garde du Roi, traître à la nation, ce dont il vient de donner la preuve la plus authentique en voulant faire massacrer tous les bons citoyens de Paris et mettre le feu aux quatre coins de la ville. Voilà' ce qui s'appelle une bonne aubaine pour la Haute-Cour nationale! Comme elle va nous travailler la Liste civile! A qui pourra prévenir un accident et faire un petit saint Denis de M.Timoléon Cossé-Brissac, 12,000 livres. *Têtes à prix*. Paris, de l'imprimerie de Pierre-sans-Peur, 1792.)

La tête de madame du Barry n'est pas au nombre de celles qui sont mises à prix; elle n'en était pas moins gravement compromise, à cause de l'étroite solidarité qui l'unissait à M. de Brissac.

Cette attaque ne resta pas isolée. Les motions se succédèrent auprès de la Commune ou de l'Assemblée de manière à former une suite de réclamations qui ressemblaient à la clameur publique. 1. On ne connaît pas l'auteur de ce pamphlet. M. Matin ne le nomme pas. Le malheureux M. Billard, l'un des auteurs de la nouvelle édition des *Anonymes* de Barbier, m'avait affirmé ne pas le connaître non plus.

N 23. *Journal de la République française,* par Marat, l'ami du peuple, etc. 17 octobre 1792.

A Marat, l'ami du peuple.

Etienne Thuot et six de ses camarades travaillant 'dans le courant de juin 1791, dans le jardin du sieur de Brissac, rue de Grenelle, faubourg Saint-Germain, l'entendit dire à l'ambassadeur d'Espagne, en présence de la du Barry,qu'il connoissoit un souterrin qui aboutissoit dans la maison de l'ex-duc Duchatelet, où la Reine pouvoit passer tenant le Dauphin dans ses bras, mais que, le' Roi ne pouvant y passer, se-roit par un autre endroit et quel seroit parti sous huit jours.

Le matin du départ du Roi, le sieur Monsambré (Maussabré), aide-de-camp de Brissac, vint à sept heures du matin et à toute bride des Tuileries, et dit à Louis, jardinier, de faire sortir tous les ouvriers du jardin, et qu'on leur paye-roit leur journée, ce qui fut exécuté. Les ouvriers étant dehors, Thuot leur dit ce qu'il avoit entendu au sujet du départ du Roi, ajoutant qu'il valloit mieux veiller autour de l'hôtel de Brissac, attendu

qu'on les faisoit sortir peut-être pour en-lever les effets. Effectivement, Thuot en vit sortir Louis et son frère, accompagnés de François, commissionnaire, avec des hottes entourées de paillassons. (On va chercher la garde.) On trouva dans ces hottes plusieurs caisses d'assignats, de la vaisselle de vermeille, les diamants de la Dubarry et des Louis.

La preuve résulte de l'arrestation à Louveciennes'du jeune Maussabré, aide-de-camp de l'ex-commandant de la garde constitutionnelle. Voici comment Peltiera raconté cet incident dans son *Tableau du Dix-Août.*

Cet exécrable Audouin poussa sa troupe de Chantilly jusqu'à Saint-Germain. Chemin faisant, ils voulurent examiner le beau pavillon de Louveciennes, appartenant à madame du Barry. En visitant tous les détails de l'habitation de cette femme célèbre, ils trouvèrent malade au lit un malheureux enfant de dix-huit ans, beau, brave, ardent, sensible, le jeune Maussabré, allié aux plus grandes maisons de France, ci-devant aide-de-camp de M. de Brissac. Il s'était retiré à la campagne avant le 10 août pour rétablir sa santé. Ni son innocence, ni l'intérêt qu'y prenait madame du Barry et tout le village de Luciennes ne purent rien opérer sur ces brigands: ils l'enlevèrent; c'était le dernier jour de leur marauderie: il fallait bien au moins avoir un prisonnier à offrir au comité des finances de la Commune, pour faire allouer les frais d'une campagne ridicule qui coûta peut-être cent mille francs.

(Dernier *Tableau de Paris,* ou *Récit historique de la Révolution du* 10 *août* 1792, etc., par J. Peltier, auteur des *Actes des apôtres, de la Correspondance politique, du Tableau de Paris,* etc. — Londres et Paris, septembre 1793, Peltier, *Sur le* 10 *août.* Tome II, p. 209.)

Bulletin de l'Assemblée nationale. — Première législature. — Présidence de M. Lacroix. — Suite de la séance permanente du 10 août, — du lundi 20, à neuf heures du matin.

Des commissaires du conseil général de la Commune de Paris et des députés d'un détachement de gardes nationaux

sont introduits à la barre.

Un officier municipal, au nom de la députation: « Le conseil général de la Commune était tous les jours inquiété par des dénonciations qui lui annonçaient des rassemblements d'hommes sur les montagnes voisines; il m'a chargé, en conséquence, d'aller à la tête d'un bataillon de gardes nationaux et d'en détacher ma section et autres fédérés pour aider les hommes des campagnes à se débarrasser des aristocrates qui s'étaient réfugiés dans leur sein.

« Dans la maison de madame du Barry, nous avons trouvé 1. L'arrestation de M. de Maussabré est du 19 août 1792. derrière un lit M. Monsabray, aide-de-camp de Brissac, cidevant émigré, et qui se trouvait au château à l'affaire du 10. Nous l'avons conduit à l'Abbaye; nous avons fait différentes autres captures, par exemple d'un chanoine de Paris et plusieurs autres princes réfractaires. »

L'attaque des *Têtes à prix* ne resta pas isolée; les motions des sections et des clubs se succédèrent auprès de l'Assemblée ou de la Commune pour obtenir que les accusés de la Haute-Cour fussent amenés à Paris. Une évasion qui avait eu lieu à Orléans et, ce qui était plus grave, quatre acquittements consécutifs motivaient ces demandes passionnées. Avant que l'Assemblée eût pris un parti, deux cents fédérés marseillais prirent les devants sous la conduite de Lazowsky, et se dirigèrent sur Orléans. Sommé par l'Assemblée de les faire revenir sur leurs pas, le pouvoir exécutif ne trouve rien de mieux que d'envoyer Fournier l'Américain avec dix-huit cents hommes de garde nationale et plusieurs pièces de canon pour assurer la sûreté des prisonniers. Les deux corps de troupes se réunissent à Longjumeau et se dirigent ensemble sur Orléans, où ils arrivent le 30 août. Ils commencent par mettre au pillage les effets des détenus. L'argenterie de M. de Brissac, notamment, est prise et rendue tour à tour. Le peuple se porte aux prisons; les captifs sont insultés, menacés et ne doivent momentanément la vie qu'à la garde nationale d'Orléans, qui les protège par son attitude énergique. Pendant ce temps, l'Assemblée législative est prévenue de ce qui se passe, et elle rend un décret par lequel elle ordonne que les prisonniers soient diriges sur le château de Saumur. Malgré ce décret, malgré les efforts des grands procurateurs près la HauteCour, Garran de Coulon et Pelicot, les prisonniers sont acheminés sur Paris. Ils étaient au nombre de cinquantetrois. Ils furent disposés sur sept de ces chariots qui servaient alors pour le transport des boulets de canon, et qui furent fournis par le train d'artillerie: trois voitures plus commodes y furent adjointes pour les malades.

Les grands procurateurs Garran de Coulon et Pelicot concevaient les plus tristes pressentiments en voyant la vie des prisonniers confiée à la garde d'hommes tels que Fournier l'Américain et Lazowsky. Pournier était un personnage abject, sans nulle consistance et sans scrupule. Tantôt il promettait de sacrifier « même sa vie » à la protection des prisonniers, tantôt il faisait entendre contre eux les paroles les plus sinistres. Il finit par déclarer qu'il savait ce qu'il avait à faire: il n'était que trop facile de le comprendre; « et, dit Gar ran de Coulon, nous nous sommes retirés le cœur navré de douleur à la maison commune. »

Cette funeste perspective devait être, à plus forte 1. Nous sommes possesseurs de ses papiers et effets; les uns nous ont été vendus par feu M. Jacques Charavay l'aîné; les autres, au nombre desquels sont ses portraits, proviennent de la célèbre collection du colonel Maurin. C'est dans ces papiers même que nous trouvons la preuve incontestable de sa trahison en cette circonstance. On y lit le passage, suivant signé de sa main: « Le premier (c'est de lui-même qu'il parle en cnumérant ses titres à la faveur de la Convention), le premier qui s'est armé pour aller détruire une Haute-Cour nationale qui coûtait, par ses abus et ses délais à juger les conspirateurs de la République, plus de Vingt-cinq Millions par an. Sa marche fut autorisée par un décret de l'Assemblée législative. » Ainsi, au moment même où il « promettait de sacrifier sa vie pour protéger les prisonniers d'Etat, » il se vantait d'avoir été le premier à *s'armer* pour les détruire. Voilà l'homme sollicitant sans cesse et tour à tour Louis XVI, la Convention, le Directoire, Bonaparte et enfin le duc d'Angoulême, et mêlant, pour mendier, le mensonge à lu folie. raison, celle des malheureux détenus. Ils se mirent en marche le 3 septembre, au milieu des cris: « *A bas les conspirateurs! à bas les traîtres!* » Les voitures allaient au pas, le convoi, bien digne de ce nom, arriva le 6 à Etampes, à moitié chemin de Paris, où les attendait le souvenir d'un événement tragique et récent, trop analogue à la destinée probable des prisonniers. C'était en effet à Etampes que, quelques mois auparavant, le maire de la ville, Simonneau, avait été immolé dans une sédition populaire (3 mars 1792).

L'escorte se donna un jour de repos. Les captifs en profitèrent pour écrire des lettres à leurs protecteurs ou à leurs amis (6 et 7 septembre). Ils les remirent à Fournier qui, manquant au mandat qui lui avait été confié, garda le paquet et ne le remit à la Convention qu'après la fin de cette longue tragédie.

M. de Brissac trouva non loin d'Etampes une localité qui dut lui rappeler la mémoire de madame du Barry. Saint-Vrain est situé entre Corbeil et Arpajon, à quelques lieues de la grande route. Il est probable que M. de Brissac avait dû la parcourir plus d'une fois pour se rendre au château de la belle exilée qui lui était déjà chère. Il revoyait ces lieux dans des dispositions bien différentes! A Arpajon, le cortège couche une nuit: les prisonniers furent placés dans les écuries du duc de Mouchy.

On arriva enfin dans les campagnes environnant Versailles: là, on voit la scène changer de caractère. Il ne s'agit plus de huées contre les conspirateurs et les traîtres; le cri des populations est partout: A bas les seigneurs! à bas les seigneurs! « Voyez-vous celui-là, disait un homme bouillant de colère en montrant M. de Brissac, quel mal il a fait à ma famille! Il a fait condamner mon père aux galères, et ce pour un lapin!... »

Et, chose étrange, dans ces clameurs qui rappelaient un peu la féodalité, tout n'était pas erreur. Au nombre de ces seigneurs, il en était qui rêvaient en effet le retour aux temps passés. Parmi les papiers trouvés sur eux était un projet de faire marcher les provinces contre Paris, avec l'énumération des hommes à mettre en mouvement, et en ces ttrmes:
Autun et leurs vassaux, 35,000.
Auvergne et leurs vassaux, 35,000.
Tant il est vrai que dans les masses il y a quelquefois des instincts qui tiennent lieu de seconde vue.

M. de Brissac en était, à coup sûr, fort innocent; mais son nom était encore plus connu que ceux de ses autres compagnons. C'était là tout son crime ou du moins tout le danger pour lui.

La garde nationale d'Orsay et des autres communes voisines commença donc à se mêler aux troupes de l'escorte, espérant, comme le dirent plus tard les té moins avec une naïveté atroce, voir guillotiner tous les seigneurs.

Cependant, on approchait peu à peu de Versailles; l'inquiétude s'était répandue dans cette ville. Le conseil général de la commune était terrifié par les menaces *d'exécutions sanglantes* qui étaient hautement proférées dans la ville. Pour les conjurer, il imagina de décréter que les prisonniers seraient enfermés dans les cages de l'ancienne Ménagerie du parc, *ce qui aurait Vavantage de satisfaire l'animadversion populaire et datténuer le sentiment de la haine en faisant naître des idées de mépris.*

Cet arrêté fut placardé dans toute la ville, et le dimanche, lorsque les prisonniers n'étaient plus qu'à Jouy, M. Hyacinthe Richaud alla au-devant d'eux et s'efforça de les faire conduire directement à la Ménagerie, sans passer par Versailles, en prenant des routes de derrière, notamment celle dite de la Glacière. Il fallait traverser la ville de part en part, de l'est à l'ouest ou de la grille du Petit-Montreuil à la grille de l'Orangerie. Les chariots et leur escorte s'engagèrent donc dans la rue des Chantiers, traversèrent l'avenue de Paris, la place d'Armes et descendirent la rue de la Surintendance (aujourd'hui rue de la Bibliothèque). Jusque-là, on n'avait fait retentir que le cri de: *Vive la Nation* et de fortes huées contre les prisonniers. A la hauteur du ministère de la guerre (aujourd'hui caserne des gendarmes à pied), le cortège fut arrêté par la foule. Le maire essaya de l'exhorter, mais vainement. « Livrez-nous au moins Brissac et Lessart, disent les plus calmes; nous vous laisserons emmener les autres, autrement ils périront tôt ou tard; nous irons à la Ménagerie; si nous les laissions aller, on les sauveroit encore. »

On voit que M. de Brissac était toujours le point de mire de la multitude, probablement à cause de la notoriété de son nom, et que, dans leur fureur insensée, ils prenaient pour le plus coupable celui des prisonniers qui était probablement le plus libéral et aurait dû être le plus populaire.

Pendant ce temps-là, la grille de l'Orangerie avait été fermée par un porteur de sacs du marché: il avait passé ses bras par les grilles et, les tenant croisés, empêchait qu'on ne pût ouvrir les battants.

Le danger croissait d'instant en instant: un moment de station pouvait devenir fatal aux prisonniers; ordre fut donné de rebrousser chemin et de remonter la rue de l'Orangerie. Le mouvement commença de s'opérer, et les voitures s'avancèrent jusqu'au carrefour formé par l'intersection de la rue Satory, connue alors sous le nom des Quatre-Bornes.

Là, un souvenir douloureux put encore assaillir l'infortuné M. de Brissac. C'était dans cette rue qu'il avait pu, vingt ans auparavant, connaître madame du Barry, qui avait eu assez longtemps un hôtel à elle, loué par la veuve Duru, au n 7 actuel.

Non loin de là, et derrière la voiture même qu'occupait le duc, était son ancien hôtel, qui porte encore aujourd'hui son nom; il n'en était séparé que par d'étroites cours, mais sa dernière heure était sonnée. Tout d'un coup, les chariots furent assaillis par une troupe d'assassins: les malheureux détenus furent massacrés en quelques instants, à coups de sabre, de pique, de baïonnette. Chose étrange! il n'y eut pas un coup de fusil tiré, soit par les assaillants, soit par l'escorte qui eût dû les repousser.

Tous les témoins qui ont été entendus, ils sont nombreux, s'accordent sur ce point, que M. de Brissac occupait le troisième chariot. Les personnes qui s'intéressaient aux prisonniers et qui connaissaient le danger du passage avaient envoyé des émissaires pour leur porter secours en cas de besoin, les faire évader s'il 1. LETTRE DE M. D'ESCOURRE A MADAME DU BARRT *Pour Luciennes, à Marly.*

Paris, le 6 septembre 1792.

Les prisonniers d'Orléans arrivent demain à Versailles. On a envoyé deux commissaires de la Commune au-devant d'eux pour dire à la garde nationale qui les mène qu'elle a déjà enfreint la était possible. Deux individus, appartenant à la domesticité du duc, étaient là et ont raconté, dans un acte de notoriété, tous les détails qu'ils avaient pu recueillir par eux-mêmes. Rien n'est plus curieux que ce témoignage.

12 septembre 1792. — Notoriété du décès de M. de Brissac.

Aujourd'hui ont comparu devant les notaires à Paris, soussignés: Sieur Antoine Baudin, charretier de l'artillerie, Et sieur Pierre Baudin, son fils, trotteur, ci-devant au ser loy et qu'elle devient responsable de ce qui pourrait arriver aux prisonniers que l'on veut juger légalement.

Il faut espérer qu'ils arriveront sains et saufs, et qu'en gagnant du temps, on sauve *(sic)* leur vie. L'Assemblée dailleurs lassée de sang se propose de donner une amnistie. Ce sacrifice n'est pas grand quand il n'y a pas de coupables.

J'ai été trouver le rédacteur du *Courrier français* qui rétractera demain la fausseté de l'article qui vous concerne. Je luy ai promis récompense si cet article étoit bien fait.

11 met *(sic)* arrivé dix lettres d'Orléans pour des députés actuels, pour les prier d'aller au-devant des malheurs qui menaçoient les malheureux prisonniers qu'on avoit à Orléans, qu'on égorgera ici en arrivant. Je les ai toutes fait remettre tout de suite. Madame de Maurepas, instruite de la translation de M. le duc, vouloit aller tout de suite à l'Assemblée. On l'a retenue. Elle a écrit à Danton et à l'abbé Fauchet. Madame de Flamarens et moy avons porté les lettres; elles ont vivement intéressé l'abbé Fauchet.

Le malheureux Mcaussabré étoit sauvé, comme messieurs Marguerie qui étoit avec luy, s'il n'avoit pas perdu la tête. Il a voulu se cacher dans une cheminée, où l'on a brûlé de la paille pour l'étourdir et le faire descendre; il en est tombé et on l'a fusillé *(sic)* sans l'entendre. S'il avoit voulu paroître comme les autres, son arrestation no le chargeoit pas; il étoit sauvé. J'ay l'âme et le corps accablés et ne seray tranquille que lorsque je sauray M. le duc à Versailles, si on peut passer. J'y enverra)', si je ne puis y aller. Envoyez-y de votre côté, mais surtout ménagés et évités les démarches qui peuvent devenir publiques et vous nuire à l'un et à l'autre.

vice de feu M. de Cossé-Brissac, lieutenant général des armées de l'Etat,

Demeurant tous deux en lajville de Versailles, rue Neuvede-Noailles, n 26, étant ce jour à Paris;

Lesquels, pour vérité et notoriété, ont déclaré et affirmé les faits suivants, savoir: 1 Ledit sieur Baudin père, qu'il connaissait personnellement M. Louis-Hercule-Timoléon de Cossé-Biissac, lieutenant général des ai mées. Que le dimanche neuf du présent mois, vers une heure après midi, il a eu connaissance que les prisonniers détenus à Orléans, pour crime de lèse-nation, arrivaient à Versailles; qu'il sait qu'ils sont entrés dans la ville par la grille du Petit-Montreuil, ont passé par la place d'Armes et la rue de la Surintendance, paraissant tendre à la grille de l'Orangerie; que cette grille étant bientôt fermée, les voitures où étaient les prisonniers et leur escorte ont rebroussé chemin et que, se trouvant dans la rue de l'Orangerie, près la fontaine des Quatre-Bornes, les prisonniers sur les charrettes ont été assaillis à coups de sabre, de piques et de baïonnettes par une multitude de gens revêtus de différents costumes;

Qu'à l'arrivée des prisonniers et sur le troisième chariot il a vu et reconnu ledit sieur de Cossé-Brissac, vêtu d'un habit bleu uni avec des boutons jaunes ;

Que, sur les deux heures et demie, il est allé dans la rue de l'Orangerie, près la fontaine des Quatre-Bornes, il a vu et reconnu au milieu du pavé le cadavre du sieur de CosséBrissac, qui paraissait blessé au visage de plusieurs coups de sabre ou autre instrument tranchant, dont le plus profond paraissait porter sur le nez. Que, quelques instants après, il a vu et reconnu au milieu d'un cortège nombreux la tête de mondit sieur de Brissac portée au bout d'une pique, avec une étiquette sur le front indiquant le nom de M. de Brissac; 2 Et le sieur Baudin fils, qu'à son égard ayant été attaché comme frotteur au service du sieur de Gossé-Brissac, il le connaissait parfaitement ;

Que le dimanche neuf du présent mois, vers les deux heures après midi, il a vu et reconnu mondit sieur de Brissac avec huit ou neuf autres personnes, sur un chariot découvert, qu'il était vêtu d'un habit bleu uni avec les boutons jaunes, les cheveux roulés, une queue, des bottes aux pieds, assis sur la paille, tenant, ainsi que les autres prisonniers, son chapeau à la main; que les chariots se trouvant dans la rue de l'Orangerie, près la fontaine des Quatre-Bornes, ont été arrêtés par la multitude, et que tout à coup les prisonniers ont été assaillis à coups de sabres, de piques et de baïonnettes par une multitude de gens de différents costumes, que les chevaux qui conduisaient les chariots ont été dételés et emmenés, et que la troupe qui escortait les prisonniers s'est éloignée; qu'il a vu et reconnu M. de Brissac atteint sur le chariot de différents coups de sabre au visage, portant sur le nez, la bouche et le front, et qu'il l'a vu précipiter de la voiture et mutiler en différentes manières, et s'est retiré;

Que, dans l'après-midi, au milieu d'un cortège nombreux, il a vu et reconnu dans les rues Satory et de Noailles la tête de M. de Brissac portée au bout d'une pique, et avec une étiquette appliquée au front, portant le nom de Brissac; 3 Que lesdits comparants, d'après les faits ci-dessus, sont certains et assurés que mondit sieur de Cossé-Brissac est du nombre des personnes qui ont péri en ladite ville de Versailles le dimanche neuf du présent mois;

Desquelles déclaration et attestation lesdits comparants ont requis ce présent acte aux notaires qui lui ont délivré pour servir et valoir ce que de raison.

Dont acte fait et passé à Paris en l'étude, le 12 septembre 1792, l'an quatre de la liberté, et ont signé: 12 septembre 1792. — Acte de notoriété sur la mort de M. de Brissac, reçu par M Péan de Saint-Gilles, aujourd'hui Demonts, notaire.

Un des témoins entendus était frotteur chez M. de Brissac, le connaissait parfaitement.

Le cortège est arrivé par la rue des Chantiers, la place d'Armes, la rue de la Surintendance. Arrivé à la grille, on l'a trouvée fermée et on a rétrogradé jusqu'aux QuatreBornes.

Les prisonniers avaient tous leurs chapeaux à la main; ils étaient assis sur de la paille, au fond des voitures; on a dételé les chevaux et le massacre a commencé à coups de sabres, de piques, de baïonnettes.

Le duc de Brissac avait un habit bleu à bouton d'or; toutes les blessures qu'il avait reçues étaient à la figure, le coup le plus fort au nez.

Une heure après il était encore étendu aux Quatre-Bornes.

Puis on lui a coupé la tête, on a mis une inscription sur son front portant son nom et on l'a promené dans la ville jusque dans la rue de Noailles.

Nul n'a mieux vu, n'a mieux décrit ce terrible événement que Baudin fils. L'acte de notoriété, dressé par les soins de la famille de Brissac, doit rester comme une page inespérée.

Commencé comme une espèce de Jaquerie, le massacre de Versailles se termine par une scène digne des écorcheurs du xv siècle. Les cadavres furent mutilés, insultés. On mangea de la chair humaine, et pendant que ces festins de cannibales s'accomplissaient, la tête de M. de Brissac, mise au bout d'une pique, fut portée à Louveciennes. Est-ce à cause de la notoriété des liaisons du duc avec madame du Barry ou du billet d'elle trouvé sur lui? Nous ne saurions le dire, mais une tradition constante veut que ce sanglant trophée ait été porté dans son château et jeté dans ses jardins, ou même dans son salon. On devine quelle dut être l'horreur de cette malheureuse femme.

Il y a quelques années, on trouva dans les jardins un crâne qui fut enterré près du chemin qui conduit à Prunay.
Courrier français, 15 septembre, n 259
On assure qu'on a porté la tête de M. de Brissac à Lucienne et qu'on l'a laissée dans le salon de madame du Barry.

Le rédacteur du *Courrier français* à cette époque était Poncelin de la Roehe-Tillac '.

Vers le commencement du mois d'octobre 1792, madame du Barry fit ses préparatifs pour retourner en Angleterre. Ce quatrième voyage n'a jamais été expliqué. 11 est devenu contre elle une source de suspicions et d'accusations. On se demandait comment et pourquoi elle allait encore chercher les voleurs de ses diamants? N'avaient-ils pas été acquittés par les juges anglais et condamnés en France? Sans doute, l'objection paraissait fondée, mais la réponse n'en était pas moins simple'. Il ne s'agissait plus ni des diamants ni des voleurs; ils n'étaient plus en cause, et cependant c'était toujours cette fatale affaire qui était l'origine, et l'origine très légitime de ce voyage. On se rappelle en effet que deux mille louis avaient été promis à celui qui rapporterait tout ou partie des précieux trésors. C'était un '» 1. Note de madame Guenard, vol. III, p. 119.
sieur Simon, Juif de la cité, à Londres, qui avait mis sur la voie des voleurs en les signalant à la police. Il prétendait donc à la totalité de la récompense promise. Madame du Barry trouvait le chiffre considérable. Quarante-huit mille francs! c'était beaucoup assurément, mais la valeur des objets volés était énorme, et d'ailleurs l'engagement était pris. De là un procès qu'il fallait faire juger en justice réglée. Madame du Barry partit au mois d'octobre, elle obtint une décision vers la fin du mois de février, ce n'est pas une durée excessive pour un procès quelconque en tout pays, et surtout en Angleterre où les lenteurs de la procédure sont si connues. On la

voit solliciter avec ardeur et obtenir une solution en réalité assez prompte. Dans les intervalles de liberté que lui laissait le procès, madame du Barry se livra naturellement à des occupations de diverse nature. Cependant, il faut le dire, on ne trouve plus rien de semblable aux divertissements de 1791 et 1792, tels que les soirées passées au Ranelagh, au VauxHall, les voyages à Sans-Souci, Richmond. Les événements en France devenaient de plus en plus sombres, madame du Barry se serait bornée à voir des Anglaises de distinction; elle ne se doutait pas qu'elle était surveillée. Sa conduite fut mise au grand jour par un épisode qui reçut une publicité considérable dans le monde politique et dans les journaux. Un nommé Viard, espèce d'aventurier, avait diffamé madame Roland et porté ses calomnies jusqu'à la barre de la Convention. Mis en présence de cette femme célèbre, il fut conspué par elle et réduit à la confusion la plus complète. Cependant l'incident fut recueilli par la presse, et si la déclaration de Viard était sans importance pour madame Roland, il en était autrement à l'égard de madame du Barry. Celte dernière se trouva singulièrement compromise par cette révélation inattendue!.

Ce témoignage était une véritable dénonciation contre madame du Barry; il passa d'abord inaperçu, mais nous le retrouverons en substance dans le procès définitif.

1. Arrivé à Londres, je fus bien accueilli par M. d'Aiguillon; il m'envoya chez M. Narbonne, j'y trouvai madame du Barry, M. de Talleyrand, des ci-devant évêques et des ci-devant seigneurs. Je feignis de partager leur opinion pour obtenir leur confiance. — (Déclaration de Viard, séance de la Convention, du 7 décembre 1792.)

CHAPITRE XIV (1793) MORT DE LOUIS XVI. — MADAME DU BARRY PREND LE DEUIL.
PRÊT DE 200,000 FR. A M. DE Rouan-chauot
PAR MADAME DU BARRY.
PROCÈS SUR LA QUOTITÉ DE LA RÉCOMPENSE DUE AUX INVENTEURS
DES VALEUIIS VOLÉES.
RETOUR DE MADAME DU BARRY EN FRANCE.
SIGNALEMENTS DES PASSEPORTS.
PORTRAITS. — LETTRE DE LA PRINCESSE DE ROUAN-ROCHEFORT.
GREIVE INSTALLÉ A LOUVECIENNES.

Les derniers mois de l'année 1792 et les premiers jours de l'année 1793 avaient été occupés par une des scènes les plus tragiques de notre histoire, nous voulons parler de la comparution de Louis XVI devant la Convention. Ce drame terrible se termina par le coup de hache du 21 janvier. L'effet fut immense dans toute l'Europe et particulièrement en Angleterre. La nouvelle fut apportée au milieu d'une représentation théâtrale. Aussitôt elle fut interrompue. L'assistance entière se retira au milieu du chant national *God save the king*. C'était une manière de porter le deuil d'un autre Charles I. Des services furent célébrés en l'honneur du roi martyr dans le& chapelles des ambassades catholiques, notamment dans celle d'Espagne. Madame du Barry s'y montra en vêtements noirs. Il y avait là une espèce de courage dans un moment où la terreur était déjà si grande. Il y avait aussi l'oubli des procédés hostiles de Louis XVI envers l'ancienne favorite. 11 avait toujours été son adversaire et s'était montré sévère envers elle, puisqu'il l'avait gardée quinze mois sous les verroux et l'avait tenue depuis en exil ou en disgrâce. Madame du Barry, en s'associant à des sentiments de regrets pour Louis XVI, prouvait qu'elle n'avait rien retenu du passé, ou qu'elle professait envers ce malheureux prince une admiration particulière et personnelle. C'est ce que la République ne lui pardonna point, mais l'histoire lui en a-t-elle suffisamment tenu compte? Nous ne le pensons pas. La participation, si lointaine qu'elle soit, au martyre du 24 janvier, aurait dû être pour madame du Barry une expiation de ses fautes passées, s'il n'y avait pas eu un parti pris contre elle, et, disons-le, aussi contre l'infortuné monarque. Peu de jours après se place chronologiquement un 1. *Obsequies for Lewis the XVI in the Spanish chapel at London. (Gentleman's Magazine.)* 2. Ce n'est pas ici le moment de parler en détail de Louis XVI, ni de l'atroce procès dont il fut victime. Mais il sera permis à un Versaillais et à un légiste d'élever la voix pour celui qui fut l'honneur de cette ville où il était né.

Le souverain qui, le premier, a aboli la torture en France, a bien mérité de l'humanité et doit être considéré comme un de ses bienfaiteurs. Rappelons le jugement de Fox, sur lui: « That there is not a person in Europe out of France who does not consider this sad catastrophe as a monstrouslley revolting act ofcruelty and injustice. » (Address to the electors of Westminster. Annual regisler. *History of Europe,* p. 229, vol. XXXV.) autre fait qui a eu sur les destinées de madame du Barry une influence non moins néfaste que sa présence au service de Louis. Le 31 janvier suivant, par acte passé devant M Mony, notaire à Paris, M. de RohanChabot (Alexandre-Louis-Auguste) empruntait à madame du Barry la somme de deux cent mille francs à quatre pour cent. Nous verrons bientôt ce qu'il en advint. Les fonds furent fournis par les Van den Yver sur la vente d'actions de la Caisse d'eseompte qu'ils avaient faite pour madame du Barry. Cependant madame du Barry s'occupait activement de la poursuite de son procès. On en a la preuve par la pièce suivante: 22-juin.

Milord Hawkesbury fait bien ses compliments à madame du Barry. Il n'a reçu sa lettre du 14 que hier. Il sera enchanté de lui être d'aucune utilité dans ce pays-ci. Il y a quelque tems qu'il a eu une conversation avec Milord Chancelier sur son affaire, et Milord Chancelier lui a dit qu'il avoit déjà parlé à son avocat à ce sujet, mais les loix de ce pays-ci ne permettent pas à aucun juge, pas même au Chancelier, de se mêler dans la conduite actuelle du procès.

Ces paroles sont remarquables et elles font l'éloge de l'Angleterre, elles n'étaient pas et elles sont encore loin d'être vraies en France, hélas!

La difficulté était de savoir si la totalité de la récompense promise devait être allouée au sieur Simon ou s'il n'avait droit qu'à une part proportionnelle aux valeurs recouvrées? La fameuse affiche dont Rouen était si fier d'être l'auteur était mal rédigée et prêtait à la controverse. Elle portait: « Deux mille louis à gagner et récompense honnête et proportionnée aux objets qui seront rapportés. » On pouvait soutenir pour Simon que la promesse se composait de deux éléments distincts: 1 une première somme fixe de deux mille louis; 2 une autre somme à fixer en raison des objets recouvrés. Rouen invoquait la diminution éprouvée par suite de la dépréciation des assignats. C'était là une mauvaise raison qui n'était nullement opposable au joaillier anglais. Il n'avait pas à se préoccuper de la valeur des assignats en France, d'autant plus que la récompense avait été promise payable en numéraire et en louis. Cette question ne pouvait se présenter que dans la discussion du second élément de larécompense. C'est probablement ce que pensa le jury anglais, composé de six membres et présidé par lord Kenijon. Il adjugea à Simon une somme de mille louis.

Cette décision fut rendue le 27 février 1793 i.

Ce verdict rendu, madame du Barry était libre, quoique l'affaire fût loin d'être complètement terminée. 11 restait encore à liquider les frais et à recouvrer les diamants qu'en définitive elle n'a jamais revus. Un certificat signé entre autres de lord Queensberry, celui qu'elle connaissait depuis 1764, atteste que, pour arriver à une solution complète, il aurait fallu attendre jusqu'au mois de mai. Madame du Barry quitta Londres le 1 mars 1793; mais pendant ce temps la guerre avait été déclarée entre l'Angleterre et la France. Madame du Barry fut obligée de s'arrêter à Calais; elle n'obtint de passeport pour rentrer en France que le 17 mars. Nous transcrivons littéralement cette pièce qui aura son importance dans le procès criminel, et qui renferme 1. Voy. Instructions sur un vol fait au préjudice de la ci-devant comtesse du Barry à Louveciennes. (Archives de la préfecture de Seine-et-'Oise, carton Q, 2.) de madame du Barry un signalement où nous trouvons les éléments d'un véritable portrait .

Ce fut un tort, a-t-on dit, une imprudence de sa part de rentrer en France dans ces temps mortels. Le ministre anglais, Pitt, en lui donnant sa médaille, au 1. RÉPUBLIQUE FRANÇAISE.

Au nom de la loi.

Département du Pas-de-Calais, district et municipalité de Calais. (N 4829.) Laissez passer la citoyenne Devaubergnier Dubarri, Française, domiciliée à Louveciennes, municipalité de Louveciennes, district de Versailles, département de Seine-et-Oise.

Agée de quarante ans.
Taille de cinq pieds un pouce.
Cheveux blond *sic).*
Sourcils chatain.
Yeux bleux *(sic).*
Nez bien fait.
Bouche moyenne.
Menton rond.
Front ordinaire.
Visage ovale et plein.
Et prêtez-lui aide et assistance, etc....
Délivré en la maison commune de Calais, le nlnars 1793. L'an II de la République, et ont signés (sic) Reisenthal, officier municipal, Tellier; Roullier, secrétaire commis greffier, qui a signé pour le présent et Devaubergnier Dubarri.

Il faut rapprocher de ce signalement celui qu'on trouve dans un passeport donné à madame du Barry, à Marly, en ces termes:

Taille cinq pieds un pouce.
Visage rond et plein.
Yeux bleus.
Cheveux chatains.
Nez bien fait.
Bouche petite.
Agée de quarante-deux ans.
Signé: Salanave, Penot, etc.

L'identité de ces deux pièces est de nature à déterminer la ressemblance de la personne.
moment où elle venait prendre congé de lui, l'aurait détournée de son projet, et comme elle alléguait des engagements d'honneur pris par elle avant de partir, il lui aurait prédit le sort de Régulus. Cette particularité a été racontée par madame Guenard dans ses *Mémoires*

C'est une autorité peu sérieuse dont il est permis de ne pas se contenter. En février 1793, le tribunal révolutionnaire ne fonctionnait pas, il n'était même pas institué. Le 2 juin n'avait pas eu lieu. La sécurité régnait encore dans la société jusqu'à un certain point, témoin cette lettre que nous trouvons dans les papiers de madame du Barry et que lui écrivait, le 13 mai 1793, la princesse de Rohan-Rochefort. Dans ce mois de mai, le voyageur Forster allait visiter le pavillon de Louveciennes et racontait qu'il avait vu jouer les eaux du parc de Versailles.

Ce Versailles, le 13 mai 1793.

J'envoye sçavoir des nouvelles de ma très aimable voisine, et la prie de me marqué si je la trouverai chez elle dans l'après dîné? Dans ce cas, je lui notiflerois d'avance ma venue avec le coadjuteur en herbes déchus de ses espérances chimériques, ou qui le sont devenus du moins de par la nation (qui, comme dit Clémentine, nous *défichent),* mot tout neuf dans la langue qui, pour n'estre pas reçu à l'Accademie, peut très bien en augmenter le dictionnaire, vû qu'il est très expressif! La vérité est, dit-on, dans la bouche des enfants! Celui que je vous amenerai est doux, bon, sensible, aimable, n'a rien à reformé, mais beaucoup à acquérir, entre autre chose le bonheur de vous plaire. Si de le desiré etoit un titre suffisant pour le merité, je suis caution 1. Vol. III, p. 143.
quil auroit droit d'y prétendre! Il est aussi modéré que le farouche ainnée *(sic)* l'est peu! Je n'ose dire *Caîn etAbel!* C'est cependant la ressemblance assez parfaite! N'en parlons plus, car cela me fait mal et bien mal, je vous jure! Sans conter celui que me font les deux absens, dont l'une est une créature charmante au morale et au phisique, le petit Henry sera le portrait de Julie, et j'espère sous tous les rapports! C'est tout ce que je puis désiré. Mais grâce à la sotte entettement du pere, ce malheureux enfant va estre reputé emigré et courir au moins de grands risques que' je pouvois lui éviter. J'ai fait toutes tentatives possibles vis à-vis du père, mais lui, réunis à l'oncle, ont rendus mes efforts superflus! dont je me désespère,

dans la crainte et l'horreur de quelques nouveaux malheurs; ils nous environnent tellement que nous y sommes pour toute pâture! Je me borne à en desiré vivement la négation! Vous aurai peine à croire qu'à la fin de mon automne et touchant de bien près à ce triste hivers qu'on appelle vieillesse! le bonheur soit à naistre pour moi! rien n'est plus vrai! Cependant, je ne vous en parle de tous mes malheurs que parce que vous en connoissé mieux que personne toute l'amertume! Si le plus sensible interest pouvoit au moins les adoucir en les partageant, joserois m'en flatté.

Je vous demande la permission de vous amené tantôt, en sortant de table, mon docteur, qui a grand desir de voir votre charmant pavillon, ainsi que M. de la Tour, qui est secrétaire d'ambassade de la Suède ici, sous le baron de *Staal*! Il a été lecteur et bibliothécaire du feu roi qui le prisoit et l'aimoit infiniment! Finalement, je vous quitte pour aller à mon futur jardin, où j'espère bien vous donner du thé quelque jour! Hélas, si tant est que cet odieux séjour de Versailles ne vous en chasse pas à jamais! A tantôt, ma belle dame; je vous embrasserai avec le plaisir accoutumé.

Pr. R.-R.

J'attend pour dinner M. de la Bondie. N'y auroit-il pas d'indiscretion à vous demander si vous ne pourriés pas m'envoyé votre voiture? Je m'en suis si bien trouvée l'autre jour que tout ce que je redoute, ce sont ces tremoussoirs effroyables de voiture publique qui sont mortelles pour quelqu'un qui souffre souvent l'impossible d'attaques d'hémorroïdes.

J'ai remis à M. de la Vallerie la petite notte pour le sommeillier auquel vous vous intéressés! J'espère que l'on fera incessamment droit à sa demande. *Lavallerie* m'a assuré que la votre auroit lieu cette semaine. Je le crois bien, puisqu'il ait(?) en retard. Mais ce qu'il nous faut, c'est qu'il en ressente l'effet beaucoup trop attendus si injustement

Les grandes eaux du parc de Versailles (19 novembre 1793) n'avaient donc pas cessé; l'exercice du culte catholique n'avait pas été interrompu et les processions sortaient dans les rues jusqu'au 15 août suivant. Enfin, madame du Barry pouvait, sans trop de risque, revenir habiter sa charmante villa, mais c'est ici que l'attendait un danger d'un autre genre.

La commune de Louveciennes était fortement remuée; de grandes tempêtes révolutionnaires s'agitaient dans ce verre d'eau municipal: un sieur Georges Greive, homme de lettres, né à New-Castle, en Angleterre, était venu s'installer chez un sieur François Renault, aubergiste du village. Par les titres qu'il prenait, on peut juger de l'espèce d'influence qu'il était appelé à exercer dans cette campagne. Greive prétendait avoir traduit Priestley, et il se donnait comme ami de Franklin et 1. Note de Greive. — De la vieille aristocrate, la ci-devan princesse de Rohan-Koehefort, encore plus méchante que folle, et qui jouit d'une certaine faveur auprès de plusieurs administrateurs de Versailles.

Rohan-Rochefort (la citoyenne), entrée aux Anglaises, 26 prairial an II deMarat. Il ajoutait encore cette étrange qualification: « Factieux et anarchiste de premier ordre et désorganisateur du despotisme dans les deux hémisphères. » M. Soury pense que Greive devait être quelque savant égaré dans la politique. Il est certain qu'il connaissait Marat et qu'il était invité à dîner chez lui pour le 14 juillet 1793, jour qui suivit la mort de l'Ami du peuple. Etait-ce comme amateurs des sciences physiques ou comme factieux cosmopolites que leur liaison s'était formée? Il n'importe. Ce qu'il y a de certain, c'est que, on le verra bientôt, il y avait entre eux un lien commun, l'amour du sang. Pour parvenir à ses fins, Greive avait institué à Louveciennes, ce hameau de 124 feux, une société populaire.

Il savait parfaitement le français; dans ses manuscrits, on ne trouve pas une faute d'orthographe; dans ses publications, pas une incorrection de grammaire. S'il parlait aussi bien qu'il écrivait, il devait exercer une véritable puissance sur l'esprit inculte des paysans. Il pratiquait sur eux, ont-ils dit, un prestige par son *beau langage*. Ainsi armé, cet homme avait conçu contre madame du Barry une haine aussi violente qu'inexpliquée, et il lui déclara, après son retour, une guerre à outrance. Que lui avait elle fait? Rien, assuré 1. Il' avait publié en français une lettre sur la Belgique de *George Greive, citoyen des Etats-Unis de l'Amérique au citoyen Denis, de la section de Marseille, à Paris. Quoque ipse miserrima vidit.* — Douai, 28 novembre, l'an I de la République (à la Convention). « Vous savez, mon ami, avec quel zèle je n'ai cessé de lutter contre le despotisme. En Angleterre, en Amérique, dès ma première jeunesse... » Le traducteur de Priestley, de Washington et de Franklin ne craint point d'être mis au rang des défenseurs de l'ignorance et du fanatisme (Douai, 28 novembre, l'an 1 de la République. *Signé*: Georges Greive, citoyen des Etats-Unis d'Amérique). —Voy. aussi M. J. Soury.

ment. Que voulait-il obtenir d'elle? Les uns ont dit qu'il en voulait à ses trésors. Peuchet, suivant M. Jal l'aurait même accusé d'avoir été l'un des voleurs des diamants dérobés dans la nuit du 11 janvier 1791; mais le nom de Greive n'a jamais figuré dans la procédure criminelle; jamais il ne paraît avoir été soupçonné ni inquiété, quoique les *auteurs, fauteurs et adhérents* du crime aient été condamnés par le tribunal de Versailles. M. Dauban, toujours poursuivi par son antagonisme contre les femmes du xvm" siècle, imagine que Greive avait conçu une passion ardente pour madame du Barry; mais ce n'était pas un moyen de la satisfaire que de l'envoyer en prison ou à la guillotine. Nous croyons plutôt que Greive était mû par des motifs politiques. Son but était de se distinguer et de se faire un nom *per fas et nef as* dans la Révolution; il espérait y parvenir en attaquant une femme qui rappelait les abus de l'ancienne cour et les griefs accumulés contre elle. Immoler la sybarite de Louveciennes, en la faisant monter sur l'échafaud, serait pour lui-même un piédestal, comme Hébert attachant son nom au supplice de Marie-Antoinette. Telle pouvait être son ambition, c'est du moins notre conjecture. 1. M. Jal dit: « Sur la chemise du dossier était écrite une note de la main de M. Peuchet, jadis archiviste de la préfecture de police, qui avait dû connaître par lui-même l'affaire des diamants, parce qu'il était chef du bureau de la police municipale à l'hôtel de ville à l'époque du vol qui occupa si vivement l'attention générale. Cette note était ainsi conçue: « Un des voleurs était le nommé Greile ou Grêle qui fut au nombre des dénonciateurs de madame du Barry lorsqu'elle fut conduite à la mort en 1793. »

M. Léon Labat, l'archiviste actuel de la préfecture, qui a connu toutes les pièces, affirme que M. Labat, son père, avait seul écrit sur les dossiers de la réserve, et qu'il n'accusait pas Greive. Peuchet n'a pas accusé cet individu dans les souvenirs qu'il a laissés.

Madame du Barry était encore en Angleterre quand eut lieu la première attaque de Greive contre elle. In municipalité de Louveciennes, poussée vraisemblablement par ses instigations, se transporta au château et fit apposer les scellés, en prétextant que la longue absence de madame du Barry devait la faire considérer comme émigrée. Après les passeports qui avaient été délivrés à madame du Barry et en présence de la notoriété du vol dont elle avait été victime, cette mesure était une pure vexation; elle ne put en avoir justice qu'au moment de son retour.

Greive rédige ensuite une adresse pour le département de Seine-et-Oise, et il la fait signer par trente-six habitants de Louveciennes (26 juin 1793). C'était une dénonciation déguisée contre madame du Barry. Le lendemain, on procède à la formation d'une liste de suspects, et le soir à l'arrestation de madame du Barry, de ses parents et de ses principaux domestiques. Toutefois, elle était encore laissée chez elle, et alors Greive, mécontent de l'insuffisance du résultat, allait en personne, à la tête des *braves* sans-culottes de Louveciennes, présenter une adresse à la Convention. Ici, la dénonciation contre madame du Barry n'est plus déguisée; elle éclate violemment, elle demande la mort contre elle, et le président de la Convention le comprend si bien qu'il répond à la députation: « Soyez sûrs que la tête de cette conspiratrice tombera si les faits sont prouvés. »

Quelle que fut la férocité de ce sinistre personnage, il y mit cependant encore une certaine réserve. *Si les faits sont prouvés,* dit-il; c'était devant le Comité de sûreté générale que devait être faite cette preuve. La dénonciation lui est renvoyée immédiatement (S juillet), et, dès le 6, il ordonne qu'il sera pris des informations sur le civisme ou l'incivisme de la citoyenne du Barry.

11 prescrit en outre qu'elle restera en arrestation chez elle, gardée par un gendarme à ses frais Bientôt le Comité de sûreté générale chargea le directoire du département de Seine-et-Oise de prendre les renseignements voulus dans la commune de Louveciennes; le département rend un arrêté conforme le 12 juillet, et le 13 l'enquête a lieu contradictoirement en présence de l'assemblée municipale de Louveciennes. 1. Le 2 juillet, madame du Barry demandait qu'il lui fût permis de sortir de *chez elle* et de vaquer à ses affaires. Le 5, le Comité de sûreté générale ordonne qu'elle restera en état d'arrestation chez elle, gardée par un gendarme. Elle n'avait donc pas été transférée à la prison de Versailles. Dès lors, Greive se serait trop vanté en disant, dans sa brochure de *l'Egalité controuvée,* qu'il l'avait fait consigner aux Récollets. L'auteur de ces lignes possède une liste des personnes détenues dans la prison des Récollets qui était en effet une prison politique. Madame du Barry ne figure pas dans ces listes; toutefois, nous la verrons demander la mise en liberté de Gouy, l'un de ses domestiques, détenu en la maison d'arrêt de Versailles.

CHAPITRE XV
PROCÈS ET SUPPLICE DE MADAME DU BARBY.

On entend d'abord les habitants qui ont signalé madame du Barry comme suspecte et qui l'ont dénoncée à la Convention. On leur demande quelles ont été leurs raisons. Ils ne peuvent en alléguer aucune de sérieuse. Ou ils s'excusent d'avoir signé, prétendant n'avoir su ce qu'ils faisaient, ou ils invoquent les rumeurs les plus vagues, les moins concluantes.

A côté se placent les individus qui sont dans le camp contraire. Ils sont au nombre de cinquante. Ils déposent de faits précis, positifs. Ils connaissent tous, disent-ils, la citoyenne du Barry comme la bienfaitrice de la commune, faisant distribuer des secours pécuniaires aux malheureux, les leur portant elle-même malgré l'intempérie des saisons, donnant l'exemple de la soumission aux lois, soit qu'il s'agît des contributions ordinaires ou forcées, soit qu'il fallût aider aux levées nécessaires pour défendre la patrie. 11 est d'ailleurs un fait particulier à la connaissance de tous, ajoutent-ils, 1. Voy. aux Pièces justificatives.

elle a donné dans sa maison un local pour nos assemblées.

Les enquêtes dirigées tant par le directoire du département que par le district de Seine-et-Oise, sont transmises au Comité de sûreté générale, et le 13 août le Comité rend un arrêté très sérieusement motivé qui rend à la liberté la citoyenne du Barry et ses domestiques (13 août 1793). L'arrêté est signé Julien de Toulouse, Lanot, Alquier, Bazire

Le premier usage que madame du Barry fit de la liberté qui lui était rendue fut de réclamer ses gens2. Le Comité fit immédiatement droit aune demande qui était honorable pour elle. Le directoire du département de Seine-et-Oise s'était toujours montré favorable à madame du Barry. Quoiqu'il n'eût été que strictement juste pour elle, c'était beaucoup, pour le temps, d'être humain. Au nombre de ses membres était un sieur Lavallery. Il avait commencé par être secrétaire provisoire du directoire et en était devenu membre le lo novembre 1792'.

Etait-il l'auteur ou le simple copiste de discours qui se trouvent dans les papiers remontant à cette époque? Nous ne saurions le dire. On ne peut conjecturer qu'une chose, c'est qu'il aurait été homme de 'lettres c mme Germain, son collège, préfet sous l'Empire.

Lavallery paraît avoir conçu une affection très vive pour madame du Barry.

On en trouve la trace dans une lettre de lui qu'elle avait gardée et qui est parvenue jusqu'à nous. En voici le texte: 1. Voy. aux Pièces justificatives. 2. Lettre, du 16 au Comité de sûreté générale. 3. Voy. Archives de Seine-et-Oise, procès-verbal de son élection. Versailles, 17 mai (an II de la République).

Citoyenne,

Je me ferai représenter le plus tôt possible votre demande dont le succès ne me paraît pas devoir éprouver de grandes difficultés, ni la notoriété de motif de vos absences, si vous avez eu surtout le soin dejoindre a voire mémoire les pièces justificatives, telles que vos passeports ou leurs copies certifiées, certificat de résidence, etc. Soyez convaincue que s'il est des occasions où je désire donner du prix à mon travail, vous avez droit à les faire naître. Votre sexe vous donne le droit de désirer la tranquillité et votre amabilité.... Mille pardons, citoyenne, un républicain et un inconnu ne doit parler que la langue des affaires.

Agréez l'assurance de mon respect et de tout l'intérêt que vous avez droit de m'inspirer. Lavallery.

Cette seule phrase a fait dire à M. Le Roi que « Lavallery parut s'intéresser à madame du Barry (qui était encore fort belle) par un sentiment plus vif que la simple pitié. »

Peut-être ne doit-on y voir qu'une simple galanterie? Ce qui est certain, c'est que la bienveillance de Lavallery pour l'ancienne favorite n'était pas douteuse, qu'il la défendit de la persécution que lui faisaient éprouver les prétendus patriotes de Louveciennes, et qu'il en résulta pour elle la nécessité de lutter contre deux adversaires acharnés, un sieur Blache et Greive. Parlons d'abord du premier, qui n'est pas encore entré en scène.

J.-B. Blache, que nous avons déjà eu l'occasion de faire connaître dans un précédent ouvrage ', était digne (le s'associer à Greive. Il avait son âme cruelle et il occupait un degré encore plus bas dans l'échelle de 1. *Charlotte Corday et les Girondins.* l'ignominie. Il était espion de police, ou, si l'on veut, agent secret du Comité de sûreté générale. Il avait fait tout ce qui était en lui pour déjouer les efforts généreux tentés par Lavallery auprès du directoire de Seineet-Oise. Il était impatient de prendre une revanche éclatante. Greive partageait naturellement les mêmes sentiments d'hostilité. Il n'avait obtenu qu'une demisatisfaction devant la Convention. Son amour-propre avait pu être flatté d'avoir les honneurs de la séance et la déclaration banale d'avoir bien mérité de la patrie. Mais l'issue de l'affaire n'avait pas répondu à ses projets sanguinaires. Sa victime lui avait échappé. Il épancha sa haine dans un long pamphlet, intitulé: *L'Egalité controuvée* ou *Petite histoire de la protection,* etc. Cette protection n'est autre que celle du directoire de Versailles et de Lavallery. La conclusion est: *plus de veto départemental ni comitial et mort à la courtisane de Louveciennes, la bacchante couronnée de lierre et de roses.* Ce sont les deux seules phrases qu'on puisse extraire de cette production aussi vide que nauséabonde. Nous comprenons que de pareilles déclamations n'aient inspiré que du dégoût; peut-être madame du Barry aurait-elle dû y faire plus d'attention. La 1. Titre de la brochure de Greive: *Egalité controuvée* ou *Petite histoire de la protection, contenant les pièces relatives à l'arrestation de la du Barry, ancienne maîtresse de Louis XV, pour servir d'exemple aux patriotes trop ardents qui veulent sauver la République, et aux modérés qui s'entendent à merveille pour la perdre.* In-8. Signée: *Greive, défenseur officieux des braves Sans-Culottes de Louveciennes, ami de Froncklin et de Marat, factieux et anarchiste de premier ordre et désorganisateur du despotisme depuis vingt ans dans les deux hémisphères:* Paris, 31 juillet 1793, an II de la République (Eb, 41, Bibl. nat.).

Avec cette épigraphe:

QiTil est difficile de faire le bien, f *Le Père Duchesne.*)

Terreur, qui n'existait pas encore au mois de mai 1793 (nous l'avons marqué), s'accentuait et menaçait chaque jour davantage. La mort devenait de plus en plus à la mode. On approchait du temps où l'on ne distinguerait plus entre Marie-Antoinette et madame Roland, entre Bailly et Condorcet, entre Vergniaud et Barnave. Il aurait été prudent pour madame du Barry de se soustraire par la fuite aux ressentiments passionnés que soulevait son nom. Sans doute, elle fut rassurée par la victoire qu'elle venait de remporter devant et de par le Comité de sûreté générale. Elle se laissa aller à jouir de cette popularité que lui promettait le suffrage des habitants de Louveciennes. Elle était toujours retenue d'ailleurs par l'usufruit de son château et de son parc, par ses rentes viagères, par les trésors enfouis dans ses jardins. La vie est, il est vrai, un enjeu auprès duquel les richesses ne sont rien. Mais peut-être était-elle enchaînée par un lien plus fort que l'attrait même de la vie.... On a trouvé dans ses papiers une lettre sans signature, écrite non par elle, mais à elle adressée. Greive fait observer avec raison que cette lettre est de la main de Rohan-Chabot. Elle respire une ardente passion et, il faut le dire, une passion qui semble partagée.

7 septembre 1793.

Je vous envoye, ma chère et tendre amie, le tableau que vous avez désiré; triste et funeste présent, mais que je sens autant que vous même que vous avez dû désirer. Dans une telle situation que la nôtre, avec de si grands sujets de peines et de malheurs, c'est un aliment à notre mélancolie que nous cherchons et qui nous convient audelà de tout.

J'ai envoyé chercher les trois portraits de vous qui étoient *chez luy* (M. de Brissac); j'ay gardé un des petits, c'est Tonnai de celui qui est hahillé avec une chemise ou un peignoir blanc et coiffé d'un chapeau avec une plume, le second est une copie de celuy dont la tête est finie, mais l'habillement n'est qu'esquissé; ils ne sont encadrés ni l'un ni l'aultre...

Quand à votre grand portrait et la copie de celuy que je garde, dites moy, chère amie, si vous voulez que je vous les envoie ou si je dois les faire reporter où ils étoient, enfin quelle destination voulez en faire; je ne désire plus que d'en avoir un que je porte sur moi et qui ne me quitte jamais. Venez donc, cher amour, passer deux jours icy; venez diner chez moy avec qui vous choisirez; donnés moy quelques instant de bonheur; il n'en est plus qu'avec vous; répondés moy sur tout ce que je vous demande; venés voir un moment qui vous aime audelà de tout, pardessus tout, jusqu'au dernier moment de sa vie. Je baise mille fois la plus charmante des femmes qu'il y ait au monde et dont le cœur si noble et si bon mérite un attachement éternel.

On ne peut écrire de ce style qu'à une maîtresse! Madame du Barry avait alors cinquante ans révolus, et une année s'était à peine écoulée depuis la mort de M. de Brissac. Nous comprenons qu'on dise: C'est trop et qu'on flétrisse l'ancienne favorite incorrigible du nom de femme galante. Cette qualification, nous ne l'avons jamais déclinée, et c'est ici qu'elle doit être subie par madame du Barry dans toute sa plénitude et sa force.

Une seule atténuation peut plaider pour elle; les calamités d'une époque exceptionnelle, les persécutions acharnées contre madame du Barry font comprendre qu'elle ait cherché un abri contre la tempête et que cet abri soit devenu pour elle un écueil d'un autre genre: la terreur rend tout excusable; mais nous l'aurions mieux aimée fidèle à *l'ombre livide* de son dernier ami.
1. Mot d'André Chénier en parlant des prisonniers d'Orléans, massacrés à Versailles,

A la même époque, le Comité de sûreté générale, qui n'avait pas été renouvelé depuis le mois de janvier 1793, subit une modification.

Panis, Lavicomterie, Guffroy, Alquier, Lejeune, Bazire, Garnier de Saintes, Julien de Toulouse y entrèrent (H septembre).

L'implacable Greive saisit habilement cette occasion de recommencer ses plaintes et ses délations. » Cette fois, il fut plus heureux; on l'écouta, et il put enfin mettre la main sur madame du Barry.

L'arrêté du Comité, qui ordonne que la femme nommée du Barry sera conduite à Sainte-Pélagie par mesure de sûreté générale, est du 21 septembre 1793; il est signé Boucher-Saint-Sauveur, Amar, Vadier et Panis.

Le Comité ne parle pas de l'arrêté des 6 juillet et 13 août précédents. Il les rapporte sans en parler, *ipso facto.*

Le citoyen Greive est commis pour l'exécution et autorisé à requérir les officiers de justice. Une somme de 3,000 francs est mise à la disposition de Greive pour les frais et dépenses nécessaires Il lui est enjoint de faire conduire à la Force les personnes qui pourront se trouver à Luciennes chez la femme du Barry au moment de l'exécution des ordres du Comité .

On pense bien que l'exécution ne se fit pas attendre. Dès le lendemain 22, les scellés étaient apposés à Louveciennes, madame du Barry était mise en arrestation par Greive et elle était conduite le jour même à Paris, où elle était écrouée à Sainte-Pélagie, conformément aux ordres du Comité de sûreté générale.
1. Voy. aux Pièces justificatives. 2. Voy. aux Pièces justificatives le texte de l'arrêté.

Les autres personnes domiciliées chez elle, ses parents, notamment madame de La Neuville, et ses femmes de chambre, furent transférés à la Force, où on les traita avec dureté i.

Les journaux, entre autres *le Journal de Paris* (2-6 septembre 1793, n 269, p. 1082), *les Annales patriotiques, le Moniteur* annoncèrent l'arrestation de madame du Barry en ces termes, à la date du 30 septembre:

On s'égaie beaucoup sur l'arrestation de la Dubarry: on nous promet les lettres qui ont été trouvées chez cette femme; ce sera un recueil vraiment piquant: on y verra jusqu'à quel point un homme de mérite, l'abbé de Lille, a prostitué ses talens. Madame la comtesse ne payait plus personnes depuis quelques temps; elle se rejettait toujours sur l'empire des circonstances, la difficulté des temps, lorsque ses créanciers venaient lui demander de l'argent.

C'était là le langage que tenaient les escrocs et tous les hommes perdus de l'ancien régime. Cependant, la Dubarry n'était pas aussi pauvre qu'elle le disait, car on a découvert dans sa cave un million SOO milles livres en or et en argent. *(Annales patriotiques et littéraires de la France,* etc., du lundi 30 septembre 1793.)

Au moment où madame du Barry entrait à SaintePélagie, elle y trouvait une société aussi nombreuse que bien choisie. Les femmes de Brissot et de Petion, mesdames de Créquy-Montmorency, de Gouy, mesde 1. Ils ont pris des femmes avec éux pour fouiller les daines. Nous avons été informés ce matin qu'ils avaient fait déshabiller plusieurs personnes, entre autres les citoyennes Couture et Roussel, femmes de chambre de la du Barry et madame Poissonnier, cidevant attachée à la reine. (3 *Tableau des prisons,* p. 209.) moiselles de Moncrif, enfin madame Roland qui y était enfermée depuis le 2 septembre. Naturellement, cette dernière était peu sympathique à l'ancienne favorite; aussi, elle ne prononce pas son nom dans ses Mémoires, quoi qu'on voie qu'elle était au courant du mouvement de la prison et qu'elle n'ait pas pu ignorer un tel voisinage. Nous n'emprunterons donc à madame Roland que quelques lignes dans lesquelles elle a décrit l'aspect général de la prison.

Je n'ai pas encore dit comment on est à Sainte-Pélagie.

Le corps de logis, destiné pour les femmes, est divisé en longs corridors fort étroits, de l'un des côtés desquels sont des petites cellules telles que j'ai décrite celle où je fus logée... Chaque cellule est fermée par un gros verrou à clef, qu'un homme vient ouvrir tous les matins; alors, leurs habitants se réunissent dans les corridors, sur les escaliers, dans une petite cour ou dans une salle humide et puante, digne réceptacle de cette écume immonde.

Au nombre des détenues étaient les neuf actrices des Français, devenu le théâtre de la Nation, incarcérées à Sainte-Pélagie depuis le 3 septembre. Parmi elles était, comme nous l'avons déjà dit, mademoiselle Raucourt, et elle n'en sortit que le 15 germinal; elle dut, par conséquent, forcément revoir madame du Barry. Nous ne pourrions dire si leurs relations étaient aussi étroites que par le passé.

Miss Elliott prétend dans ses Mémoires s'être trouvée à Sainte-Pélagie en même temps que madame du Barry. Malheureusement, rien ne prouve l'authenticité de ces prétendus Mémoires. Elle ne figure pas ellemême sur le registre d'écrou de cette prison. On ne peut donc la croire sur parole. Il est cependant une chose certaine, c'est qu'elle a écrit d'après des renseignements exacts. Tout ce qu'elle dit, par exemple, des prisonniers des Carmes, est vrai, quoiqu'elle n'y figure pas elle-même. Sous ces réserves, nous rapportons ce qu'elle dit de madame du Barry. Elle s'exprime en ces termes: *Je ne restai pas longtemps* à Sainte-Pélagie. C'était, je crois, en juin que j'en sortis mais je n'en suis pas certaine, parce que les noms des mois étaient changés en France, et je ne sais vraiment pas dans lequel nous étions.

La pauvre madame du Barry y arriva avant mon départ; elle était désolée. Elle venait s'asseoir sur mon lit pendant des heures entières, en me racontant des anecdotes de Louis XV et de sa cour. Elle me parla beaucoup de l'Angleterre et du prince de Galles dont elle avait été enchantée. Tout son regret était d'avoir quitté l'Angleterre et elle avait grand'peur de ce qui pouvait lui arriver.

Elle montra, en effet, très peu de courage sur l'échafaud, et je crois que si tout le monde avait fait autant de résistance qu'elle, Robespierre n'aurait pas osé ordonner tant d'exécutions; car les cris désespérés de madame du Barry, me dit-on, émurent et alarmèrent la populace. Elle était très bonne, et je m'étais fort attaché à elle pendant le temps que nous avions passé ensemble en prison. (Miss Elliott, p. 167.)

Le 2 octobre, elle adressa une supplique aux administrateurs de Seine-et-Oise.

Elle invoque le premier arrêté du Comité de sûreté 1. Madame du Barry n'y est entrée qu'en septembre, le 22. Il paraît donc difficile qu'elles aient pu se rencontrer dans cette prison, si tant est que madame Elliot ait jamais été arrêtée et détenue.

2. Non. Ils ne l'étaient pas encore. Ils ne le furent qu'en octobre et novembre. générale qui avait mis sa personne et ses biens sous la sauvegarde du département.

Elle se plaint d'être livrée entre les mains d'un homme qui s'est hautement déclaré son ennemi.

Que m'impute-t-on? dit-elle douloureusement, de l'incivisme et ma fortune. Mais ma fortune même, les effets trouvés chez moi sont une preuve de mon attachement à ma patrie. «Si, avec la facilité que j'ai eu *(sic-*de passer plusieurs fois en Angleterre, je n'eusse pas aimé mon pays, n'aurais-je pas trouvé les moyens d'y faire passer la majeure partie de ma fortune. Je ne dois donc la persécution que j'éprouve qu'à mon attachement pour la France.» Raisonnement auquel il n'y avait rien à répondre et qui aurait dû arrêter ses persécuteurs, s'ils avaient eu quelque esprit de justice.

Malheureusement, son protecteur le plus dévoué n'était plus là pour la défendre. La mort de Lavallery n'était pas encore connue. Savait-elle même qu'un décret d'arrestation eut été rendu contre lui par la Convention nationale? Quoi qu'il en soit, sa pétition, n'étant plus appuyée, éprouva le sort des pièces mises au rebut. La main d'un commis écrivit froidement ces paroles fatales: *Rien à faire,* qui se lisent au dos de la pétition de madame du Barry. Elle dut s'adresser ailleurs.

LA CITOYENNE DU BAItni AUX CITOYENS ADMINISTRATEURS DU DÉPARTEMENT DE SEINE-ET-OISE.

Sainte-Pélagie, le 2 octobre 1793,
L'an II de la Rép. française.
Citoyens,

Vous devés vous rappeler que le Comité de sûreté générale de la Convention nationale, par son arrêté qui vous a été communiqué avoit mis ma personne et mes propriétés sous la sauvegarde du département et celle de la municipalité de Louveciennes. La religion du Comité avoit été surprise. Celle des nouveaux membres du Comité vient de l'être également. Mais ses ordres, qui n'étoient fondés que sur une mesure de sûreté générale, viennent d'être transgressés formellement, car son intention n'a jamais été sans doute de mettre mes meubles et mes effets à la merci de mon ennemi, de celui qui c'est déclaré tel hautement. — Jamais l'intention du Comité n'a été de le voir à mon lieu et place disposer souverainement de ma maison, de mes effets. — Ils n'ont pas cessé d'être sous votre sauvegarde, sous votre protection, sous l'égide de la loi dont l'exécution a été mise entre vos mains pour toute l'étendue de votre département. J'ose donc invoquer avec confiance cette surveillance, cette sollicitude paternelle que tous vos administrés ont toujours trouvé en vous; que le citoyen Grève exécute la loi et les ordres qui lui ont été donné, mais qu'il n'aille pas au-delà! que ma maison et mes effets ne soient plus au pillage! Il vous doit compte de l'exécution des ordres dont il est chargé dans votre ressort.

Que m'impute-t-on? de l'incivisme et ma fortune, mais ma fortune même, les effets trouvés chés moi sont une preuve de mon attachement à ma patrie. Si avec la facilité que j'ai eu de passer plusieurs fois en Angleterre, je n'eusse pas aimé mon païs, n'aurais-je pas trouvé les moyens d'y faire passer la majeure partie de ma fortune et ainsi abandonner le sol de la France. Je ne dois donc la persécution que j'éprouve qu'à mon attachement à ma patrie. Vous me saurés gré, citoyens administrateurs, de tout ce que j'ai fait pour la cause de la Révolution. Vous ne me laisserés pas opprimer plus longtemp. Je l'attends avec confiance de votre justice et de votre humanité.

La citoyenne Du Barry. (Arch. départ, de Seine-et-Oise, carton Q.)

Au verso: *Rien à faire.*

Tous les malheurs semblèrent alors fondre ensemble sur madame du Barry. Elle avait trouvé jusque-là une protection efficace dans son département. Cette bienveillance était due à Lavallery ou tout au moins partagée par lui. Mais au moment même où elle était arrêtée, Lavallery, menacé pour son compte, n'échappait à un décret d'accusation lancé contre lui par la Convention qu'en se donnant la mort. Ce décret est du 15 septembre. On peut supposer que Lavallery exécuta son idée de suicide dans les jours suivants, par exemple, du 15 au 20 septembre, en se jetant dans la Seine au-dessus de Paris. Son corps fut retrouvé le 3 octobre, les papiers qui emplissaient ses poches étaient à demi pourris, ce qui suppose que son corps avait séjourné pendant un certain temps dans l'eau. — Madame du Barry dirffêtre informée de ce qui était pour elle un malheur par les journaux dans lesquels l'événement fut raconté quelques jours après.

Jean-Charles Lavallery, né à Paris en 1754, avait 39 ans en 1793. Il avait été receveur au bureau des Domaines à Etampes et était devenu membre du directoire du département de Seine-et-Oise, en 1792. Il recevait un traitement de 250 livres par trimestre. Ses fonctions, fort diverses, l'appelaient à remplir une foule de missions, tantôt d'administrateur et tantôt presque d'agent de police. Il faisait des arrestations, des perquisitions, procédait à des inventaires, et parfois son rôle était celui d'un véritable administrateur. En cette qualité, il avait du se rendre à Chartres pour s'occuper de la question des subsistances, si grave, si absorbante alors. Il s'éleva sans doute des difficultés sur sa gestion et il devint l'objet d'un décret de la Convention. Une suspicion, une mise en état d'arrestation étaient alors bien souvent un préambule de l'échafaud. Lavallery était-il coupable ou fut-il seulement intimidé? Il se donna la mort en se jetant dans la Seine, non pas s Marly, comme l'ont dit par erreur M. de Favrolle, M. Le Roi et MM. de Goncourt, mais au-dessus de Paris. Le 3 octobre, son corps fut repêché dans le fleuve. Voici le procès-verbal qui retrace l'historique de cet événement:

LAVALLERY, MORT NOYÉ.

L'an 1793, le 2" de la République, le 3 octobre, trois heures de relevée, a été apporté devant nous, Etienne Renet, commissaire de police de la section des Quinze-Vingt, par les citoyens, Pierre Leroy et Jean Cartaud, tous deux pêcheurs, demeurant à la Rappée, le cadavre mort noyé d'un homme vêtu d'un habit vert de drap de Silézie et pardessus une redigotte (redingote) de drap gris, d'un pantalon pareille, bas de coton, souliers avec boucle de cuivre, qu'ils nous ont déclaré avoir peché dans la rivière de Seine, à l'instant, audit port de la Rappée, étant a ce accompagné du citoyen Jean-Henry Lemaire, citoyen de la section de l'Arcenal, de garde audit port, demeurant rue de la Cerisaye, n 24, et du citoyen Brunet, officiers de garde au poste du Comité, lesquels ont signé à l'exception du citoyen Leroy, qui a déclaré ne le savoir.

Lemaire; Brunet, commandant du poste.

Voulant faire en sorte de reconnaître qui peut être ce citoyen, l'avons fouillé et lui avons trouvé d'abord un livre ayant pour titre: la Pucelle d'Orléans, poëme, une paire de lunettes à ressort, trois clefs, dont deux petites et une grande, une paire de boucles à jarretière, un peigne à demeler et une très grande quantité de papiers dans ses poches, lesquels, quoique mouillé et presque pourry, nous ont fait reconnaître que le citoyen mort est administrateur du département de Versaille et qu'il se nôme selon toute apparence Lavallery ou Legris, qu'il demeure à Versailles, et est chargé par son département, conjointement avec un citoyen Legris, son collègue, de faire différents recensemens et requisitions de grains et de subsistances dans le département de Seine-et-Oise et pour les subsistances de la ville de Paris, tous lesquels papiers nous avons le mieux possible ouvert et fait sécher et gardé en nos mains pour être remis à qui de droit et sur réclamation légale, et servir à ce que de raison, ainsy que les autres effets et sur laremarque que nous avons faite qu'il n'avoit point d'argent, ni aucun assignat, point de mouchoirs ni tabatière, point de montre, quoiqu'il y avait un gousset destiné à en recevoir une, point de portefeuille, nous avons cru qu'il pouvoit avoir été volé pour être assassiné et jetté à la rivière, pourquoi disons que d'abord il va être porté à la basse geole du Châtellet, dite Morgue, pour y être déposé suivant l'usage, que la pièce du présent sera envoyé au chef-lieu du département de Versailles et au département de Paris, pour, par lesdits départemens, être pris telle mesure et renseignemens qu'ils croiront nécessaire et avons signés.

Renet, commissaire de police, Gobert.

Et ce 5 octobre, même mois et année, heures de midy, sont comparus devant nous, commissaire de police de la section des 15-20, les citoyens Jacques Baup, ci-devant concierge, demeurant rue de l'Université, section des Invalides, n 1564, veuf de la citoyenne Louise-Henriette Lavallery et le citoyen Antoine-François Violette, sellier, rue du VieuxColombier, n 750, section Mucius Scévola, lesquels nous ont déclaré qu'ils viennent de reconnaître à la morgue du Châtelet le cadavre du citoyen noyé porté au présent. Lequel se nomme J.-C. Lavallery, lequel étoit receveur des Domaines à Etampes et administrateur du département de Seine-et-Oise, domicilié à Versailles, natif de Paris, âgé de 39 ans, beau-frère du citoyen Baup et cousin du citoyen Violette, qu'ils ont réclamé et reconnu pour leur parent, et nous réclament, et leur avons rendu les effets appartenant audit Lavallery.

Du 5 octobre.

Le Comité civil de la section des lo-20 instruit le Conseil qu'un cadavre trouvé dans la rivière de Seine, a été apporté hier dans la cour de ce Comité; qu'examen fait des papiers presque pourris, trouvés sur lui, on a reconnu que le citoyen mort étoit un des administrateurs du département de Seine-et-Oise, et qu'il se nomme Jean-Charles Lavallery, qu'il demeuroit à Versailles et qu'il étoit chargé de faire différens recensemens et réquisitions de grains pour la ville de Paris. Ce cadavre a été porté à la Morgue.

Le Conseil arrête que le corps de ce citoyen, qui parait avoir été une victime de la Liberté, sera apporté dans la cour de la Maison commune, et que demain 12 commissaires assisteront à ses funérailles. Chaumette saisit cette occasion pour s'élever avec force contre ce lieu infâme appelé *Morgue*. Cet établissement (fait du temps de la monarchie et qui reçut les victimes du criminel et du sort) est dégoutant et indigne d'un peuple républicain; il demande que l'administration des travaux publics fasse un projet de rapport, à l'effet de trouver un local propre, lavé, aëré, pour y déposer les corps trouvés morts, etc., etc.

On annonce que le corps de Lavallery vient d'être apporté à la Maison commune. Gavin dit que ce citoyen passoit pour un fédéraliste, un aristocrate, un révolutionnaire et qu'il étoit sous le coup de la loi. Un membre demande qu'il soit jetté à la voirie; il est rappelé à l'ordre. Le conseil rapporte l'arrêté relatif aux obsèques de Levallery et ordonne que son corps sera inhumé à l'instant dans le cimetière le plus prochain. *(Journal de Paris,* du lundi 7 octobre 1793, n 280, commune de Paris.)

Ces pièces font justice du roman ébauché par M. Le Roi et achevé par MM. de Goncourt.

Lavallery ne s'est pas tué par amour pour madame du Barry et par désespoir de sa mort. Il a péri plus de deux mois avant elle; il s'est jeté dans la Seine à la Râpée et non à Marly.

Il était sous un décret d'accusation, et s'est suicidé probablement par ce motif.

N'ayant rien à espérer du département de Seine-et-Oise, madame du Barry se tourne du côté du Comité de sûreté générale.

Le mémoire qui se retrouve aux Archives départementales de Seine-et-Oise n'est probablement pas d'elle, mais il lui fait honneur.

Pour elle-même, elle s'incline sans se plaindre devant les rigueurs d"une seconde arrestation, mais elle demande que les gens saisis chez elle et à son occasion soient mis en liberté, n'étant pas *juste qu'ils souffrent pour une cause qui leur est étrangère.*

Puis, cette dette payée à l'humanité, elle attaque Greive, elle le démasque, elle se plaint d'avoir éprouvé de sa part des horreurs et des outrages que la plume se refuse à retracer. Elle sollicite de la justice du comité un prompt examen de sa conduite, des pièces déjà soumises une première fois au Comité.

Sous ce rapport, elle ne fut que trop exaucée. L'information judiciaire commença rapide, comme c'était l'usage du Tribunal révolutionnaire. Toutefois, l'affaire traîna en longueur; les banquiers de madame du Barry furent impliqués dans la poursuite, ce qui retarda l'instruction.

Tandis que Greive faisait usage, sans perdre de temps, des pouvoirs qui lui avaient été donnés par le Comité de sûreté générale de la Convention, Salanave, qui représentait le comité de salut public du district de Versailles, voulut prendre part à cette riche proie dont il avait déjà goûté. Il intervint donc au nom de ce comité, comme à ce autorisé par les représentants du peuple Delacroix et Masset. Une cassette fort lourde, qu'on n'avait pu inventorier jusque-là, fut ouverte; on dressa un état des valeurs qu'elle renfermait: elles étaient considérables. Elles consistaient en couverts d'or et d'argent, plateaux percés en or massif, pelles à sel et à glace, cuillères à olives et à punch, ciseaux, poignards, bonbonnières, tabatières, jetons, etc., etc. On procéda alors à une sorte de récolement des scellés en y apposant une bande de papier avec le cachet du comité de Versailles. En outre, Fournier père, et Zamor, excellent et intelligent patriote, renvoyé par madame du Barry pour *cause de civisme (sic),* sont constitués gardiens des scellés, lesquels, porte ce procès-verbal, renfermaient des choses extrêmement précieuses. Enfin, la mesure que Greive avait prise de faire veiller sur le château et le pavillon par dix gardes nationaux, avec un écriteau défendant d'entrer, est approuvée par le juge de paix, afin d'empêcher les brigands qui pourraient se trouver dans cette maison isolée d'y entrer. Les magistrats expriment le désir de voir procéder le plus tôt possible à un inventaire sommaire pour connaître les richesses qui s'y trouvent. Il semble que les gens de justice, malgré leurs précautions et leurs gardiens, aient été effrayés d'apercevoir tant de trésors et aient craint un vol, un pillage quelconque, eux qui refusaient de croire au vol dont se plaignait madame du Barry. Quoique en prison, celle-ci apprit ce qui se passait; elle sut qu'elle était livrée à ses ennemis mortels, Greive, Salanave, Zamor; elle réclama vivement auprès du Comité de sûreté générale: elle ignorait que c'est de ce comité que Greive tenait ses pouvoirs.

COPIE DES OBSERVATIONS *qui ont été présenté par la citoyenne du Barry*
aux représentants du peuple français composant le Comité de sûreté générale de la Convention.

C'est pour la seconde fois que la citoyenne du Barry, victime de la dénonciation, comparait devant le Comité de sûreté générale: les membres ne sont plus les mêmes, mais les principes qui les dirigent sont les mêmes (sic); tous sont également conduits par le même esprit d'équité et d'impartialité, ainsi c'est avec la confiance la plus entière qu'elle verra de nouveau sa conduite scrutée par ceux à qui les circonstances sans doute en font une loi.

Il importe dabord de faire connaître le dénonciateur. Il s'est nommé lui-même.

Le citoyen Greive, après avoir cherché par un libelle diffamatoire à perdre l'exposante dans l'opinion publique, a fait de vaines poursuites auprès du Comité pour surprendre sa religion, l'innocence a triomphée, mais le denonciateur ne s'est pas rebuté; il a osé l'écrire, et enfin le Comité de sûreté générale renouvelé, il a renouvelé sa dénonciation.

On ne peut apprendre sans frémir, que c'est le même Greive qui a été chargé de mettre à exécution l'ordre du Comité; la manière dont il s'en est acquitté fera connaître toute son animosité contre l'exposante, et les conséquences funestes qui pouvoient en résulter si la sagesse du Comité n'étoit pour elle une sauvegarde qui la met audessus de toute crainte.

Toutes les formes ont été violées, l'ordre même du Comité n'a pas été un frein pour lui, il l'a transgressé formellement.

Il a commencé par s'emparer de la personne de l'exposante. La plume se refuse à retracer toutes les horreurs et outrages dont il s'est rendu coupable; il s'est emparé également de tous ceux de la maison, les a fait conduire au lieu indiqué par l'ordre du Comité, puis il s'est transporté dans la maison de l'exposante où seul, sans sa présence ni daucuns pour elle il a procédé à l'ouverture, même à l'effraction des portes et enfin à la vérification des papiers.

Laloi qui est la sauvegarde detous, la justice, l'ordre même du Comité vouloient que cette vérification fût faite en présence de l'exposante. En effet quelle ressource lui reste-t-il si la perversité de ses ennemis parvient à lui supposer des papiers suspects? Quel recours aura-t-elle?Contre qui exercera-t-elle ce recours, si l'on parvient à lui soustraire quelques effets? Le citoyen Greive est un étranger n'ayant pas de domicile fixe, puisqu'il est tantôt à Paris, tantôt à Lucienne, logeant chez des citoyens qui lui sont étrangers et n'ayant aucun moyen connu pour vivre.

Aux actes arbitraires si contraires à la loi, le citoyen Greive a même ajouté l'humanité (sans doute l'inhumanité) de faire enlever à l'exposante ses assignats, de lui refuser l'usage de son linge et des fruits de son potager, de façon qu'il l'a exclue de la maison pour s'en emparer pour se mettre à son lieu et place. Que le Comité d'après cet exposé juge s'il étoit digne de sa confiance.

L'exposante ne se plaint pas de la dureté des mesures prises contre elle, tant que ces mesures auront pour cause la sûreté publique et seront dirigées par la justice; elle saura souffrir avec patience et supporter son sort sans se plaindre, mais elle espère que le Comité de sûreté générale voudra s'empresser de rectifier les torts du citoyen Greive, et lui rendra la justice qui lui est due quand sa conduite lui sera connue, elle demande en conséquence: 1 Que l'usage de son linge, meubles et effets, fruits lui soit restitué; qu'à cet effet, elle puisse commettre à Lucienne telle personne qu'elle voudra pour suivre ses affaires, garder sa maison et pourvoir enfin à la sûreté de ses propriétés, que les assignats saisis sur elle lui soient aussi rendus.

2 Que tous les gens arrêtés chés elle et à son occasion soient mis en liberté, n'étant pas juste qu'ils souffrent pour une cause qui leur est étrangère.

Elle attend des membres du Comité qu'ils voudront bien examiner sa conduite le plus tôt possible, pour statuer sur son compte avec connaissance de cause, et elle prouvera sans peine quelle a dans tous les temps et constamment donné des preuves de son civisme et qu'elle est audessus de tout soupçon. En effet, que peut-on lui imputer?

Ses voyages en Angleterre? La cause en est connue, et elle les a faits de l'aveu des autorités constituées pour ne pas même donner de soupçon sur son attachement à la cause de la Révolution; elle a repassé en France sans avoir terminé l'affaire qui l'avait appelé à Londres; celle de ses effets volés qui ne lui étoient pas encore restitués; depuis, elle n'a tenu aucune correspondance avec l'étranger.

Lui reproche-t-on son incivisme? Mais elle a toujours manifesté un patriotisme bien prononcé. La municipalité et les habitants de Louveciennes l'ont attesté bien authentiquement; toutes les informations faites par le district de Versatile et le département de Seine-et-Oise déposent hautement en sa faveur; toutes les pièces ont été mises sous les yeux de l'ancien Comité, que les membres actuels veulent bien se les faire représenter.

Forte de ces moyens et rassurée par sa conduite et sa conscience, l'exposante attend avec confiance la décision qui doit lui rendre sa liberté. (A. de S.-et-O., carton Q.) — *Pièce non signée et d'une écriture inconnue.*

Pendant que madame du Barry s'épuisait en efforts inutiles pour obtenir une liberté qui ne devait jamais lui être rendue, ses ennemis préparaient contre elle une arme terrible. Greive avait fait main basse sur ses papiers, il les avait classés en dix ou douze cotes, il les avait couverts d'annotations de sa main, il y avait ajouté des. fiches soigneusement attachées avec des épingles en tête et au bas de chaque pièce; il avait composé en un mot un dossier criminel qui constituait un véritable arsenal et qui aurait fait le plus grand honneur à un accusateur public de profession. Il n'y manquait qu'un peu de bonne foi et de bon sens. Pour la rédaction de ces notes, Greive avait du se faire aider par des personnes familiarisées avec l'entourage de madame du Barry: Zamor, Salanave, Thénot ou autres. Ce n'était toutefois qu'un prélude. Il y avait encore à déduire de ces documents des conclusions tendant à une condamnation et la justifiant. Greive s'acquitta de cette tâche avec la passion haineuse et violente que l'on sait déjà. Malgré l'évidence la plus convaincante, il soutint que madame du Barry n'avait pas été volée et qu'elle devait être considérée comme émigrée. Cet immense travail a été publié. Il n'occupe pas moins de huit pages in-8 d'un caractère très serré. Nous y renvoyons ceux qui auraient la curiosité et le courage de le lire. Greive avait gagné ses 3,000 livres et cependant sa vengeance n'était pas assouvie. A l'acte d'accusation qu'il avait rédigé à sa manière, il joignit un nouveau factum qui n'en était que le double avec aggravation, s'il était possible, sous ce titre: *Noms des témoins nécessaires au procès de la du Barry* et il n'eut pas honte de se mettre en tête de cette liste qui ne comprend pas moins de 27 individus. Fouquier-Tinville lui-même trouva que c'était trop. Il n'en fit entendre que 13. Greive, non encore satisfait de tant de j. Voy. Daubau, *la Démagogie,* etc. 1793, page 611 à page 618.

preuves de zèle, envoya au Comité de sûreté générale 26 pièces sur lesquelles est basé l'interrogatoire que le Comité prescrit en ces termes:

CONVENTION NATIONALE. COMITÉ DE SÛRETÉ GÉNÉRALE.

Du 10 brumaire de l'an second. Le Comité de sûreté générale,

Arrête que les citoyens Youlland et Jagot, deux de ses membres, se rendront dans la maison d'arrêt dite de SaintePélagie, où est détenue la nommée Dubarry, à laquelle ils feront subir un interrogatoire dont ils tiendront procèsverbal.
Les représentants du peuple,
Vadier, David, Dubarran, Amar, M. Bayle, Louet Dit Barthélémy, P.-A. Laloy, YoulLand, Lavicomterie, Jagot.

Les interrogatoires de madame du Barry, dans l'instruction devant le vice-président du Tribunal révolutionnaire et à l'audience, ont été publiés. Mais celui qu'elle subit en présence de deux membres du Comité de sûreté générale est encore inédit. Il est cependant fort intéressant et nous en donnons immédiatement copie. La pièce s'était égarée dans le dossier de l'infortunée princesse Lubomirska qui subit le sort de madame du Barry avec laquelle elle était liée. C'est de là que nous l'avons exhumée pour la réunir ici au dossier primitif.

CONVENTION NATIONALE. — COMITÉ DE SURETÉ GÉNÉRALE.
Interrogatoire de madame du Barry.
Du 9 du 2 mois (30 octobre 1793) de l'an II de la République française, etc.

Les représentants du peuple, membres du Comité de sûreté générale, etc., en vertu des pouvoirs a eux délégués par le Comité ce jour d'hier, se sont rendus dans la maison d'arrêt dite de Sainte-Pélagie, où étant et ayant fait comparoitre par devant eux la nommée Dubarry, lui ont fait subir l'interrogatoire qui suit:

D. Comment vous appelez-vous?
R. Jeanne Vaubernier Dubarry, âgée de 42 ans, demeurant ordinairement à Luciennes dans une maison qui appartient tant à moi qu'à la nation.
D. Avez-vous fait à Londres divers voyages?
B. J'en ai fait quatre.
D. Quels étoient les motifs de ces différents voyages et à quelles époques les avés vous faits? R. C'est pour un vol de diamants et autres effets qui m'a été fait dans la nuit du 10 au 11 janvier 1791. Mon premier voyage a eu lieu le 17 février suivant, le second le 4 avril de la même année, le troisième dans le courant du mois de juin suivant, et le quatrième en octobre de l'année 1792. D. Avec qui avés-vous fait la route de Paris à Londres dans vos divers voyages? R. Le premier avec M. Escour et une femme de chambre, deux laquais, un valet de chambre et!e nômé Rouen, joaillier, demeurant à Paris; le second avec les mêmes personnes; le troisième de même à l'exception du jouaillier, qui ne s'y est rendu que durant l'intervalle du séjour, et le quatrième avec un valet de chambre, une femme de chambre et un laquais. D. A qui avés-vous laissé durant votre voyage dans votre demeure la conduite de vos affaires?
H. Mes affaires, qui n'étoient que domestiques, ont été confiées à un valet de chambre nommé Morin.
D. Par qui receviés-vous à Londres l'argent dont vous pouviés avoir besoin pour l'entretien et pour la conduite de votre procès? R. Par le citoyen Vandeniver, banquier à Paris, rue Vivienne, qui m'avait donné une lettre de crédit sur Thelusson, banquier à Londres, et c'est dans mon dernier voyage que j'ai fait usage de cette lettre de crédit. D. Votre procès est-il jugé? R. Mon procès a été jugé le 27 février de la dernière année qui étoit le dernier jour du terme.
D. Dans les derniers voyages que vous avez fait à Londres, avés-vous pris des passeports? R. Oui.
D. De qui avés vous pris le dernier.
R. De la municipalité de Louveciennes, visé par le département de Seine-et-Oise. J'avois obtenu les autres de la municipalité de Paris et du ministre des affaires étrangères Montmorin. D. Avés vous dans votre dernier voyage réclamé du ministre des affaires étrangères un passeport? R. Oui, mais il me l'a refusé. Alors je me suis adressé à ma municipalité, ainsi que M. Lebrun me l'avait indiqué et j'en ai obtenu un passeport qui a été visé par le directoire de Versailles et le département de Seine-et-Oise, et je suis parti avec ce seul passeport. D. Le temps que vous deviés passer à Londres n'était-il pas limité dans votre passeport? R. Le temps n'étoit pas limité et ne pouvoit pas l'être raisonnablement, puisqu'il s'agissait d'un procès.
D. Pendant le temps que vous étiés à Londres, il est émané de la Convention nationale divers décrets qui obligeoient tous les François sortis de la République depuis une V certaine époque, d'y rentrer sous peine d'être réputés émigrés et d'être traités comme tels? En avez-vous connaissance?
R. J'ai eu connaissance de ces décrets, mais je n'ai pas cru qu'ils pussent me regarder, étant sortie pour une cause connue et avec un passeport. D. Des personnes qui s'intéressoient à vous, vous ont écrit pour vous engagera rentrer en France, afin d'éviter la peine que vous pouviés encourir, vû les décrets rendus contre les personnes qui étoient hors du territoire de la République; pourquoi avés-vous négligé cet avis? R. Je ne me rappelle pas d'avoir reçu aucune lettre contenant un pareil avis; si j'en eusse reçu, j'y aurois déféré.
A l'instant, nous avons exhibé une lettre par laquelle le citoyen Vandenyver écrivoit le 19 novembre 1792 à la répondante pour la prévenir que « les décrets de la Convention nationale étoient fulminants contre ce qu'il appelle les sujets absents qu'on qualifiait tous d'émigrés. »

La répondante en reconnaissant la présente lettre, a excipé de la phrase suivante: « Cependant je pense que vous ne pouvés pas être regardée comme telle, attendu les passeports dont vous êtes munis et qu'il est notoire que le voyage n'a eu d'autre but que le procès qui est connu généralement. » Sur cette phrase, la répondante a fondé le motif qui l'a déterminé (sic) à prolonger son séjour à Londres jusqu'à la fin du jugement de son procès qui a été jugé le 27 février, étant partie de Londres le 2 mars suivant.

Et de suite nous avons paraphé ladite lettre avec la répondante qui a signé avec nous.

D. Pendant votre séjour à Londres, la guerre a été déclarée entre la République française et le roi de la Grande-Bretagne. Comment dans cette circonstance n'avés-vous pas quitté un territoire ennemi 1?
R. Que la guerre a été déclarée peu de temps avant 1. La déclaration de guerre a l'Angleterre est du 1" février 1793. son départ et que son procès était à la veille d'être terminé, elle a prolongé son séjour afin de s'épargner un nouveau voyage pour le jugement de son procès.
D. Pendant le tems que vous étiés à Londres ne s'est-il pas présenté de votre part au commencement de cette année (vieux style) un particulier chez un banquier qui avait un dépôt d'argent considérable qui vous appartenait? Ce particulier n'a-t-il pas annoncé au banquier que votre intention étoit de prêter une somme de 200,000 francs qui serait hypothéqué sur des biens fonds?
B. J'ai chargé effectivement M. Es-

cours de se rendre chez M. Vandenyver pour y prendre les 200,000 francs que j'avois chez ce banquier, pour les remettre autant qu'il m'en souvient à mon notaire, afin de les prêter à M. Rohan-Chabot, qui avoit des offices à rembourser dépendant de ses terres.

D. N'avés-vous pas chargé ce même Escours de retirer de chez Vandenyver une pareille somme de 200,000 francs qui a été réellement retirée, déposée chez un notaire pour être prêtée à toute autre personne que Rohan-Chabot? *R.* Non, c'est la même somme. *D.* N'avés-vous pas prêté à la même époque, par l'intermédiaire de Vandenyver, une somme de 200,000 francs à l'évêque de Rouen? *R.* Non, ça ne peut être que celle prêtée à Rohan-Chabot et je persiste à dire que c'est à cette seule personne que j'ai prêté 200,000 francs.

Et de suite nous avons présenté à la répondante une lettre, à elle écrite, pendant son séjour de Londres, en date du 7 janvier 1793 par Vandenyver, où l'on lit ce qui suit: « C'est dans ces circonstances qu'un citoyen est venu nous dire que votre intention étoit que vous lui fourniriés *(skj)* une somme de 200,000 livres pour les prêter à l'évêque de Rouen par hypotèque sur des biens fonds et qu'il faudroit les payer cette semaine. Nous lui avons répondu que la 1. La Roche-Foucaut?
somme étoit prête, mais qu'il étoit nécessaire que vous nous autorisiés et donniés ordre positif par une lettre de faire ce payement pour votre compte et qu'en attendant, si cela étoit nécessaire, nous déposerions ces 200,000 livres chez le notaire de M. l'évêque. »

La répondante, après avoir lu et relu la lettre cy-dessus, a persisté à soutenir qu'elle ne connoit rien à cet article de la lettre et qu'elle n'a prêté une somme de 200,000 francs qu'à Rohan-Chabot.

Et de suite nous avons paraphé ladite lettre avec la répondante qui a signé avec nous.

D. Avés-vous réglé ou fait régler avec Vandenyver le compte qu'il devoit vous rendre des actions dont il étoit dépositaire?
B. Depuis mon retour d'Angleterre, je crois n'avoir ni réglé ni fait régler aucun compte avec Vandenyver.
D. Avés-vous connu le général Custine?
B. Je l'ai connu comme toutes les personnes qui alloient à la Cour lorsque j'y étois, mais je ne l'ai pas connu particulièrement, je ne crois pas même lui avoir parlé.
D. Connoissés-vous le fils du général Custine?
B. Je ne le connois pas plus que le père.

A l'instant, nous lui avons représenté les copies de deux lettres écrittes par Custine, en date des 13 et 24 février 1793 à Berlin, et nous avons demandé à la répondante comment il se faisoit que ces deux pièces se soient trouvées parmi les papiers?
B. J'étois logée dans l'hôtel de Brissac avant l'époque du mois de juin dernier; en écrivant un jour sur un bureau, j'emportais par mégarde ces deux lettres dont j'ignore le contenu, et en m'étant apperçu *(sic)* en rentrant chez moi, je les ai mis dans un secrétaire, sans en avoir jamais pris lecture.

Et de suite nous les avons paraphé avec la répondante qui a signé avec nous.
1. Nous renvoyons ces deux lettres aux Pièces justificatives, à cause de leur étendue. *D.* Quelle est la personne qui vous a écrit le 13 du mois de mai dernier cetle lettre signé R. R. R. *R.* C'est la ci-devant princesse Rohan, Rohan-Rochefort. *D.* Quel est le particulier qu'elle vous a amené et qu'elle vous annonce sous *le nom de coadjuteur en habit, déchu de ses espérances chimériques,* ou qui le sont devenues du moins *de par la nation et qui, comme dit Clémentine, nous dérichent. R.* C'est son fils Jules qui étoit ou qui devoit être coadjuteur de Strasbourg. *D.* L'avés-vous vu? *R.* Oui. *D.* Quel est le petit Abel et le petit Caïn dont il s'agit dans la même lettre, à qui appartiennent ces deux enfans, dont l'un par le fol entêtement de son père, malgré les tentatives de celle qui écrit, va être réputé émigré. *R.* Je crois que c'est un fils que le père, qui a émigré, a emmené avec lui. *D.* Quel est le docteur que la femme R. R. R. vous demandoit la permission de vous amener pour voir votre pavillon? *R.* Je ne le connois pas, mais je crois que c'est son médecin; il est venu chez moi.

Et de suite nous avons paraphé ladite lettre avec la répondante qui a signé avec nous.

I). De qui est la lettre qui vous a été écrite de la Meilleraye le 9 avril 1793?
R. Cette lettre est de la marquise de Mortemart qui écrit de la Meilleraye, terre appartenant à sa mère, madame de Nagu. *D.* Quelle est cette amie à laquelle vous avez fait passer de la part de la cy-devant marquise de Mortemart, un billet? *R.* C'est à la belle sœur de madame de Mortemart qui porte le même nom et qui étoit à Londre et queje crois depuis le mois de novembre à Calais sous le nom de Mortimaire. *D.* Quel est cet ami dont il est parlé dans la lettre qui a été chargé par celle qui l'a écrite de vous faire des remerciements? *R.* Je n'ai point vu d'ami. 1). De qui est cette lettre qui vous est adressée en datte du cinq juin? *R.* Elle est de madame de Mortemart qui me l'a écrit *(sic)* d'Aix la Chapelle en date du 5 juin 1792.
D. Quel est le nom de ce Monsieur dont le nom est en blanc?
R, C'est le mari de madame de Mortemart. *D.* Quel est le nom qui est effacé au verso de la même lettre? Est-ce vous qui l'avés effacé et pourquoi? *R.* J'ignore qu'est ce nom et ce n'est pas moi qui l'ai effacé?

D. Quelle est cette personne sure à Paris par qui cette lettre vous est parvenue? Comment lui avoit-elle été adressée pour vous la remettre?
R. J'ignore par quelle voie elle m'est parvenue.

Et de suite ladite lettre a été par nous paraphée avec la répondante qui a signé avec nous.

D. Quelle est la personne qui vous a écrit une lettre datée de dimanche matin?
R. C'est une princesse polonaise nommée Lubomirska qui me l'a écrite, à ce que je crois, dans le courant du mois d'aout de la présente année, de Paris. *D.* Y a-t-il longtemps qu'elle est en France? Et savésvous dans quel lieu elle se trouve en ce moment? *R.* J'ignore depuis quelle époque et le lieu qu'elle habite actuellement? *D.* L'avez-vous vu chez vous et dans quel temps? il. Je l'ai

vu plusieurs fois, d'abord en 1789, et ensuite en juin de la présente année. Je crois qu'elle reste du côté de Chaillot, elle logeoit autrefois dans le palais Salm. *D.* Quelle explication pouvés-vous donner sur le sens de cette lettre? *B.* Je ne puis vous en donner aucune, attendu que ce n'est pas moi qui l'ai écrite. Si je l'avois écrite, je vous expliquerois le sens dans lequel je l'aurois fait.

Et de suite nous avons paraphé ladite lettre avec la répondante qui a signé avec nous.

D. Est-ce vous qui avés écrit une lettre dattée de mercredi à onze heures? *R.* Oui. *D.* A qui étoit-elle adressée et dans quel temps a-t-elleété écrite? *R.* Elle étoit adressée à M. de Brissac le même jour qu'il est parti pour Orléans, ou de la veille, mais je ne l'ai pas 'ait p rtir ayant eu de ses nouvelles par un de ses gens. *D.* Quel cet abbé dont il est question dans cette lettre? *R.* C'est l'abbé Billardi employé dans les affaires étrangères et qui est mort l'année dernière ou dans le commencement de celle-ci, pendant mon séjour à Londres. Et de suite nous avons paraphé ladite lettre avec la répondante qui a signé avec nous.

D. De qui est la lettre datée du Val ce dimanche 28 août? *R.* Elle est du maréchal de Beauvau. Je la crois de très ancienne date, c'est-à-dire de 1791.

D. Quel est cet Anglais dont il est fait mention dans la lettre? Qui pouvoit vous faire passer des lettres?
R. C'est le nommé Forth qui avoit découvert le vol de mes diamants et qui m'avoit ramené en France le 25 aout 1793.

Et de suite nous avons paraphé ladite lettre que nous avons signé avec la répondante.

D. Qui vous a écrit ce billet en datte du 3 avril?
R. C'est M. Dangeviller directeur des bâtiments du Roi qui me l'a écrit en 1791. *D.* A qui étoit destiné la lettre dont on vous prioit de vous charger en vous disant: il n'y a point d'adresse, mais madame la comtesse sait à qui elle doit la remettre. *R.* Cette lettre était pour madame Calonne à qui elle n'a ioint été remise parce que je l'ai oublié. Nous avons paraphé ladite lettre avec la répondante qui a signé avec nous.

D. Dans les divers voyages que vous avés fait à Londres avés vous eu des rapports particuliers avec les émigrés françois qui se trouvoient dans cette ville?, *R.* J'ai vu quelques François qui étoient à Londres et que j'avois connu. Il m'étoit difficile de leur fermer ma porte.

D. Quels sont ceux que vous y avez vu plus particulièrement? *R.* M. Crussol, M. de Poix, M. de Cahoiiet, M. de Calonne. Je n'ai vu ce dernier que le jour de mon arrivée, attendu qu'il est parti le lendemain. Je voyois également les femmes de ces MM., ainsi que M. d'Aiguillon, que j'ai vu une seule fois. Je fréquentois plus particulièrement les Anglaises. *D.* Avez-vous donné ou fait donner de l'argent aux émigrés réfugiés à Londres? *il.* Je ne leur ai fait donner aucun argent; mais il m'étoit dû par une Anglaise 134 guinées depuis mon second voyage à Londres, et durant le dernier voyage que j'y ai fait, j'ai chargé madame de Crussol de s'en faire payer si elle pouvoit; et elle m'a donné un reçu de 50 louis, attendu que la totalité de la somme étoit destinée pour deux personnes. *D.* Quelle est cette autre personne? *R.* C'est l'évêque de Lombes qui étoit à Londres, où je crois qu'il avoit été déporté. J'ajoute que mon intention a toujours été d'en être remboursée. *D.* Quel est le nom de cet évêque? *R.* Son nom est Blot de Chavigni. *D.* Comment étoit stipulé le reçu qui vous a été fait pour madame de Crussol des 50 louis? *R.* Je ne m'en rappelle pas; je l'ai perdu; je ne sais pas où je puis l'avoir mis. *D.* Donnés-nous l'explication d'un compte tenu par vous et d'après lequel vous avés distribué beaucoup de guinées à diverses personnes à Londres, telles que les nommés Pauline, Henriette, Fortuné, M. Melino el Frondeville. *R.* La nommée Pauline est madame de Mortemar, la nommée Henriette est ma femme de chambre, le nommé Fortuné est l'Anglais, M. Melino est Anglais, Frondeville est le président du Parlement de Rouen; les sommes que j'ai comptés à madame Mortemar étoient pour les effets dont j'avois besoin, celles distribuées à Henriette, ma femme de chambre, avoient le même objet; Melino, étant chargé de la poursuite de mon procès, avoit fait des avances que j'ai dû lui rembourser; les nommés Fortuné et Frondeville étant chargés de jouer pour mon compte, je leur ai distribué, à l'un 22 guinées et à l'autre 25, qui m'ont eté rendues.

Et de suite avons paraphé les deux pièces avec la répondante qui a signé avec nous.

D. Quelle est la dame Brancas dont il est parlé dans les billets où vous demandés à diner au duc de Quinsburi?
R. C'est la dame Brancas qui m'a accompagné dans mon dernier voyage à Londres, où elle avoit été pour se rendre en Hollande recueillir la succession de son père qui venoit d'y mourir; elle avoit obtenu un passeport, non pas du ministre Lebrun, mais d'un autre qui l'avoit précédé au ministère. *D.* Aviés vous vu en France le nommé Frondeville? *R.* Je l'ai vu une seule fois, ayant été amené chez moi par M. Lavopalière, et c'étoit dans le temps de l'Assemblée constituante dont Frondeville étoit membre. *D.* Pourquoi dans le procès du vol de vos diamants avezvous refusé le témoignage d'un nommé Rouen que vous aviez amené à Londres pour y être entendu? *il.* Je n'ai point refusé le témoignage d'un nommé Rotien, puisqu'il est venu trois fois à Londres pour cet objet, mais dans mon dernier voyage, je croyois pouvoir me passer de lui, et ce qui m'y déterminoit c'étoit la somme trop considérable qu'il me demandoit, cependant sachant que je ne pouvois me passer de lui, il se rendit à Londres. *D.* L'état des diamans que vous avez fait imprimer est-il véritable et contient-il l'état de tous ceux qui vous ont été volés? et n'en comprend-il aucun autre que ceux qui vous ont été volés? *R.* L'état est exactement vrai, à l'exception d'une chaîne en émeraudes et en diamants qui avoit été volée et qui a été rapportée à M. de Brissac dans mon avant dernier voyage à Londres. M. de Brissac a donné 100 louis à la personne qui l'a rapporté. *D.* N'avésvous pas eu le projet de vendre vos dia-

mants, n'avés-vous pas fait des démarches pour cela, ne les avés vous pas envoyés en pays étrangers et dans quel tems? *R.* En 1189 ou 1790, je m'étois adressé à Vandenyver qui avoit envoyé en Hollande une partie de mes diamants, mais le prix ne m'ayant pas convenu, je Jes ai retiré des mains dudit Vandenyver, à qui j'ai fait un reçu particulier pour annuler la reconnoissance qu'il m'en avoit faite. *D.* Connoissés-vous le citoyen Rotondo? *R.* Je ne le connois que pour m'avoir fait une grande peur, lorsqu'il est venu chez moi pour me demander de l'argent, sous le prétexte qu'il vouloit arrêter l'impression d'une comédie, où l'on me destinoit, disoit-il, un rôle principal, et c'est dans l'année 1792. *D.* Quelques jours avant votre arrestation n'avés vous pas fait porter chez un orfèvre à Paris une grande caisse d'argenterie qu'il a acheté? *R.* Je n'en ai pas envoyé à Paris, j'en ai fait passer une partie à Versailles par une personne de ma part pour ôter les armoiries conformément aux décrets.

D. Quel est le nom de l'orfèvre de Versailles et de la personne que vous avés chargé d'y porter de l'argenterie? *R.* Je crois que l'orfèvre se nomme Massé et celui que j'en avois chargé se nomme Fisson, attaché à mon service.

D. Avés vous du numéraire dans votre maison? *R.* J'ai dans ma maison caché ou serré onze sac de 1200 livres chacun en écus de six livres et quinze cents trente un louis de vingt quatre livres qui ne sont pas à moi et que j'avois emprunté à M. de Brissac, lors de mon avant dernier voyage pour Londres pour payer la prime promise à ceui qui découvriroient le vol de mes diamans. J'ignore le lieu du dépôt, mais Morin, détenu à la Force, doit le savoir. J'ai en outre quarante doubles louis et quelques demi-guinées serrées avec beaucoup d'autres objets presieux (sic) qui m'appartiennent, mais j'ignore ou ces objets se trouvent, m'en étant rapporté à mes gens pour les mettre en lieu de sûreté. Cependant je présume que c'est dans une serre qui est auprès de la glacière. *D:* Connoissés vous un abbé nommé La Roche?

B. Je connois un abbé Fontenil, qui est venu plusieurs fois chez lui et qui y a fait en différentes fois plusieurs séjours, lui ayant donné un appartement séparé dans ma maison, en reconnoissance des soins que sa tante avoit eus poui moi, durant mon séjour au Pont-aux-Dames où j'avois été exilée. Mais je ne l'ai pas revu depuis le mois de septembre de l'année dernière, ignorant ce qu'il étoit devenu depuis cette époque.

De tout quoi nous avons dressé le présent procès-verbal que nous avons signé avec la nommée Dubarry, ledit procèsverbal contenant trois feuilles au bas desquelles nous avons signé.

Dubarry, Jagot, Voulland.

A côté du grand interrogatoire de madame du Barry nous plaçons celui de Vandenyver, les déclarations de l'un éclairent et complètent les paroles de l'autre; on a ainsi la procédure criminelle dans son ensemble et dans ses détails.

1. La Roche-Fontenille, neveu de l'abbesse du Pont-aux-Dames, guillotiné le 6 brumaire an II.

CONVENTION NATIONALE. — COMITÉ DE SURETE GÉNÉRALE.

10 brumaire an II de la République. Le Comité de sûreté générale,

Arrête que les citoyens Voulland et Jagot, deux de ses membres, se rendront dans la maison d'arrêt dite La Force, pour faire subir au nommé Vandenyver un interrogatoire dont il sera dressé procès-verbal.

Les représentants du peuple, Guffroy, Dubarran, Amar, Lavicomterie, David, Vadier, Bayle, Louis, VoulLand, Jagot. Convention Nationale. Comité De Surete Générale.

Du 11 brumaire an II de la République.

Interrogatoire de Vandenyver père.

Nous représentants du peuple, membres du Comité de sûreté générale, etc., en vertu des pouvoirs à nous délégués par ledit Comité, le jour d'hier, nous étant rendus dans la maison d'arrêt dite de La Force, nous avons fait appeler le nommé Vandenyver, auquel nous avons fait l'interrogatoire suivant: *D.* Quel est votre nom, votre âge, votre demeure et votre profession?

R. Je m'appelle J.-B. Vandenyver, âgé de soixante-six ans, demeurant à Paris, rue Vivienne, cy-devant négociant. *D.* Connoissez-vous la nommée Dubarry et depuis quelle époque?

H. Je la connois depuis environ trois ans.

D. Quelle espèce de relation avez-vous eu avec elle, et depuis quelle époque et à quelle occasion? *R.* Je l'ai connue comme je l'ai dit, depuis environ trois ans, sur la recommandation du citoyen Durvey, ci-devant receveur général de banque de la Cour, celui-ci, voulant se débarrasser des affaires de madame Dubarry, me pria de vouloir bien m'en charger. *D.* Ayant fait connaissance depuis environ trois ou quatre ans de la Dubarry, ne lui avez-vous pas fourni ou fait fournir les fonds dont elle a pu avoir besoin dans les divers voyages qu'elle a fait à Londres. *R.* N'ayant pas voulu me charger de faire des avances à la citoyenne du Barry sans avoir par devant moi une sûreté réelle et légale, le citoyen Durvey m'offrit de me remettre et me remit en effet, autant que je puis me rappeler, 180 actions de la Caisse d'escompte pour nantissement par acte reçu par Duclos-Dufrenoy, notaire à Paris. Il fut stipulé dans l'acte que je pourrois vendre lesdites actions au fur et à mesure des avances que je serois dans le cas de faire. En conséquence, j'ai remis une lettre de crédit que je crois être de S00 livres au moins, de 1,000 livres sterlings au plus pour le premier voyage que la Dubarry a fait à Londres pour raison d'un vol de diamants qui lui avoit été fait, et dont les auteurs s'étoient réfugiés à Londres où ils avoient été arrêtés, ne pouvant pas me rappeler l'époque de ce premier voyage que je ne puis fixer.

J'ai de plus remis à la Dubarry, dans le deuxième et le dernier voyage qu'elle a fait, une lettre de crédit de 500 livres sterlings pour fournir aux frais de son procès qui n'a pas été jugé, attendu que la Dubarry a été obligé de partir précipitamment de Londres, sur la nouvelle qu'elle reçut que les scellés avoient été apposés dans sa maison à Lucienne, parce qu'on la réputoit émigré.

Observant le répondant que s'il

n'avoit pas eu la connaissance parfaite qu'elle alloit expressément à Londres pour son procès, il n'auroit jamais prit sur lui de lui donner aucune lettre de crédit, observant enfin le répondant que, quoiqu'il ait traité de vive voix et correspondu personnellement avec la du Barry, ce n'est pas lui qui a fait les affaires de comptabilité, mais bien la maison de commerce qu'il avoit cédé à ses fils depuis trois ans.

D. Sur quelle maison de Londres avez-vous fourni les lettres de crédit dont vous venez de parler?

R. Sur Pierre Thelusson et fils et Compagnie.

D. Vous venez de dire que si vous n'aviez pas eu connaissance que la Dubarry alloit à Londres à la suite du procès qui étoit notoire vous ne lui auriez pas fourni les lettres de crédit dont il s'agit, je vous observe que la notoriété du procès et que vous deviés vous assurer si la du Barry étoit autorisée à faire le voyage de Londres et si elle étoit munie de passeports prescrits par la loi.

R. Je ne pense pas que je fusse obligé de m'assurer si la Dubarry avoit les passeports prescrits par la loi; mais je me rappelle de lui en avoir parlé par manière de conversation, et qu'elle m'a répondu en avoir obtenu de Lebrun, ministre des affaires étrangères. D. LaDubarry en vous parlant du passeport qu'elle disoit avoir obtenu du ministre Lebrun vous a-t-elle dit que le temps qu'elle pouvoit passer à Londres étoit limité par le passeport. R. Elle ne me l'a pas dit, il n'en a pas été question. D. N'avés-vous pas écrit à la Dubarry pendant son dernier voyage à Londres pour l'informer des décrets émanés de la Convention nationale, contre les individus absents de la République. R. Je crois lui avoir écrit deux ou trois lettres durant son premier ou second voyage, il est possible que je lui aye parlé de ces décrets par forme d'avertissement. Mais je ne m'en rappelle pas n'ayant pas tenu copie de mes lettres pour certifier le fait. Aussitôt nous avons représenté au répondant une lettre signée de lui, dattée de Paris, 19 novembre 1792 qu'il a reconnu avoir écrite à la Dubarry et dans laquelle se trouvent ces notes.

« Les décrets de la Convention sont fulminants contre les « sujets absents » qu'on qualifie tous d'émigrés, cependant «je pense que vous pouvez point être regardée comme « telle, attendu les passeports dont vous êtes munie et qu'il « est notoire que le motif du voyage n'a eu d'autre but que « le procès qui est généralement connu. »

Le répondant ayant pris lecture de ladite lettre, nous l'avons paraphé avec le répondant qui a signé avec nous.

D. Depuis cette lettre écrite, vous et votre maison de commerce avez vous continué de fournir des fonds à la Dubarry. R. Nous avons constamment fourni à toutes les dépenses qu'elle nous a chargé de payer, surtout depuis son dernier retour, n'y ayant entre nos mains aucune opposition que de la part de quelques-uns de ses créanciers qui ont été acquittés par nous.

D. Depuis cette lettre écrite avez-vous envoyé des fonds à la Dubarry à Londres.

R. Si son second voyage est depuis la lettre écrite, je conviens lui avoir remis pour ce fait une lettre de crédit, mais je ne me rappelle pas quelle somme. D. Outre cette lettre de crédit, avez-vous fait passer à la Dubarry d'autres fonds à Londres?

A. Mes fils ont écrit depuis l'époque de la lettre ci-dessus du 19 novembre 1792 à Thélusson, que si la Dubarry avoit besoin de plus forte somme que celle de la lettre de crédit, il étoit autorisé de faire les avances à l'effet de pourvoir aux frais de son procès, mais quant à moi, je n'ai donné aucun ordre.

D. Savez-vous si en conséquence de la lettre écrite par vos fils, il a été payé des sommes avancées par Thélusson, audessus de la valeur de la lettre de crédit.

A. Je sais qu'il a été fourni des fonds au-dessus de la lettre de crédit mais j'en ignore la quotité.

D. Comment avez-vous pu fournir des fonds à la Dubarry, ou laisser fournir par votre maison, après la lettre que vous lui aviez écrite le 19 novembre 1792 ou vous lui parliez des décrets fulminants contre ce que vous appelés les sujets absents qu'on qualifie, dites-vous, tous d'émigrés.

R. Je lui ai fourni des fonds, parce que je ne la regardois pas comme émigrée, et que je me suis servi de ces expressions que pour hâter son retour, ayant ouï dire que les biens des émigrés seroient confisqués, et croyant avoir ouï dire que les scellés avaient été apposés dans sa maison.

D. Quelle réponse avés-vous reçu de la Dubarry à votre lettre du 17 novembre 1792.

B. Je ne me rappelle pas d'en avoir reçu aucune.

D. Avés-vous réglé vos comptes avec la Dubarry et les avés-vous apuré? R. Le dernier compte courant lui a été fourni, à ce que je crois, dans le mois de juillet 1793, duquel il résulte que la Dubarry étoit créancière d'environ 30,000 livres, dont elle a disposé depuis cette époque, et même de 4,000 livres de plus dont mes fils sont créanciers; lesquelles 4,000 livres ont été demandé par elle à l'effet de payer, à ce qu'elle a dit, ses impositions; dont elle devoit m'en envoyer les quittances nécessaires à être produites au payeur de ses rentes, et je sais que ces 4,000 livres lui ont été comptées le jour même de son arrestation. D. Connoissez-vous un nommé Descours ou Escours attaché à madame Dubarry, et quelle relation avez-vous eu avec lui? R. Je crois connaître un homme de ce nom pour avoir été peut-être chez moi, recevoir à la caisse de mes fils l'argent qu'il venoit prendre par ordre de la Dubarry. D. Dans le dernier voyage de la Dubarry à Londres, n'est-il pas venu chez vous un particulier de sa part vous prévenir que l'intention de cette femme étoit de placer une somme de 200,000 livres, ce particulier ne vous a-t-il pas assigné la personne chez laquelle ce placement devoit avoir lieu.

R. Je conviens qu'il est venu chés moi un particulier dont j'ignore le nom, pour m'informer que la Dubarry lui avoil écrit de venir prendre à la caisse une somme de 200,000 livres pour être placés par privilège sur des biens-fonds qu'une de ses connaissances venoit d'acquérir, que je lui répondis qu'une lettre écrite à lui par la Dubarry ne suffisoit pas pour recevoir ce payement et qu'il devoit se procurer une lettre

d'ordre *ad hoc* pour pouvoir lui faire ledit payement, que quinze jours ou trois semainesa après ce même particulier s'est présenté avec un billet d'ordre de la Dubarry, à la présentation duquel lesdites 200,0)0 livres lui ont été comptées, mais que ce particulier ne lui a point désigné la personne chés laquelle le placement devoit avoir lieu. D. N'avez-vous pas écrit à ce sujet à la Dubarry? R. Je n'en suis pas sûr, mais il peut se faire que je lui ai écrit pour lui témoigner ma surprise de ce qu'elle ne m'avoit pas écrit directement pour m'en prévenir.
D. N'avez-vous pas déposé cette somme chez un notaire pour être à la disposition de la personne à qui elle étoit destinée?
R. Non, la somme ayant été comptée sur un mandat donné par mes fils à ce particulier, sur la Caisse d'escompte. D. D'où, provenoient ces 200,000 livres que vous aviez entre vos mains pour le compte de la Dubarry? R. Elles provenoient de la vente de ses actions sur la Caisse d'escompte.

Aussitôt nous lui avons représenté une lettre signée de lui, écrite le 7 janvier 1793, à madame Dubarry à Londres où l'on lit ce qui suit: « C'est dans ces circonstances qu'un citoyen est venu nous dire que votre intention étoit que nous lui fournîmes une somme de 200,000 livres pour les prêter à l'évêque de Rouen par hypotèque sur des biens-fonds et qu'il faudroit les payer cette semaine. Nous lui avons répondu que la somme étoit prête, mais qu'il étoit nécessaire que vous nous autorisiés et doniés un ordre positif par une lettre de faire ce payement pour votre compte et qu'en attendant, si cela étoit nécessaire, nous déposerions les 200,000 francs cbez le notaire de M. l'évêque. Le répondant ayant pris lecture de la lettre l'a avouée et reconnue pour être de lui, il a observé que dans des précédents interrogatoires il a dit qu'il croyoit qu'il avoit été question d'un évêque de Rouen, mais que ne se rappelant pas positivement du fait, il n'a pas voulu dans cette incertitude en faire sa déclaration dont nous voulions faire mention en disant que son incertitude étoit telle qu'il craignait de compromettre quelqu'un. »

Et de suite nous avons paraphé ladite lettre que nous avons signée avec le répondant.

Depuis la lecture et paraphe de la lettre, le répondant nous observe que le même particulier lui dit que ces fonds devoient être déposés chés un notaire et que c'étoit pour lui prouver que nous n'avions pas besoin de temps pour les procurer et que nous étions prêt à en faire le dépôt s'il étoit nécessaire.

D. Savez-vous quel étoit le nom de cet évêque de Rouen?
R. Je ne me souviens pas si le particulier me l'a nommé.

De tout quoi nous avons dressé le présent procès-verbal dont il a été donné lecture au citoyen Vandenyver lequel a déclaré que ses réponses contiennent vérité, y a persisté et signé avec nous, à quoi il s'est opposé, le renvoi approuvé avant les signatures.

Jagot, Vandenyver père, Voulland.

On remarque le caractère inquisitorial de ces interrogatoires. Les deux membres du Comité de sûreté générale se gardent bien de laisser pénétrer leurs intentions; ils procèdent par questions captieuses, concertées à l'avance avec Greive. Puis, quand l'inculpée est tombée dans leurs pièges ou ce qu'ils croient tels, ils lui font signer la pièce accusatrice et passent à un autre point. Le Comité de sûreté générale prit une mesure destinée à assurer les résultats de l'interrogatoire. Il ordonna que madame du Barry serait transférée à la Force et mise au secret. Le transfèrement eut lieu le même jour, 9 brumaire. Mais l'écrou ne put avoir lieu, quoiqu'il eût déjà été rédigé; il n'y avait pas de place dans cette maison. Madame du Barry dût être réintégrée à Sainte-Pélagie, où elle resta jusqu'à ce qu'elle fût envoyée à la Conciergerie.

Le hasard voulut que nous fissions lire dernièrement cet interrogatoire à un membre du barreau de Paris, homme fort compétent et dont les opinions républicaines avancées sont connues, o Les réponses de cette malheureuse femme sont fort bonnes, dit-il, elle avait raison: ceux qui l'accusaient étaient des scélérats et, qui plus est, des sots. » Telle est, en effet, la moyenne constante d'intelligence que présente madame du Barry. Elle ne s'élève jamais bien haut, mais elle ne descend pas au-dessous d'un certain niveau, celui du bon sens vulgaire.

Elle ne put convaincre des esprits prévenus, qui étaient enracinés dans un parti pris irrévocable. Le 29 brumaire, un arrêté du Comité de sûreté générale la renvoya, elle et ses complices prétendus, les Vandenyver, devant le Tribunal révolutionnaire.

Le 30, remise des pièces au greffe du tribunal.

Les 2, 4 et 7 frimaire, interrogatoires des accusés par un des juges du tribunal.

Le 13, dépôt par Fouquier-Tinville de l'acte d'accusation; il en demande acte au tribunal et requiert en outre le transfèrement des accusés à la Conciergerie pour y être écroués.

Ordonnance de prise de corps conforme à la réquisition.

Madame du Barry avait répondu d'avance en spécifiant le but de ses voyages et la précaution qu'elle avait prise de ne sortir du territoire qu'avec des passeports en règle. Dumas insiste, il veut savoir si elle a lu la loi sur les émigrés? — Quelle était cette loi? — C'était à lui qu'il appartenait de la faire connaître. — Il n'y en avait alors qu'une seule qui fût applicable à madame du Barry, c'était le décret des l-6 août 1791, portant obligation de se munir d'un passeport avant de sortir de France, lequel avait été révoqué par la loi d'amnistie du 13 septembre de la même année.

Madame du Barry répond que ce décret lui a été expliqué et qu'elle s'y est conformée précisément en prenant des passeports. L'objection de l'interrogateur tombait. Dumas change alors de langage et il démasque sa pensée. « Les prétendus procès, dit-il, qui auraient déterminé les voyages en Angleterre n'étaient qu'un *prétexte;* ils cachaient une mission occulte avec 1. Décret des l-6 août 1791 relatif aux émigrans:

Art. 1. — Obligation de rentrer en France ou défense d'en sortir à peine de payer une triple imposition foncière et mobilière pendant tout le temps de l'absence, etc.

Art. 8. — Sont exceptés des dispositions ci-dessus ceux qui ne se sont absentés qu'on vertu de passeport en due forme.

Décret du 15 septembre 1791:

Il ne sera plus établi de passeport ou permission dont l'usage avait été momentanément établi. Le décret du 1 août dernier relatif aux émigrans est révoqué et, conformément à la Constitution, il ne sera plus apporté aucun obstacle au droit de tout citoyen français de voyager librement dans le royaume et d'en sortir à volonté.

les ennemis de la République, cela résulte d'une lettre écrite par Brissac le 3 *avril* 1791. Elle aurait entretenu une correspondance avec les ennemis de la liberté, et elle leur aurait prêté des secours d'argent et autres! »

A ce verbiage, madame du Barry répond: non, sur le tout, et, l'interrogatoire terminé, l'accusée fut reconduite à Sainte-Pélagie.

Invoquer une lettre d'avril 1791, pour incriminer de prétendues intelligences contre la République, était un anachronisme grossier; mais on ne discute pas avec un juge exerçant sur des malheureux un pouvoir de vie et de mort. Madame du Barry n'avait rien pu répondre aux sophismes de Dumas. Mais elle savait désormais quel était son accusateur, puisque l'interrogatoire avait eu lieu en sa présence; elle prit la plume et adressa à Fouquier-Tinville la lettre suivante:

Citoyen Accusateur public,

J'espere que tu voudras bien dans l'examen impartial que tu fera de l'affaire malheureuse que Greive et consorts m'ont suscitée au tribunal, ne voir en moi que la victime d'une intrigue pour me perdre.

Je n'ai jamais émigré, je n'en ay meme jamais eu l'intention.

L'employ que j'ay fait des deux cents mille livres qu'Escoure a placé pour moi chés le citoyen Rohan doit le prouver jusqu'à l'évidence aux yeux les plus prevenus.

Je n'ay jamais fourni d'argent aux émigrés, je n'ay jamais entretenu de correspondance criminelle avec eux, et si les circonstances m'ont engagé à voir soit à Londre, soit en France ou des personne de la Cour ou des personnes qui ne marchaient pas peut être dans le sens de la révolution, j'espere bien, citoyen accusateur public, que tu sauras dans la justice et l'équité de ton cœur apprécier et les circonstances ou je me suis toujours trouvée et mes liaisons connues et forcées avec le citoyen Brissac, dont la correspondance est sous vos yeux.

Je compte sur ta justice, tu peux compter sur la reconnaissance éternelle de ta consitoyenne.

Vaubernier Du Barry. Il n'y a de date ni de temps, ni de lieu. Nous avons dit comment on pouvait y suppléer.

Les raisons invoquées par madame du Barry sont bonnes; mais Fouquier-Tinville n'était pas encore connu comme il devait l'être un jour. Madame du Barry ne se serait pas adressée à son cœur, à l'équité d'une bête féroce qui n'avait d'humain que la face. La lettre fut mise dans le carton où Fouquier-Tinville plaçait les demandes qu'il ne voulait pas lire et qui s'est retrouvée dans les papiers du Tribunal révolutionnaire.

Remarquons que madame du Barry montre du doigt Greive comme l'auteur de la persécution dont elle se plaint. Elle ne parle pas nominativement de Zamor. C'est cependant ce dernier que la clameur publique avait désigné jusqu'à ce jour comme le dénonciateur de sa bienfaitrice. Il a eu sans doute le tort de faire chorus avec ses persécuteurs, de déposer contre elle. Mais il n'est pas vrai qu'il fût l'auteur principal de ce que madame du Barry appelle sa *malheureuse affaire* devant le tribunal. Nous savons qu'elle n'était que trop bien informée. Elle parle en finissant de ses *liaisons connues et forcées avec le citoyen Brissac.* Que veulent dire ces mots? Les rapports de madame du Barry avec le duc de Brissac avaient à coup sûr été parfaitement libres! Elle veut dire sans doute que le vol de ses diamants et les voyages qui s'en étaient suivis avaient été une conséquence nécessaire de cette liaison. Il y avait une ellipse et par suite une obscurité bien facile à comprendre dans les circonstances où la lettre a été écrite.

L'orthographe, sans être irréprochable, n'est pas inférieure à la moyenne de l'époque. Elle est certainement supérieure à celle des premiers écrits de madame du Barry. Cette orthographe, bonne ou mauvaise, était évidemment la sienne, surtout si elle était au secret. Elle ne pouvait se faire aider ni corriger.

Fouquier-Tinville était expéditif de son naturel: il était d'ailleurs pressé par le Comité de salut public, harcelé par Greive, il se mit en besogne pour rédiger son acte d'accusation. Mercier, qui a bien étudié ce Tristan l'Ermite de la Révolution, a dit de lui: « Exista-t-il un homme d'un esprit plus profondément artificieux, plus habile à supposer le crime, à controuver des faits? Chacune de ses paroles était un piège que l'accusé ne pouvait prévoir ni éviter; elles enchaînaient sa langue et sa pensée »

Voici le texte de l'arrêté du Comité de sûreté générale qui renvoyait madame du Barry et ses complices devant le Tribunal révolutionnaire.

Le Comité de sûreté générale ayant pris connaissance des diverses pièces trouvées chez la nommée Dubarry, mise en état d'arrestation par mesure de sûreté générale, comme personne suspecte, aux termes du décret du 1 septembre dernier (vieux style), considérant qu'il résulte desdites pièces que la femme Dubarry est prévenue d'émigration, et que les nommés Vandenyver, père et fils, prévenus d'avoir fait 1. Le *Nouveau Paris,* tome II, p. 188.

passer à ladite Dubarry des fonds pendant son séjour à Londres, seront traduits au Tribunal révolutionnaire pour y être poursuivis et jugés à la diligence de l'Accusateur public.

Les Représentants du Peuple, membres du Comité de sûreté générale de la Convention nationale,

Voulland, David, Vadier, Dubarran, Jagot,

Panis, Lavicomterie.

(*Mémoires de madame du Barry,* par de Favrolle, tome IV, p. 122.)

Ces mots: la diligence de l'accusateur public, n'étaient pas une vaine formule. L'affaire fut conduite avec une extrême célérité. L'arrêté du Comité de sûreté générale était du 29 brumaire; le 30, les pièces furent remises au greffe du tribunal. Le 2 frimaire, madame du Barry fut transférée de Sainte-Pélagie à la Conciergerie et de là au Palais de Justice; elle comparut par-devant Dumas, vice-président du tribunal, et fut interrogée dans une des salles de l'auditoire en présence de Fouquier-ïinville et de Jacques Goujon, commis-greffier.

L'interrogatoire,est long, conipendieux. Dumas prend les choses de haut. Il remonte jusqu'aux temps de Louis XV; il veut savoir à quelle époque madame du Barry a été attachée à 1a Cour, comment et sur quels ordres les sommes qu'elle a reçues lui ont été payées, quel a été le degré d'influence de la favorite sur le Roi. Madame du Barry répond avec franchise à toutes ces questions rétrospectives. Elle avoue avoir touché quelques sommes sur ses bous particuliers, quoique la plupart des dépenses fussent acquittées par Beaujeon. Elle reconnaît avoir influencé parfois le Roi dans son choix. Elle ne nie pas avoir sollicité des pensions et des gratifications pour quelques personnes qu'elle ne nomme pas. Dumas passe à la période de Louis XVI et s'enquiert des rapports de l'ex-favorite avec lui. Celle-ci ne méconnaît pas que ce prince ait favorisé le paiement de ses dettes en permettant l'échange de rentés viagères sur l'Hôtel-de-Ville contre un million en espèces. Enfin arrive la thèse éternelle de l'émigration. Nous avons déjà remarqué à» quel degré de démence on poussait alors cette monomanie de voir partout des émigrés.

C'était là l'objectif secret auquel tendait Dumas. On sait qu'il ne brillait pas par une grande bonne foi. Chez lui, l'astuce du légiste s'alliait à la passion du magistrat. Il fait donc à l'inculpée cette objection: Pourquoi elle ne s'est pas conformée aux lois rendues contre les émigrés en allant en Angleterre?

Pouquier avait été longtemps procureur au Châtelet; il avait conservé l'esprit de ruse de son ancienne profession: la pratique de la procédure a toujours transformé les hommes d'affaires au civil en dangereux criminalistes; la chicane, combinée avec l'habitude du sang, produit les Jeffrys, les Laubardemont, les Pussort. Certes, Fouquier n'avait pas besoin de beaucoup de temps pour dresser un réquisitoire ordinaire ou pour le dicter à ses substituts; mais, probablement, il voulut profiter de la circonstance pour faire œuvre de style. Il employa encore dix jours à aligner ses phrases et ses arguties; malheureusement sa plume ne valait pas mieux que son éloquence. Vide, inepte et 1. Voy. *Charlotte de Corday et les Girondins,* vol. III, p. 712.
2. 11 avait été vice-président du tribunal de Lons-le-Saulnier. déclamatoire jusqu'au pathos, cette page est un des plus tristes monuments de la rhétorique qui avait cours alors. On lui fit cependant les honneurs de l'impression; elle fut publiée à l'imprimerie du Tribunal révolutionnaire, rue Saint-Honoré, n 35, vis-à-vis de l'Assomption, distribuée à la séance des Jacobins et envoyée aux sociétés affiliées. Avant tout, Fouquier avait déposé son acte d'accusation entre les mains du Tribunal et demandé qu'il lui en fût donné acte; il avait en outre requis le transport des accusés à la Conciergerie, ce qui eut lieu en vertu d'un jugement du 13 frimaire.

Le 14, madame du Barry fut extraite de SaintePélagie et conduite dans la prison qu'on appelait alors le vestibule de l'échafaud.

Voici l'écrou tel qu'il existait sur les registres de la Conciergerie.

Femme du Barry, 14 frimaire an II. — Du 14 frimaire de l'an second de la République une et indivisible, la nommée Jeanne Vaubernier, femme du Barry, et les nommés J.-B. Vandenyver, Edme J.-B. Vandenyver, Antoine-Augustin Vandenyver ont été écroués ef recommandés sur le présent registre, à la requête du citoyen accusateur public du Tribunal révolutionnaire qui a fait élection de domicile en son parquet, sis audit Tribunal, en vertu d'un jugement rendu par ledit Tribunal, en datte du jour d'hier, duement signé, pour chacun des susnommés restés en cette maison comme une maison de justice, jusqu'à ce qu'il en ait été autrement ordonné par le Tribunal, et avons laissé les susnommés à la charge et garde du citoyen Richard, concierge de ladite maison, qui s'en est chargé pour les représenter quand il en sera requis, comme dépositaire judiciaire. Fait par nous, huissier audit Tribunal, soussigné, et avons à ladite femme du Barry, et Vandenyver, etc., en parlant à leurs personnes entre les deux guichets, comme lieu de liberté, laissé à chacun copie de l'acte d'accusation porté contre eux audit jugement susdaté et du présent à l'appui.

Il fallut donc que madame du Barry pénétrât dans ces sombres demeures, au-dessus desquelles régnaient les galeries alors animées du Palais de Justice; elle dut contempler ces murs encore teints du sang des victimes de septembre; elle fut réduite à *baisser la tête et à lever le pied,* suivant l'usage, pour passer le guichet de son cachot. Madame Guenard (Favrolle) a prétendu que madame du Barry avait logé dans la chambre que la Reine avait occupée; elle ne donne aucune preuve à l'appui de cette assertion jetée en l'air sans démonstration ni détails.

La Reine a occupé à la Conciergerie deux prisons différentes, d'abord celle dite la *Chambre du Conseil,* et ensuite le cachot, presque le souterrain éclairé sur la cour des femmes.

1. Voy. Sirey, p. 7. 2. Voy. Sirey, *ibid.*
3. « Cejourd'hui 11 septembre 1793, l'an II de la République une et indivisible, nous, administrateurs de police, en vertu de notre arrêté de ce jour, nous sommes transportés ès prisons de la Conciergerie, à l'effet d'y choisir un local pour la détention de la veuve Capet autre *que celui où elle est maintenant détenue.* Y étant arrivés et après avoir vu toutes les chambres qui en dépendent, nous nous sommes arrêtés à celle où est déposée la pharmacie du citoyen (Guillaume-Jacques-Antoine) Lacour. pharmacien de ladite prison; en conséquence, avons choisi ce local pour servir à la détention de ladite veuve Capet. Au moyen de quoi, arrêtons que ledit Lacour débarrassera dans le jour ledit local de tout ce qui peut lui appartenir et faire partie de ladite pharmacie, même de la boiserie et vitres qui en dépendent. Arrêtons, en outre, que la grande croisée qui doune sur la cour

des femmes sera bouchée jusqu'au cinquième barreau de traverse... et que, quant à la seconde croisée ayant vile sur La Chambre du Conseil était appelée ainsi parce que, autrefois, les membres du Parlement y tenaient plusieurs fois par année une séance, dite *d'humanité,* où ils recevaient les plaintes et les réclamations des prisonniers

Plus tard, après l'affaire de l'œillet, on s'aperçut que de cette chambre, voisine de l'escalier montant à la grand'chambre, on pouvait entendre les pas des personnes qui circulaient dans le Palais de Justice. On craignit une évasion par les voûtes supérieures et la salle des Pas-Perdus; la reine fut descendue au cachot souterrain, qui devint sa dernière demeure jusqu'au jour sinistre de l'exécution. Lorsque les fermiers l'infirmerie, elle sera condamnée en totalité; que, quant à la petite croisée ayant vue sur le corridor, elle sera bouchée entièrement en maçonnerie, seuil de S pouces d'épaisseur et en bois sera mis entre les deux poteaux d'assise et de leur épaisseur, pose d'une seconde porte de forte épaisseur, laquelle ouvrira en dedans et sera fermée avec forte serrure de sûreté, deux verrous de sûreté extérieurs à la deuxième porte. De tous lesquels nous chargeons notre confrère Godard. »

Signé: Froidure, Soulès, Gagnant, Figuet,
Cailleux et Godard.

1. John Howard, 1784, *State of the prisons:* The substitute of the attorney général should visit the prison once a week, to inquire if the rules be observed, to hear the complaiuts of prisoners, to sue if the sick be properly attented and the like. Besides this, the Parliament of Paris send to ail the prisons five Urnes a year two or threc counsellors, with a substitute of the attorney generai and two clercks; they go at Christmas, Easter, Whitsuutide, one day before 15 August, St. Simon and Jude. There is in each prison... "room to their reception, called the *eounsel chumber;* it is occupied at other times by the head gaoler... "

Montjoie, *Histoire de Marie-Antoinette,* t. 11, p. 156: Cette chambre s'appelle la *CUambre du Conseil,* parce que c'était là que les magistrats des cours souveraines venaient, a certaines époques de l'année, recevoir les réc. amatious des prisonniers...
généraux furent proscrits et envoyés à la Conciergerie, on les plaça, dit M. de La Hante l'un d'eux, dans une chambre que l'on appelait la chambre de la Reine. Ils étaient au nombre de trente-quatre; ils purent coucher dans ce local sur des lits de sangle et ensuite prendre leur repas tous réunis, assis sur des chaises: ce n'était pas évidemment le cachot d'agonie de Marie-Antoinette, lequel n'avait que quatre toises carrées 2. Il s'ensuit que ces mots, la chambre de la Reine, devaient désigner le premier local où elle avait été détenue, et c'est probablement en cet endroit que madame du Barry aura été placée à son entrée dans la prison.

M. le comte Beugnot a parlé dans ses Mémoires de madame du Barry qu'il aurait vue à la Conciergerie, au moment où elle se trouvait renfermée dans cette enceinte avec madame Roland. Il s'est exprimé sur elle avec le dernier mépris et en termes aussi violents que grossiers. A l'entendre, il l'aurait jugée d'après son maintien et sa manière d'être habituelle envers les autres femmes de la prison; plus d'une objection s'élève contre la sincérité de son récit.

D'abord le nom de Beugnot ne figurait point sur les registres d'écrou de la Conciergerie (dépouillement de M. Léon Labal). Il est vrai que dans ce qu'on appelle le registre du mouvement, il était indiqué, en nivôse an II, comme venant de la Conciergerie. Ce registre a été brûlé en 1871; mais on en trouve la trace dans le registre de la Grande-Force, où l'on peut encore lire ce qui suit: *1. Une Famille de finance,* tome II, p. 292.
2. Voy. le plan de Montjoie. 3. Vol. I, p. 233. 16 nivôse an II. Beugnot (Jacque-Claude), âgé de trente ans, natif d'Arcis-sur-Aube, homme de loi, demeurant à Paris, rue des *Deux-Portes,* n 17. — Cause non expliquée, venant de la *Conciergerie,* mis en liberté par le Comité de sûreté générale, le 4 fructi-

dor.

M. le comte Beugnot a raconté une foule d'anecdotes qu'il attribue à des hommes connus avec lesquels il aurait vécu à la Force, tels que Linguet, Dupont de Nemours, Sébastien Mercier, Daunou, Francœur, Latouche-Tréville. Pas un seul de ces noms ne figure sur le livre d'écrou de la Force à une époque correspondant à la détention de M. Beugnot dans cette prison. La réfutation nous paraît péremptoire et nous dispense d'examiner en détail ces relations qui ne soutiendraient pas d'ailleurs un examen sérieux. Nous ne citerons qu'un exemple: celui de Linguet, le premier qui se présente par ordre de date. Linguet entre à la Force le 28 septembre 1793; il est transféré à la maison de santé de Belhomme, le 14 frimaire suivant, il en était donc sorti depuis un mois quand Beugnot y est arrivé le 16 nivôse. Que devient tout son récit? ses conversations avec Linguet?

Mais il résulterait tout au plus de ce document qu'il n'aurait fait que passer par cette prison en nivôse et qu'il n'y aurait pas séjourné, soit parce qu'il n'y avait pas de place ou pour tout autre motif resté inconnu et indifférent. Cette circonstance seule suffirait pour faire douter de ce qu'il avance. Il dit, par exemple, que le 18 vendémiaire, jour où il aurait été incarcéré à la Conciergerie, ses regards auraient été frappés par deux condamnés qu'on se préparait à conduire au supplice; or, ce jour-là il n'y a pas eu d'exécution, pas plus que les jours suivants.

Cette défiance s'accroît lorsqu'on voit M. Beugnot entreprendre le portrait de personnes qu'il dit avoir connues à la Conciergerie, notamment madame Roland. Il prétend qu'il lui parlait fréquemment à la grille des femmes, et qu'ils engageaient ensemble des discussions politiques. « Le jour où eile fut jugée, continue-t-il, elle lui aurait dit en lui serrant la main: Adieu, monsieur, faisons la paix, il en est temps. » Il l'aurait donc vue de très près!

Eh bien! il la décrit comme ayant « de beaux cheveux *blonds* et les yeux *bleus* et bien ouverts » Or, madame Roland a écrit dans ses Mémoires en parlant d'elle-même:

« L'œil n'est pas fort grand, son iris est d'un gris châtain, couronné d'un sourcil *brun,* comme les *cheveux*. »

Ce détail, sur lequel elle ne pouvait se tromper, est confirmé par le signalement de l'écrou de Sainte-Pélagie. Il porte: *Cheveux et sourcils châtains foncés, yeux bruns* (p. 701).

Enfin, Rioufie, dont M. Beugnot lui-même invoque l'autorité comme ayant été à la Conciergerie, ajoute en parlant de madame Roland:

« Ses longs cheveux *noirs* tombaient épars jusqu'à sa ceinture. »

La déclaration de M. Beugnot est donc erronée, et nous sommes autorisé à dire qu'il n'a point été écroué à la Conciergerie et n'a pas vu madame Roland ni madame du Barry.

1. Tome I, p. 281. 2. P. 70, Dauban.

Pour madame du Barry d'ailleurs il est une objection particulière beaucoup plus forte.

Madame Roland a été jugée et exécutée le 18 brumaire an II (8 novembre 1793).

Madame du Barry a été écrouée à la Conciergerie le 14 frimaire, un mois après (4 déc. même année 1793).

Elles n'ont donc jamais pu se rencontrer dans cette prison, et le récit de M. le comte Beugnot est encore convaincu d'inexactitude matérielle sur ce point.

Ajoutons un dernier mot:

Madame du Barry, écrouée dans la journée du 14 frimaire, a comparu devant le tribunal le 16 du même mois, à neuf heures du matin: elle n'est donc restée à la Conciergerie que trente-six heures au plus, moments suprêmes d'agonie, absorbés et au delà par les dernières formalités de la procédure. Les conférences avec les défenseurs, les lettres ou les recommandations des adieux, tout ceci ne laisse guère place à des promenades dans les préaux, à des conversations avec les autres codétenues.

M. le comte Beugnot aurait mieux fait de se taire que de jeter l'insulte à une femme près de mourir. Ce mensonge manifeste convient mal à l'ami de madame La Motte et montre le cas que l'on doit faire de ses révélations apocryphes.

1. M. Campardon a encore relevé une autre erreur matérielle dans les récits de Beugnot: « Le général La Marlière et le journaliste aristocrate Pariseau montèrent ensemble sur la guillotine. » Puis il raconte une longue histoire de plusieurs pages sur ce qui s'est passé entre eux. Cette anecdote, dit M. Campardon, malgré la précision des détails, est de tout point fausse. Pariseau n"a pu tenir ces propos au général La Marlière par la raison fort simple que le général est mort le 6 frimaire et Pariseau le 6 messidor, impliqué dans la conspiration du Luxembourg.

Voici une autre anecdote aussi peu digne de foi que la précédente:

Un peu avant que la comtesse du Barry fût guillotinée, le H décembre 1793, a dit Dutens, un prêtre irlandais trouva le moyen d'aller la voir dans la prison de la Conciergerie et lui offrit de la sauver, si elle pouvoit lui fournir une certaine somme d'argent pour gagner les geoliers et faire le voyage.

Elle lui demanda si elle ne pouvoit pas sauver deux personnes; il lui répondit que son plan ne lui permettoit pas d'en sauver plus d'une. « En ce cas, dit madame du Barry, je vous donnerai bien un ordre sur mon banquier (lequel était sous les verrous comme elle-même) pour toucher la somme nécessaire; mais j'aime mieux que ce soit la duchesse de Mortemart qui échappe à la mort que moi. Elle est cachée dans un grenier de telle maison à Calais: voici un mandat *sur mon banquier,* volez à son secours. » Le prêtre, après avoir essayé de lui permettre de la tirer elle-même de la prison, la voyant résolue à préférer la duchesse, prit le mandat, toucha l'argent, fut à Calais, tira la duchesse de Mortemart de sa retraite, la déguisa en femme du commun, et, la prenant sous le bras, la fit voyager à pied avec lui, disant qu'il étoit un bon prêtre constitutionnel et marié avec cette femme; on crioit *bravo!* et on le laissait passer. Il traversa ainsi les armées françaises et vint à Ostende d'où il passa en Angleterre avec madame de Mortemart, que j'ai vue depuis à Londres. (*Dutensiana,* p. H5. Volume tiré *d'un Voyageur qui se repose.*)

L'anecdote de Dutens serait fort honorable pour madame du Barry, mais elle nous paraît bien douteuse. A Calais, madame de Mortemart touchait à la frontière et à la liberté; à Paris, les prisons de la Terreur étaient bien gardées; on ne cite pas d'exemple d'évasion. Madame du Barry n'est restée que quelques heures à la Conciergerie. Peut-être a-t-elle dit: « Vous ne pouvez pas me sauver; songez à madame de Mortemart. »

C'est la belle-sœur de madame de Mortemart, qui portait le même nom et se trouvait à Calais.

Avec ce correctif, l'anecdote serait plus admissible et elle serait encore méritoire pour madame du Barry.

16 frimaire an II. — L'audience.

Le jour même où les accusés étaient renvoyés devant le Tribunal révolutionnaire, les pièces étaient apportées à l'accusateur public.

L'affaire entrait dès lors dans une nouvelle phase. Il ne s'agissait plus de mesures provisoires ou administratives: la justice criminelle allait étendre sa main rigoureuse sur la pauvre Dubarry; elle était désormais en sa puissance; elle était la chose de Fouquier-Tinville, elle serait bientôt celle du bourreau.

L'arrêté du Comité de sûreté générale avait été rendu le 29 brumaire; le 15 nivôse les citations à témoins furent délivrées pour le 16 du même mois, et le 16 les débats s'ouvrirent. Le tribunal siégeait dans la salle de la *Liberté,* l'ancienne grand'chambre du Parlement 1; il était composé ainsi qu'il suit: 1 René-François Dumas, vice-président du tribunal, faisant les fonctions de président de l'audience; 2 François-Joseph Denizot, juge assesseur; 3 Ale.xandre-Edme David, juge assesseur; 4 Charles Bravet, juge assesseur;

Antoine-Quentin Fouquier, accusateur public; 1. L'autre section siégeait salle de *l'Egalité,* donnant sur le quai.

Robert Wolf, greffier.

Les jurés étaient: Trinchard, Prieur, Billon, Mercier, Klispisse, Meyer, Martin, Topino-Lebrun, Lohier, Sambat, Vilatte, Payan.

Chauveau-Lagarde et Lafleuterie,

hommes de loi ou conseils, défenseurs officieux des accusés.

Après avoir reçu le serment des défenseurs et celui des jurés — dont la formule s'est encore conservée aujourd'hui ce qu'elle était alors — le président a fait placer le jury sur ses sièges en face des accusés et des témoins; il a dit ensuite aux accusés qu'ils pouvaient s'asseoir, après quoi il leur a demandé leurs noms, âge, profession, demeure et lieu de naissance.

A ces questions, ils ont répondu ainsi qu'il suit: 1 Jeanne *Vaubernier,* femme séparée de droit de *du Barry,* âgée de quarante-deux ans, née de Vaucouleurs *(sic),* demeurant à Luciennes.
2 Jean-Baptiste Vandenyver, âgé de 66 ans, né de Amsterdam, banquier, demeurant à Paris, rue Vivienne. 3 Edme-Jean-Baptiste Vandenyver, âgé de 29 ans, banquier, né de Paris, y demeurant, même rue. 4 Antoine-Augustin Vandenyver, âgé de 32 ans, banquier de Paris, y demeurant, aussi rue Vivienne.

Le procès-verbal d'audience continue ainsi:

Le président a averti les accusés d'être attentifs à ce qu'ils alloient entendre et il a ordonné au greffier de lire l'acte d'accusation. Le greffier a fait ladite lecture à haute et intelligible voix. Le président a dit aux accusés: vous allés entendre les charges qui vont être produites contre vous.

Les témoins, présentés par l'accusateur et assignés à sa requête, après avoir entendu l'acte d'accusation, se sont retirés.

Puis, ils sont appelés, l'un après l'autre et, serment préalablement prêté, ils ont répondu comme dit est cidessous.

L'intérêt du débat eût été dans le texte de ces dépositions. Malheureusement la loi d'alors ne permettait pas plus que la nôtre d'en tenir note.

Il aurait fallu qu'elles eussent été reproduites par un des spectateurs, journaliste ou autre. Il existait, il est vrai, un Bulletin du Tribunal révolutionnaire, in-4, publié par Clément et Bonnemain. Il aurait certainement rendu compte d'un procès qui réunissait toutes les conditions d'une cause célèbre. Notoriété de l'accusée principale, souvenirs évoqués par l'affaire, gravité de la peine encourue, rien ne manquait à l'attrait du drame. Nous ne connaissons d'ailleurs aucun journal qui l'ait publié en détail. Un hasard nous permet de suppléer en partie à cette omission regrettable. Nous savons par Mercier que Fouquier-Tinvillé écrivait avec une rapidité extrême Il a pris sur les débats des notes très étendues qui forment une véritable sténographie de l'audience. Ce travail considérable est conservé dans le dossier dit du Parquet. Une com 1. Placé sur le premier gradin du tribunal... deux gros cartons lui servoient de pupitres. Il écrivoit sans cesse et sa plume sembloit suivre la parole. Tout en écrivant, pas un seul mot, soit du président, soit d'un accusé, d'un témoin, d'un juge ou de l'accusateur public, ne lui échappoit. Il étoit comme l'*Argus* de la Fable, tout yeux et tout oreilles. (Le *Nouveau Paris,* 2 vol., p. 188.) 2. W, 180, liasse 26. paraison minutieuse entre ces documents et le compte rendu donné par de Favrolle (madame Guenard), dans le IV volume de ses Mémoires prétendus de madame du Barry, nous a convaincu que cette relation n'a pas d'autre origine que ces notes de Fouquier-Tinville, arrangées par demandes et par réponses. Nous les reproduisons telles quelles. Nous nous sommes borné seulement à rapporter les noms des témoins, ainsi que leurs qualités d'après le plumitif d'audience. Nous avons, en outre, mis à leur place les annotations que Fouquier a souvent écrites en marge de son papier.

Voici d'abord le titre qu'elles portent:
AFFAIRE DE LA DUBARRY ET VENDENYVER ET CONSORTS *i Notes prises par Fouquier-Tinville aux débats.*

Jeanne Vaubernier, femme Dubarry, séparée de droit, 42 ans. — Vaucouleurs en Lorraine, de.neurante à Louvecienne.

Jean-Baptiste Vandenyver, 66 ans — banquier hollandois, né à Amsterdam, rue Vivienne.

Edme-Jean-Baptiste Vendenyver, 32 ans, banquier, né à Paris.

Antoine-Augustin Vendenyver, 29 ans, banquier, né à Paris.

1. Madame Guenard ne cite pas la source où elle aurait puisé son compte rendu, qui est la reproduction littérale du texte de Fouquier-Tinville. Son ouvrage est de 1803; il y avait dix ans que madame du Barry avait été jugée et elle n'avait pas assisté aux débats. Ce qu'elle n'aurait pas manqué de dire si le fait avait eu lieu. *Georges Greive.* — Né en Angleterre et député des EtatsUnis d'Amérique.

La Dubarry a empêché le recrutement à Luciennes. On a trouvé dans la nuit du 22 septembre dernier, jour de son arrestation, une quantité d'argenterie dans un endroit servant à recevoir les outils du jardinier et voisin du grand chemin, et le fameux service d'or, pierreries, émeraudes, et dans un autre endroit, enfouis des louis, des écus de six livres, plus des bronzes, le buste de Louis XV; il y a quelques jours, le décadi passé, il a été trouvé dans un tas de fumier, près le grand chemin, une quantité de pierreries, de l'or, de l'argent et, depuis peu de jours, le portrait du régent et d'Anne d'Autriche, plus trouvé dans la chambre de la femme Roussel, Jamédaille de Pitt, cachée sous du son.

Plus un grand nombre de pièces annoncées avoir été volées, un porte-crayon, une lorgnette d'or.

Observe r

A été trouvé un paquet de 134 rubis, mais ne peut dire s'ils font partie de ceux énoncés en l'état.

A été trouvé dans les jardins un glan *(sic)* servant de cordon, mais ne peut dire s'il (sic).

Un porte-crayon d'or faisant partie de ceux compris en l'état.

Fournier, juge de paix du canton a dressé procès-verbal des effets trouvés.

Forth, l'espion anglois, est venu à Paris en 1777. Ce Forth a été récompensé par une pension considérable et faisoit des voyages de Paris à Londres *et vice versâ* de Londres à Paris.

Une lettre trouvée dans les papiers de la Dubarry indique une signature rayée de Forth et de Bethune-Charost qui étoit très lié avec ce Forth.

A répondu qu'elle ne sait pas quel est ce portrait de femme trouvé dans le jardin, enterré dans un tas de fumier. Ce portrait s'est trouvé avec un de *Louis XV habillé en carme.*

La Dubarry avoit différentes demeures à Paris; il y a eu des rassemblements d'une foule d'émigrés ou de parents de ces derniers.

Au retour du voyage de la Dubarry, il a été présenté au déclarant, le 26 mars 1793, un certificat anglois signé par le duc Queensberry, grand ennemi de la Révolution. C'est d'après ce certificat qu'elle a sollicité tous ses passeports auprès du département du ministre des affaires étrangères.

A vu Forth venir et fréquenter la Dubarry.

L'opinion générale du pays est que le vol étoit prétendu, qu'au surplus, ce vol, réel ou faux, a servi Je prétexte à Forth.

Un autre fait, c'est que les diamans ont été envoyés en novembre 1790 et sont rentrés en janvier 1791.

La Dubarry a reçu Forth au mois de juillet 1792. Il s'est trouvé chez elle plusieurs lettres de Forth, dont une est effacée.

Elle a déclaré dans son interrogatoire que, lors de son retour en mars 1793, son procès étoit fini. Alors pourquoi le certificat portoit-il qu'il y avoit nécessité qu'elle retournât en Angleterre; la Dubarry a dit que c'étoit pour recevoir ses diamants et payer les frais.

Xavier Audoin. — Quelques jours après, le 10 août, la maison de Luciennes étoit remplie de tous les cy-devant seigneurs de la Cour. Un nommé Monsaubré *(sic)* fut saisi dans une des chambres de l'accusée, qui écrivit qu'elle meltoit un grand intérêt à cet homme.

Ce Monsaubré dit que si on l'envoyait à Paris, il seroit massacré.

Un sieur Lascourt s'est présenté plusieurs fois chez le déclarant pour obtenir la liberté de Monsaubré, mais il n'y obtempéra point, et ce Monsaubré ne fut trouvé muni d'aucunes pièces qui indiquassent qu'il fut patriote.

1. Probablement d'Escourre.

Mollien, aujourd'huy commissaire des guerres, commandoit le détachement et pourroit indiquer les noms de ceux qui ont été arrêtés à cette époque.

Mollien, commissaire des guerres, rue Neuve-des-Capucines, et le citoyen Lefèvre, même demeure.

J.-B. *Blache.* — *Dumas,* commissaire du Comité de sûreté générale de la Convention, rue du Temple, n 109.

En Angleterre 1790, y enseignant la langue françoise.

A vu partie des diamants en Angleterre.

Le cuisinier du ci-devant duc d'Orléans tenoit une hotellerie en Angleterre, s'appeloit Grenier qui a reçu la Dubarry.

A vu descendre d'une voiture Forth, l'espion anglois, et la femme Calonne et tous deux ensemble un nommé Pont, que l'on lui a indiqué être un ex-constituant, sont montés chez la Dubarry, et un instant après ils sont montés tous quatre dans la voiture de Calonne.

Au second voyage à Londres, elle a logé à. Wesminter, dans une maison louée par l'abbé Saint-Far, pour Bouillé, la princesse d'Hénin, Bertrand de Molleville, le ministre de la marine, la duchesse de Mortemart-Breteuil et autres émigrés.

En janvier 1793, on apprit la mort de Louis Cappet (sic); les patriotes françois furent vexés, insultés et chassés.

La Dubarry, pendant son séjour à Londres, a pris le deuil lorsque la mort du cy-devant Roy fut connu.

Peu de temps après, Brissot fit déclarer la guerre à l'Angleterre.

De retour à Paris, Blache est allé à Luciennes. La Dubarry lui a envoyé un nommé Tranchant dans une maison où il étoit, il refusa; sur le soir, un nommé Salana revint l'inviter de nouveau, il s'y rendit. Il eut une conférence avec la Dubarry et lui reprocha son arrivée, sa conduite en Angleterre; à quoy elle répondit que ce n'étoit que des petits terre à terre de convenance.

Qu'il lui donna le conseil de ne pas avoir de correspondance.

A fait émigrer avec elle, dans l'un de ses voyages, la femme du cy-devant duc Daiguillon, qu'il a appris ce fait en Angleterre.

A soupé avec Morin, valet de chambre, et depuis a mangé chez le jardinier, qu'elle a renvoyé depuis par cela seul qu'il recevoit le déclarant. Ce jardinier a une femme enceinte et quatre enfans *(sçavoir la demeure de ce jardinier).*

Dans un second voyage à Lucienne, le déclarant ne mangea plus chez la Dubarry, mais chez Salana et Fremont, les deux seuls patriotes qui se soient trouvés dans la maison de la Dubarry.

Fremont, rue de Charonne, faubourg Saint-Antoine, au magasin de foin ou à la barrière de Ménilmontant, chez le marchand de vin.

L'abbé Rotrou a reproché au déclarant d'avoir dénoncé Lavallerie qui avoit voulu procurer à la Dubarry un certificat de résidence et que ce certificat étoit écrit par Lavallerie. Boileau, administrateur du district de Versailles, aux fêles de Pentecoste 1793, est venu à Luciennes pour sçavoir de la municipalité les motifs qui l'avoient déterminée d'avoir mis la Dubarry en état d'arrestation.

Le déclarant a remis lui-même un mémoire à Lavallerie, contenant les noms des gens suspects qui venoient chez la Dubarry et habitoient le canton.

Morin, quoiqu'en état d'arrestation, faisoit des voyages fréquents chez Labondie.

C'étoit la Dubarry qui étoit chargée de sonder les sentiments de ceux qui se présentoient pour être reçus dans la dernière garde du cy-devant Roy. Il a vu ce fait consigné dans une lettre.

Reda, rue Meslée, chez la citoyenne Miller, actrice de l'Opéra.

Voleurs de diamans: un nommé Arris, Philippe, Joseph, etc.

Ici Dumas prend la parole et interroge l'accusée. Fouquier n'a écrit que les réponses et non les demandes.

La Dubarry prétend que son troisième voyage avoit pour objet de faire relaxer Forth arrêté à la suite d'un procès intenté contre lui par les voleurs.

Il y a vingt hôtels françois à Londres.

La Dubarry a vu à Londres la femme Calonne. Elle en convient, mais elle dénie en avoir eu avec d'autres, sinon avec la femme Mortemart, et que cette correspondance se réduisoit au ton de l'amitié.

La Dubarry est convenue avoir porté le deuil du Tyran, attendu qu'elle n'avoit porté que du noir.

La Dubarry convient avoir sollicité en faveur de Labondie arrêté chez elle comme suspect.

La Dubarry prétend avoir obtenu des certificats de résidence, parce qu'elle a toujours résidé en France.

Boileau, Sauvade.

La Dubarry prétend qu'elle a reçu quelques mémoires relatifs à la formation de la dernière garde du cy-devant Roy, mais qu'elle n'a participé d'aucune nomination.

La Dubarry convient que le certificat de résidence a été signé chez elle.

La Dubarry convient qu'elle a renvoyé son jardinier et Zamor, parce qu'ils étoient liés avec le déclarant.

Escourt ou Descours, à la Force. — Connoit la Dubarry Vendenyver père et l'aîné de ses fils.

Il y a environ deux ans qu'il a fait connoissance avec la Dubarry. Y a été rarement. La Dubarry lui écrivit de Londres de lui servir de procureur fondé et d'aller chercher 200,000 livres chez Vendenyver, qu'il les a prêtées à Rohan-Chabot qui en avoit besoin pour faire un payement à la Nation.

C'est le déclarant qui a proposé par lettres à la Dubarry, lors en Angleterre, de prêter cette somme à Rohan-Chabol, lors logé rue de Seine, à l'hôtel de la Rochefoucault, et dans une autre maison riie Saint-Honoré.

Perrot, homme d'affaires de Rohan-Chabot.

Qu'il a sçu que la Dubarry avoit cet argent à placer, dans une conversation qu'il avoit eue avec elle.

Croit qu'il s'est défait des lettres relatives à cette correspondance aussitôt que le contrat de constitution a été passé chez Mony, notaire.

Les Vendenyver ont donné un bon de 200,000 livres sur la Caisse d'escompte et le déclarant dit que cetle somme a été comptée chez le notaire.

Ensuite le déclarant a dit qu'il avoit reçu lui-même cette somme.

A dit ensuite que Perrot et lui avoient porté cette somme chez le notaire, ou elle a été délivrée à Perrot; la somme de 200,000 livres a été prise à la Caisse d'Escompte.

Wendenyver *(sic)* père étoit convenu, dès le mois de novembre 1792, que ces 200,000 livres...

Descourl s'est présenté vers le 20 janvier chez lui pour toucher cette somme.

Wendenyver fils aîné déclare que c'est lui qui a délivré le bon de 200,000 livres sur le vu du mandat de la Dubarry, datté de Londres.

Wendenyver père croit que Descours lui a dit que cette somme étoit destinée pour Rohan-Chabot.

Le fils ne se rappelle rien.

Il est certain que les accusés ne dévoient pas disposer de cette somme appartenant à la Dubarry, lors en Angleterre.

La Dubarry a fait connoissance chez Brissac de Descourt qui étoit son aide de camp dans la ci-devant garde du Roy. Il étoit même son premier aide de camp et son agent. L'on croit que Descourt a été page du cy-devant Roy ou de la ci-devant Reine.

Louis Chouaiet étoit le protégé par la Dubarry, s'est vanté lors de la défaite de Dumouriez qu'un trompette étoit.venu parce qu'il sçavoit

Picard, actuellement à la maison des Récollets de Versailles, a fait le serment à la Dubarry de ne pas découvrir l'endroit où étoient enfouis l'argent et les diamants.

Morin, valet de chambre de la Dubarry, dit à Cottet, parti lors de la réquisition pour la Vendée, que s'il partoit, la Dubarry ne le recevroit plus, et sur la représentation faite à la Dubarry par la femme Rohan-Rochefort que la table étoit splendide, qu'il vaudroit mieux la diminuer pour fournir des secours aux volontaires de la Vendée, à quoy la Dubarry a répondu, bon, bon, d'un air dédaigneux, qu'ils n'en valoient pas la peine.

Salanave. — A vu Lavaupallière, Brissac, Labondie, Des court, un cy-devant marquis Donissant, un cy-devant vicomte Depont, la femme Bandeville, la femme Brunoy, ci-devant marquise, la cy-devant duchesse Brancas, le cydevant chevalier Monsaubré.

La Dubarry a constamment denié avoir vu en Angleterre aucun particulier émigré nommé Depont; *Blache* a persisté.

C'est ce même Depont qui a fourni les notes à Burke, auteur de la diatribe contre la Constitution de 1791.

Le témoin déclare qu'il étoit mal vu, attendu sa qualité de patriote, par les autres domestiques de la maison qui *étaient* des aristocrates et qui l'ont même desservi dans l'esprit de l'accusée Dubarry.

La femme Daiguillon jeune est venue chez la Dubarry; c'est la veuve Daiguillon, douairière, qui demeuroit à Rue!.

La Dubarry a emmené avec elle la femme Brancas en Angleterre, et cette dernière est rentrée en France avant elle.

Zamor. — A été élevée (sic) par la Dubarry, déclare que la majeure partie des personnes qui venoient chez la Dubarry n'étoient pas patriotes par les propos qui leur a entendu tenir. Notamment ces personnes se réjouissoient des échecs qu'éprouvoient les armées de la République, singulièrement dans la Vendée. Le déclarant a regardé comme *uneidéele* vol des diamants.

Ces diamants étoient dans une armoire servant de vestibule à un appartement.

Il a été annoncé que l'on s'étoit introduit par le jardina l'ayde d'un carreau cassé et on ne s'est point apperçn d'autres fractions (sic), sinon qu'il y avoit quelques barreaux forcés.

Sçait que les objets les plus précieux étoient dans la chambre de la Dubarry.

Le témoin croit que le vol n'étoit pas réel.

La Dubarry n'a pas couché chez elle dans la nuit du 10 au H juillet 1792.

Salanave prétend que les bijoux et diamants étaient dans une commode posée dans une pièce qui précédoit la chambre à coucher, ordinairement, il couchoit quelqu'un dans la salle à manger, dessous la chambre à coucher, et par une fatalité, il n'est couché personne dans cette pièce.

Le témoin Zamor déclare qu'il a fait à plusieurs fois des représentations à l'accusée Dubarry de ce qu'elle recevoit des aristocrates, représentations auxquelles elle n'a pas daigné répondre.

Jean Tenaut. — Domestique pendant cinq ans et demis *(sic)*, en allant avec la

Dubarry à la Melonnière à l'époque de la mort de Bertier et Foulon, elle traita le peuple de scélérats et de misérables.

Il y a trois ans que ce témoin est sorti.

Veuve Cottet, tapissière, demeurant au château de Luciennes. *Henriette Picard,* femme Couture, femme de chambre de l'accusée Dubarry.

Au mois de janvier 1791 jusqu'au moment de son arrestation, depuis vingt-trois ans.

Lors de l'arrestation Brissac, l'accusée Dubarry avoit passé la nuit à brûler ses papiers.

La Dubarry est allée en Angleterre avec le cy-devant chevalier Escourt dans les trois premiers voyages.

La femme Dubarry a été accompagnée par la femme Couture lors de son voyage en Angleterre.

La Dubarry dénie avoir brûlé ses papiers.

Henriette Picard, femme Couture, femme de chambre de l'accusée Dubarry au mois de janvier 1791 jusqu'au moment de son arrestation.

A accompagné la Dubarry dans ces trois derniers voyages avec le valet de chambre *Pretry, Maréchal, domestique,* la *femme Roussel* et le *cy-devant chevalier Escourt.*

Au troisième voyage, la femme Brancas, la femme de chambre Fresnoy et La Bondie.

Quatrième voyage de l'accusée Dubarry.

La femme Roussel, femme de chambre de la Dubarry depuis dix ans (une taille médiocre, grêlée).

Le cy-devant chevalier Descourt, La Bondie, la cy-devant duchesse de Brancas, la femme Daiguillon douairière et autres.

La Dubarry avoit donné l'ordre d'avoir soin de sa maison. On n'a pas couché dans la pièce contiguë à celle oùétoient ses diamants.

Morin a fait prévenir la Dubarry qu'elle étoit volée; elle étoit seule au moment qu'on vint lui annoncer la nouvelle du vol. Que la Dubarry est allée à la police faire sa déclaration et donner l'état des bijoux volés.

Le suisse chargé de la garde de la maison a été arrêté et on ne sçait ce qu'il est devenu, attendu que c'étoit un suisse rouge.

La fenêtre par laquelle les voleurs se sont introduits ne fermait pas bien. Il y a eu fracture aux jalousies.

Monsabré était du premier voyage.

Forth est revenu au second voyage.

Au troisième voyage, elle avoit emporté du noir et quelques robbes blanches.

Au quatrième voyage, de même.

La femme Dubarry est partie au quatrième voyage avec la cy-devant duchesse Brancas, *qui est* restée à Londres.

Le témoin prétend que les pierreries, or, bijoux et diamants trouvés dans la terre n'ont été cachés qu'au quatrième voyage, pour les soustraire aux voleurs.

Augustin Devrey, chirurgien. — A déclaré, sans pouvoir indiquer l'époque, que quelque temps après l'arrestation de Brissac, la veuve Collet lui avoit dit que l'accusée avoit passé la nuit à brûler du papier (sic). Suite de la déclaration de la femme Couture: A vu des François émigrés venir habituellement chez la Dubarry pendant son séjour à Londres.

Claude Reda. — Cy-devant en Angleterre, actuellement à Paris, rue Meslée.

A ouy dire que la Dubarry voyoit pendant son séjour à Londres les Cafonne.

Barinter. Nicolas Fournier, juge de paix du canton de Marly, profession qu'il a quittée il y a huit jours.

A connoissance des objets précieux trouvés dans différents endroits dépendant de l'habitation de la Dubarry.

La maison où étoient les marchandises est située sur la grande route et n'est occupée que par le jardinier.

Partie étoit fabriquée et coupée, mais la plus grande partie étoit en pièces.

Une première fois, le certificat de résidence a été rédigé par Lavallerie, administrateur du district de Versailles, qui depuis s'est tué.

Une chaîne de montre, une lunette d'opéra, un crayon.

Ces trois objets ont été reconnus faire partie de ceux annoncés volés et détaillés en l'état imprimé, d'après la vérification qui en a été faîte par les commissaires représentant la Convention.

La Dubarry a fait remettre ces trois objets lors de son dernier voyage. Elle a déclaré d'abord que c'étoit au premier ou second voyage que ces objets ont été rapportés et que Brissac a donné 100 louis de récompense.

La Dubarry a déclaré avoir deux millions de dettes. Elle convient avoir pris des fonds chez Wendenyver pour faire ses voyages en Angleterre sur le millon *(sic)* qui lui avoit été remboursé, lequel millon avoit été converty en billets de Caisse d'escompte.

Premier voyage, six mille livres sterling.

Deuxième voyage, deux mille livres sterling.

La Dubarry a déclaré qu'elle redevoit environ 250,000 livres aux deux premiers voyages. C'est Morin et la municipalité qui lui ont donné des passeports.

Greive a déclaré avoir trouvé dans une maison a elle appartenant et donnant sur le grand chemin une quantité de marchandises, de baptiste, linon, dentelles, velours, mousseline de Judée.

Aux autres voyages, elle s'est adressée à Lebrun, qui lui refusa des passeports en disant qu'il n'en accordoit qu'aux personnes chargées de mission du gouvernement. Qu'alors elle s'est adressée à la municipalité de Luciennes et au département de Versailles.

A remis à Frondeville 22 guinées, plus 134 guinées à différents émigrés, mais elle prétend que c'étoit pour jouer de compte à demy.

Au surplus, elle n'a fait aucune déclaration à cet égard.

Elle a fourni cette somme à Crussol et Ghauvigny, évêque de Lombez.

J'ignore si cette somme a été remboursée.

Ne peut dire à combien montent les sommes par elle dépensées à Londres et fournies aux émigrés.

Une lettre de Dangeville (d'Angevillers), dont la Dubarry s'est chargée dans l'un de ses voyages à Londres.

Deux lettres de Custine fils, au mois de juin 1793.

Ces deux lettres de Custine fils ont été trouvées dans un carton renfermant des papiers importans, lequel carton étoit dans la chambre à coucher. La Dubarry convient que ces deux lettres étoient attachée ensemble avec des épingles.

Wendenyver père et fils.

Il y a quatre ans environ que Duruet lui a proposé de se charger des affaires de la Dubarry.

La dépense courante de la Dubarry étoit de 1,200 livres par mois.

Fourny une première lettre de crédit de six mille sterling.

Une seconde de deux mille livres sterling.

Cette dernière portait: pour frais du procès.

Lettre de correspondance avec le banquier de Londres que l'on pouvoit fournir à la Dubarry les petites sommes dont elle pourroit avoir besoin.

Cette lettre est du mois de décembre 1792.

Le père Wendenyver convient que sa maison existoit sous la raison Wendenyver frères et C; il convient qu'il étoit en commandite, et qu'il a donné l'ordre à ses fils de faire les lettres de crédit au profit de la Dubarry.

Le fils ainé Wendenyver est convenu avoir signé les lettres de crédit ou son frère cadet.

Le fils cadet, même réponse, en ajoutant qu'ils n'ont fourni des lettres de crédit à la Dubarry que parce qu'elle a établi et justifié qu'elle a des passeports, et que, n'étant pas juges de la validité de ces passeports, ils ont pu lui en fournir les sommes.

C'est Wendenyver aisné qui a signé le mandat de 20,000 livres sur la Caisse d'escompte, parceque c'étoit lui qui étoit chargé de cette partie.

Affaire des piastres.

Pierre Calonne, propriétaire dans le principe.

Wendenyver père, Pacot, Girardot, Haller et Lecoulteux.

A raison de 45 le marc de piastres, ce qui faisoit quatre millions neuf cent cinquante mille livres.

Les cinq propriétaires ont proposé à Calonne d'être intéressés pour dix millons dans l'emprunt de 100 millons, en lui fournissant cette rescription de piastres et le surplus de leurs billets payables un an après. Proposition acceptée sans garantie.

Ce fut Pacot qui freta le bâtiment.

A signé le traité relatif au bâtiment, capitaine Bacoing.

Le mandat n'a pas été payé à la Havanne. Le gouverneur a dit qu'il n'avoit pas de fonds. Il sçait qu'en décembre le mandat a été payé à Bayonne, mais le roy d'Espagne n'a pas voulu entrer dans aucun paiement des frais.

Herou a reçu 92,000 livres.

Cette somme a été prise dans le Trésor royal alors.

Ce mandat annoncé, acquitté par Bayonne, n'a-t-il pas été trouvé dans les papiers de Pacot.

A été exécuteur testamentaire de Pacot et il prétend que c'est Lecoulteux et lui qui ont signé l'arrêté de compte avec les agents du roy d'Espagne et l'ordre de Calonne.

Ce compte étoit d'un million de piastres et il s'est trouvé chez Pacot pour six cent mille livres de lettres de change, acceptées par Sainte-James, trésorier de la marine.

Convient avoir répondu à un billet de Lambert, qui lui demandoit un rendez-vous qui lui a été accordé. A écrit à Turpin, agent du Trésor, relatif à l'affaire des piastres, quoique n'ayant plus rien.

N'a jamais connu Thibaut de Puysac. N'a jamais entendu parler du vol de 800,000 livres fait en 1788 chez Héron.

Prétend n'avoir jamais remis aucun des papiers de Pacot à Calonne, et qu'il ne s'est trouvé dans les papiers de ce dernier aucun papier relatif au gouvernement.

Affaire du 10 août.

Les Wendenyver soutiennent n'avoir été ni dans la nuit du 9, ni le 10 aoust au cy-devant château des Tuileries.

Fouquier-Tinville n'avait pas dit son dernier mot. Il lui restait à prononcer son réquisitoire final qui devait, conformément à la loi, trouver place à la suite des dépositions des témoins; l'exorde et la péroraison étaient écrits et ont été conservés (W, 16). Ces deux morceaux, dictés probablement aux substituts Grebeauval, Liendon ou autres, attestent le soin particulier que Fouquier avait apporté à cette affaire. Il voulait évidemment s'en faire honneur et montrer quel était dans les grandes circonstances son talent littéraire. Il n'a réussi qu'à prouver son ignorance et son mauvais goût.

Madame Guenard a cru devoir attribuer ce discours à Dumas. Il faut être juste envers tout le monde. La honte de cette platitude revient à Fouquier. Elle est ainsi conçue:

EXORDE.

(de la main de Fouquier-Tinville.) Citoïens jurés,

Vous avés prononcé sur le complot de l'épouse du dernier tyran des François, vous avés dans ce moment a prononcer sur les complots de la courtisanne de son prédécesseur (en surcharge: *infâme*). Vous voies devant vous cette Laïs célèbre par la dissolution de ses mœurs, la publicité et l'éclat de ses débauches, à qui le libertinage seul avoit fait partager les destinées du despote qui a sacrifié les trésors et le sang du peuple à ses honteux plaisirs, le scandale et l'opprobre de son élévation, la turpitude et la honte de son infâme prostitution ne sont pas ce qui doit fixer votre attention. Vous avez à décider si cette *femme* (mot rayé) Messaline, née parmi le peuple, enrichie ou couverte des dépouilles du peuple qui païa l'opprobre de ses mœurs, descendue par la mort du tyran du rang où le crime seul l'avoit placée, a conspiré contre la liberté et la souveraineté du peuple; si après avoir été la complice et l'instrument du libertinage des rois, elle est devenue l'agente des conspirations des tyrans, des nobles et des prêtres contre la République françoise. Les débats, citoyens jurés, ont déjà jeté sur cette *affaire* (mot rayé) conspiration le plus grand jour. Vous avés dû saisir les traits de lumière que les dépositions des témoins et les pièces ont fourni sur ce vaste complot. Sur cette conjuration exécrable dont les annales des peuples ne fournissent point d'exemple, et certes jamais affaire plus importante ne s'est présentée à votre décision, puisqu'elle vous offre en quelque sorte le nœud principal des trames de Pitt et de tous ses complices contre la France.

(Cinq lignes rayées de la main de Fouquier-Tinville).

Il convient donc de vous remettre sous les yeux les détails de cette conspiration et de la part qu'y ont prise la courtisane du despote et ses complices.

PÉRORAISON (sic).

Ecriture de Fouguier-Tinville).

Tel est, citoïens jurés, le résultat des débats qui ont eu lieu. C'est à vous à les peser dans votre sagesse. Vous voiés que royalistes, fédéralistes, toutes ces factions, divisées entre elles en apparence, ont toutes le même centre, le même objet, le même but. La guerre extérieure, celle de la Vendée, les troubles du Midi, l'insurrection départementale du Calvados, tout a le même principe partout et le même chef d'Artois et Pethion; tous marchent sous les ordres de Pitt, et si le voile qui couvroit tant de scélératesses n'avoit en quelque sorte été que levé, on peut dire aujourd'hui qu'il est déchiré en entier, et il ne reste aux conspirateurs que la honte et le châtiment de leurs infâmes complots. Oui, François, nous le jurons, les traîtres périront et la liberté seule subsistera. Elle a résisté et elle résistera à tous les efforts des despotes coalisés, de leurs esclaves, de leurs prêtres et de leurs infâmes courtisanes. De cette horde de brigands liguées contre elle, le peuple terrassera tous ses ennemis, l'infâme conspiratrice qui est devant vous, pouvoit au sein de l'opulence acquise par ses honteuses débauches vivre au sein d'une patrie qui paroissoit avoir enseveli, avec le tyran dont elle avoit été la digne compagne, le souvenir de sa prostitution et du scandale de son élévation. Mais la liberté du peuple a été un crime à ses yeux; il falloit qu'il fût esclave, qu'il rampât sous des maîtres, et que le plus pur de la substance du peuple fût consacrée à païer ses plaisirs. Cette (sic) exemple, ajouté à tant d'autres, prouve de plus en plus que le libertinage et les mauvaises mœurs sont les plus grands ennemis de la liberté et du bonheur des peuples. En frappant du glaive de la loi une *conspiratrice* (mot rayé) Messaline coupable d'une conspiration contre la patrie, non seulement vous vengerés la République de ses attentats, mais vous arracherés un scandale public et vous affermirés l'empire des mœurs qui est la première base de la liberté des peuples.

Nous voudrions mettre en regard la défense de madame du Barry et celle de ses soi-disant complices. Il n'en est pas resté trace: nous avons seulement la note que Chauveau-Lagarde a laissée sur cette affaire. Dans sa brièveté, elle n'est pas sans intérêt.

Elle montre que Chauveau se regardait comme le défenseur de madame du Barry. C'est aussi à lui que le procès-verbal d'audience avait donné la priorité, indice qu'il devait défendre l'accusée principale. Sans doute, madame du Barry, interrogée par Dumas comme vice-président du tribunal, avait répondu qu'elle avait fait choix des citoyens Delainville et Lafleuterie. Mais elle aura appris que Delainville était plutôt un homme. d'affaires qu'un avocat, et que Lafleuterie n'avait pas la réputation de Chauveau comme orateur. C'est là ce qui l'aura probablement décidée à modifier son premier projet, d'autant plus que le nombre des accusés et la différence de leur position, la contrariété même de leurs intérêts, semblaient exiger la nécessité de plusieurs défenseurs. On a dit que Lafleuterie n'avait fait qu'essayer de prononcer quelques mots de justification. On voit au contraire par la note de Chauveau que, quelle que fût la futilité des accusations, elles furent combattues avec force. Berryer père, dans ses *Souvenirs*, tome I", p. 309, atteste que si Lafleuterie finit mal sa carrière, il n'en avait pas été de même de ses commencements. « Il avait reçu, dit-il, de la nature tous les dons nécessaires à un orateur: une constitution à la fois robuste et élégante, un son de voix mélodieux et persuasif, des manières agréables et séduisantes. 11 n'avait pas voulu faire partie du Tribunal révolutionnaire, et s'était constitué le défenseur habituel des accusés devant ce terrible aréopage. Il est juste de dire, pour sa mémoire, que le premier exercice qu'il fit de ce périlleux ministère fut signalé par des efforts de quelque énergie. »

Quant à Chauveau-Lagarde, on suit que, suivant l'expression du même écrivain, ce n'était pas un *athlète ordinaire;* il avait fait ses preuves dans les affaires encore toutes récentes de Besenval, de Charlotte de Corday, de la reine.

NOTE DE CHAUVEAU-LAGARDE.

13 août 1793.

Madame Du Barry. — *Accusée de conspiration contre la République françoise et favorisé le succès des armes de ses ennemis sur son territoire, en leur procurant des sommes exorbitantes dans ses volages en Angleterre, où elle avait émigré elle-même; En portant à Londres le deuil du Roi martyr; En vivant habituellement avec Pitt dont elle avait porté l'effigie empreinte sur une médaille d'argent; En faisant enterrer à Luciene* (sic) *les lettres de noblesse d'un émigré, ainsi que les bustes de la ci-devant cour; Et enfin d'avoir dilapidé les thrésors de l'Etat par les dépenses effrénées auxquelles elle s'était livrée dès avant la Révolution avec Louis XV dans leur commerce. Malgré la futilité de ces accusations et la force avec laquelle elles furent combattues, condamnation, et peut-être, de toutes les victimes innocentes qui ont paru comme elle devant l'affreux Tribunal, la seule qui n'ai pas montré de courage*

Le résumé de Dumas n'est pas connu. Nous doutons qu'il fût empreint d'une grande impartialité, à en juger d'après la manière dont les questions furent posées au jury et écrites de la grosse écriture de Dumas. La première n'est pas une interrogation, c'est une affirmation, qui était une véritable pétition de principe et un préjugé considérable sur l'issue du procès.

« Il est constant qu'il a été pratiqué des machina« tions et entretenu des intelligences avec les ennemis « de l'Etat et leurs agens pour les engager à commettre « des hostilités, leur indiquer et favoriser les moyens « de les entreprendre et les diriger contre la France, « notamment en faisant à l'étranger, sous des prétextes H préparés, plusieurs voyages pour concerter ces plans « hostiles avec ces ennemis, en leur fournissant à eux « ou à leurs agens des valeurs en argent. » *l*. Nous devons la communication de cette pièce importante à M. E. Moulin, ancien avocat au barreau de Paris.

Voici à quoi se réduit ce que l'on peut savoir de ce résumé: 1 voyage, du 17 février au 12 mars 1791, femme Roussel. 2 voyage, du 4 avril au 12 mai 1791, femme Roussel. 3 voyage, du 14 mai au 25 août 1791. 4 voyage, du 14 octobre 1792 au 4 mars 1793.

(Note de l'écriture de Dumas.)

Les jurés une fois retirés dans la chambre de leurs délibérations, il semble que toute source d'information soit fermée. Cependant nous avons eu la bonne fortune de pouvoir retrouver et sauver les notes prises par un des jurés de l'affaire, avec ses réflexions.

Nous avons vu qu'au nombre des jurés était TopinoLebrun, le peintre, élève de David, né à Marseille. On sait qu'il fut compromis dans une des premières conspirations qui eurent lieu contre la vie du premier consul, condamné à mort et exécuté.

Ses papiers avaient été saisis et conservés aux Archives de la préfecture de police, dans la *partie réservée.* M. Labat père, de regrettable mémoire, avait bien voulu nous les communiquer, et là nous avions retrouvé les notes qu'il avait prises. Topino-Lebrun remplissait les fonctions de juré au Tribunal révolutionnaire.

Dans ces curieux papiers, fort complets et dans un ordre parfait, était la pièce que l'on va lire. Toute cette partie des Archives a péri dans l'incendie de 1871.

Nous n'avons pas besoin de faire remarquer à nos lecteurs qu'il y a dans cet écrit, tracé au courant de la plume, beaucoup d'incorrections, surtout dans les noms propres, mais il est très facile de les rectifier.

NOTES DE TOPINO-LEBRUN

Juré ayant siégé dans l'affaire de madame du Barry.

Georges Greive, — homme de lettres anglais, habitant de Lucienne. — Les gens riches qui entouraient l'accusée corrompoient l'esprit public de la commune, s'opposoient au recrutement.— Des couriers, envoyés à Orléans, à Brissac par la société Dubarry. — Des administrateurs du district et du département de Seine-et-Oise la protégeaient fortement.

— Dans le jardin près le grand chemin a trouvé le fameux service d'or, etc., etc. , et le porte-crayon de diamans, le portrait de Louis XV peint par Massé. La lorgnette d'or d'opéra et autres bijoux, objets désignés parla Dubarry ont été trouvé dans les fouilles, ce qui prouve le faux sur le vol et le véritable objet des voyages de l'accusée en Angleterre.

— Son retour à Lucienne, 26 mars 93. — Le ministre Lebrun favorisoit l'accusée et lui a donnée des passeports. 2 témoin, *Xavier Audoin,* adjoint à la guerre. 3 témoin, *J.-B. Blache,* 41 ans, commissaire du Comité de sûreté générale. — Forth amenant en France une Dubarry anglaise pour la prostituer à d'Artois et d'Orléans à fin de diviser les Français des Américains lors de la guerre, etc..

La maison destinée à Bouillé par l'abbé Saint-Far en

Angl a été donnée à la Dubarry et les conciliabules des émigrés se tenaient chez elle. — La Dubarry porta le deuil du tjran Capet en Angleterre. — L'accusée lui avoua dans une conférence qu'elle avoit une petite correspondance amicale avec la Calonne, la (illisible), la princesse Dennain, etc., etc... A fait émigrer en qualité de femme de chambre, la femme du ci-devant duc d'Aiguillon, etc A vu dans une lettre écritte à Londres que les nouveaux gardes du corps étoient présentés à la Dubarry pour témoigner de leur attachement à la personne du roy.

4 témoin, *Louis-Margueritte d'Escourre,* 69 ans, ancien capitaine de cavalerie, détenu à la Force. — A négocié les 200,000 francs pour Rohan-Chabot et les a reçu chez Vandenyver (extrêmement troublé), dit avoir brûlé les lettres concernant l'affaire. — Escourre aide de camp de Brissac. o témoin, *femme Saladin* (pour *Salanave).* — A vu que la femme Brancas a accompagné l'accusée à Londres, et la Brancas est retournée avant elle et avait poussé jusqu'en Hollande pour une succession. 6 témoin, *Benoit Zamor,* élevé par l'accusée. — Le vol sous-entendu des diamants ne lui a pas paru naturel. 7 témoin, *Jean Teno,* 25 ans, instituteur de musique. 8 témoin, *Marianne Labit,* tapissière. — Son mari lui dit que lors de l'accusation de Brissac, l'accusée avoit passé la nuit dans son cabinet à brûler ses papiers. A fait son voyage avec le chevalier Escourre.

L'accusée observe que Escourre, qui a comparu, a fait avec elle les trois premiers voyages à' Londres.

9 témoin, *Henriette Pirard,* femme *Couture,* 26 ans, femme de chambre de l'accusée. — Labondie, neveu d'Escourre, était au quatrième voyage.

10 témoin, *Augustin Debret* (pour *Devray).* — L'accusée (lui a-t-on dit) a passé la nuit à brûler des papiers dans le cabinet de Brissac. Le tient de la veuve Copée.

La femme Couture parait et balbutie, etc.

11 témoin, *Glaude Reda,* 66 ans, ci-devant maître d'armes à Paris, rue Mêlée; en Angleterre.

12 témoin, *Nicolas Fournier,* 33 ans, toiseur en bâtiments, ci-devant juge de paix de Marli. 13 témoin, *Mari-Josèphe Lamot,* femme *Roussel,* femme de chambre de l'accusée. — Fort a été de retour du deuxième voyage. Monsarré a été du voyage. 14 témoin, *Camille,* 26 ans, commis des accusés. 15 témoin, *Charles Forte,* commis des accusés. — Arrivés

à 8 heures du matin du 10 septembre chez les Vendenyver. Les ont vus tous les trois.

Le suisse de la Dubarry, s'étant trouvé lieutenant dans l'affaire de..., cinq semaines après la trahison de Dumouriez, se vantoit d'avoir reçu un trompette ennemi qui avait été envoyé là. On a trouvé des écrits contre-révolutionnaires cachés dans son ancien domicile.

La Rohan-Rochefort dit à l'accusée qu'elle devrait diminuer la table pour en envoyer le montant à ceux qui se battent dans la Vendée.

Madame de Montemart (pour Mortemart) a logé avec elle à Calais à son retour de Londre.

Un juré révolutionnaire, mélange de justice et de rigueur, que l'ardent amour de la patrie rend passionné quand un accusé de contre-révolution se présente à lui, il est alors comme un homme en présence de son ennemi particulier, et dès lors, il doit se garder de l'esprit de prévention.

Les vertu et le talent d'un homme lui attirent l'estime et le respect de ses concitoyens, mais l'intrigue seule produit l'esprit de parti et le fanatisme.

L'es réponses du jury furent affirmatives sur toutes les questions.

Pouquier requit l'application de la loi: c'était la mort.

Le Tribunal fit immédiatement droit à ses réquisitions. Les quatre accusés furent condamnés à la peine capitale, dans les vingt-quatre heures, avec confiscation de leurs biens et affiche du jugement.

1. *Trinchard.* — Un juré révolutionnaire n'est pas un juré ordinaire. Les jurés d'alors n'étaient pas des hommes de loi: c'étaient de bons sans-culottes, c'étaient des hommes purs, des hommes de la nature (violens murmures). (Procès de FouquierTinville, *HUt.* par le même, 35, p. 102.)

On rapporte que madame du Barry fut atterrée en entendant cet arrêt foudroyant. Peut-être ne s'y était-elle pas attendue, ne s'était-elle pas bien rendu compte de tous ces débats et avait-elle espéré? L'illusion était pardonnable en présence d'une accusation aussi dénuée de justice que de sens commun. On n'était pas encore habitué à cette manie de voir des conspirations partout, et il ne faut pas oublier que, lorsque Fouquier-Tinville succomba lui-même par un juste effet du talion, il fut condamné, non comme assassin — ce qu'il aurait bien mérité — mais comme conspirateur, ce qui n'était pas.

Il était onze heures du soir.

L'exécution fut fixée séance tenante au lendemain, 18 frimaire, à onze heures du matin.

On imagine quelles furent pour ces malheureux condamnés les angoisses de la nuit; ils crurent gagner quelques instants en demandant à faire des déclarations. Ce petit incident, insignifiant en lui-même, a donné lieu aux fables les plus invraisemblables et les plus préjudiciables, non pas à la. pauvre madame du Barry elle-même, son sort était fixé, mais à sa mémoire.

On a prétendu que madame du Barry avait dénoncé au hasard une infinité de personnes pour obtenir un sursis, peut-être même la vie. On a fait sur ce thème les plus beaux développements oratoires.

Un historien sérieux, qui se pique d'exactitude, M. Louis Blanc, a fait plus; il adonné le nombre exact des victimes de la dénonciation *in extremis* de madame du Barry; il a porté, en chiffres précis, à deux cent 1. Voy. MM. de Goncourt, *Maîtresses de Louis XV,* II, p. 274.

quarante, ni plus, ni moins. Il a fixé avec la même précision le lieu où la déclaration a été reçue: « Elle se fit conduire, dit-il, à l'Hôtel-de-Ville », comme au temps où les exécutions avaient lieu en place de Grève. Voyons maintenant la vérité.

DÉCLARATION DE MADAME DU BARRY.
Entre deux guichets.)

Madame du Barry a signé quatre fois son nom et une fois ses initiales. L'écriture est calme et parfaitement lisible. Il m'a fallu environ trois heures pour recopier la pièce, et par conséquent Tavernier a dû être le même temps à rédiger l'original sous la dictée de Denizot.

Du 18 frimaire de l'an second de la République française, une et indivisible, dix heures du matin, sur ce qui nous a annoncé que Jeanne Vaubernier, femme Du Barry, avait des déclarations importantes à faire.

Nous, François-Joseph Denizot, juge du Tribunal révolutionnaire, assisté de Claude Roger, substitut de l'accusateur public près ledit Tribunal, et Jean-Baptiste Tavernier, commis-greffier, nous nous sommes transporté et rendu en la maison de justice de la Conciergerie, où nous avons trouvé le citoyen Dangé, administrateur de police, et ladite Jeanne Vaubernier, femme du Barry, laquelle nous a dit: 1 Que dans la reserre en face de la glacière où l'on reserre les instruments de jardinage, à Lucienne, se trouve enterré un nécessaire d'or, composé d'un plateau de porcelaine monté en or, une tayère d'or, une bouloire, un réchaut à esprit de vin, un pot au lait, une petite caffetière, une grande caffetière à chocolat, une écuelle, son couvercle et son assiette, trois petites cuillères, une petite passoire à tayère, cent jettons à ses armes et un *(sic)* chiffre 0 B, le tout d'or et d'un travail très précieux.

2 Dans une boête en corbeille, enterrée dans le même endroit, quinze cens trente et un louis d'or, de vingt quatre livres chacques (sic); une chaîne de diamants, avec ses deux, glands et la clef montée à jour; deux chaînes d'oreille composées chacune de neuf ou dix pierres, celles de devant fort grosses. Trois anneaux, un de diamans blancs, un en rubis et en diamans blancs, un *en* émeraude et en diamans blancs, une très belle pierre gravée montée avec chaînes d'or pour collier; deux colliers de corail dont l'un monté en or, un collier de perles fines, des chaînes d'oreilles aussi en perles fines; un collier de perles d'or et deux ou trois chaînes d'or pour col; un portrait de Louis XV entouré d'un cadre d'or. 3 Dans une petite boêle de sapin remise à la femme Deliant, femme du frotteur, demeurant à Lucienne, une montre à répétition enrichie de diamans, un petit paquet de quatorze ou seize diamans de cinq à six grains chaque, un petit paquet de petits rubis; deux petits diamans plats pour monter en bague; un autre portrait de Louis XV dans un laboratoire *(sic)* monté et plaqué en or, un petit enfant monté en forme de tirelire en or, émaillé bleu, seize demies (sic) guinées neuves et deux guinées enveloppées dans du papier, une paire d'éperons d'or avec les chiffres appartenant à Brissac *(sic),* une petite boête de carton renfermée dans celle ci-dessus, dans laquelle est une chaîne en émeraude et diamans dont un gros pesant cinquante grains, *les glands de laquelle chaîne se trouvent dans la boête énoncée au deuxième article.*

Observant que dans l'article deuxième ou troisième il se trouve un crayon enrichi de diamans.

Une boête pareillement remise à la femme Deliant, renfermant un moutardier d'or, un petit plateau et deux gobelets d'or, et plusieurs objets qui ne reviennent point à sa mémoire; deux caves remplies de flacons de cristal de roche dont l'une lui appartient et l'autre appartient à Brissac, lesdits flacons garnis en or. Un autre gobelet de cristal avec un cercle (couvercle) d'or appartenant audit Brissac; une petite écuelle de vermeil avec son plateau.

4 Un coffre de velours bleu garni en argent doré, placé sous un escalier dans une chambre formant garderobe, à côté de celle qu'elle occupoit, dans lequel coffre il y a une douzaine de couverts d'or armoriés, quatre cuillères à sucre, deux cuillères à olives, une cuillère à punch: le tout d'or; un étuy renfermant douze cuillères à caffé en or; plusieurs portraits de femme, deux cachets d'or dont un de bureau et un petit, trois médailles d'or, une représente le pont de Neuilly, l'autre l'Ecole de chirurgie et l'autre la Monnoye; deux autres médailles représentant les mariages des ci-devant princes, aussi en or; une grande médaille d'or appartenant à Brissac et quelques autres effets qu'elle ne peut ou ne veut désigner; plus deux poignards turcs montés en rubis et autres pierres. 5 Dans la chambre à côté de celle à coucher, servant de passage, dans la commode une paire de boucles en or, garnie en perles, une petite boête d'or unie, une boête d'écaille blonde montée en or avec le portrait d'une religieuse (de Sainte-Anne ou de l'Abbaye-aux-Dames), un bouchon de flacon d'or émaillé en bleu, avec un gros diamant au bout. 6 Dans une commode, dans la chambre à coucher, un pot à l'eau et la cuvette de cristal de roche garnie en or; deux couppes de jaspe sanguin montées en or; un bracelet antique monté en or, composé de différentes pierres; un gobelet de cristal de roche et deux caraphes et le plateau: le tout monté en or; vingt-une ou vingt-deux bagues de différentes pierres gravées, montées en or; une boête montée en cage d'or avec le portrait de l'épouse de Brissac; un portrait de la fille de ce dernier monté en or; un portrait de son fils (Brissac), aussi monté en or, c'est-à-dire du fils de madame de Mortemart, fille de Brissac; un portrait de la mère du même, un autre de son frère; une boête d'écaille blonde montée en or, avec une pierre blanche gravée très belle où est le portrait de Brissac et de la déclarante; une boête de jatte sic (peut-être pour jade), montée en or, émaillée; une autre boête de nacre, montée en or; un portrait en émaile (sic) d'une grand'mère de Brissac; deux tasses d'or avec leurs manches de corail et quelques autres objets appartenant à Brissac. 7 Dans la cave à l'usage ordinaire, sur l'escalier, un grand seau, neuf douzaines et sept assiettes, dix-huit flambeaux dont trois à deux branches; une douzaine de casserolles, une grande et une petite marmitte: le tout en argent; dix-neuf grandes cloches d'argent, soixante et tant de plais aussi d'argent et autres objets d'argenterie dont l'état est chez elle. 8 Plusieurs figures de différentes espèces et en matière de bronze; une partie doit être dans un des bosquets près le pavillon, une autre au-dessous du pavillon: le tout couvert légèrement de terre. 9 Dans le jardin de Morin, valet de chambre, se trouvent cachés onze sacs de douze cens livres, quarante doubles louis d'or, rapportés de Londres à son dernier voyage; une boête d'écaille montée en or sur laquelle est le portrait de MarieAntoinette par Sauvage, dans laquelle se trouve une médaille d'or et quelques autres objets qui sont à la connaissance de Morin, qui a été chargé par elle de cacher tous les objets contenus dans l'article 9 ci-dessus. 10 Observe qu'elle a en dépôt chez Morlan, Amoulet (sic), Ramson et C, banquiers, à Palmer à Londres, tous les articles relatifs au vol, excepté ceux soulignés en marge et portés en l'imprimé de la récompense promise pour la découverte du vol en général, lequel a été paraphé par elle et par nous, ainsi que par le citoyen Danger et annexé au présent. 1. Il faut lire Ranson Morland and Hammerfly, n» 57. Pal. Mail. London. The court and city minister register, n)4. London. (Bibl. nat.)

H" Qu'elle a confié au citoyen Montrouy une seringue d'argent et trois canons aussi d'argent, une petite demi aulne pliante en or; une bague nommée astroïde; un portrait de Brissac; deux couteaux à ôter la poudre à lames d'or, avec deux petits cercles de diamans et manches noirs: un autre couteau émaillé en or; une montre d'or et un petit cachet d'or avec une émeraude. Observant qu'elle a reçu dudit Montrouy deux cent cinquante ou trois cents livres à titre de prêt, ainsi que le coucher dont elle a fait usage pendant sa détention jusqu'à ce jour.

Lecture à elle faite des déclarations ci-dessus, a dit icelle contenir vérité et n'avoir autre chose à déclarer, ajoutant que, si c'est le bon plaisir du Tribunal, elle écrira à Londres et que sans difficulté elle recouvrera les objets concernant le vol, en payant toutes fois les frais qu'a occasionné le procès, et a signé avec nous.

Approuvé la surcharge quatre à l'article quatre.

Denizot, juge; — Roger, substitut de l'accusateur public; — Jeanne Vaubernier Du Barry: — Dangé (sic), administrateur de police; — Tavernier, commisgreffier.

MM. de Goncourt disent dans une note que cette déclaration n'existe plus aux Archives nationales dans les deux dossiers consacrés à madame du Barry. Ils ajoutent qu'ils la donnent d'après la copie de madame Guenard.

Il est vrai que la pièce ne se trouve pas dans les deux dossiers en question. Mais elle a été classée par Fouquier-Tinville dans le dossier de Denis Morin. Nous avons collationné le procès-verbal dressé par Denizot.

1. W, 16 et W, 300. 2. W, carton 303, dossier 351.

La rédaction diffère de celle de Favrolle. Nous avons rétabli le texte primitif.

Suivent trois pages dans lesquelles madame du Barry énumère les objets précieux qu'elle a cachés chez elle.

Elle ne dénonce personne!

Elle déclare, il est vrai, sous le n 3, qu'elle a remis une petite boîte de sapin à la femme de son frotteur, la dame Deliant, demeurant à Louveciennes. Il n'y a nulle conséquence fâcheuse à en lirer contre cette pauvre femme. Jamais on a songé à incriminer le dépôt fait librement par un maître à sa domestique.

Elle dit encore sous le n 9: dans le jardin de Morin, valet de chambre, se trouvent cachés des sacs d'argent et quelques autres objets, à la connaissance de Morin, *qui a été chargé par elle* de les cacher.

D'après la remarque précédente, ces paroles, loin d'être accusatrices contre Morin, ne pouvaient que venir à sa décharge. Il n'a pas dit autre chose: « Je n'ai agi que par les ordres de madame. » Mais il y a bien plus, en dehors de la déclaration de madame du Barry, il avait dit de lui-même ce qui suit:

« A déclaré spontanément et sans interpellation avoir enterré lui seul et sans l'aide de personne, dans la serre, en face de la glacière, un coffre de bois de chêne bien ferré, qui renferme ce qu'il croit un nécessaire d'or et ce dans un trou fait par lui seul. »

« Et d'après les ordres de la du Barry et d'après les sollicitations pressantes de cette dernière, dans deux trous pratiqués à gauche dans le jardin de lui comparant, savoir, cinq à six sacs d'argent, etc., etc.. » 1. Procès-verbal du 24 frimaire.

Ces aveux avaient été faits par Morin avant qu'il ne connût les déclarations de madame du Barry. Il les avait faits spontanément, à ses risques et périls, dans l'espoir probable qu'il lui en serait tenu compte. Il aurait d'ailleurs gardé le silence bien inutilement, puisque Salanave l'avait aidé à faire toutes ces cachettes et puisqu'il aurait pu le dénoncer s'il s'était tu. C'est donc à tort que M. Le Roi a imputé à madame du Barry la mort de Morin, seul de ses domestiques resté fidèle. Nous verrons, lorsque nous examinerons le procès de Morin, qu'il a succombé à un ensemble de circonstances dont madame du Barry ne doit pas répondre, puisqu'elle y a succombé elle-même.

Enfin elle déclare avoir confié divers objets mobiliers au citoyen Montrouy et en avoir reçu d'autres à titre de service.

Montrouy était juge de l'un des tribunaux de la Seine. Il ne craignait donc pas d'être compromis, et il ne le fut en aucune manière.

Que deviennent les deux cent quarante personnes dénoncées par madame du Barry, à l'Hôtel-de-Ville, suivant le dire de M. Louis Blanc? Le chiffre est aussi imaginaire que le lieu. Jamais madame du Barry n'a été conduite à l'Hôtel-de-Ville, jamais elle n'a fait une dénonciation!

Revenons à la déclaration entre deux guichets. Elle est intéressante et mérite d'être étudiée de près.

Madame du Barry a donné une longue énumération de ses richesses. Sa mémoire ne lui a pas fait défaut un instant. Elle espérait donc encore et on en trouve la trace dans ces derniers mots qui ont clos le procès-verbal:

« Ajoutant que, si c'est le bon plaisir du Tribunal, elle écrira à Londres et que sans difficultés elle recouvrera les objets concernant son vol, en payant les frais qu'a occasionnés le procès. »

Lafont d'Aussonne a prétendu que la Convention avait feint de promettre la vie à madame du Barry si elle consentait à révéler l'endroit où étaient tous les trésors cachés, puisqu'une fois la révélation faite on l'avait envoyée à l'échafaud, au mépris de cette promesse. « Elle crut, continue cet auteur, que le Tribunal agissait par précipitation ou par erreur. De là venaient ses cris et ses gémissements sur toute la route. »

Lafont d'Aussonne n'est pas un auteur auquel on puisse se fier, et son récit est rempli d'erreurs. A-t-il dit vrai sur le fond des choses? On serait tenté de le ocrire lorsqu'on voit l'attitude, le langage de madame du Barry dans ce moment suprême. Plus tard, lorsqu'elle est sur la charrette, lorsqu'on l'entraîne vers l'échafaud, les paroles qu'on lui attribue ont encore un sens, elle ne demande pas la vie, elle supplie pour qu'on lui accorde quelques minutes, car elle croit à un malentendu, à une grâce, qui va arriver à l'instant fatal, comme dans la scène du *Déserteur*, de Sedaine.

Cette explication n'est pas inadmissible; nous l'indiquons sous toute réserve, en faisant connaître notre autorité et en la donnant pour ce qu'elle vaut.

Si du domaine des hypothèses nous rentrons dans le cercle des réalités, nous voyons que l'exécution a eu lieu fort tard, à quatre heures et demie, le huit décembre, la nuit est close. Il faut donc rejeter tout ce qu'ont dit de prétendus témoins oculaires, tels que Georges Duval, de la *pâleur* de madame du Barry,

il). *Mémoires secrets et manuscrits,* p. 400.

n'était pas possible de la constater. On ne peut savoir davantage si les Vandenyver lui ont conseillé de prier (Dauban), ni si elle s'est débattue longtemps et vigoureusement contre les exécuteurs (Desessarts). Comment lutter quand on a les mains liées derrière le dos? Au dernier moment, elle jeta un cri affreux, dit le *Glaive vengeur*, et le *Moniteur* ajoute sentencieusement: « Elle avait vécu dans la débauche, elle mourut sans courage. » C'est ce qu'atteste une notoriété constante. Mais lut-elle seule à montrer cette faiblesse? Il s'est fait à cet égard une légende merveilleuse. Toutes les femmes, a-t-on dit, mouraient comme des hommes, tous les hommes, comme des héros.

Tout le monde allait à l'échafaud, le sourire sur les lèvres. C'était en vérité un jour de fête et d'allégresse. Il faut toujours se défier de ces exagérations condamnées par le bon sens. Un homme de génie a dit avec profondeur: « Le soleil ni la mort ne se peuvent regarder fixement. » Vérité de tous les temps que n'a pas démentie le règne de la Terreur. Il pouvait y avoir de rares exceptions. Charlotte de Corday et madame Roland, Bailly, Barnave et André Chénier ont pu marcher au supplice le front haut, ils mouraient martyrs de leurs convictions politiques, mais la règle c'était, pour le vulgaire, la crainte du dernier instant. Ecoutons un témoin qui a vu ces temps regrettables et qui nous a transmis son impression, exempte de parti pris. C'est un sceptique, Restif de La Bretonne, qui parle:

Le 6 septembre, on exécuta huit des conspirateurs de *Rouen* Je vis sortir ces huit malheureux à midi. Je les observais en frémissant. J'ai toujours vu que, Marianne-Charlotte exceptée, tous les êtres pensants qui allaient à la mort étaient moitié morts déjà. J'avais fait la même observation sur les douze de Bretagne, auxquels le public a donné de la fermeté. (Restif de La Bretonne, *Vingt Nuits de Paris,* veuve Smit, surnuméraire, p. 546. — *Les Nuits de Paris* ou *le Spectateur nocturne,* tome VIII, à Paris, 1794.)

Madame du Barry a donc manqué de fermeté i.

Elle a eu peur de la mort.

Elle a demandé grâce au peuple, nous le voulons.

1. Le *Glaive vengeur* a tenu note, jour par jour, de la contenance des condamnés, hommes ou femmes, qui ont monté sur l'échafaud. Il est d'accord avec Bestif et prouve que plus d'une fois ces malheureux ont faibli au dernier moment : « Ainsi Jeanne-Catherine Clère... l'espèce de caractère qu'elle avoit montré la quitta entièrement lorsqu'elle fut en présence de l'instrument fatal. Près de l'échafaud, elle poussa des cris affreux » (p. 72). « Clinchamp Saint-André montra peu de fermeté dans ses derniers instans et seroit tombé dans un affaissement total de ses facultés, sans Deguigny (p. 73). »

Madeleine Derabec, femme Colly, se déclare enceinte, est exé-» cutée au bout de six mois : « Elle fit un cri affreux et prolongé une seconde avant que le couteau ne la frappa (sic) » (p. 76).

L'Ecuyer, major de cavalerie : « Il était déjà plus qu'à moitié mort quand il subit sa sentence » (p. 78).

Les prétendus assassins de Léonard Bourdon, lorsqu'ils entendent leur sentence, se jettent à genoux et font retentir la salle de cris et de sanglots. — La Convention rejette leur demande en grâce. « Ils étoient tous, dit le *Glaive vengeur*, dans un état de faiblesse et de désorganisation de facultés presque égales » (p. 98).

Il serait facile de multiplier les exemples : les compagnons de madame Roland, d'Estain et Camille Desmoulins, et tant d'autres!

Roussel, qui a publié la Correspondance de d'Orléans, dit Egalité et des extraits du journal de son fils, dit dans l'introduction, p. vi : « Je l'avouerai, j'ai eu la barbare curiosité de voir cet homme (c'est-à-dire Egalité) aller à l'échafaud. Je me plaçai devant son palais... Plusieurs victimes étoient placées sur la même charette que d'Orléans : toutes à moitié courbées, sembloient anéanties ou absorbées dans leurs dernières réflexions ; par un contraste frappant, d'Orléans se présentoit avec la tête

Mais ce qu'il faut reconnaître aussi, c'est qu'ellemême avait disputé des têtes au bourreau.

Elle avait arraché à une mort imminente :

Une jeune fille, condamnée sur une simple présomption d'infanticide ;

Un déserteur à l'intérieur ;

Et deux malheureux, coupables d'avoir défendu le toit de leurs pères.

Le peuple, mieux éclairé, ne lui aurait pas refusé sa grâce.

élevée, le corps droit, le visage coloré, avec toute la fermeté d'un innocent... »

Ouvrez maintenant le *Tribunal révolutionnaire* de M. Campardon, vous verrez que le duc d'Orléans a monté sur l'échafaud avec le député Goussard, Jacques-Nicolas Laroque, Pierre Gondier et Antoine Brousse. Le récit de Roussel est donc vérifié sur un point, ce qui permet de croire à l'exactitude du surplus de sa déclaration.

CHAPITRE XVI
DÉTAILS ANECDOTIQUES SE RATTACHANT A LA FIN DE MADAME DU BABRY.

Nous avons réuni ici tout ce qui a trait aux détails de la catastrophe finale, ordres d'exécution, circonstances du supplice, récits, épitaphe en vers ou appréciations.

Réquisition au commandant général de la force armée parisienne.
17 Frimaire an II.
Au nom de la République,

L'accusateur public près le Tribunal criminel révolutionnaire établi à Paris par la loi du 10 mars 1793, en exécution du jugement du Tribunal de cejourd'hui, requiert le citoyen commandant général de la force armée parisienne de prêter main forte et mettre sur pied la force publique nécessaire à l'exécution dudit jugement rendu contre Jeanne Vaubernier du Barry, Vandenyver père, Vandenyver fils ancien et Vandenyver fils jeune, et qui les condamne à la peine de mort, laquelle exécution aura lieu demain, à onze heures du matin, sur la place publique de la Révolution de cette ville. Le citoyen commandant général est requis d'envoyer ladite force publique cour du

Palais, ledit jour à dix heures précises du matin.

Fait à Paris, le 17 frimaire de l'an II de la République française une et indivisible.

Pour l'accusateur public, *Signé :* Tavernier, commis greffier.

(Archives de l'empire, section du secrétariat AE, carton 28.) *Levée de l'écrou des condamnés.*

Du 18 frimaire de l'an II de la République françoise une et indivisible, la nommée Jeanne Vaubernier, femme du Barry, Jean-Baptiste Vandenyver, Edmond-Jean-Baptiste, etc., écroués cy-contre, ont été extrait de la maison de justice, en vertu d'un jugement rendu par le Tribunal révolutionnaire, en datte du jour d'hier, lesquels susnommés ont subi la peine de mort sur la place de la Révolution, en présence de nous, huissier audiencier audit Tribunal soussigné.

Deguaigné. *Obytuary of considerable persons.* 9 december.

Guillotined at Paris, madame du Barré the favourite but extravagant mistress of Louis XV. and supposed to have been on£ of the richest women in the universe. While in this kingdom jewels to a great amount were stolen from her house, etc.

The execution of the sentence was suspended on account of madame du Barré havingdeclared that she could disclose important secrets. It was discovered however, that the declaration had been made merely for the purpose of delay. The sentence was therefore ordered to be carried into execution. In the evening she was conveyed in a cari to the *place de la Révolution*; her behaviour was by no means firm. The execuliner was under the necessity of supporting her in his arms during the whole way. When she arrived at the foot of the scaffold, the two assistants of the executor were obliged to lift her upon it. When they were on the point of fastening her to the plank, she exerted her strength and ran to the other side of the scaffold; she was soon brought back and tied; her head was immediately struck olf. *(Gentleman's Magazine,* 1793, p. 1155.) *La du Barry.*

Le supplice de cette femme manquoit à la Révolution. Tant qu'on la laissoit vivre, pouvoit-on se flatter que les mœurs étoient régénérées en France? Pouvoit-on laisser impunie la prostituée de l'avant dernier de nos tyrans, et qui fit jetter et laissa pourrir dans les cachots d'honnêtes citoyens, pour avoir eu le courage de dire que la du Barry étoit une fille publique et que Louis XVI (sic) n'avoit que les restes des lieux infâmes habités longtems par elle avant de passer dans les bras du sultan. Il convenoit que le Tribunal révolutionnaire condamnât à l'échafaud cette divinité de la crapule, qui avoit eu les respects et les égards des graves magistrats du Parlement de Paris. N'étoit-il pas dans l'ordre d'expier le crime d'une nation assez vile pour souffrir le scandale de sa présence dans les cérémonies et dans les fêtes.

La du Barry, à elle seule, couta au peuple françois plus de deux milliards, et ce calcul ne paroitra pas exagéré si l'on se rappelle que Louis XV, de honteuse mémoire, paya un million une voiture pour promener le vice en personne. Croiroit-on que les clouds, servant à un ameublement à l'usage de cette *catin royale*, revenoient à 100 livres la pièce?

C'est chez cette femme, dont les noms faisoient rougir les citoyennes, que la *haute noblesse*, le *haut clergé*, la *haute magistrature* se rendoit assiduement pour lui composer une cour et, à force de bassesses et de turpitudes, mériter d'elle un sourire et une grâce. Toutes les grandes affaires de l'État se traitoient devant elle, dans ses boudoirs, et lui passoient par les mains. Quand *Sa Majesté*, ivre de vin et de luxure, dormoit comme un porc dans sa bauge, c'étoit la du Barry qui déeidoit de la paix ou de la guerre, nommoit les ministres, les généraux, les intendans, et disposoit de la fortune publique avec une légèreté, une impudeur, une inconséquence qui révolte encore quand on y réfléchit. Son valet de chambre, en deux mois de lems, devenoit millionnaire: c'étoit lui qui, sous le bon plaisir de sa maîtresse, vendoit les places subalternes au plus offrant.

La mort de son royal amant changea un peu l'éclat de la du Barry, mais n'amenda point ses mœurs; elle continua le même train de vie avec de vieux courtisans assez riches pour la payer.

Qu'on juge de la moralité de Louis XVI qui affectoit d'abord une sévérité de conduite qui en imposa à de bonnes âmes. Le premier acte de justice que devoit faire Louis XVI en montant sur le trône, c'étoit d'ordonner le procès de la du Barry. Point du tout: le mari d'Antoinette respecta le vil instrument des débauches de son ayeul, lui conserva ses revenus, ses trésors, son palais de Lucienne, et la laissa jouir en paix, et même avec une sorte de considération, des fruits honteux de son libertinage public; la cour des Thuileries alla même plus loin et ne dédaigna pas les bons offices de la du Barry dans diverses négociations. Il est prouvé que le vol de ses diamans fut supposé: c'étoit un prétexte pour passer à Londres en toute sécurité et s'aboucher confidentiellement avec Pitt et aussi pour porter des secours pécuniaires aux émigrés françois en Angleterre.

Tant que cette femme, que nous répugnons à nommer, eut l'espoir de racheter sa vie en restituant ses biens à la nation, elle garda un maintien assez ferme; mais tout son courage l'abandonna quand elle eut entendu sa sentence. Elle alla au supplice à moitié morte, tant l'idée de la mort la frappoit. Sur la route, elle n'inspira pas le plus petit sentiment de pitié; d'ailleurs, sa physionomie l'eut repoussé: elle portoit encore sur sa figure les empreintes du vice. Le rapprochement d'Antoinette et la du Barry, conduites toutes deux dans la même charrette, fut saisi par tout le monde et prouva que le règne de l'égalité et de la justice avoit enfin succédé aux monstruosités de la tyrannie.

Nous le répèterons encore ici: point de miséricorde contre les méchans; mais une fois condamnés, il ne faut pas qu'un peuple qui se dit républicain se dégrade jusqu'à faire dégénérer en petites vengeances les actes de justice nationale. Pourquoi, au contraire, ne pas donner les formes les plus imposantes aux détails du supplice? Nous voudrions que les condamnés fussent conduits à l'échafaud dans une voiture bien suspendue, afin que les cahots de la route ne fissent rien perdre des impressions que le moment terrible fait ordinairement sur l'âme. Cette voiture devroit être chargée d'inscriptions analogues, qui rappellassent à la multitude ce qu'elle se doit à elle-même et ce qu'elle doit aux individus que la loi frappe de son glaive et pourquoi... (lier?) les mains aux suppliciés? C'est de leur tête seule qu'ils doivent payer leurs forfaits. Pourquoi aussi le peuple se permet-il une foule de choses qui n'annoncent pas la hauteur de ses principes? Un silence profond et des hymnes graves et sentencieuses conviendroient bien mieux, ce semble, et concourroient au but moral que l'on doit se proposer dans les exécutions. Le spectacle du crime sur l'échaffaud laisseroit un souvenir plus profond et plus durable dans les esprits.

Et d'ailleurs, le criminel qui entend chanter *la Carmagnole* autour de lui, en prend occasion pour se donner plus de morgue. Il affecte une sorte de dignité et profite de la situation pour se procurer la seule jouissance qui lui reste, l'idée qu'il sera plaint et qu'on lui saura gré de sa résignation. Au lieu que si l'on ne paraissoit pas s'acharner à lui, on le verroit tout entier livré à ses remords et son supplice commenceroit beaucoup plus tôt. (*Révolutions de Paris,* n 214, p. 361, Prudhomme.) *Le Glaive vengeur.*

Du Barry, Jeanne Vaubernier, femme séparée de droit du ci-devant comte du Barry, âgée de 42 ans, native de Vaucouleurs, demeurant à Luciennes, convaincue d'être auteur ou complice de machinations et intelligence avec les ennemis de l'Etat et leurs agens, pour les engager à commettre des hostilités, leur indiquer et favoriser les moyens de les entreprendre et de les diriger contre la France, notamment en faisant chez l'étranger, sous des prétextes préparés, divers voyages pour concerter ces plans hostiles avec ses ennemis, et en fournissant à eux et à leurs agens des secours en argent.

Le peuple, toujours juste, toujours impartial dans ses jugemens, témoin et convaincu de tous les crimes de cette infâme courtisane, ne fut point surpris de l'extrême lâcheté qui accompagnoit ses derniers momens. Elle mourut comme elle avoit vécu, et ne put, comme hien des scélérats de son espèce, trouver en elle-même la force de cacher ses remords sous le voile imposteur d'une fermeté de commande.

Sur l'échafaud, au moment où la planche fit la bascule, elle jeta un cri affreux.

Vandenyver. Jean-Baptiste Vandenyver, âgé de 66 ans, natif d'Amsterdam, banquier à Paris, rue Vivienne.

Vandenyver. Edme-Jean-Baptiste Vandenyver, âgé de 32 ans; Augustin Vandenyver, âgé de 29 ans, tous les deux fils du précédent, natifs de Paris, banquiers, demeurant aussi rue Vivienne, convaincus de complicité dans cette affaire, ont été tous les quatre condamnés à la peine de mort et exécutés le 18 frimaire.

Le père et les deux fils portoient sur la figure le caractère d'une fermeté égale.

Epitaphe de madame du Barry faite avant le 9 thermidor.

Cy-git une insigne catin,
Qui d'abord fut fille publique
Et qui bientôt après devint
Maîtresse d'un prince lubrique
Qu'on disoit pourtant *très chrétien...*
Sous la terrible guillotine
Elle a fini par trébucher.
Si l'on n'eut à lui reprocher
Que ses torts comme concubine
Du Roi qu'elle sut raccrocher,
Nous pouvons dire à la sourdine
Qu'on alla bien loin les chercher.

Par le citoyen Félix Faulcon, représentant du peuple.

(*Journal de Paris,* du 4 pluviôse an IV, dimanche 24 janvier 1796.)

Ces vers ne sont pas bons: mais l'idée, qu'ils expriment mal, est cependant assez juste. Plus de vingt ans s'étaient écoulés depuis que madame du Barry avait été la maîtresse de Louis XV. En supposant qu'il y eût là un crime capital, la prescription aurait été largement acquise 1.

Félix Faulcon avait été conseiller au présidial de Poitiers, suppléant du Tiers-Etat de la sénéchaussée de Poitou, où il remplaça M. Filleau à l'Assemblée Constituante, membre des Cinq-Cents en septembre 1795, membre du Corps législatif après le 18 brumaire, signa la déchéance de Napoléon, a publié divers 1. Elle était de vingt ans, d'après Pothier, pour les crimes lea plus graves. (*Procéd. c.rim.,* VII, art. 1.) ouvrages, et notamment: *Mélanges législatifs, historiques et politiques,* 3 vol. in-8", 1801; *Voyages et Opuscules,* in-8, 1805.

Lettre première de l'Enfer.

Encore ces monstres (d'après ce qui précède, ces monstres sont Louis Capet, sans tête, d'horrible et d'exécrable mémoire, sa guenuche d'Autrichienne, son cousin le bourgeonné) vouloient s'adjoindre la comtesse de Luciennes ce barril infect, cet égoût d'iniquité, ce cloaque impur, qui non contente de dévorer les finances de la France, se nourrissoit encore de chair humaine, à l'exemple des anthropophages. *Journal de l'autre Monde,* premier numéro, p. 9, par Simon Bargée, an II, voy. Deschiens.) *Descente de la Dubarry aux Enfers.*

Sa réception à la cour de Pluton par la femme Capet, devenue la furie favorite de Proserpine. Caquetage entre ces deux catins. A Paris, chez Galetti, aux Jacobins-Saint-Honoré. (*Id.*)

Opposez au supplice de Robespierre celui de la comtesse Dubarry. A quoi servoit l'égorgement de cette femme, punie par des vaudevilles et tombée dans le mépris. Si on l'avoit vue sortant de son lit, du lit de son royal amant, se faisant donner une de ses pantoufles par le nonce du Pape, et l'autre par le grand aumônier de France, étoit-ce un motif pour l'envoyer à l'échafaud? Ou plutôt, avoit-on envie de sa belle maison de Lucienne? Les brigands n'eurent souvent d'autre politique que la soif de l'or; et quand Robespierre 1. En note on lit: la Dubarry.

fut un monstre sanguinaire, il faut avouer qu'il fut un être cupide qui se vendit à d'Orléans, et par suite à l'Angleterre. (Le *Nouveau Tableau de Paris,* par Mercier.) *Le cabinet Curtius.*

On assure que Curtius, connu par la perfection avec laquelle il modeloit en cire coloriée, obtint la permission de conserver par ce procédé les traits de madame du Barry, et que ce fut dans le cimetière même de la Madeleine qu'il exécuta ce projet. Je ne crois pas cependant que ce portrait puisse être fort ressemblant: la contraction des muscles dans la surprise ou la colère change entièrement les traits; a bien plus forte raison les convulsions de la mort, et d'une mort aussi violente, doivent elles détruire tout ce qui caractérisoit la physionomie dans le calme des passions ou dans le repos du bonheur. Mais il n'en est pas moins précieux par la célébrité de celle qu'il représente, même imparfaitement.

Lorsque Curtius eut terminé son travail, on réunit cette tête aux restes infortunés de madame du Barry, et on l'enterra à deux toises de Louis XVI, de Marie-Antoinette, de Louis-Philippe-Joseph d'Orléans, de Charlotte Corday, d'Adam Lux, de Vergniaud, de la femme Roland, de Claude Fanchet, du maire Bailly, du jeune Cirey, député, de Laverdy, de Rabaud Saint-Etienne, Kersaint, etc., etc. (*Mémoires de madame du Barry,* de Favrolle, t. IV, p. 64.) 1. On voit cette tête, très bien modelée, chez la veuve Curtius, sur le boulevart du Temple, à son cabinet.

CHAPITRE XVII
ÉPILOGUE.

LE CHEVALIER ESCOURRE. — MORIN ET LABONDIE. JEAN DU BARRV. — DÉLIANT ET SA FEMME. LA PRINCESSE LUBOMIRSKA. — ZAMOR. — PRÉTRY. — GREIVE.

Le Tribunal révolutionnaire ressemblât par plus d'un côté au Saint-Office: devant ces deux juridictions les accusations s'engendraient souvent les unes des autres; le sang appelle le sang, comme le feu allume le bûcher; l'affaire de Charlotte de Corday a donné lieu à une infinité de procès, causés par la mort de *Y Ami du peuple.* Madame Roland n'a pas entraîné après elle moins de quatre victimes. Madame du Barry, outre qu'elle n'est pas morte seule sur l'échafaud, a eu des compagnons qui l'ont suivie dans la mort, aussi peu coupables et plus intéressants qu'elle-même.

LE CHEVALIER ESCOURRE.

Le premier fut le chevalier Escourre. Louis-Marguerite-Bernard Escourre, né à Libos, Guyenne, d'une famille bourgeoise, avait suivi la carrière des armes; il 1. Escourre (prénoms ci-dessuS), fils de Jacques, avocat, et de Judith Gourdon, né le 28 mars 1725, à Libos (Lot-et-Garonne). Cornette au régiment de Bourgogne (cavalerie), 27 janvier 1746; lieutenant, 1 août 1758; rang de capitaine, 25 avril 1772; pourvu avait été capitaine de cavalerie et il était même parvenu au grade de lieutenant-colonel. M. le duc de Brissac l'avait choisi pour son premier aide de camp dans la garde constitutionnelle qu'il avait été chargé de former. Il devait y avoir entre eux des liens d'amitié et de confiance. Déjà, en 1791, Escourre avait été chargé très certainement par M. de Brissac d'accompagner madame du Barry dans les deux premiers voyages qu'elle fit alors en Angleterre. Il n'en fallut pas davantage: il avait connu l'infâme courtisane du dernier tyran vingt ans après la mort de celui-ci, il fut arrêté, condamné à mort et exécuté, c'est-à-dire assassiné juridiquement. Le comité de sûreté générale avait donné à Greive le pouvoir d'arrêter non seulement madame du Barry, mais encore toutes les personnes qui pourraient se trouver chez elle à Louveciennes au moment de l'exécution de cette mesure. Il avait le droit, aux termes de cet inqualifiable mandat, de les conduire à Paris et de les fermer (sic) à la Force par mesure de sûreté générale. Greive emmenait madame du Barry entre deux gendarmes, lorsqu'il rencontra à Marly le chevalier Escourre dans un cabriolet. Il ne lui en fallut pas davantage. Il le fit arrêter sans autre formalité et écrouer à la Force, ainsi que Morin et autres.

Greive raconte la chose autrement: Escourre, selon lui, arrivait en cabriolet chez madame du Barry. Apercevant de loin le développement de la force armée, il aurait rebroussé chemin et il aurait été arrêté au bas d'une compagnie, 9 juin 1772; capitaine en second le 1 août 1776; a quitté le 29 mai 1778; pension de 1,000 livres, 2 août 1779; capitaine des gardes du gouvernement de Paris, novembre 1779; lieutenant-colonel, aide de camp de la garde constitutionnelle, 1e r novembre 1791, a fait sept campagnes; chevalier de Saint-Louis en 1771. (Archives de la guerre.) de la descente (probablement du ch3min de la Princesse), c'est-à-dire à Bougival.

Quoi qu'il en soit, Escourre était détenu à la Force lorsqu'il fut cité devant le Tribunal révolutionnaire comme témoin à charge dans l'affaire de madame du Barry. Interrogé sur le prêt de 200,000 livres fait à M. de Rohan-Chabot, il expliqua l'opération d'une manière simple et lucide. Fouquier-Tinville prétendit découvrir dans ses réponses une connivence (sic) avec l'accusée. Il requit, séance tenante, l'envoi d'Escourre à la Conciergerie sous mandat d'arrêt et il annonça l'intention de le poursuivre comme conspirateur devant le Tribunal révolutionnaire.

Le malheureux Escourre n'attendit pas longtemps. Dès le 10 frimaire il était interrogé par David, faisant fonctions de président du tribunal. Nous transcrivons cet interrogatoire travesti par l'ouvrage de madame Guenard.

Interrogatoire de Louis-Marguerite-Bernard Escourre.

Ancien capitaine de cavalerie.
Cejourd'hui dix-huitième frimaire de l'an second de la République, onze heures du matin.

Nous, Alexandre-Edme David, juge au Tribunal révolutionnaire, etc., assisté de Jacques Goujon, commis-greffier dudit Tribunal, et en présence de l'accusateur public, avons fait amener de la maison d'arrêt de la Conciergerie le nommé Escourre, auquel avons demandé ses noms, âge, profession, pays et demeure. A répondu se nommer Louis-MargueriteBernard Escourre, âgé de soixante-huit ans, ancien capitaine de cavalerie, pensionné de la nation, natif de Libos, département de Lot-et-Garonne, demeurant à Paris, rue de Grenelle, faubourg Saint-Germain, n 92.

D. S'il a depuis longtemps connu la Dubarry et si un de ses neveux ne la voyoit pas assiduement. Sommé de nous dire le nom de ce neveu et ce qu'il est devenu? R. Qu'il a connu la Dubarry depuis 1770, mais que singulièrement depuis deux ans il l'a vue plus fréquemment, à la réserve cependant des cinq derniers mois. A partir de cette époque, qu'il avoit un neveu qui la voyoit plus habituellement. Il se nomme Labondie et a été arrêté à Paris. D. Quel motif l'a porté, lors de sa déposition publique au Tribunal révolutionnaire dans l'affaire de la Dubarry, de dissimuler avec opiniâtreté, comme il l'a fait, sur le fait de la remise des 200,000 livres des banquiers Vandenyver, et à cet égard de ne point avoir suivi la foi du serment sur lequel il avoit juré de dire la vérité? R. Qu'il a dit au Tribunal et eu l'intention de lui dire la vérité. Qu'en effet il a déclaré et a eu intention de déclarer que Vandenyver lui avoit remis un bon de 200,000 livres à échanger à la Caisse d'escompte, où il a en effet reçu la valeur qu'il a apportée chez le notaire Mauny, sur le bureau duquel ils ont été comptés; qu'au surplus son intention n'a point été de déguiser la vérité et de trahir son serment. D. Si, en se mêlant de cette affaire, il n'avait pas l'intention de favoriser par cet emprunt les entreprises hostiles soit des émigrés, soit d'autres ennemis extérieurs de la République? R. Que ce qui à cet égard justifie sa conduite, c'est la stipulation portée au contrat même que des 200,000 livres, 150,000 seroient employées en acquit des charges dont étoit tenu Rohan-Chabot pour lequel il stipuloit alors, que la représentation de cet acte convaincra de la vérité de ce fait.

Que ce neveii se nomme Labondy et qu'il a, au moment de l'arrestation de la Dubarry, été comme elle arrêté à Paris au même moment que l'on arrêtoit à Lucienne la dame Dubarry.

D. N'êtes-vous pas convenu, lors des débats qui ont eu lieu le 16 de ce mois au Tribunal dans l'affaire de ladite Dubarry, d'avoir reçu une somme de 200,000 livres par ses ordres des banquiers Vandenyver? R. Oui.

D. S'il a fait choix d'un conseil ou si l'on veut qu'il lui en soit nommé un d'office?

R. Qu'il nous prie de lui en nommer un. En conséquence, lui avons nommé d'office le citoyen Mallarmé défenseur officieux.

Lecture à lui faite du présent interrogatoire, a dit que ses réponses contiennent vérité, y a persisté et a signé avec nous, l'accusateur public et le commis-greffier.

David, Escourre, Goujon. Fouquier n'a pas signé.

Le 21 frimaire (12 décembre 1793) il comparaissait devant le sanglant tribunal comme prévenu *(sic)* de complicité dans l'affaire de la Dubarry *(sic)*.

Juges: Dumas, vice-président; Harny et Gabriel Deliège, juges; Antoine Fouquier, accusateur public; Mallarmé, défenseur officieux.

Les jurés étaient, à quelques noms près, les mêmes que précédemment: Villate était remplacé par un nommé Gaultier; Payan par Klispisse, etc.

Il y eut un acte d'accusation particulier pour Escourre; seulement il n'offre pas les développements oratoires qui font de l'accusation de madame du Barry un morceau de rhétorique exceptionnel. On dirait plutôt le style vulgaire d'une requête de procureur. C'est du Fouquier-Tinville en négligé. Nous possédons encore ici ses notes. Ce sera notre compte-rendu.

Antoine-Quentin Fouquier-Tinville, accusateur public du Tribunal correctionnel extraordinaire et révolutionnaire, etc.

1. Probablement Joseph-Claude Mallarmé l'aîné; le plus jeune (François-Ilené-Auguste) était alors membre de la Convention.

Expose que par jugement dudit Tribunal, du 16 frimaire du présent mois, Louis-Marguerite-Bernard Escourt, ancien capitaine de cavalerie, demeurant, etc., détenu à la Force, seroit mis en état d'arrestation et traduit comme prévenu de complicité, dans une correspondance criminelle et contrerévolutionnaire avec les ennemis de la République, qu'examen fait de l'interrogatoire subi par ledit Escourt, le 18 présent mois, ensemble les pièces, il en résulte qu'Escourt a participé aux complots et conspirations formées (sic) contre l'Empire françois et dont la courtisane Dubarry et les banquiers Vandenyver étaient les principaux agents; que le Tribunal en a eu la démonstration dans les débats qui ont eu lieu le 16 présent mois et où les mensonges avancés par Escourt, ses contradictions, ses tergiversations, les déclarations des infâmes conspirateurs frappés du glaive de la Loi, ont mis au jour la part qu'il avoit prise à leurs trames contre-révolutionnaires.

Qu'en effet Escourt, attaché aux despotes françois en qualité de page, puis capitaine de cavalerie, puis agent du contre-révolutionnaire Brissac, et enfin aide de camp dans la garde prétendue constitutionnelle de Capet, est un conspirateur de profession, instrument docile du dernier tyran dans toutes les conspirations qui ont existé; qu'il est certain que Escourt, qui n'a jamais déguisé sa haine, son aversion pour la liberté et la souveraineté du Peuple françois, a accompagné la Dubarry dans ses trois premiers voyages à Londres; qu'il est démontré que tous ces voyages multipliés en très peu de temps, sous le prétexte du vol des diamants de cette prostituée, si riche des dépouilles du Peuple, avoient pour véritable motif les intelligences du dernier despote avec Pitt, pour former une coalition contre la liberté, conspiration qui devoit éclatter dès que le tyran se seroit évadé et que cet aide de camp d'une garde contre-révolutionnaire sous un chef conspirateur, que le libertinage le plus crapuleux unissoit à cette prostituée conspiratrice, n'accompagnoit cette Messaline dans ses voyages que pour la seconder dans les missions dont elle étoit chargée. Que si il ne l'a pas suivie dans son quatrième voyage, c'est que sa présence aura été jugée plus nécessaire à Louveciennes et à Paris, pour être le centre de la correspondance de la Dubarry avec les contre-révolutionnaires de l'intérieur. Que la preuve en est acquise, surtout par les négociations, démarches et intrigues auxquelles il s'est livré pour faire fournir par l'entremise des Vendenyver les fonds et deniers que leur procuroit la courtisane Dubarry. Que des dénégations, contradictions et tergiversations et aveux d'Escourt devant le Tribunal révolutionnaire, lors des débats le 16, il est résulté une conséquence, c'est qu'il a eu une part très active à ces opérations, qu'il étoit évidemment l'agent de la Dubarry, qu'il a coopéré personnellement à la délivrance de ces sommes destinées à subvenir aux dépenses occasionnées pour opérer la contre-révolution et à soudoyer les conspirateurs. Qu'il est certain qu'il étoit tout à la fois l'intermédiaire entre la Dubarry et Rohan-Chabot pour l'opération des deux cent mille livres délivrées par leurs complices, les Vandenyver.

Qu'enfin tout offre dans Escourt le caractère d'un conspirateur, ses sentiments connus, son grade auprès du despote anéanti, ses liaisons avec Forth, cet espion avoué de Pitt, avec les conspirateurs Brissac et Monsabré, sa qualité d'oncle de La Rondie, autre contre-révolutionnaire forcené, le protégé de la courtisane Dubarry, sa demeure chez la Dubarry avec son neveu, son séjour dans cet antre de la prostitution et de la conspiration, ses voyages auprès des ennemis extérieurs et toutes ses démarches pour leur procurer des fonds et les aider dans leurs complots sanguinaires et liberticides, que tout fait un devoir à l'accusateur public d'appeler la justice nationale sur la tête de ce coupable.

D'après cet exposé, l'accusateur public a dressé le présent acte d'accusation contre Louis-Marguerite-Bernard Escourt, cy-devant aide de camp du conspirateur Brissac, commandant la cy devant garde de Louis Capet, dernier despote des François, pour avoir méchamment et à dessein, de concert avec Jeanne Vaubernier, femme Dubarry, et Jean-Baptiste Vandenyver, Edme-Jean-Baptiste Vandenyver, et AntoineAugustin Vandenyver, frappés du glaive de la Loi, conspiré contre la République françoise, pratiqué des machinations et entretenu des intelligences avec les puissances étrangères pour favoriser le succès de leurs armes sur le territoire françois en leur fournissant et faisant fournir par les Dubarry et Vandenyver père et fils des sommes considérables et d'avoir attanté à la sûreté intérieure et extérieure de l'Empire.

En conséquence, l'accusateur public

requiert qu'il lui soit donné acte par le Tribunal assemblé de l'accusation qu'il porte contre Louis Escourt, détenu en la maison d'arrêt de la Conciergerie, qu'à sa diligence et par un huissier du Tribunal, porteur de l'ordonnance à intervenir, ledit Escourt sera détenu en la maison de la Conciergerie et écroué sur les registres de ladite maison pour y rester comme en maison de justice, comme aussi que l'ordonnance à intervenir sera notifié à la municipalité.

Fait au cabinet de l'accusateur public, ce 18 frimaire an deux. Signé: Fouquier.

Le Tribunal, faisant droit sur le réquisitoire de l'accusateur public, lui donne acte de l'accusation portée contre Louis-Marguerite-Bernard d'Escourt, actuellement détenu en la maison de la Conciergerie, ordonne, en conséquence, qu'à la diligence du requérant et par un huissier du Tribunal, porteur de la présente ordonnance, ledit d'Escourt sera écroué sur les registres de la maison d'arrêt de la Conciergerie, pour y rester comme en maison de justice, comme aussi que la précédente ordonnance sera notifiée à la municipalité de Paris.

Fait et jugé au Tribunal, le 19 frimaire an deux de la République, etc.

François-René Dumas, Charles Harny, Charles Brouet,

Antoine-Marie Masson, juges, qui ont signé.

AFFAIRE DE LOUIS-MARGUERITE ESCOURT.

(Notes de la main de Fouquier-Tinville.) *Denis Morin,* valet de chambre de la condamnée Dubarry, actuellement à la Force Connoit l'accusée depuis deux ans.

Est entré au service de la Dubarry en 1768.

Géroit l'intérieur et étoit fondé de procuration.

Prétend que la Dubarry voyoit peu de monde, mais qu'elle recevoit de temps à autre l'accusé qui y couchoit quelquefois une nuit, quelquefois deux.

Avoue qu'il a connoissance que la Dubarry a fait enterrer différens objets d'or et d'argent tant en vaisselle qu'en espèces.

Plus à diverses personnes qu'il n'a pas nommées.

Convient qu'il avoit reçu l'ordre de la Dubarry de faire coucher quelqu'un dans la nuit du 10 au 11 janvier 1791 dans la pièce voisine de celle où étoient ses bijoux.

N'a voulu rien dire.

La femme Roussel. — Voilà *six ou sept ans* qu'elle voit venir Escourt à Luciennes, tandis que l'accusé, lors des débats de la Dubarry, a déclaré qu'il ne la connoissoit que depuis deux ans, et que Morin a persisté aussy à dire qu'il n'y avoit *que deux ans que l'accusé y venoit.*

N'a jamais entendu parler l'accusé de la Révolution.

L'accusé est venu à Luciennes avec la Dubarry à son retour de Paris, lors du vol pretendu.

Plus: d'après les intentions de Brissac, *Monsabré et Escourt ont accompagné la Dubarry dans son premier voyage à Londres,* et Forth s'est trouvé à Calais et ce dernier *est venu de Londres à Paris et à Luciennes.*

Escourt est allé à Luciennes à son retour du premier voyage de Londres.

1. Le procès-verbal dit ce que Fouquier-Tinville tait, que le témoin demeure à Louveciennes, de présent à la Force.

A encore vu l'accusé à *Lutiennes après les deux et troisième voyages qu'il avoit fait avec la Dubarry.*

L'accusé logeoit dans la même auberge que la Dubarry à Londres.

Prétend qu'Escourt n'alloit pas dans les grands cercles, voyoit à sa connoissance Forlh seulement, mais ne sçait où alloit d'ailleurs Escourt; qu'il voyoit les personnes qui venoient chez la Dubarry lorsqu'il se trouvoit dans l'appartement; a vu des François, mais ne peut dire leurs noms; en a vu amener par Monsabré.

Convient qu'Escourt écrivoit à Paris à des parens, qu'elle sçait qu'il écrivoit à des parens, parce qu'elle étoit dans le sallon dans la soirée lorsqu'Escourt écrivoit; ce dernier écrivoit souvent *à Labondie.*

La Dubarry, selon la déclarante, n'avoit pas de secrétaire à mettre ses papiers pendant son séjour à Londres.

L'accusé convient qu'il y a environ 17 ans qu'il demeuroit chez Brissac.

La femme Couture. — Même observation que pour la femme Roussel.

Depuis trois ans au service de la Dubarry.

Y a toujours vu venir l'accusé et souvent avec Brissac; ne peut pas dire au juste si l'accusé est venu à l'époque du vol.

Convient avoir fait avec Escourt le second et troisième voyage.

Forth et sa femme sont revenus au troisième voyage avec Escourt.

A vu plusieurs François venir chez la Dubarry pendant son séjour à Londres, mais nese rappelle leurs noms.

L'accusé a déclaré avoir connu aucun des François que voyoit la Dubarry à Londres.

Ne peut pas assurer si Escourt étoit à Luciennes au moment de l'arrestation de Brissac.

François-Denis Née, graveur, rue des Francs-Bourgeois. Connoit l'accusé pour être le cy-devant chevalier Escourt.

Rencontrent quelquefois l'accusé chez un de ses parents jusqu'à l'époque du 10 aoust.

A l'époque du 10 aoust, l'accusé prétend qu'il n'étoit pas aux Tuilleries et convient qu'il n'a pas pris les armes n'y pour l'un n'y pour l'autre partie.

L'accusé décrioit beaucoup les assignats relativement à l'affaire des Poignards. Le citoyen Forth, parti en qualité de chirurgien-major pour Mayenco, lui dit un jour qu'il avoit bien travaillé le cy-devant chevalier Escourt.

Se rappelle avoir vu Forth, mais nullement avoir eu aucune dispute avec lui relativement à la journée des Poignards.

S'est aperçu que le cy-devant chevalier Escourt plaignoit beaucoup le cy-devant Roy et toute la famille Royale.

A remarqué que, dans toutes les journées des 20 juin et 10 aoust, mémorables pour les patriotes, l'accusé avoit grand soin de ne pas se trouver à Paris.

Ni au jour des Poignards.

Extrait du procès-verbal de la séance du Tribunal révolutionnaire du 16 frimaire de l'an II de la République française.

Aux débats du jugement de Vandenyver père et fils.

Louis-Marguerite-Bernard Escour, âgé de 68 ans, capitaine de cavalerie, demeurant à Paris, rue de Grenelle, section du faubourg de Grenelle, actuellement à la Force.

Pendant la déclaration dudit Escour, dans laquelle il n'a cessé d'être manifestement en contradiction avec lui-même, desquelles contradictions il a résulté qu'il est évident que les déclarations dudit Escour sont fausses, que ces tergiversations n'ont pour but que de couvrir la complicité qui existe entre lui et les accusés et autres complices par une correspondance criminelle. L'accusateur public a requis e le Tribunal a ordonné que, par le président de la séance, il sera dressé procès-verbal des contradictions déposées, tergiversations et faussetés avancés par le témoin dans sa déclaration.

Il est constant qu'il a été pratiqué des machinations et entretenu des intelligences avec les ennemis de l'Etat et leurs agents pour les engager à commettre des hostilités, leur indiquer et favoriser les moyens de les entreprendre et diriger contre la France et notamment en faisant à l'étranger, sous des prétextes préparés, divers voyages pour concerter les plans hostiles avec les ennemis et en leur fournissant à eux ou à leurs agents des secours en argent.

Louis-Bernard-Marguerite Escourt, cy-devant capitaine de cavalerie, domicilié à Paris, est-il complice de ces machinations et intelligences?

La déclaration du jury est affirmative sur les questions cy-dessus.

Le 21 frimaire l'an II de la République.

Signé: Dumas, Ducreux. *Constitution par M. de Rohan-Chabot à madame du Barry.* (M. Mony, notaire.) 31 janvier 1793.

Au nom de la République françoise, le Conseil exécutif, à tous présens et avenir salut. Savoir faisons que par-devant M. Michel Mony et son confrère, notaires à Paris, soussignés,

Fut présent, Louis-Antoine-Auguste de Rouan-chabot, lieutenant général des armées françoises, demeurant à Paris, rue de Seine, faubourg Saint-Germain, section

Lequel a par ces présentes créé et constitué, etc., à dame Jeanne Gomard de Vaubernier, et ce accepté par Louis-Marguerite-Bernard Escours, ancien capitaine de cavalerie, demeurant à Paris, rue de Grenelle-Saint-Germain, section de Grenelle, ayant pouvoir, à ce qu'il déclare, de ladite dame du Barry,

Neuf mille livres de rente annuelle et perpétuelle payables... de six mois en six mois

Par privilège sur les terres et biens composant la substitution de la maison de Rohan-Chabot, situés en la ci-devant province de Bretagne, actuellement département des Côtes-du-Nord, du Finistère et autres lieux circonvoisins. L'ouverture de laquelle substitution a eu lieu en faveur de M. de Rohan-Chabot, parle décès de M. Marie-Bretagne-Dominique de Rohan, son cousin.

Cette constitution est faite sur le pied de quatre et demi pour cent, moyennant la somme de 200,000 livres que le constituant reconnaît avoir présentement reçus en assignats.

M. de Rohan-Chabot déclare que ladite somme de 200,000 livres qu'il vient d'emprunter sera employée jusqu'à concurrence de la somme de 150,000 livres ou environ tant à rembourser tous les titulaires des charges et offices de justice dépendant des terres du constituant, qu'à payer les droits d'enregistrement auxquels a donné lieu l'ouverture de ladite substitution des terres de Bretagne au profit dudit constituant, lequel promet faire incessamment ledit employ et déclarer dans les quittances qu'il en retirera que les paiements seront faits des deniers du présent emprunt; ladite dame Vaubernier du Barry sera subrogée aux droits et actions, privilèges et hypothèques de ceux qui recevront lesdites sommes; extraits desquelles quittances, contenant lesdites déclarations et substitution, seront remises à la dame acquéreur, à la peine de, etc.;

Et pour l'exécution des présentes les parties élisent domicile à Paris, en leurs demeures, renonçant à toutes choses contraires à ces présentes qui furent faites et passées à Paris en la demeure de M. de Rohan.

L'an mil sept cent quatre-vingt-treize, le trente-un janvier, et ont signé. La minute des présentes demeurera à M. Mony, l'un des notaires soussignés.

Note de Greive annexée. — De quelle autorité Mony, notaire, accepte-t-il la simple déclaration d'Escours en l'absence de la du Barry à Londres? Remarquez que la lettre ci-jointe de Rohan-Chabot est du 20 avril, à l'époque du plus fort de la guerre de la Vendée; et Musset, le député qui est de ce pays-là, m'a dit que c'étoit sur ses terres même que la première explosion a eu lieu. ,, Voyez ci-joint le compte de Vandenyver, où l'on trouve la somme de 200,000 livres payée le 10 janvier 1793 à d'Escours.

Paris, le 20 avril 1793.

Vous pouvés être parfaitement tranquille, M. le chevalier, sur l'exécution de l'engagement que j'ai contracté à l'égard de madame du Barry. Déjà les remboursements que j'ai fait faire à Paris contiennent la déclaration à laquelle je me suis soumis, et je vais en faire des expéditions que je vous enverray; mais, les remboursements principaux devant s'effectuer en Bretagne, il y a des liquidations et opérations préliminaires à faire avec plus de cent officiers et anciens pourvus de charges. Comme leurs prétentions s'élèvent à plus de 100,000 écus, je ne puis ny les satisfaire tous, ni faire des remboursements partiels avant d'avoir pris des arrangements avec tous les titulaires qui sont fort difficiles à manier pour la plupart.

Quatres agents principaux sont occupés en Bretagne à négocier les arrangements. Aussitôt qu'ils seront consommés, les remboursements et les déclarations promises s'effectueront, et je vous enverray les extraits des déclarations à mesure que les opérations se consommeront. Recevés, je vous, prie, monsieur le chevalier, l'assurance des sentiments d'attachement avec lesquels j'ai l'honneur d'être votre très humble et très obéissant serviteur.

Rohan-chabot. *Note de Greive.* — Il est question de la constitution cijointe de 9,000 livres de rente à la du Barry pour 200,000 livres une fois payés. Cette somme ne seroit-elle pas destinée pour la *Vendée?* On trouvera une autre pièce où elle prête à la même époque 200,000 livres à l'évêque *de Rouen;* or, quel évêque? L'ancien ou le nouveau? Tout ceci est plus que suspect.

COMMUNE DE PARIS, DÉPARTEMENT DE POLICE.

Le 2i nivôse, l'an II de la République françoise.

Par-devant nous, administrateurs au département de police, ont comparu la citoyenne Geneviève-Agnès Chardin, veuve Frégé, arrêtée le 9 nivôse, en vertu d'un mandat signé Mennessier et Figuet.

A elle demandé depuis quand elle est à Paris, et quel est le lieu de sa naissance?

A répondu qu'elle est née à Paris, rue du FauxbourgSaint-Germain.

A elle demandé quels sont ses moyens de subsistance?

A répondu qu'elle vivoit de ses revenus et du produit d'une maison sise à Paris et d'une autre à Vitry-sur-Seine.

A elle demandé quelles sont ses relations journalières?

A répondu que c'est avec sa famille.

A elle demandé quelles sont les relations quelle a avec la famille Escourre, dont l'un a été impliqué dans l'affaire du Barry?

A répondu que c'étoit celles de l'amitié.

A elle demandé si elle ne connoit point le deffenseur d'Escourre et s'il ne lui a pas remis cinquante louis d'or dont il avoit été chargé par elle pour Escourre, ainsi que deux montres en or qui devoient être envoyées au frère de lui Escourre?

A répondu quelle ne connoissoit pas le deffenseur dont on lui parle, et qu'elle n'a vu ni les cinquante louis, ni les deux montres.

A elle demandé depuis quand elle a été à sa maison de campagne à Vitry avec Escourre?

A répondu qu'il y avoit environ cinq mois qu'il y est venu dîner seulement.

A elle demandé si elle y a été depuis et combien de fois?

A répondu quelle y avoit été environ trois fois et qu'elle anivoit le jour qu'elle a été arrêtée.

A elle demandé si Escourre, depuis la Révolution, ne lui a pas confié quelques objets? A répondu que non.

Lecture à elle faite du présent interrogatoire, a déclaré contenir vérité et a signé.

Geneviève-Agnès Chardin, veuve Frégé,

Figuet, Meinessier, administrateurs.

Pour copie conforme: Faro, Lelièvre, etc.

Cejourd'huy, 16 floréal, l'an II de la République, Nous, administrateurs au département de police, avons fait comparoitre devant nous un particulier détenu à la maison d'arrêt de la mairie.

A lui demandé ses noms, etc.

A repondu se nommer Pierre Lefranc, âgé de quarantesept ans passés, né au Plessis-Piquet, département de Paris, jardinier, demeurant à Vitry-sur-Seine depuis quatre ans, chez la citoyenne Frégé, ayant 400 livres de gages.

A lui demandé quelles sont les causes de son arrestation? Quelles étoient les personnes qui fréquentoient la maison de ladite Frégé?

A répondu, la citoyenne Qu'il y a aussi vu venir trois ou quatre fois à cheval un nommé le chevalier d'Escourt ayant le parler gascon.

S'il a connu quelque intelligence, soit directe, soit indirecte entre la femme Frégé et la du Barry?

A répondu qu'il n'en a connu aucune.

A lui demandé s'il a eu connaissance d'un dépôt considérable caché chez laditte citoyenne Frégé et à Paris?

A lui demandé s'il a eu connaissance d'une malle couverte de peau de sanglier noir remise par d'Escourt à ladite Frégé, et s'il savoit ce que contenoit ladite malle?

A répondu qu'il n'a aucune connoissance de ladite malle.

Ajoute de plus que dans le courant de l'été 1792, le citoyen Marat et deux députés de la Convention, dont il ne sait pas les noms, furent diner chez le citoyen Etienne, et que la table fut dressée dans le corps de garde.

De plus, que la dame Frégé avait un frère sculpteur nommé Chardin.

L'administration De Police De La Commune De Pahis.

Contre Pierre Lefranc, prévenu.

Le 27 messidor, écrit aux administrateurs de police d'envoyer les pièces de procédure de Lefranc. Inconnu à l'Egalité.

Une pièce apportée le 14 prairial an II de la république.

DÉPARTEMENT DE POLICE, COMMUNE DE PARIS.

Le 13 prairial.

Du 14 prairial an II, mandat d'arrêt à l'Egalité.

L'an II de la République une et indivisible. Nous invitons le citoyen Fouquier-Tinville de donner des ordres au concierge de la maison d'arrêt de l'Egalité, de garder chez lui le nommé Pierre Lefranc, traduit au Tribunal révolutionnaire, et qu'il n'a reçu de notre ordre que provisoirement.

Les administrateurs de police,

Faro, Lelièvre.

Il n'est pas parlé dans tout ce débat de l'emprunt de 200,000 livres fait à madame du Barry par M. de Rohan-Chabot et réalisé par l'entremise de M. Escourre. Peut-être la réponse d'Escourre dans l'instruction avait-elle paru concluante, ou bien la justification de l'accusé résultait-elle de deux pièces qui sont dans le dossier.

L'acte reçu Mony le 31 janvier 1793 porte condition d'emploi jusqu'à concurrence de 150,000 sur 20Ô, et la lettre de M. Rohan-Chabot, du 20 juillet 1793, donnait à M. Escourre les renseignements défaits les plus précis.

Greive lui-même ne trouvait rien à répondre, si ce n'est cette énorme sottise: « De quel droit d'Escourre faisait-il une semblable déclaration au notaire? » Mais par la volonté de madame du Barry elle-même qui avait apparemment le pouvoir de conférer à son mandataire la faculté de la représenter. Fouquier ne commit pas de maladresse semblable; il se réfugia sur le terrain banal de la conspiration de tous les jours.

Le président posa le fait comme constant; restait la question de complicité: elle fut résolue par les jurés contre M. Escourre.

Il fut immolé le jour même sur la place de la Révolution. *Le Glaive vengeur* ne dit pas quelle fut sa contenance.

Escourre était ancien militaire; il est probable qu'il mourut dignement, comme un homme qui avait affronté la mort plus d'une fois, puisqu'il avait fait sept campagnes.

Escourre mort, tout n'était pas fini: un des vices de la procédure criminelle devant le tribunal révolutionnaire était de ne pas confronter les accusés les uns avec les autres, et de ne pas réunir les complices dans une seule instruction. On commençait par juger en toute hâte et exécuter sans répit quelques-uns des accusés, puis on passait à un autre co-accusé. Qui ne sent combien une pareille marche était défectueuse? La défense des seconds pouvait nécessiter la présence des premiers, mais ceux-là n'existaient déjà plus! La recherche de la vérité était impossible. C'est ce qu'on voulait, tant on avait peu de souci de la vie humaine, de la dignité, de la justice! L'affaire actuelle est un exemple frappant à l'appui de cette observation.

Le 21 nivôse, une dame Frégé, née Chardin, était interrogée sur ses rapports avec Escourre; ses réponses auraient été favorables à l'accusé, mais il n'était plus temps!

Puis trois mois s'écoulent; l'affaire n'est pas encore terminée! On cherche toujours la malle du chevalier Escourre, chose si facile lorsqu'il vivait, si ardue et si inutile depuis son supplice! C'est alors qu'on songe à arrêter le jardinier de la dame Frégé. On lui demande quels ont été les rapports de sa maîtresse avec le chevalier Escourre; il les ignore; l'interrogatoire s'égare ensuite en des inquisitions infinies, sans intérêt, sans but. Nous avons donné un extrait de cet interrogatoire dans les parties les moins oiseuses; néanmoins, Pierre Lefranc, le jardinier, est maintenu en état d'arrestation; bien plus, il est traduit, en compagnie de sa maitresse, devant le Tribunal révolutionnaire. On ne le trouve pas au nombre des condamnés. Le temps manqua probablement pour atteindre ces victimes obscures de la persécution révolutionnaire: une seule pièce s'est retrouvée aux archives générales.

Le 13 prairial, Pierre Lefranc était au Plessis (l'Egalité). Le 27 messidor, Fouquier-Tinville demandait à l'administration de la police qu'on envoyât à son parquet les pièces de Lefranc; mais on lui répondait que ce détenu était inconnu à l'Egalité. On était au 27 messidor. Ces retards sauvèrent peut-être ce malheureux: le désordre s'était mis dans les prisons. Dès avant la loi de prairial, on ne s'y reconnaissait plus; et cette législation nouvelle avait mis le comble à l'encombrement. Fouquier-Tinville avoue lui-même dans son procès qu'il avait perdu la trace de madame de Maillé et qu'il la chercha vainement pendant trois mois lorsqu'il la retrouva par hasard.

MORIN ET LABONDIE.

La mort de Morin et de Labondie est peut-être plus révoltante encore que la condamnation de madame du Barry et du chevalier Escourre. Morin était un simple domestique, laquais d'abord, puis valet de chambre, qui était parvenu à l'âge de quarante-neuf ans, entièrement voué au service de sa maîtresse. Il n'avait jamais eu aucune importance politique; il n'avait épousé la cause d'aucun parti; peu instruit, absorbé par le soin de son service quotidien, n'ayant fait qu'obéir aux ordres qu'il recevait, il aurait dû trouver grâce devant des hommes qui se piquaient de démocratie. Il n'en fut rien. Greive d'abord, dont il avait encouru, on ne sait pourquoi, l'implacable haine, Fouquier-Tinville par soif du sang, le Tribunal révolutionnaire par sa docilité au meurtre, voulurent en faire un *conspirateur,* un aristocrate! lui qui aurait dû être considéré comme une victime des abus de l'ancien régime, et qui gagnait à peine mille francs par année de traitement principal.

Labondie, provincial entièrement étranger à Paris, dont le seul crime était d'être le neveu de M. Escourre, marié, père de famille, attaché à ses enfants qu'il aime tendrement; il a à peine connu madame du Barry, il ne connaît pas Morin; n'importe, il est son complice, il périt avec lui. Le dossier du parquet contient plusieurs pièces relatives à Morin; ce sont des lettres de lui ou des lettres à lui adressées par madame du Barry et autres. Nous les rapportons ici; elles disent quelles étaient les occupations de cet homme, l'influence de son entourage, et s'il était possible de trouver dans de pareilles conditions les éléments d'une culpabilité.

A Monsieur Blaizot, libraire, rue de Satory, à Versailles.
A Louveciennes, ce 7 février 1792.
Monsieur,

J'ai porter votre lettres et la note que vous avez envoiés ici la semaine dernière, à Paris, à madame du Barry qui m'a chargé de vous prier d'envoiés les livres et manuscrits que vous avez achetés à la vente de M. Campan, chez M. le duc de Brissac, hotel de Brissac, rue de Grenelle, faubourg SaintGermain. Si vous aviez le temps ou que vos affaires vous appelle à Paris, vous pourriez les porter vous même, vous demanderés M. Ricadat qui les recevra et vous payera. En même temps, vous ferez d'une pierre deux coups. Vous demanderez à parler à madame Dubarry à qui je renvoie une lettre de vous ce matin, et vous ferai la demande que vous m'avez faite si souvent et depuis si longtemps et si honnetement, mais surtout' ne dites pas que je vous ai dit quelle étoit à l'hotel; vous lui direz que vous l'avez apris et que vous avez profité de l'occasion pour la prié de terminer votre mémoire que je voudrai de tout mon cœur qui fut payé.

J'ai l'honneur, etc.

D. Morin. (Archives de Seine-et-Oise, cart. Q.) *Au citoyen Morin, à Louvetienne.*

Versailles, ce 13 mars 1793.

J'ai appris, Monsieur, par ma tante que madame avait été arrêter à Boulogne. Comme j'en suis très inquiète, je vous prie de m'en donner des nouvelles par le porteur si vous en savez de plus satisfaisante. Je vous prie aussi de donner tous vos soins pour faire accélérer ce dont ma tante et moment vous prie pour les réclamations ci-jointes et d'engager le plus de témoins possibles pour donner plus d'authenticité à cet acte. Je compte assez sur votre amitié par toutes les preuves que vous nous en avez donné dans ce moment critique, et par l'interest particulier que vous avez toujours temoigné prendre à ce qui me regarde pour être persuadé que vous vous preterez à nous rendre ce service.

Je vous prie de dire mille choses de ma part à madame Rousselle. Recevez l'assurance de mon estime et ma reconnaissance.

Note de Greive. — Lettre de la petite Graillet, fille d'émigré. *Pour Morin à Louveciennes.*

Londres, ce mardy 26 juillet.

J'ai reçu la lettre que Morin m'a écrite sur les différente demande qu'on lui a faite. Il fera très bien de payer les impositions demandés par le sieur Despoix et si c'est le roy qui doit payer, je verrais à mon retour qui sera j'espere très prochain. A l'égard de ceux qui demande de l'argent il ni a que Mouseront et la femme Magnan qui soit dans le cas d'en demander. Il faut qu'ils attendent mon retour et Morin a mal fait d'en parler? au juge de paix en lui disant que les mesures que Mouseront vouloit prendre feroit du tort à mes affaires et y metroit le feu. Il faut être polie avec ces messieurs, mais ne pas permettre qu'il singere dans les affaires des particuliers. Il faut que Morin dise lui-même à Mousseront et autre qu'il doivent attendre mon retour et que je sois à Louveciennes. A l'égard de la demande que fait M. de Boulinvilliers, c'est une demande ridicule. Tant que ma mère ou Balon a joui de la maison, il n'a pas osé faire cette réclamation et il ne l'afait que depuis que je suis entrée en jouissance. Il faut envoyer l'assignation à M. Buffault, en lui mandant ce que vous avés fait en l'engageant d'y répondre parce que cela le regarde plus que moi, d'autant que si il y avoit j'aurois mon recours sur lui. M. Jadot doit être plus que moi en état de donner des renseignements. Pour le causionnement que j'ai fait pour M. Ranson, dès que le contract sera trouvés, il faudra dire à M. Rouen, mon notaire, de mettre opposition entre les mains de M. Magnen que je ne connois pas plus que vous. Pour les arrérages qui me sont dus, je recevrai cela à mon retour. Mais madame Surmont c'est très mal conduit de n'avoir pas remis l'argent quelle avoit et de l'avoir employé et ses pitiés ne valle rien quand on ne fait pas ce qu'on doit faire. Pour des petites dettes, il ne doit plus y en avoir à Louveciennes, puisque M. le duc vous a remis de l'argent pour les payer et que même je vous en ai fait toucher. Morin dira à madame Roucelle quelle fera bien d'attendre pour envoyer la caisse qu'on lui a demandé que l'on sache positivement si je suis obligée de rester ici quelque tems. On pourroit la remettre à madame de Vougny parceque j'écris à M. le duc de lui procurer un passeport.

La comtesse Du Barry. *Pour Morin à Louveciennes.*

Morin ira chez madame Graillet pour savoir à peu pret dans quelle année j'ai causionné le sieur Ramson. fai parfaitement oublié la datte. Il priera aussi M. de Laneuville de vouloir bien me faire mettre en règle afin que je ne perde pas encore cette petite somme toutte modique qu'elle soit. Je crois que c'est en 70 ou 71, peut être plus tôt.

Morin a reçu ma lettre par laquelle je lui mandoi qu'il failloit absolument que le sieur attende mon retour pour vérifier mon compte, parce qu'il n'y a que moi qui puissent trouver ses quitances des à compte qu'il a reçu.

De même, il dira au sieur Mayeux (?) que je dois être de retour dans le courant du mois d'aoust, ainsi il faut qu'il prenne patience ainsi que ceux qui demandent de l'argent. Si madame de Vougny n'est pas partie pour revenir ici, madame Rousselle lui fera remettre un pot de pate pour la maison ainsi que des fleurs de vullnéraire, car ces messieurs qui en ont apporté une bouteille l'ont spirituellement cassé. On m'enverra également quelque pot de confiture de chés moi de celle de l'année passée s'il y en a encore, de la Heur d'orange, il enverra ainsi que des cerises, des groseilles.

Morin demandera à M. de Monrabe s'il a besoin d'argent, et s'il n'en a pas il demandera à M. Vandeniver mille livres en petit billets qu'il lui reste, en se faisant donner quittance, ou bien si la sœur de M. Ramson est revenue de recueillir la succession de son frère, il se fera payer des années d'arrérages qu'elle doit et remettra cet argent à M. de Monrabe et Morin n'en demanderoit point à M. Vandeniver, ce n'est qu'au cas qu'elle ne paye pas que je l'autorise a prendre ces 100 pistol. La comtesse Du Barry. *A Monsieur Morin, à Lucienne.*

Hôtel et rue Ventadour, ce 15 au soir.

Les diamants, mon cher Morin, sont retrouvés et madame la comtesse part demain pour Boulogne pour les aller reconnoitre. M. Fort a arrêté les voleurs et vient au-devant de madame du Barry; elle vous prie, mon cher Morin, de redoubler de soin et de bien faire veiller la nuit autour du château. Si vous avez besoin de moi, vous n'aurez qu'à nous le mander et je me rendrai à Luciennes. On dit ici qu'on doit faire un vol à Versailles; il pourrait se faire qu'on voulut aller à Lucienne, ainsi dimanche je m'y rendrai et y resterai quelques jours, et s'il est nécessaire de faire feu, je vous assure que je ne manquerai pas les voleurs, je vous exorte à en faire autant s'ils paraissent. Adieu, mon cher Morin, je vous apprend la nouvelle avec d'autant plus de plaisir, que je suis certain de tranquilliser votre âme que j'ai vu bien affectée.

Recevez l'assurance de mon tendre intérêt et du cas que je fais de vos sentiments. Juilhac.

Madame la comtesse vous charge de dire au suisse de ne pas bouger de chez lui et à ceux qui sont chargés de veiller d'avoir le plus grand soin à ce qui n'arrive rien, vous leur lirez cet article de sa part.

1. M. de Juilhac était un parent des du Barry; dans l'acte de mariage de Jean (le Roué), on voit figurer comme témoin ins*A M. Morin, au château de Lucienne, par Marly-le-Roi.*

J'ai reçu, mon cher Morin, des nouvelles de madame la comtesse par madame Roussel. Je ne lui réponds pas, parce que je crains qu'elles ne parlent de Londres, avant que ma lettre n'y soit. Si vous croyez que le séjour soit prolongé, écrivez-lui, je vous prie, et remerciez-la bien de son attention pour moi. Il paroit qu'on a retrouvé encore quelque chose, Dieu veuille qu'elle retrouve aussi la chaîne, cet objet est essenciel; mais aura-t-elle facilement tous les effets dans sa disposition? Je crains qu'on ne lui cherche noise et qu'on ne lui fasse des difficultés. Cette affaire a été si mal conduite qu'il y a à craindre des dessous de cartes. Cette femme est faite pour être duppe toute sa vie, et pour ne pas faire attention aux conseils de ceux qui l'aiment. Comme il ne faut pas compter sur ses lettres, je vous prie, mon cher Morin, de me mender comment elle arrangera sa maison et quelles seront les réformes qu'elle y fera. J'espère qu'elle vous rendra justice, et qu'elle aura pour vous les égards qu'exigent vos bons et loyaux services; à coup sûr, si c'est elle qui agisse, je suis sûr que vous n'aurez pas lieu de vous plaindre. Si j'y pouvois quelque chose, vous devez croire que je m'y ferais, de tout cœur, mais mon empire est bien diminué et malheureusement quand je voudrais m'en servir. Ne perdez pas courage, mon ami, la vertu et l'honneur en donnent assez à l'honnête homme pour attendre avec tranquillité les événements de la vie. Croyez que je prendrai toujours le plus vif intérêt à ce qui vous regarde, ainsi qu'a madame Roussel que j'aime de tout mon cœur.

Adieu, mon cher Morin, je pars après demain pour me rendre à Falaise, en Normandie, je vais voir si les cavaliers trumentaire « niessire Cosme de Juillac, lieutenant-colonel de cavalerie et maître d'hôtel de la Reine, chevalier de l'ordre de Saint-Louis et Saint-Lazare »; il assiste aussi au baptême de J.-B. du Barry (le futur vicomte), comme témoin et il signe eu cette qualité.

m'ont encore conservés leur amitié, c'est en effet bien chancelant aujourd'hui. — Brûlez ma lettre. Le 26 au soir. *Noie de Greive*, — Lettre du vicomte de Jouilhac, officier de cavalerie émigré.

Falaise, le 30 juin 1791.

J'ai beaucoup tardé à vous répondre, mon cher Morin, parce que depuis quelques jours les affaires sont si changées, on en est si occupé, si affligé, qu'on n'a pas le courage d'écrire; j'ai reçu avec reconnaissance les détails que vous m'avez donnés sur le voyage d'Angleterre, je commence à croire que cette affaire coûtera si cher qu'elle achèvera de ruiner la divinité; elle a été si mal conduite, si jouée, qu'il ne faut pas s'étonner si tout va si mal; si je savois son adresse, je lui écrirois. Si vous donnés des nouvelles dans ce pays-là, parlez de moi, je vous prie, dites que je vous ai écrit pour savoir ce qui se passe, et s'il est question de retour, mandez-le-moi.

Je suis fâché de savoir madame Roussel malade. Le voyage de la mer l'aura tracassée, joignez à cela l'événement malheureux et vous verai qu'il est très naturel qu'elle ait été obligée de rester. Qu'elle profite de l'absence de madame la comtesse pour se soigner comme il faut, pour bien reposer, car le sommeil est peut-être le meilleur remède qu'elle puisse faire; dites-lui, mon cher Morin, que je suis très reconnaissant de son souvenir, que je lui suis sincèrement attaché.

Que dites-vous des événements qui se passent, auriezvous jamais cru que Barnave se veroit un jour dans la voiture du Roy, comme son juge, que l'Assemblée auroit le droit de séparer le Roy de la Reine, la Reine du Dauphin? Est-il possible que cette fuite ait été aussi mal combinée? Falloit-il une escorte et deux voitures, quand deux ou trois diligences très simples auroient suffi pour sauver tout le monde, mais sur des routes différentes; j'ai reconnu à cette arrestation le malheur qui poursuit le malheureux Roy? Que lui fera-t-on? Que fera-t-on à cette pauvre femme? *O Richard, ô mon Roy, l'univers t'abandonne*. Il n'est plus possible de vivre dans cette triste patrie, j'attends encore quelque tems pour me décider définitivement, mais il est impossible que je puisse m'accoutumer à tant d'horreurs. Si les choses sont dans cet état dans six mois d'ici, je serai bientôt décidé. J'aimerais mieux mendier mon pain que de rester dans une pareille anarchie. Le Régiment n'est pas plus sage que l'année dernière, cependant il est plus honnête avec les officiers, mais il convoite toujours leurs places, ils les auront et ils ne tarderont pas à s'en repentir. Je ne sais encore où j'irai, tous mes amis sont aussi chanceux que moi, les uns perdent beaucoup, les autres sont dispersés et mes parents sont des êtres qui ne feroient rien pour moi et qui m'ennuieroient. Cependant je crois qu'avec la très petite fortune qui me restera, je pourrai habiter Paris en restant ignoré, ou bien j'irai chez l'étranger, quelque chose qui me détermine, je serai bien fâché d'abbandonner une partie de mes connoissances.

Quand à vous, mon cher Morin, restez tant que vous pourai ou vous êtes, soyez sûr qu'on vous gardera plutôt qu'un autre, et que s'il faut faire une réforme, vous n'y serai pas compris. Je regrette bien ce pauvre Bled, c'était un brave homme digne d'un autre sort. Je ne suis pas étonné que l'autre soit réchappé de sa maladie Ce siècle là n'est favorable qu'aux gueux. Adieu, mon cher Morin, écrivez-moi quelquefois, vous me ferez beaucoup de plaisir. Ne soyez pas inquiet sur mon compte, j'espère que si on me renvoie, je le serai poliment. Adieu, ne doutez jamais, ainsi que madame Roussel, de mon tendre et inviolable attachement.

(Pas de signature.) 1. Peut-être Salanave, qui fut en effet malade. *Lettre adressée au citoyen Denis Marin, à Louveciennes.*

Guerchy, le 14 juin.

J'ai reçu de vos nouvelles avec un très grand plaisir, insi que votre filleul... Nous sommes très fâchés que votre santé ne soit pas très bonne. Je suis persuadé que les affaires de la citoyenne Dub *(sic)* n'a pas peu contribué. Je crois que vous n'êtes pas sans avoir éprouvé quelque désagrément. Il faut cependant espérer que la tranquillité reviendra.

Correspondance de madame du Barry.

Quand on ne peut 'avoir sa propriété qu'à force de discussion, c'est la retirer par lambeaux et il en reste toujours une partie après les épines. Je crains bien que vous n'ayez éprouvé cette vérité.

Les journaux vous auront sûrement appris, madame, lous nos désastres dans la Belgique depuis le 22, le tableau que l'on voit icy et dans les villes des environs des malheureuses victimes réchapées est véritablement déchirent et les récits sont encore plus désastreux.

Si la courageuse mademoiselle Mimi est auprès de vous, je vous prie de me rappeler à son souvenir. Ce 27.

De madame du Barry, sur l'enveloppe: M. le duc voudra bien faire passer ce billet à Morin, à Louveciennes.

Morin priera Fisson, s'il n'est pas allé chez M. le duc de Rrissac, de venir à Louveciennes pour y faire des confitures pour la provision de Monsieur.

Note de Greive à Fouquier-Tinville.
Morin est l'homme de confiance qui est dans le secret de toutes les cachettes. Il existe parmi les pièces que tu as de la Dubarry *deux lettres infîmes du cidevant vicomte de Jouilhac adressées à Morin.* Nous avons trouvé également un sac d'écus de six francs chez Morin, dans lequel sac se trouve une adresse à son correspondant de Mayence. Personne dans le village que Morin n'eut été le dépositaire de plus d'un émigré! Ce Morin aussi empêchoit autant qu'il pouvoit le recrutement aux différentes époques de la Révolution. Mais il faut faire parler Morin sur les objets cachés, ainsi que la femme Roussel et Gouy et sa femme, deux autres créatures dévouées à la Dubarry. Enfin il faut prendre garde de ne relâcher aucun de ces gens ni personne impliquée dans cette affaire, surtout Labondie, neveu d'Escours, et que l'on croit émigré à Cahors et qui a cherché un certificat de résidence à Louveciennes, quoiqu'il avoit demeuré depuis quelques années à l'hôtel de Suède, rue du Bouloi, section de la Halle aux bleds.

Un nommé *Riecadat,* ancien secrétaire des Cent-Suisses, ensuite de Brissac et de la garde de Capet. Il restoit lors de son arrestation ainsi que d'Escourre à l'hôtel de Brissac, rue de Grenelle-Saint-Germain.

Un nommé Laneuville, dont une lettre adressée à Calonne à Londres, qui doit se trouver parmi les pièces remises pour le Comité.

Ce Laneuville ainsi que sa femme, sœur de Graillet, émigré, dont les titres de noblesse, brevets, etc., se sont trouvés cachés avec les diamants de la Dubarry. Ce Laneuville, détenu également à la Force, est un contre-révolutionnaire connu et sa femme une intrigante de première force comme il paroit par la lettre nommée G.

Ces deux êtres ont été tous les deux ses entremetteurs politiques entre Calonne et la Dubarry. Je les ai trouvés à Louveciennes chez la Dubarry, le jour de l'arrestation de celle-ci. J'ai envoyé le Morin à la Force où il est, quoique fortement réclamé par des intrigans de la section des Champs-Elysées. Sa femme est détenue depuis plusieurs jours, mais j'ignore dans quelle prison. Laurent l'a fait arrêter à ma demande. Ce Laneuville, le mari, se dit natif de Tournay, département de Gemmape. On m'assure qu'il a un frère ou émigré ou demeurant d'une manière suspecte a Lille ou dans les environs. On trouvera plusieurs lettres de lui parmi les pièces de la Dubarry. Je t'enverrai une autre lettre de la femme Laneuville qui existe entre les mains du Comité de surveillance de Versailles. Il est possible que ces personnages ainsi que la Rousselle et la Couture fussent dans le secret des cachettes, puisque la boite de diamants trouvée lors de la première découverte est adressée à madame Couture, à Londres.

Tranchant et Pretry, l'un cuisinier, l'autre aristocrate, doivent y connoitre quelque chose. La *Couture* est fille de la première femme de *Tranchant.* Le nommé Toulorge, détenu avec les autres, est également accusé d'avoir soustrait des jetions d'argent le jour de l'arrestation. C'est encore un confident, mais qui jouait par intervalles le patriote. En tems et lieu, je serai prêt à t'aider avec zèle dans cette poursuite. Il ne faut pas oublier non plus *Picard. Perquisitions faites par ordre du Tribunal révolutionnaire dans le château et pavillon de Lucienne, à l'effet de s'emparer des bijoux, or et argent, gui y étoient cachés, et sommations faites à Morin, valet de chambre de madame Dubarry, de déclarer où ils sont.* (Favrolle, t. IV, p.' 198.)

Le 24 frimaire, l'an II de la République une et indivisible.

D'après l'invitation par nous faite au citoyen accusateur public, près le Tribunal révolutionnaire de Paris, est comparu devant nous, commissaires, juge de paix et maire dénommés aux procès-verbaux d'autre part, à dix heures du matin, Denis Morin, valet de chambre de la Dubarry, accompagné de Maximilien Brassan, Pierre Ducolet, gendarmes de la t division, attachés aux tribunaux, et de Jean Auvray, huissier au Tribunal, lequel Auvray nous a représenté les pouvoirs dont il étoit porteur, tant pour lui que pour les gendarmes. A ces premières observations, ledit Morin a répondu qu'il avoit la confiance de sa maîtresse plutôt en apparence que de fait; qu'on ne le jugeoit jouir de la confiance entière de la du Barry, que par ce que sa position de valet de chambre le mettoit plus à portée de recevoir les ordres de sa maîtresse et de donner les odres de cette dernière à ceux attachés à son service; qu'au surplus il étoit trop ami de la vérité pour se refuser à la fidélité d'aucunes déclarations, sur rien dissimuler sur tout ce qui pourroit nous donner des lumières à l'égard de la femme du Barry.

Nous avons ensuite interpellé ledit Morin de nous déclarer ce qu'il faisoit avant que d'être avec madame du Barry.

A répondu qu'étant né d'un vigneron à Auteuil, après avoir servi plusieurs personnes à Paris, il étoit entré par l'effet du hazard, le 5 juin 1768, au service du ci-devant comte Dubarry; que, depuis cette époque, il étoit toujours resté attaché à la maison de la Dubarry, d'abord en qualité de laquais dudit Dubarry, frère du mari de la Dubarry et ce, l'espace de quelques mois; au service particulier de la femme du ci-devant comte Dubarry pendant quatre ans, et en qualité de valet de chambre le reste du temps.

AFFAIRE DE MORIN ET LABONDIE *(sic).*
(Notes de la main jfe Fouquier.)
Georges Greive. — Déclare en général que Morin étoit dans tous les secrets de la du Barry.

A détourné le fils Cottet d'aller à la Vendée en lui disant que s'il y alloit la du Barry ne le recevroit plus.

Plus, il s'est trouvé de l'argent dans un sac qui étoit destiné à être envoyé à de Fontenille, dit l'abbé Laroche, condamné à la peine de mort par le Tribunal.

Les 100 livres données au cy-devant maire de Luciennes l'ont été au mois de juillet dernier au moment où il lui a demandé un *visa* pour venir à Paris.

Morin prétend que le témoin ment quant aux volontaires et quant à tout le reste.

La Bondie est allée (sic), selon lui, pour la première fois chez la Dubarry que le 15 septembre 1792.

Blache. — Invitation pressante de la part de la Dubarry et Morin, près les municipaux de Louveciennes, pour écrire à l'administration du district de Versailles de faire sortir Labondie des prisons de Versailles, ce qui fut exécuté. La cause de son arrestation étoit que le témoin avoit vu que le *visa* de son passeport à la municipalité avoit une datte antérieure à celle du *visa*.

A entendu dire que la moitié des François égorgeroit l'autre, et que les choses ne pouvoient subsister comme elles étoient.

A ajouté qu'il persécutoit les domestiques patriotes et qu'il les fesoR chasser, notamment Frémont, jardinier et père de quatre enfants.

A confirmé le propos imputé à Morin qu'il avoit dit à Cottet que s'il alloit à la Vendée, sa marraine, la Dubarry, ne le recevroit plus et qu'il avoit traité les patriotes *de monstres*.

Un autre jour a vu lire le journal intitulé *le Vray Père Duchesne*, fait par un employé à la poste, et qu'il tournoit en ridicul tous les bons patriotes et faisoit alors de très mauvaises plaisanteries.

Morin a sollicité un certificat de résidence pour la Dubarry: certificat a été donné dans sa maison.

Elie-Joseph Frémont. — Cy-devant jardinier de la Dubarry. Il y avoit dix-sept ans moins six semaines qu'il étoit à Luciennes.

A sçu que Morin travailloit en dessous mains pour le faire sortir, parce qu'il étoit patriote. Le bruit en couroit dans le village.

A vu la Bondie se promener dans le jardin avec la Dubarry.

Zamor. — Cy-devant domestique chez la Dubarry. Morin et la Bondie se réjouissoient des échecs qu'éprouvoient les armées de la République, surtout lors des défaites de la Vendée, le tout par des signes extérieurs et en se frottant les mains.

C'est à l'office que le déclarant a vu Morin et la Bondie agir de cette manière. Salanave et la femme de chambre étoient à l'office.

Salanave. — A confirmé le fait des certificats de résidence, a toujours regardé Morin comme un aristocrate et se réjouissant des échecs que pouvoient éprouver les armées de la République. Quant à Labondie, il l'a toujours regardé comme un aristocrate et un intrigant, surtout après le propos qu'il lui aenlendu tenir, qu'il étoit la nuit du 9 au 10 aoust dans les *fausses patroulles (sic)* trouvées à l'entrée des Champs-Elysés (sic) avec son épée sous son habit.

Louis Ledoux. — Maire de Luciennes, vigneron. — Ce témoin confirme qu'au mois de juillet 1793 il a signé un visa pour Labondie; il lui a proposé six francs qu'il a refusé (sic).

Ledoux déclare qu'il regardoit Morin comme la Dubarry.

1. Prud'homme, dans ses *Révolutions de Paris,* parle aussi do fausses patrouilles reconnues la veille du 10 août. (V, n 161, du 4 au 11 août 1792, p. 230.)

« Une fausse patrouille de plus de trente hommes, commandée par Carie, fut reconnue et enveloppée; huit soldats et leur chef furent aussitôt sabrés et leurs têtes, dès le matin, promenées au bout d'une pique; leurs cadavres gisoient encore le lendemain dans la place Vendôme, lieu de l'execution. »

Une autre fausse patrouille, forte de deux à trois cents hommes avec du canon, rôda toute la nuit aux environs du Théâtre-Français, etc..

Bertrand de Motteville raconte l'événement d'une autre manière (t. IX, p. 107): « Les fausses patrouilles n'étoient suivant lui que des individus isolés, qui avoient été arrêtés pendant la nuit dans les environs des Tuileries, armés d'épées et de pistolets pour leur défense personnelle; on les avoit conduits à la section des Feuillans et on avoit répandu parmi le peuple que c'étoit une fausse patrouille. Ils furent massacrés en grande parlie; au nombre de ceux qui demandèrent leur mort et qui y participèrent était Terwagne de Marcourt, dit Théroigne de Méricourt, et parmi les victimes l'abbé de Bouillon. »

Depuis qu'il a reçu les 100 francs, il n'a vu ny fréquenté Morin, quoique ce dernier l'ait invité plusieurs fois à déjeuner.

Morin alloit peu dans les assemblées primaires, y parloit peu, parce qu'il n'étoit pas écouté, attendu son aristocratie.

Ici Fouquier renouvela contre Morin la tactique dont il avait fait usage contre Escourre; il prétendit que Morin ne disait pas la vérité, qu'il était en contradiction avec la femme Roussel, par conséquent complice de la Dubarry, et il requit son arrestation immédiate. C'est ce que le procès-verbal d'audience constate en ces termes:

« L'accusateur public requiert que Denys Morin sera à l'instant mis en état d'arrestation comme prévenu de complicité. »

Il était déjà détenu comme suspect à la Force, il passa à l'état d'accusé à la Conciergerie.

Témoins à charge : — Greive, Blache, Freinont, Zamor, Salanave, Ledoux, femme Couture. *Témoins à décharge:* — 1 Antoine Verrat, 63 ans, ancien domestique de Labondie; 2 Alexandre-Jacques-Marie-Joseph Boucy, 33 ans, demeurant à Paris, rue de Grenelle; 3 Jean-François de l'Abbas, 39 ans, demeurant à Paris, hôtel de Suède; 4 Alexandre-Pierre-Jean-Baptiste Vivien, 36 ans, demeurant à Saint-Cyr (Seine-et-Marne), connaissant Labondie. *Interrogatoire de Jacques-Etienne Labondie. ancien commissaire de la marine.*

Cejourd'hui 26 frimaire, l'an second de la République, heure de midi, nous, René-François Dumas, *vice-pnsidcnt* du Tribunal révolutionnaire, et assisté de Jacques Goujon, commis greffier, et, en présence de l'accusateur public, avons fait amener de la maison d'arrêt de la Conciergerie, le nommé Labondie, âgé de 44 ans, ancien commissaire de la marine, né à Gahors, département du Lot, demeurant à Paris, hôtel de Suède, rue du Bouloy.

D. A quelle époque avez-vous fait connaissance de la Dubarry?

R. N'étant pas venu à Paris depuis vingt ans, j'y suis arrivé vers les premiers jours du mois d'août 1792. Au commencement mon oncle Escours me conduisit chez elle, pour me donner une

maison d'agrément. *D.* Quelles relations avez-vous eues avec la Dubarry? *R.* Je n'ai eu avec elle que des relations de société. D'après l'invitation qu'elle me fit au commencement d'octobre, et à ce qu'il croit le 14, je partis avec elle de Paris, et l'accompagnai jusqu'à Boulogne. Là, elle m'engagea de l'accompagner jusqu'à Londres, ce que je fis; après y avoir séjourné six ou sept jours j'ai repassé en France.
I). Où avez-vous pris un passeport?
il. A la municipalité de Louveciennes.

D. Comment et pourquoi vous êtes-vous procuré un passeport d'une municipalité où vous n'étiez pas domicilié? *R.* Allant et venant fréquemment de Paris à Louveciennes, la Dubarry a eu de très grandes facilités pour m'obtenir un passeport.
D. Quels sont les Français que vous fréquentiez le plus à Londres?
R. Pendant mon séjour à Londres, j'ai vu venir chez la du Barry, Curt, ex-député de l'Assemblée constituante, 1. Curt (de), député de la Guadeloupe aux Etats-Généraux; il offrit le 21 septembre 1789 la moitié de son revenu en don patriotique. Le 26 juin 1790 il rit décréter l'organisation de l'armée nava-tet l'abbé Sabatier', conseiller au ci-devant Parlement, et les femmes Lasuze et Gaucourt. *D.* Quels sont les services que vous avez rendus à la Dubarry à Londres?
R. Aucuns.
D. De quelle négociation vous a-t-elle chargée lors de votre retour en France?
fl. D'aucune.
D. N'avez-vous point eu part à la négociation des deux cent mille livres, faite pour le compte de la Dubarry, par votre oncle avec les Vandenyver au profit de Rohan-Chabot?
B.. Non.
D. Pourquoi avez-vous favorisé les conspirations de la Dubarry contre la liberté et la sûreté du peuple, et par là êtes-vous devenu son complice?
B. Je n'ai favorisé aucune conspiration à moi connue.
D. Où étiez-vous le 10 août 1792? *R.* Je suis arrivé de Brest dans la nuit du 8 au 9 avec le commissaire Bertin; le lendemain, je sortis de chez moi vers les dix heures du soir et fus au Carrousel avecRegasse, alors entreposeur du tabac à Cahors. De là, nous suivîmes un bataillon de gardes nationales, jusques entre la terrasse des Tuileries et des Champs-Elysées. Là nous fûmes arrêtés par une patrouille qui nous renvoya à nos domiciles, vers lesquels nous nous acheminions lorsque nous fûmes arrêtés de nouveau dans la rue Saint-Honoré par une autre patrouille qui nous conduisit au Comité des Tuileries aux Feuillans. Après avoir été interrogés, nous fûmes élargis le 1. L'abbé Sabatier, rue de la Michaudière. 2. Lasuze. Il y avait un marquis et une marquise Lasuze et aussi un comte et une comtesse de Lasuze, probablement de la même famille qui habitaient à Paris dans le même hôtel, rue de Varenne, 70. 3. Madame la comtesse de Gaucourt, demeurait rue GrenelleSaint-Germain, n» 27. Le marquis et la marquise de Gaucourt habitaient rue Saint-Honoré, 343. 10 à sept heures du matin. Je me suis rendu à l'hôtel de
Suède et fus passer chez les Bertin frères la soirée.
D. Avez-vous un défenseur?
R. J'ai fait choix des citoyens Jacquemin et Julienne.
Lecture faite, etc. *Ont signé:*
Labondie, Dumas, A.-Q. Fouquier, Goujon.

Le 3 nivôse anII (23 décembre 1793), Morin et Labondie comparaissent devant le Tribunal révolutionnaire, présidé par Dobsent.

L'acte d'accusation était d'une longueur excessive. Les lettres de M. de Juilhac à Morin en faisaient à peu près tous les frais; aussi y avaient-elles été insérées presque intégralement. Le surplus n'était qu'un composé de déclamations ridicules ou de griefs puremeut imaginaires. Les débats furent courts et rapides. Fouquier-Tinville a tenu de sa main des notes qui ont été conservées; nous les avons reproduites textuellement; elles ont été transformées comme les précédentes en compte rendus dans les mémoires de Favrolle.

Morin et Labondie furent condamnés à mort et exécutés le jour même.
Le Glaive vengeur dit que sur la charrette Labondie sembla s'attendrir sur sa femme, ignorant que celle-ci fût déjà morte. Il ne dit rien sur Morin. Deux autres malheureux montèrent le même jour sur l'échafaud. C'était presque déjà une petite fournée. Il devenait difficile d'étudier l'attitude de tous les condamnés. Nous avons vu précédemment qu'un auteur avait opposé aux illustres victimes déposées dans le cimetière de la Madeleine le corps immonde de la du Barry, celui de son valet de chambre Morin, celui du père Duchesne et de sa digne épouse (Guillotin et la Guillotine). L'injure envers un cadavre fût-elle justifiée, ce que nous n'admettons pas, on se demande en quoi le fidèle Morin a mérité d'être mis sur le même rang que le père Duchesne. *Noël.* — Jean Noël, âgé de soixante-cinq ans, natif de Remiremont, département des Vosges, ex-député à la Convention nationale, convaincu d'être l'un des complices de la conspiration qui a existé contre l'unité et l'indivisibilité de la République, a été condamné à la peine de mort et exécuté le 18 frimaire.
En montant sur la charrette, après s'être placé auprès de la femme du Barry, qui étoit peu susceptible de s'apercevoir de son voisinage, il voulut pérorer le peuple, mais sa voix fût dans l'instant même couverte du cri unanime de vive la République! Ses gestes annoncèrent sa mortification, mais on ne put saisir un seul mot de ce qu'il disoit.
Descours. — Louis-Bernard-Margueritte Descours, natif de Libos, département de Lot-et-Garonne, âgé de soixante-huit ans, autrefois page, puis capitaine de cavalerie, agent du contre-révolutionnaire Brissac, enfin aide-de-camp dans la garde prétendue constitutionnelle de Capet, actuellement pensionnaire de la République, convaincu d'être complice du complot et conspiration contre la République françoise, et dont la courtisanne du Barry et les banquiers Vandenyver étoient les principaux agens, a été condamné à la peine de mort et exécuté le 21 frimaire. Il avoit été dénoncé par la femme du Barry; il avoit paru dans sa cause comme témoin. *La Bondie.* — Jacques-Etienne la Bondie, âgé de quarante-quatre ans,

natif de Cahors, ancien commissaire de là marine, convaincu d'être auteur et complice d'une conspiration qui a existé contre la République françoise, en entretenant des intelligences avec les ennemis de la France; émigrant à différentes fois, et en provoquant la guerre civile la nuit du 9 au 10 août 1792, à l'effet d'armer les citoyens les uns contre les autres.

Sur la charrette, il sembla s'attendrir sur le sort de son épouse; mais le chagrin de ses crimes ou de ses malheurs l'avoit déjà enlevée à la vie, cette femme sensible.

Morin. — Denis Morin, âgé de quarante-neuf ans, valet de la du Barry, convaincu d'être le complice du même complot, et, en outre, d'avoir participé à des soustractions de richesses et de bijoux qui appartenoient à la nation, d'avoir contribué à donner asile et retraite à des conspirateurs, ont été condamnés à la peine de mort et exécutés le 2 nivôse. (Pages 147, 148, 149, ISO et 158.)

DERNIERES ANNÉES DE JEAN DU BARRY
SON PROCÈS, SA MORT.

Le coup qui frappa le frêle édifice de la fortune de madame du Barry aurait dû mettre à néant tous les rêves de Jean du Barry le Roué. Mais, en fin diplomate, il avait su se mettre à l'abri contre les éventualités du sort. 11 ne s'était pas contenté de sommes d'argent, de pensions, de places, avantages plus ou moins précaires, il avait procédé par échanges avec le Domaine royal. 11 possédait ou paraissait posséder des bois considérables, inclus dans la forêt de Senonches. Il eut l'art de les céder au Roi contre la forêt de Bouconne, enclavée dans le comté de Lille-Jourdain, contenant quatre mille deux cent quarante-cinq arpents de taillis, outre le domaine de Gray, en Franche-Comté. Le tout était évalué de part et d'autre à 900,000 livres. En 1775, du Barry rétrocéda le comté de Lille-Jourdain et la forêt de Bouconne à Monsieur, frère du Roi, moyennant le même chiffre de 900,000 livres, puis il se retira à Toulouse où il se livra à une vie de sybarite tempérée par son goût pour les beaux-arts. Il avait vendu sa première collection en 1774; il en forma une seconde. Nous verrons bientôt le sort qu'elle éprouva. Sa femme mourut vers 1775, il se remaria à une dame Rabaudy de Montoussin, mariée d'abord à un autre du Barry. Si l'on veut voir quel était son genre de vie, il faut en chercher les détails dans les *Souvenirs d'une actrice,* mémoires piquants de Louise Fleury, femme Fusil, qui avait connu les du Barry à Toulouse, et a laissé sur eux plusieurs chapitres intéressants.

Arthur Young, dans son *Voyage en France,* vers 1789, a donné une description complète de la maison que du Barry avait fait construire à Toulouse, en face de l'église de Saint-Sernin.

Nous vîmes entre autres choses à Toulouse la maison de M. du Barry, frère du mari de la célèbre comtesse. Grâce à certaines manœuvres qui prêteraient à l'anecdote, il parvint à la tirer de l'obscurité, puis à la marier avec son frère et, en fin de compte, à se faire par elle une assez jolie fortune. Au premier étage, se trouve l'appartement principal, composé de sept à huit pièces, tapissé et meublé avec un tel luxe, qu'un amant enthousiaste, disposant des finances d'un royaume, pourrait à grand'peine répéter sur une échelle un peu large ce qui se trouve ici en proportion modérée. Pour qui aime la dorure, il y en a à satiété, tellement que pour un Anglais cela paraîtrait trop brillant, mais les glaces sont belles et en grand nombre, salon très élégant (toujours à l'exception des dorures); j'ai remarqué un arrangement d'un effet très agréable; ce sont des miroirs devant les cheminées au lieu des différents écrans dont on se sert en Anglelerre; ils glissent en avant et en arrière dans le mur. Il y a un portrait de madame du Barry qui passe pour ressemblant; si vraiment il l'est, on pardonne les folies faites par un Roi pour l'écrin d'une telle beauté! Quant au jardin, il est au-dessous de tout mépris, si ce n'est comme exemple des efforts où peut entraîner l'extravagance. Dans l'espace d'un acre, sont entassées des collines en terre, des montagnes de carton, des rochers de toile, des abbés, des vaches et des bergères, des moutons de plomb, des singes et des paysans, des ânes et des autels en pierre; de belles dames et des forgerons, des perroquets et des amants en bois, des moulins à vent, des chaumières, des boutiques et des villages, tout excepté la nature. — (*Voyage en France,* etc., par Arthur Young, traduit de l'anglais, I, p. 37.)

Du Barry vivait ainsi plongé dans une vie épicurienne, avili, mais inoffensif, on dit même repentant de ses fautes passées. Il ne se montra nullement hostile aux idées nouvelles, bien plus il les embrassa avec ardeur; il fit armer et habiller à ses frais la légion de la garde nationale de Toulouse, du quartier Saint-Sernin. Il dût à cette munificence le grade de colonel en second de cette légion; malheureusement, toujours prodigue, il avait contracté des dettes pressantes; il fut obligé de se soustraire par la fuite aux poursuites de ses créanciers. 11 se cacha, sans cependant quitter la France; il n'en fallait pas davantage pour qu'on le considérât comme émigré. Il fut menacé d'une apposi i. Toulouse, le 8 octobre, l'an II de la République,

Citoyens nos collègues, nous continuons à prendre des mesures révolutionnaires; quinze cents personues suspectes ont été arrêtées par nos perquisitions dans l'Arriège et la Haute-Garonne.

Nous tenons en notre pouvoir tout le parlement de Toulouse; la famille Dubarry est entre nos mains: nous avons pensé qu'une tion de scellés administrative. Nous allons le voir répondre aux questions inquisitoriales qui lui ont été adressées.

Verbal d'inventaire chez le sieur Jean-Baptiste du Barry, place Saint-Raymond, section 7.

L'an mil sept cent quatre vingt treize, le second de la République française et le vingt deuxième jour du mois de février, à trois heures de relevée, nous, Jacob Londios, homme de loi, habitant de Toulouse, l'un des commissaires nommés par l'arrêté du directoire du district dudit Toulouse du 24 mars et 2 janvier derniers, à l'effet de ramener à exécution celui du département de la Haute-Garonne du quinze dudit mois de mars, concernant les biens des émigrés, écrivant sous notre dictée, les citoyens Dominique Turben fils et Bernard Villeroux, habitants de la susdite ville, greffiers par nous pris d'office et en tant que de besoin préalablement assermentés, avons procédé au fait de notre commission comme suit, en présence du citoyen Mandement, officier municipal commis à cet effet, sur notre réquisition, par la municipalité de la même ville, laquelle nous a déclaré ne pouvoir lui donner un adjoint, conformément au susdit arrêté du département à cause des occupations multipliées qui exigent ailleurs des soins et la présence des autres officiers municipaux.

Nous sommes ensuite transporté dans la maison du sieur Jean-Baptiste du Barry Famé, située place Saint-Raymond, section 7, n, à nous indiqué comme émigré par le citoyen Lespinasse, procureur-syndic du district de Toulouse, où nous avons trouvé ledit sieur du Barry l'aîné: auquel simple arrestation ne suffirait pas pour les membres de cette famille déprédatrice,.

Nous avons fait transporter dans le Trésor public toutes les matières d'or et d'argent que nous avons trouvées chez eux. *Annales patriotiques* du 24 vendémiaire an 11.) ayant exposé l'objet de notre commission, nous a répondu que l'état de ses affaires l'ayant obligé de s'absenter de Toulouse au mois de novembre 1791, pour se soustraire aux poursuites de certains créanciers, il est revenu dans cette ville le 9 ou le 10 du mois de mars dernier; que, pendant l'intervalle qui s'est écoulé entre ces deux époques, il a presque toujours résidé en Provence comme il appert d'une procuration consentie le 9 novembre 1791 en faveur du citoyen Foulquier, ci-devant procureur au Parlement, ladite procuration retenue à Tarascon, en Provence, par Berre, notaire de ladite ville, signée par le répondant et légalisée le 10 du même mois par les officiers municipaux de ladite ville de Tarascon, comme appert encore d'une autre procuration du 29 février 1792 par lui consentie en faveur du citoyen Louis André, commerçant, habitant de la ville Lorgne, département du Var, retenue le dit jour par Lamarre, notaire d'Antibes, et légalisée le même jour par le maire de ladite ville d'Antibes;

Que depuis son retour à Toulouse, le vingt-cinquième jour du mois dernier, il fut nommé colonel de la légion de SaintSernin, comme appert des délibérations de ladite légion prises ledit jour qu'il nous a exhibées, ainsi que les deux dernières procurations, nous requérant de les parapher, ajoutant qu'indépendamment de ces actes qui établissent sa résidence en France avant et après le décret du 8 avril dernier, il invoque une autre procuration par lui consentie devant Moras, notaire à Toulouse, le o avril dernier, en faveur des citoyens Dupin et Guion, syndics de ses créanciers, ensemble différents certificats de vie et résidence à lui accordés par la municipalité de Toulouse à plusieurs époques, el notamment le mois de décembre dernier, laquelle procuration il ne peut nous exhiber dans ce moment non plus que lesdits certificats, attendu que toutes ces pièces ont été remises à leur destination, mais qu'il offre d'en produire de nouvelles expéditions dans vingt-quatre heures, s'il le faut.

Par toutes ces considérations, le répondant nous a observé que c'est mal-à-propos qu'il a été compris dans la liste des émigrés et nous a requis de ne pas passer outre. Il a signé: J.-B. Du Barry.

Nous, susdit commissaire, avons donné acte audit du Barry de ces comparution, dires et réquisition, ensemble l'exhibition à nous par lui faite desdites procurations et dudit délibéré de la légion Saint-Sernin, lesquelles trois pièces il a ensuite retirées après qu'elles ont été par nous paraphées et sans nous arrêter auxdit£s réquisitions.

Vu ce qu'il résulte des dispositions de l'article 13 de la loi d'octobre dernier, avons ordonné qu'il sera par nous passé outre sans préjudice de tous les droits et exceptions dudit du Barry l'aîné, sauf à lui de les faire valoir comme il avisera à, ou par devant qui il appartiendra.

Et en conséquence de notre présente ordonnance, nous avons procédé comme suit à l'inventaire des meubles et effets contenus dans ladite maison.

Etant entré dans une antichambre du grand appartement de ladite maison à laquelle nous sommes parvenu par le grand escalier, ladite antichambre prenant jour sur la place Saint-Raymond et sur le jardin, nous y avons trouvé et inventorié ce qui suit, savoir: une tenture de tapisserie d'Aubusson, dix chaises garnies de mocade verte, blanche rayée, huit rideaux de fenêtre en toile de coton blanche, bordure d'indienne, une table de marbre blanc sculptée, deux médaillons aussi en marbre blanc, dans ladite antichambre est une glace en deux pièces, incrustée entre les deux fenêtres donnant sur la place.

Et vu l'heure tarde, avons renvoyé la continuation du présent à neuf heures du matin du jour de demain, 23 du courant, et avons chargé ledit du Barry de la garde provisoire de tous les meubles par nous inventoriés et à inventorier, laquelle garde il a acceptée et après lecture, avons signé avec lui, ledit Mandement, officier municipal; Londios, commissaire; Du Barry; Villeroux etTuRBEN, greffiers d'office.

Oh voit d'abord par cet acte que du Barry était de retour à Toulouse, et qu'il avait été trouvé dans sa maison: c'était la meilleure réponse à cette persécution inouïe; mais il ne se borne pas là; il cite avec une grande précision les pièces établissant qu'il n'a pas cessé de résider en France. Ce sont des procurations devant notaires, données, signées par lui. Il ne pouvait présenter une justification plus nette, plus authentique. On reconnaît la finesse de son»esprit délié, son habitude des affaires dans cette argumentation. Le laissa-t-on tranquille? C'est probable. Cependant on trouve encore dans les archives du Capitale des demandes de levées de scellés formées par du Barry. On a parlé de démêlés qu'il aurait eus avec Chabot, le fameux capucin défroqué; la liquidation de ses échanges avec le domaine n'était pas terminée; il y avait en outre alors une tendance générale à faire le procès au passé sur la tête des contemporains et sous forme d'abstractions et de symboles. Ainsi, Louis XVI avait expié les crimes des Capétiens, madame du Barry les turpitudes du Parcaux-Cerfs, le Houé devait naturellement payer pour les débauches de la régence. Quant au moyen d'atteindre ces criminels emblématiques, exhumés de si loin, il était fort simple : c'était la qualification de conspirateur, mot qui répondait à tout. Du Barry fut donc accusé et convaincu de conspiration contre la République.

Comment et à quel titre? Pour le savoir il faudrait avoir le dossier, mais il a été brûlé comme tous les papiers de la période révolutionnaire, à Toulouse Il i. Prudhomme et plus tard M. de Berriat Saint-Prix *Justice Révolutionnaire)* ont compté 143 tribunaux révolutionnaires ayant existé dans les départements. Ils ne parlent ni l'un ni l'autre de la Haute-Garonne. Il résulte cependant de ce jugement que le Tribunal a existé à Toulouse.

ne reste plus que le texte de l'arrêt que nous devons à l'obligeance de M. Filhol, ancien maire de la ville. Il n'offre pas d'intérêt. Du Barry a été condamné comme complice de cette vaste conspiration qu'on voyait partout et qui n'existait nulle part. L'accusateur public était un sieur Capelle qui jouait à Toulouse le rôle de Pouquier-Tinville dans le chef-lieu de la Haute-Garonne, de Lacombe à Bordeaux, etc., « Jean du Barry montra beaucoup de fermeté, dit la *Biographie toulousaine,* pendant les débats, ne répondant aux insidieuses questions de l'accusateur public que par ces mots : « A quoi me servirait de vous disputer le peu de jours qui me restent à vivre? » Il n'avait cependant que soixante-dix ans, étant né en 1723, âge qui bien qu'avancé ne comportait guère cette réponse. » La *Biographie* continue ainsi : «On avait dressé l'échafaud sur la place Royale, Jean du Barry, en allant au supplice, parut un instant troublé; mais, surmontant ce moment de faiblesse, il revint à lui, reprit son assurance et salua la foule qui se pressait autour de lui. « Adieu, mes amis, adieu, mes chers concitoyens, » disait-il; il harangua ensuite le peuple et reçut la mort avec résignation et fermeté, réparant ainsi les erreurs de sa vie, qu'il déplorait depuis longtemps. »

Des erreurs, des fautes, des infamies, soit : tout ce qu'on voudra, mais des crimes dignes de la peine capitale! jamais il ne s'est élevé à une telle hauteur. La cité qui a été la capitale de l'inquisition et qui en porte encore les traces a donc enregistré dans ses annales ce supplice immérité à côté de ceux de Va 1. La ville de Toulouse a encore une belle rue qui porte le nom : rue de *l'Inquisition.* nini , de Calas. Du Barry, élevé au rang des victimes de la Terreur, lava de son sang les taches des Roués de la régence.

Ce malheureux avait conservé dans son dernier cachot quelques débris de son ancienne opulence. Ils étaient passés entre les mains de son frère Guillaume, toujours détenu comme parent d'émigré. La nation les réclama comme biens confisqués. On en trouve la preuve dans un procès-verbal du 21 ventôse an II.

Procès-verbal dressé dans ta maison de réclusion pour la recherche de l'avoir ayant appartenu à Jean du Barry, trouvé au pouvoir de son frère y reclus.

Et ensuite ledit Dubarry (Guillaume) nous a remis une montre en or à répétition, émaillé, deux couverts d'argent à filet, une écuelle à soupe. Il nous a remis en outre,. quarante huit bols en argent, une cassette contenant un plat à barbe avec son ausse-col, deux étuis à pommade et un troisième pour mettre du thé et trois flacons en cristal.

Jean du Barry, devenu veuf, s'était remarié et avait épousé en secondes noces Anne-Marie-Thérèse Rabaudy de Montoussin, veuve elle-même d'un autre du Barry.

La Terreur passée, elle adressa au Corps législatif un mémoire imprimé pour demander que les biens de 1. Vanini n'a pas été brûlé vif, comme M. Cousin l'a dit par erreur. Il avait donné une démonstration sublime de l'existence de Dieu; mais elle n'était pas orthodoxe, il fut condamné par le Parlement de Toulouse « à avoir la langue arrachée, à être *strangulé* à un poteau dressé dans une des places de la ville, ses cendres jetées au vent. » Cette horrible sentence reçut son exécution sur la place du *Salin,* encore existante.

2. Calas fut condamné à la roue après avoir subi la question. La torture ne lui arracha ni plainte ni aveu, et il fut roué place Saint-Georges. son mari, qui n'avaient pas été vendus, lui fussent restitués à l'effet de payer ses créanciers. La loi de restitution du 21 prairial an III portait une exception pour les biens des Bourbons et ceux des du Barry. La veuve demandait au Corps législatif d'ordonner que cette restriction n'eût pas lieu, son mari ayant consacré de fortes sommes à des dépenses patriotiques. Nous ignorons ce qui advint de cette pétition. Nous savons seulement que plus tard la collection de tableaux de Jean du Barry, qui formait l'un des ornements du musée de Toulouse, fut rendue à la famille «. *Le Journal de Paris* contient une annonce destinée à prévenir les créanciers qu'uue saisie réelle et générale a été pratiquée sur les biens de du Barry et qu'ils ont à produire leurs titres, s'ils veulent être colloqués dans l'ordre et la distribution du prix.

DELIANT ET SA FEMME.

Les époux Deliant étaient au service de madame du Barry. Ils furent arrêtés comme tous les domestiques de Louveciennes.

Deliant mourut de peur.

Sa femme, intimidée par Greive qui la maltraita, se coupa la gorge avec un rasoir. Son seul crime était d'avoir reçu un dépôt de madame du Barry, qui était alors libre et maîtresse de ses droits.

1. Voy. Bib. nat., Ln, 27, 6303. 2. Supplément du 12 vendémiaire an IV, 3 octobre 1TJ7.

Greive en ayant eu connaissance, la fit venir, et, après l'avoir maltraitée et fait tourner comme un tonton très longtemps dans la chambre, il la menaça de la faire guillotiner si elle ne lui avouait pas où elle les avait mis. Les menaces lui firent conduire cet homme vers un tas de fumier où elle les avait déposés :

Une écuelle d'or avec son plateau;

Six cuillers d'or, deux grands goblets d'or avec un plateau, une branche au millieux pour le soulever;

Huit flacons de cristal de roche avec leurs bouchons et leur chaine en or;

Une boîte de toilette d'argent d'un pied pour mettre des épeingles;

Trois boîtes de bidet d'argent pour mettre des épeingles, une montre enrichi de diamants et le fond de la boiete

garnie de diamants;
Une chaine en émeraude et diamants;
Un gros diamant jaune en cœur;
Trois petits paquets de diamants;
Deux cents louis en or;
Une boiete en émail avec une charnière enrichi de diamants doublé en or;
Une boiete d'écaille avec un portrait enrichi de diamants doublé d'or;
Une petite boiete à mouche d'or émaillé;
Plusieurs étuis garni d'or;
Plusieurs couteau de poche en or;
Une bourse de deux cents jettons ortogonne valant quatre louis chaque;
Dans le cabinet de toilette, Greive enleva plusieurs cartons remplis de papiers, malgré les représentations des juges et en présence des citoyens Alin, Le Doux, maire, Fournier.

Cet enlèvement fut dénoncé au citoyen Lacroix, lors de l'interrogatoire de Greive chez lui par le citoyen Alin.

Le citoyen de la Neuville, arrêté chez la citoyenne du Barry, et qui habitoit la maison dite le Potager de Louveciennes, leur a écrit de la grande Force et du Luxembourg pour qu'ils envoient à sa fille, qui étoit à Paris pendant l'emprisonnement de ses parents, ses papiers de famille, et pour prier Greive de ne pas confondre ses effets avec ceux de madame du Barry. Il ne leur répondit pas, et tout fut vendu.

AFFAIRE DE LA PRINCESSE LUBOMIRSKA.

On sait que les Lubomirsky sont une des plus illustres familles de la Pologne, une de celles qui luttèrent le plus héroïquement pour l'indépendance de ce malheureux pays. Une princesse Lubomirska était en France au moment de la Révolution. Belle et jeune, elle était répandue dans le grand monde et y avait connu madame du Barry. Quelques lettres d'elle, trouvées dans les papiers saisis, suffirent pour la compromettre. Elle fut mise en état d'arrestation par le comité de sûreté générale; enfermée à la prison de Port-Libre et traduite devant le Tribunal révolutionnaire, en même temps que M. de Malesherbes. que d'Eprémenil, que le marquis de Chaleaubriant, et avec mesdames de Gramont, du Châtelet, etc., etc. Le résultat était connu d'avance: c'était la mort. Voici maintenant les quelques pièces de la procédure qui montrent le lien entre cette affaire et celle de madame du Barry.

CONVENTION NATIONALE.
Comité de sûreté générale et de surveillance, etc.
Du 30 germinal, l'an II de la République (19 avril 1794).

Le Comité arrête que la ci-devant princesse Lubomirska, prévenu *de complicité avec la ci-devant comtesse du Barry, condamnée à la peine de mort qu'elle a subi pour avoir entretenu avec ladite du Barry une correspondance contre-révolutionnaire,* sera traduite devant le Tribunal révolutionnaire pour y être poursuivi et jugée à la diligence de l'accusateur public.
Les Représentants:
Amar, Dubarran, Jagot, Lavicomterie, Voulland, M. Baylk,
David, Elie Lacoste.
La citoyenne Lubomirska (Rosalie-Alexandra), venant de la petite Force, transférée à Sainte-Pélagie le 25 germinal par ordre des Administrateurs de police.
Folio 3, registre d'écrou de la maison de santé La Chapelle.
Commune de Paris.
Le concierge de la maison de La Chapelle, rue Folie-Renaut, porteur du présent, remettra la ci-après nommée Lubomirska, pour être transférée à Sainte-Pélagie.
Fait au département de police, le 25 germinal l'an II de la République française.
Les Administrateurs de police.
QUENET, DIIPAUMIÉ.

Le 9 germinal de l'an II de la République française, une et indivisible, sur les sept heures du matin, nous, commissaire de police de la section de Popincourt, ayant été requis par le citoyen Dangé, administrateur de police, nous sommes transporté en la maison du citoyen La Chapelle, rue FolieRenaut.
Perquisition en l'appartement et sur la personne de la princesse Lubomirska, détenue en ladite maison.
Où étant dans un petit appartement au rez-de-chaussée, ayant vu sur un jardin, avons trouvé ladite citoyenne. Après avoir fait la perquisition dans une de ses poches devant nous, n'avons trouvé que des copies de lettres d'amitié. Nous avons trouvé effectivement sur un écritoire, lequel est peint, le portrait de la ci-devant Reine dans ladite.

Nous avons trouvé deux portraits, dont l'un est Brutus, et un médaillon de la même personne que celle qui est sur l'écritoire.

Deux autres portraits, gravures de famille. Après perquisition faite partout, n'avons rien trouvé de contraire à la République. En conséquence, nous nous sommes retirés et avons signés avec ladite citoyenne susnommée et notre greffier.

Dangé, Alexandra Lubomirska. *Signature du commissaire de police,* Vaillant, greffier. Illisible.
2 floréal an II (21 avril 1794).

Gabriel-Toussaint Scellier, juge, assisté de CharlesAdrien Legris, avons fait amener de la prison de PottLibre i Rosalie Chodkiewicz, femme d'Alexandre-Louis Lubormisky, âgée de 23 ans, née à Nucren Acxernobyl, demeurant à Chaillot, 33.
1. Il paraît bien certain par cette pièce que la princesse Lubomirska a été détenue à Port-Libre. Cependant son nom ne se trouve pas sur le livre d'écrou de cette prison, registre qui a été conservé aux Archives de la préfecture de police. *D.* Si elle a conspiré contre la liberté et la souveraineté du Peuple en entretenant des intelligences et correspondances avec les ennemis extérieurs et intérieurs de la République ou de toute autre manière quelconque? *R.* Que, loin d'avoir conspiré, elle a fui son pays pour respirer un air libre et quelle a même été chassée de la Suisse pour cause de démocratie, et que depuis qu'elle est en France, elle s'est plu à vivre au milieu des artistes. *D.* Avez-vous fait choix d'un défenseur? *R.* N'en connaît pas, lui avons nommé d'office le citoyen Chauveau-Lagarde, et a signé avec nous et le greffier.
Rosalie Chodkiewicz, femme d'Alexandre Lubomirski,
SCELLIER, LEGRIS, A.-Q. FOUQUIER.

Acte d'accusation.

La femme Lubomirsky, se disant princesse polonaise, n'est évidemment que l'agente des contre-révolutionnaires. On la voie, en 1790, habiter Nice avec les Français émigrés, la femme Lévis, la femme Larochefoucaut (?) et autres. En 1703, on la voit liée avec la prostituée conspiratrice Dubarry. Une lettre écrite par cette prétendue princesse à cette courtisane au mois d'aoust dernier avec le style de l'ironie, quand elle parle de la majesté du peuple, prouve qu'elle étoit initiée dans les complots qui se formoient en faveur d'Antoinette au moment où elle étoit détenue à la Conciergerie. La Reine, écrit-elle à la Dubarry, est encore à la Conciergerie. Il est faux qu'on aye le projet de la ramener au Temple. Cependant je suis tranquille sur son sort.

Citoyen,

En relisant mon acte d'accusation, j'ai eu lieu d'être surprise d'être confondue avec une personne qui n'a rien de commun avec moi que la ressemblance du nom que je porte. Je demande donc citoyen, un répit de quelques jours pour constaté mon innocence et prouver à des juges éclairés que je ne suis pas indigne de leur intérel. Salut et fraternité.

Alexandra Ldbomirska.

Ce 3 floréal (22 avril 1794), des prisons de la Conciergerie, dimanche matin, n» 10.

JAGOT et VoULLAND.

Je dois vous paroitre bien coupable, madame, d'avoir été si longtemps sans vous écrire et sans vous voir, mais lorsque vous saurés que j'étois souffrante et affligois de cette privation, je ne doute pas, madame, que vous ne m'accordiés votre pitié. Je la réclamerai toujours lorsque je serai forcée par les circonstances à être éloignée de vous. Je ne vous dirai rien de bien intéressant vers les nouvelles du jour. La fête qui a eut lieu hier, rappele singulièrement la majesté du Peuple. La Reine est encor à la Conciergerie. Il est faux qu'on aye le projet de la ramener au Temple. Cependant je suis tranquille sur son sort. Nos souverains sont las de gloire et voudront, je le présume, se reposer sur leurs lauriers. Adieu, madame, permettés-moi de vous embrasser d'après mon cœur, c'est-à-dire avec un culte, un délice digne de ce que vous inspiré et de ce que je sens. Mille choses de ma part à Mimi. Ma petite baise vos belles mains. *Note de Greive.* — La fête du 10 août. — Les scélérats! — On croit cette lettre de la ci-devant duchesse de Brancas qui a été à Londres en même temps que la Dubarry.

Chaillot, ce 6 juillet.

Je ne viens que d'apprendre, madame, et votre retour à Luciennes et l'injuste persécution qu'on vous fait éprouvé; l'un m'eût fait volé sur les ailes de l'amitié, l'autre m'authorise, madame, de vous demander comme une faveur de pouvoir vous être utile. Si mon empressement ne réussi pas au gré de mes désirs, du moins permetez de partager votre solitude et vous prouvé que ceux que vous avé bien voulu distinguer, n'en perdent pas facilement le souvenir. Adieu, madame, j'attends avec une impatience digne de l'intérêt que vous inspiré, la réponse que vous voudrois m'accorder pour me rendre aussitôt auprès de vous.

Alex., princesse Lubomirska. *Note de Greive.* — Cette lettre est du mois de juillet de cette année, puisqu'il s'agit de ce qu'ils appellent persécuter.

Affaire d'Eprémenil; Thouret; Lechapelier; Hell; Lamoignon de Malesherbes; Marguerite-Thérèse Lamoignon, veuve Lepelletier-Rozambo; Anne-Thérèse Lepelletier-Rosambo, femme Chateaubriant; Jean-Baptiste-Auguste de Chateaubriand; le marquis.....; Rosalie Chodkiewick, femme Iubomirsky, se disant princesse polonaise; Adélaïde Ro chechouart, veuve du ci-devant duc du Châtelet; Béatrix de Ghoiseul, femme du ci-devant duc de Gramont; Marie-Victoire Boucher-Rochechouart, veuve de Pontville (le vicomte), ci-devant brigadier des armées du tyran Capet; Pierre Parmentier, commis d'un receveur de rentes.

Condamnés tous à mort, 3 floréal an II (22 avril 1794).

La princesse Lubomirski se déclare enceinte.

TRIBUNAL RÉVOLUTIONNAIRE, ETC. — L'AN II.

Accusateur public.

L'économe de la maison de l'Hospice national recevra et gardera jusqu'à nouvel ordre la femme Lubomirski, soupçonnée être enceinte, à la quelle les soins nécessaires luy seront donnés.

Et le gardien de la maison d'arrêt dite la Conciergerie remettra, à l'huissier porteur du présent, ladite Lubomirski qui a été condamnée à la peine de mort par jugement du Tribunal.

Quoy faisant, le concierge déchargé.

Pour duplicata de pareil ordre qui sera laissé audit concierge.

Paris, ce 3 floréal de l'an II de la République, une et indivisible.

Signé: A.-Q. Fouquier. 12 messidor (30 juin 1794), ordre de procéder à l'exécution par le Tribunal révolutionnaire, vu qu'elle a été reconnue ne pas être enceinte.

Nous soussignés, officiers de santé du Tribunal révolutionnaire, assistés de la citoyenne Prioux, sage-femme, sur les réquisitions du citoyen Dumas, président du Tribunal, avons visité et examiné, le plus scrupuleusement possible, la nommée Loubormiska, détenue au ci-devant Archevêché, pour constater si elle est enceinte. Notre examen ne nous a fourny aucun signe ni symptôme de grossesse.

En conséquence, nous jugeons qu'elle n'est pas enceinte.

Paris, ce 12 messidor, l'an II de la République, une et indivisible (30 juin).

Veuve Prioux, Haury, Enguehard médecin,

TRIBUNAL RÉVOLUTIONNAIRE.

Jugement du 12 messidor en ta chambre du Conseil contre la femme Lubomirsky.

Vu, etc.

Le jugement du 3 floréal dernier qui condamne à la peine de mort Rozalie Chodwiewick, femme Lubomirsky, le rapport fait le présent jour par les officiers de santé, constantant que ladite femme Lubomirsky n'est pas enceinte.

Ouï l'accusateur public.

Le Tribunal ordonne que le jugement rendu contre ladite Chodwiewick, etc., sera exécuté des ce jour, et que le rapport signé Haury et Enguehard sera et demeurera joint aux pièces du procès,

ainsy que le présent jugement.
1. Un nommé Enguehard avait succédé à Marat dans les fonctions de médecin des gardes-du-corps du comte d'Artois.

Fait et jugé ce 12 messidor l'an II" de la République française, etc., où siégeaient les citoyens René-François Dumas, président, Pierre-André Courpel, Gabriel Deliège, AntoineMarie Martin, et Charles Harny, juges.

Qui ont signés la présente minute avec le commisgreflier. *(Suivent les signatures.)*

Elle a dû être exécutée le jour même ou le lendemain.

Une jeune princesse polonaise, belle comme on nous peint Vénus et très évidemment reconnue grosse, s'abandonne à un trop juste ressentiment. Elle reproche à ses geoliers leurs assassinats et leurs crimes. Ces monstres, sans indulgence pour son désespoir, la dénoncent à l'accusateur public, et dans les vingt-quatre heures elle est conduite au supplice. — (*Almanach des Prisons*, 2 tableau, p. 41. Mon séjour à l'Abbaye, à la Conciergerie et à l'Hospice.)

ZAMOR.

Zamor est généralement considéré comme le dénonciateur de madame du Barry et comme l'auteur principal de sa perte. Nous savons qu'il n'en est rien. 11 joua un rôle parmi les témoins à charge entendus contre son ancienne maîtresse. C'est déjà trop, puisqu'elle avait été sa bienfaitrice. Mais ce qu'on aurait peine à croire, sans les pièces que nous allons produire, c'est qu'il faillit périr avec elle, enveloppé dans les suites de son procès devant le Tribunal révolutionnaire, tant était grande et aveugle la fureur de proscrire. Madame du Barry était montée sur l'échafaud le 8 décembre et le 29, Zamor était arrêté et incarcéré à la prison de Port-Libre, comme *très suspect,* en sa qualité d'agent de la du Barry.

Registre de l'enregistrement des détenus de la maison d'arrêt et suspicion de la Bourbe appelée Port,Libre, ci-devant dite de Port,Royal, pour l'an II, p 63.

COMMUNE DE PARIS. — DÉPARTEMENT DE POLICE. *Port-Libre, rue de ta Bourbe.*

Le concierge de la maison d'arrêt du Port-Libre recevra le nommé Zamor, nègre, cy-devant agent de la du Barry, arrêté comme très suspect par le Comité révolutionnaire de surveillance de Sèvres, qui lui est envoyé de la mairie, et il le gardera jusqu'à nouvel ordre.

Fait au département de police, hôtel de la mairie, le nonodi de nivôse l'an II de la République.

Les administrateurs de police,
Fiquet; — Meinassier.

Zamor était simple commis du comité de surveillance du district de Versailles, où il demeurait, rue de la Loi. Un député à la Convention, Batelier, fut envoyé en mission pour surveiller la fabrication des armes établie à Meudon. C'était un fougueux montagnard. Il fit arrêter Zamor. Nous avons vu sous quelle inculpation dangereuse il était détenu.

Le comité de surveillance de Seine-et-Oise se hâta de réclamer son employé auprès de Fouquier-Tinville.

Extrait *du registre des délibérations du Comité de surveillance du district de Versailles.*

Séance du 12 nivôse (1 janvier 1794), l'an second de la République.

Le Comité de surveillance du district de Versailles à FouquierTinville, accusateur public du Tribunal révolutionnaire à Paris.

Citoyen,

Ta justice consiste à protéger l'innocent comme à punir le coupable.

Ton ministère, terrible aux médians, offre des secours et des consolations aux bons citoyens opprimés.

Zamor, le courageux Zamor, Indien et patriote malgré la corruption de la courtisanne du Barry, est lui-même accusé et conduit à la Conciergerie. Il a été enlevé du milieu du Comité par un ordre visé du représentant du peuple Bachelier et sorti de la commune de Sèvres.

Nous n'en connaissons pas les motifs, mais nous avons toujours vu Zamor patriote. Greive en réponds: la société populaire de Luciennes le réclame.

Examine promptement son affaire: frappes s'il est coupable; mais s'il ne l'est pas, ne laisse pas réjouir nos ennemis des succès de leurs intrigues contre nos amis.

Les membres du Comité:
E. Clémendot, — Devienne, — Naudet, —
MOIGNET, — MEURY, — SOYER, — TISSERAND,
— Lhermite, secrétaire.

C'était prendre une fausse marche. Zamor n'était pas encore accusé. Il n'était que détenu par suite d'une mesure administrative. Fouquier était très observateur de ces distinctions. 11 dut se déclarer provisoirement incompétent. Greive prit alors la parole et, dans un morceau de haute éloquence, demanda la mise en liberté du *vertueux Zamor, cet enfant de la nature, cet apôtre de la liberté, ce digne élève de l'immortel JeanJacques.* Il se porte fort de son civisme tant en son nom propre qu'au nom des braves patriotes du café *Procope* où il est estimé de tout ce qu'il y a d'estimable. Cette supplique était encore adressée à Fouquier-Tinville, tant la notoriété de son pouvoir était grande. Le comité de surveillance du district de Versailles dut intervenir une seconde fois. Il le fit en ces termes:

Extrait *du registre des délibérations du Comité de surveillance du district de Versailles.*

Séance du 29 nivôse (18 janvier 1794) l'an second de la
République françoise une et indivisible.
A l'accusateur public du Tribunal révolutionnaire.

Citoyen,

L'arrestation de Louis-Benoît Zamor, asiatique, maintenant dans une maison rue de la Bourbe, dénoncé corne agent de la du Barry, a dù nécessairement nous faire faire les recherches les plus scrupuleuses sur sa conduite, il a été doux pour nous de recevoir des citoyens de Louveciennes, qui le connoissent depuis fort longtemps, les témoignages les plus satisfaisans de sa moralité et de son civisme, et de nous convaincre qu'en lui donnant une place de commis dans notre Comité, nous avons fait un acte de justice.

La déclaration ferme et vigoureuse qu'il a faite dans l'affaire de la femme du Barry suffit pour détruire le soupçon qu'il ait servi les projets de cette contre-révolutionnaire. Il paroît donc qu'il est la victime de l'erreur ou de la haine de quelques ennemis secrets.

Persuadés que la justice est la baze *(sic)* de tes actions, nous espérons que tu t'empresseras de lui faire rendre la liberté.

Salut et fraternité.
Les membres du Comité:
Tisserand, — Naudet, — Vareille, — Devienne,
Jobart, — Merry, — Le Noble (Pierre).
Nota. — Zamor a été arrêté par ordre de Batellier, représentant du peuple, en mission dans le canton de Seve.

Moigrot. (Arch. nat., W, 108, cot. 10).

GREIVE A FOUQUJER-TINVILLE.
Louveciennes, 13 nivôse, l'an II de la République
une et indivisible (*2 janvier* 1794).

C'est au nom de tous les patriotes de notre commune, de tout le voisinage que je t'écris, cher citoyen, pour invoquer ton humanité, ta justice en faveur de notre vertueux Zamor, cet enfant de la nature, cet apôtre de la liberté, ce digne élève de l'immortel Jean-Jacques, qui vient d'être arraché de ses fonctions de secrétaire du comité de surveillance de Versailles, où il avoit trouvé un asile contre l'atroce persécution de la du Barry pour cause de son patriotisme. Il vient d'être traduit apparement sur la dénonciation de quelque scélérat à la Conciergerie. Quoi! ce vertueux Zamor, dont, nous le disons avec confiance, la vie entière est sans tache, est traîné comme un criminel dans les mêmes prisons qu'ont occupés les vils conspirateurs dont il a contribué à dévoiler les complots. Les méchants vont donc triompher sur les patriotes et réaliser cet affreux système enfanté par le cœur scélérat de Pitt. Mais non, nous te connoissons, ton cœur inexorable pour les ennemis de la liberté, du bonheur de tes semblables, est, pour la même raison, plus satisfait encore de pouvoir voler au secours d'un patriote opprimé. Tu l'as vu, tu l'as entendu, cet être intéressant qui, arraché des bras de sa famille à l'âge de quatre ans et mené en Europe pour servir de joujou à la vile maîtresse d'un crapuleux tyran, a su, par les germes de la vertu qu'il a reçues de la nature, par la force de son caractère, par la lecture de nos meilleurs auteurs, par l'étude approfondie de Jean-Jacques et de Mably, rejetter avec horreur, se soustraire à tout ce qui tenoit à la corruption d'une cour infâme et se montrer à la hauteur de la République, même en 1789; en un mot, pénétrés de ses vertus, de ses qualités vraiment extraordinaires, sûrs de son innocence, après avoir fait les démarches nécessaires, conjointement avec les représentants du peuple à Versailles, avec le comité de ce district, dont il est justement chéri auprès du comité de sûreté générale, nous nous adressons avec confiance à toi, vengeur constitué de la patrie, défenseur de ses amis opprimés. Dis à Marcel, ce brave patriote que nous t'envoions, quel crime la scélératesse a osé attribuer à Zamor, permets-le de voir, s'il est possible, notre pauvre frère pour qu'il puisse lui porter des paroles de consolation et nous rapporter de ta part, citoyen juste et humain, de quoi soulager nos cœurs navrés de douleur. Oh! si tu le connoissois, ce pauvre Zamor! Demande ce qu'en pensent les braves patriotes du café Procope, où il est estimé de tout ce qu'il y a d'estimable.

Salut et fraternité, au nom de tous les républicains de notre commune. Greive.

Zamor ne fut mis en liberté que le 26 pluviôse (14 février 1794); il était détenu depuis le 29 décembre. C'était un emprisonnement de six semaines qui ne dut pas être sans angoisses et qui, il faut le dire, n'était pas absolument immérité. Zamor redevenu libre, on le perd de vue pendant la Révolution. Il eut probablement à subir les contre-coups des événements. En faveur tant que le terrorisme fut au pouvoir, il perdit naturellement sa place lorsque les comités cessèrent d'exister, si tant est que la réaction thermidorienne, qui fut très violente, ne l'eût pas déjà expulsé des bureaux de l'administration. Qu'était-il devenu? Un bruit vague le faisait mourir à Versailles en 1800, accablé de remords, disait-on: c'était une double erreur. Nous avons pu d'abord la rectifier, grâce aux Tables de MM. Pique et Manigot. Elles nous apprirent que Zamor était décédé vingt ans plus tard qu'on ne le croyait. Son décès avait eu lieu le 7 février 1820, à Paris. Depuis les incendies de 1871, on ne pouvait plus à cette époque songer à retrouver l'acte de décès; mais l'extrait de MAI. Pique et Manigot indiquait une apposition de scellés. Recherches faites, il n'y avait pas eu de scellés apposés à cause du peu d'importance du mobilier; mais le juge de paix s'était transporté à la maison mortuaire qui était située rue Perdue, n 9, et s'était borné à dresser un procès-verbal sommaire de description. Il en résultait que Zamor habitait une petite chambre au deuxième étage et donnant sur la cour. Il était âgé de cinquante-huit ans, sans héritiers connus, sans papiers d'aucune sorte. Pour obtenir quelques renseignements sur Zamor, pendant ses dernières années, il aurait fallu s'adresser à son ancien domicile; mais la rue elle-même semblait avoir disparu dans les vastes démolitions des abords de l'Hôtel-Dieu; le nom même avait cessé de figurer sur les plans de la ville de Paris. Depuis 1860, les sergents de ville, les anciens du quartier n'en connaissaient pas la tradition. Cependant, en comparant attentivement le plan de Turgot avec l'état actuel, je finis par m'apercevoir que la rue Perdue n'avait nullement été détruite, qu'elle subsistait toujours avec les mêmes maisons, presque avec le même numérotage. Je pus trouver le n 13 qui avait été habité par Zamor. La propriétaire de 1820 l'avait beaucoup connu; elle voulut bien entrer avec moi dans de longs détails, et voici le résumé de notre conversation, à laquelle était présente sa sœur, dont les souvenirs étaient aussi précis que les siens.

Déclaration de madame Lejeune, née Poullain-Dubois, âgée de quatre-vingt-deux ans (*22 mars* 1875), *demeurant rue MaitreAlbert, n" 13, ancienne rue Perdue, n 9.*

M. Zamor est décédé en 1820 et était venu demeurer rue Perdue, n 9, dans la maison de mon père et de ma mère, quatre ou cinq ans avant de mourir, par conséquent en 1815 ou 1816.

Etant née en 1795, j'avais vingt ans.

Zamor était petit, très petit, pas plus

grand que moi, il n'avait pas cinq pieds. Il était chétif, plutôt mulâtre que nègre; il était d'une couleur jaune désagréable; le nez légèrement épaté, les cheveux un peu crépus, grisonnants et peu abondants.

Il s'énonçait bien et de manière à se faire parfaitement comprendre. On voyait qu'il avait reçu une certaine instruction. Il vivait en donnant des leçons élémentaires, il montrait à lire, à écrire, un peu de grammaire et d'orthographe

Lorsque cet homme se présenta chez nous pour être notre locataire, ma mère voulut prendre des renseignements sur lui. Dans le quartier, il était connu, on savait qui il était. Comment? Probablement par les pamphlets qui avaient circulé sur la du Barry. On disait qu'il lui était resté de l'ancien temps un *pécule (sic)* assez considérable; il aurait eu de quoi vivre, mais il s'était épris d'une femme qui tenait un magasin de mercerie; il avait placé tout ce qu'il possédait entre ses mains, et elle le lui avait fait perdre. Il en était resté douloureusement affecté et comme aigri. Il vivait seul: ne recevait jamais personne; on n'y a jamais vu entrer de femme, pas même pour faire son ménage; aussi sa chambre n'était que médiocrement propre.

Il parlait peu, surtout du temps passé. Lorsqu'il avait à s'en expliquer, il le faisait en termes amers contre les grands seigneurs, contre madame du Barry; il disait que, si elle l'avait recueilli, élevé, c'était pour en faire son jouet, qu'elle souffrait qu'on l'humiliât chez elle, qu'il était toujours en 1. Un fac-simile de l'écriture de Zamor, publié dans la *Revue des documents historiques,* d'Etienne Charavay, numéro 9 de décembre 1873, prouve qu'il avait une assez belle main. Il n'y a pas de fautes d'orthographe dans cette pièce, qui a quatre ou cinq lignes.
butte aux railleries et aux moqueries insultantes des courtisans. Il conservait des sentiments de haine contre l'ancien régime. Il parlait le langage des hommes de la Révolution. Il avait leurs portraits en images dans sa chambre, Robespierre, Marat et autres, c'est surtout Marat qu'il paraissait affectionner.

Il était dur et méchant. En voici un exemple. Madame Poullain, ma mère, lui avait confié l'éducation d'un de ses jeunes neveux qui, je dois le dire, était d'un caractère difficile. Les leçons se donnaient chez M. Zamor, au second, et le maître gifflait (sic) tellement son élève, que madame Poullain, qui demeurait au troisième, entendait les soufflets retentir à travers le plafond; elle dit: cet homme est trop brutal; il a d'ailleurs été ingrat envers celle qui avait été sa bienfaitrice, il faut retirer l'enfant d'entre ses mains, et on envoya le petit garçon à l'école..

M. Zamor était d'abord mis convenablement; il payait son terme avec beaucoup d'exactitude; le loyer était de 60 francs par an. Cependant les leçons qu'il donnait aux enfants de pauvres gens ne pouvaient lui être d'une grande ressource.

Il tomba peu à peu dans la misère; mais, fier et hautain, il ne se plaignait pas et n'a jamais confié à personne la gêne où il se trouvait, seulement les loyers étaient en retard, ses meilleurs effets disparaissaient, ses forces s'épuisaient.

Un matin, une voisine trouva sa porte entr'ouverte. Comme cela n'était pas habituel et qu'il était parfaitement poli, saluant tout le monde dans l'escalier, elle se hasarda à entrer, elle le trouva mort dans son lit. Il n'avait que trois francs déposés sur la table de nuit.

Il y eut de grandes difficultés pour le faire enterrer: personne ne voulait s'en charger. Il fut porté directement au cimetière sans passer par l'église.

1. 53 francs suivant l'inventaire, mais madame Lejetine affirme qu'il ue peut y avoir d'erreur.

Zamor avait quelques livres, au nombre desquels étaient les ouvrages de Jean-Jacques Rousseau dont il était grand admirateur.

Ses papiers étaient en règle: ils ont servi à dresser les actes mortuaires.

Il n'avait pas de dettes criardes: il n'y a pas eu de réclamations. Il ne devait qu'à son propriétaire et peu de chose, six mois, d'après l'inventaire (25 ou 30 francs). L'Etat ayant vendu par autorité de justice, les frais ont absorbé le prix, et nous n'avons pas été payés. Le juge de paix et le commissaire nous ont bien abandonné les portraits de Robespierre, Marat et autres, mais comme ils n'avaient aucune valeur et qu'alors ils étaient défendus, mon père les a fait brûler aussitôt.

La fin de cet homme a donc été fort triste et, disait ma mère," justement méritée. Vous me dites que ce n'est pas lui qui a dénoncé sa maîtresse, mais cela ne suffisait pas, c'était sa bienfaitrice; non seulement il ne devait pas l'accuser, mais il aurait dû la défendre. *(Textuel.)*
PRÉTRY.

Prétry, valet de chambre de la Dubary, actuellement en maison d'arrêt, ne doit point être oublié; c'est le plus cruel contre-révolutionnaire qu'il y ait en France; après avoir émigré avec la Dubary, il est revenu à Louveciennes et il portoit le peuple à la désolation avec ses propos inciviques; lié avec un cuisinier de la Chastenay ou de la Pegat, ils franchirent tous les deux les murs de la maison commune de Marly, voulurent s'opposer au recrutement des volontaires pour la Vendée.

Penaut et sa femme, cabaretiers à Louveciennes, quand je fus parvenu à faire mettre la Dubary en arestation, colportèrent une pétition chez tous les citoyens de Louveciennes et de Marly pour la faire signer, et persécutèrent tous les patriotes qui avoient attesté avec moy la vie scélérate de cette courtisane; ils parvinrent enfin avec tous ses valets à lui faire rendre la liberté, ce qui fut fait de concert avec Lavallerie et autres partisans de la Dubary.

Voilà donc, République, comme tu es servie, voilà donc les hommes à qui tu as été livrée; que le Comité n'a-t-il député quelqu'un de ses membres lors des débats au procès de la célèbre Dubary, ils m'auroient vu avec la hardiesse de l'homme libre arraché le voile qui couvrait la face de tous les scélérats qui ont secondé cette Sibarite.
(Note de Greive.)
Malgré ces dénonciations envenimées Prétry échappa à la mort, non sans avoir couru les plus grands dangers pour sa tête.

GREIVE.

Nous n'avons rien à apprendre à nos

lecteurs sur Greive. Ses crimes ont raconté sa vie. Ce qui serait intéressant, ce serait d'en connaître et d'en dire la fin. Mais Greive était étranger. Comme Anglais et comme ancien démagogue, il dut s'attendre à toutes les rigueurs du gouvernement consulaire. Il aura été expulsé de France, au plus tard lors des mesures prises par le premier consul. Tant que dura le règne de la Terreur Greive resta à Louveciennes; il avait organisé un comité de surveillance dont il s'était fait nommer le président, et il épouvantait les malheureux habitants du village par le récit de ses exploits. Il se vantait, dit une relation du temps, d'avoir fait tomber dix-sept têtes sur l'échafaud, et notamment celle de la citoyenne du Barry: ce qui n'était que trop vrai. Il avait même fait consigner cette odieuse action sur sa carte *d'hospitalité*. Aussi le regardaient-ils, suivant leur langage, comme le tyran le plus cruel et le plus abhorré. Après le 9 thermidor, les hommes de proie furent proscrits à leur tour. Greive fut rayé de la société populaire de Louveciennes, ainsi qu'il résultat d'un procès-verbal de cette société, en date du 20 frimaire an III, de même que Zamor et Jean Ténot, auxquels l'opinion publique reprochait leur ingratitude envers celle qui avait été leur bienfaitrice et qu'ils avaient indignement trahie. La réaction thermidorienne grandissant toujours, Greive fut arrêté à Amiens le 3 nivôse an III (23 décembre 1794) et conduit dans les prisons de Versailles, à la diligence et sur la dénonciation du juge de paix du canton de Marly, Louis-René Houdon (on voit son nom sur le registre des Récollets, à la date du 26 frimaire an III). Il y eut une espèce d'information. Vingt-deux témoins accusateurs se présentèrent contre Greive, mais il fut mis en liberté par Charles Lacroix, représentant en mission.

La relation que nous suivons se termine ainsi: « Pour connoître Greive, voyez le *Journal des Lois* du 20 pluviôse an III, n 851, dimanche 2, 1795, vous le verrez peint tel qu'il est. Pour le bien connoître il faudrait être lui-même. »

A compter de cette époque, on n'entend plus parler de Greive. Son arrestation à Amiens lui aura servi d'avertissement et il sera retourné en Amérique. Des recherches faites en Angleterre ne nous ont rien fait découvrir sur lui. Les Tables de MM. Pique et Manigot prouvent qu'il n'est pas décédé à Paris ni même en France.

COMPARAISON
ENTRE LES FAITS ET GESTES DE MADAME DE POMPADOUR ET CEUX DE MADAME DU BARRY.

Nous n'avons pas la prétention de faire un parallèle académique entre madame de Pompadour et madame du Harry: nous voulons seulement rapprocher leurs agissements. On verra que bien souvent ils se ressemblent et paraissent même calqués les uns sur les autres.

Madame d'Etiolles devint maîtresse déclarée du roi: elle fut installée dans l'appartement de madame de Mailly vers le milieu d'avril 1745; elle avait été vue à Versailles au moment où elle sollicitait une place pour un de ses parents.

Elle ne fut présentée officiellement à la Cour que le 15 septembre de la même année sous le titre de marquise de Pompadour, ce qui causa un étonnement général. La princesse de Conti avait demandé l'honneur de la conduire: on peut voir les détails de la cérémonie résumés dans l'ouvrage de M. Campardon . D'après les Mémoires du temps, le dauphin lui aurait, dit-on, tiré 1. Bernis, *Mémoires*, 1.1, p. 105.
2. Page 57. la langue. Au contraire, suivant Sallé le dauphin aurait adressé la parole à madame de Pompadour et l'aurait complimentée sur l'élégance de sa robe2.

Jeanne Bécu, venue à Versailles pour solliciter des fournitures, au profit de Jean du Barry, connut Louis XV vers le mois d'avril 1768, se maria à Guillaume du Barry le 1 septembre de la même année, et ne lut présentée que le 22 avril 1769.

Madame d'Etiolles, devenue madame de Pompadour, occupa au château de Versailles divers appartements: le dernier, où elle mourut, est situé dans l'aile du Nord, au rez-de-chaussée.

Elle eut en outre un grand hôtel donnant par devant sur la rue des Réservoirs, par derrière sur le parc, communiquant au château par une galerie extérieure. Elle avait aussi un *ermitage* à Trianon, un à Compiègne, un à Fontainebleau; elle a eu successivement des châteaux à la Celle, à Bellevue, à Crécy, à Menars, à Saint-Ouen, à Paris, à l'hôtel d'Elbeuf (l'Elysée actuel).

Madame du Barry a été logée au château de Versailles dans les mansardes régnant au-dessus des petits appartements du roi; elle a eu pour ses gens la maison de la dame Durupt, rue de l'Orangerie, plus tard l'hôtel de Luynes, la jouissance viagère du château de Louveciennes. Elle a acheté de ses deniers, sur l'avenue de Paris, le pavillon Binet; elle a possédé, à titre de location, l'hôtel de la Sirène, rue de France, à Fontainebleau.

1. *Mémoires de Maurepas*, t. IV, p. 175. 2. IV vol. p. 275. 3. Plan Gabriel, vol. IV, p. 576, Lettre Y.

Madame d'Etiolles fut autorisée à prendre le nom et le titre de marquise de Pompadour, ensuite ceux de duchesse et de dame du palais de la reine

Elle changea en même temps ses armes contre les *trois tours d'argent, maçonnées de sable, sur champ d'azur.*

Madame du Barry n'a changé ni de nom ni de titre, lesquels, soit dit en passant, étaient doublement usurpés. Elle a conservé le blason des du Barry et y a seulement accolé un blason personnel, de pure fantaisie, dont nous avons signalé le ridicule.

Madame de Pompadour avait deux nègres dans son nombreux domestique.

Madame du Barry eut le négrillon Zamor, dont on a tant parlé.

Madame de Pompadour avait la prérogative d'avoir des relais montés quand elle suivait la cour pour se rendre aux résidences royales ou pour en revenir.

Madame du Barry eut le même privilège.

Les dépenses de l'une et de l'autre, sans être de même nature, sont à peu près les mêmes, c'est-à-dire dans une égale proportion.

Madame de Pompadour a dépensé en dix-neuf ans trente millions.

Madame du Barry, six millions en cinq ans.

Les commencements de la faveur de madame de Pompadour furent accueillis par un concert d'épigrammes, de vers, de chansons, de satires, auxquels elle se montra fort sensible. « Le comte de Maurepas, dit M. de Bernis, avait le département de Paris et de la Cour. Il fut accusé de n'avoir pas recherché les 1. Voir son acte mortuaire.
auteurs et les colporteurs de ces infamies avec assez de zèle. 11 fut exilé r.
Madame du Barry fut attaquée avec beaucoup plus de violence et d'éclat par M. de Ghoiseul, qui ne se cachait pas d'être l'auteur de cette guerre acharnée. La favorite ne s'est jamais vengée; et nous avons vu que la chute de M. de Ghoiseul doit être attribuée à des motifs purement politiques, indépendants de madame du Barry.

Madame de Pompadour aspira visiblement au rôle de protectrice de la littérature et des beaux-arts; Montesquieu, Voltaire, J.-J. Rousseau, Crébillon père, Marmontel, Moncrif, G. Grimm, eurent plus ou moins de part à ses bonnes grâces.

Amie des arts et artiste elle-même, elle protégeait les artistes de tous genres, peintres, sculpteurs, architectes, graveurs, acteurs: La Tour et Van Loo, Boucher et Vernet, Goustou, Bouchardon et Pigalle, Gabriel et Soufflot, Jelyotte, Grandval, Molé, etc., etc.

On sait qu'elle chantait fort bien et qu'elle gravait sur pierre et sur cuivre assez mal, suivant les critiques de l'art moderne.

Son œuvre existe et il faut y joindre deux créations qui lui font infiniment d'honneur, parce qu'elle y a certainement participé, la Manufacture de Sèvres et l'Ecole militaire.

La pauvre du Barry ne pouvait avoir de telles visées et il faut lui rendre cette justice qu'elle n'a jamais imaginé de jouer les Mécènes femelles, ce qui eût été parfaitement déplacé. Elle ne se piquait ni de protéger, ni de pratiquer les beaux-arts. Sauf quelques dédicaces d'écrivains obscurs, La Morlière, Limayrac, Cailhava; à part les encouragements d'usage donnés à des acteurs célèbres, Lekain, Mlle Dumesnil, Mlle Raucourt, le chanteur Chassé et le danseur Dauberval, ses rapports avec les hommes de lettres se bornent à des recommandations en faveur de l'abbé Arnaud, de Voisenon, de Gazotte, de Suard et de l'abbé Delille.

Mais si elle ne maniait ni le pinceau ni le burin, elle n'en avait pas moins une vive passion pour les œuvres d'art; ses inventaires sont de véritables catalogues de musée. Drouais, Greuze, Vernet, Pragonard, Vien, Pajou, Allegrain, Vassé, Caffieri, Monnot, Le Comte, y figurent au premier rang; la *Cruche cassée,* de Greuze, la *Diane,* d'Allegrain, lui appartenaient; avait-elle été guidée par ses instincts personnels ou par d'habiles conseils? Jean du Barry était un amateur distingué, mais il voyait peu sa belle-sœur pendant le règne de celle-ci et il n'aurait pu exercer sur ses choix qu'une influence d'ancienne date et fort éloignée. La fondation de bourses gratuites à l'école fondée par M. de Sartine indiquerait un goût particulier pour le dessin.

Madame de Pompadour a été accusée de favoritisme envers ses parents. On a même fait à ce sujet un mauvais jeu de mots; elle met, a-t-on dit, les *Poisson* à toute sauce. L'anoblissement de son père, qui avait frisé la corde du gibet; l'élévation de son frère Abel Poisson, devenu marquis de Vandières et de Marigny, M. Poisson de Malvoisin, de simple tambour dans le régiment de Piémont, devenu maréchal des logis brigadier des carabiniers, etc., etc., expliquent et motivent cette plaisanterie.

On n'a point à reprocher a madame du Barry d'abus aussi scandaleux. Aucun des siens n'a obtenu de place à la faveur. Les du Barry ni les Bécu n'ont eu d'avancement autre que celui qui leur était dû.

« La marquise n'avait aucun des grands vices des femmes ambitieuses, mais elle avait toutes les petites misères et la légèreté des femmes enivrées de leur figure et de la prétendue supériorité de leur esprit. Elle faisait du mal sans être méchante, et du bien par engouement. Son amitié était jalouse comme l'amour, légère, inconstante comme lui et jamais assurée. » (De Bernis, *Mémoires,* II, p. 75.)

Nous n'ajouterons plus qu'un mot.

On ne cite le nom d'aucun condamné dont madame de Pompadour ait obtenu ni même demandé la grâce. Cependant les occasions n'ont pas manqué: nous citons au hasard, Damiens (1757), Dutruche de Lachaud (janvier 1762), Ringuez (décembre 1762), Galas (9 mars 1762).

Madame du Barry a obtenu la grâce de quatre personnes menacées d'une exécution capitale imminente. Elles lui ont certainement dû la vie. L'humanité, dans les lois pénales, était une nouveauté. Le mérite lui en revient en partie.

« L'origine de la fortune du duc de Choiseul est une véritable infamie. Il avait reçu en confidence des lettres 1. Notre amie m'a presque boudé de l'arrangement du Parlement (de Bernis, t. II, p. 121).

Projet de faire donner la principauté de Neufchàtel à madame de Pompadour par la Prusse (II, 120).

Notre amie. — Paris la déteste et l'accuse de tout (II, 247).

J'ai communiqué votre lettre à madame de Pompadour; elle n'incline pas à vous faire ministre des affaires étrangères (lettre de B... à M. de Choiseul du 16 septembre 1758) (II, 272).

C'est à vous à voir avec le Roi qui peut me remplacer (II, 273).

écrites par le roi à sa cousine, madame de ChoiseulRomanet. Il les communiqua à madame de Pompadour.

« Madame de Pompadour comprit, en femme reconnaissante, l'importance de ce service. Elle sentit dès ce moment se changer en amitié l'espèce d'aversion qu'elle avait contre M. de Stainville (Ghoiseul). »

On n'a jamais signalé d'ignominie pareille dans la conduite de madame du Barry.

Marie-Thérèse envoya son portrait enrichi de diamants à madame de Pompadour (1756).

Madame du Barry reçut du roi de Danemark un collier de diamants pour son petit chien, et du roi de Suède des gants de son pays.

Madame de Pompadour, voulant faire

croire que M. de Bernis avait voulu être déclaré premier ministre, ce qui n'était pas, tronque une lettre qu'il lui avait adressée. Ce dernier ajoute: « 11 n'y a guère d'exemple d'une *pareille noirceur;* mais ce qui est encore plus rare, c'est de l'avoir pardonnée. Ce que j'ai fait2. »

On n'a jamais adressé de reproches de ce genre à madame du Barry.

Jusqu'ici nous avons noté les points de ressemblance entre madame de Pompadour et madame du Barry. Voici maintenant en quoi elles diffèrent l'une de l'autre.

Madame de Pompadour s'est immiscée notoirement dans les affaires de l'Etat, guerre, religion, magistra *1.* Voy. *Mémoires* de Bernis, t. I, p. 266. 2. *Mémoires,* II, p. 67. 3. Madame de Pompadour voyait *en enfant* dans les affaires de l'Etat *(Mémoires* de Bernis, II, p. 45). Cependant la marquise, sans en avoir le titre, était effectivement le premier ministre du Roi (II, p. 47, *ibid.)* ture, s'est mêlée de tout, l'on sait comment et ce qui en est advenu.

Madame du Barry n'a jamais été une femme politique, telle est du moins la thèse que nous avons soutenue. Le public jugera si c'est à bon droit. Elle n'a ni fait ni défait les ministres, nous croyons l'avoir démontré. Madame de Pompadour a renversé entre autres Orry, Maurepas, Machaut, d'Argenson, Bernis même; elle a élevé M. de Choiseul et protégé H. de Soubise. Malheureusement, cette ambition déplacée la conduisit à l'emploi des moyens les plus condamnables pour soutenir son pouvoir: la violation éhontée du secret de la poste, les lettres de cachet, les enlèvements de vive force; tous les abus, en un mot, de l'ancien régime.

Elle a fait plus, elle a créé et régenté le Parc-auxCerfs, pour son immortel déshonneur.

Sur tous ces points, la conduite de madame du Barry forme un contraste parfait avec celle de madame de Pompadour. C'est ce que Mirabeau a marqué de son empreinte énergique.

« Ce qui a valu des éloges à Elmire (madame du Barry), ce n'est pas d'avoir atteint le trône des rois: elle y fut conduite par deux aveugles-nés, la Fortune et l'Amour, mais bien d'avoir demeuré dans sa position, sans prétendre passer du lit de son amant dans son cabinet, ainsi que le fit cette femme altière qui donna des maîtresses à son roi, des ministres à son conseil, des généraux à ses armées, des prélats à l'Eglise *(sic),* des cachots à quiconque se permettait des murmures imprudents. Femme méprisable que quelques poètes soudoyés ont dérobée à l'opprobre, mais'dont le nom n'y échappera pas » 1. *La Galerie des Dames françaises,* 1790, p. 199.

Si l'on veut enfin juger du moral de ces deux femmes par leur attitude extérieure, il faut mettre l'entrevue de madame de Pompadour avec le président de Meinières auprès des réceptions connues de madame du Barry.

C'est le président de Meinières qui parle:

Madame de Pompadour étoit seule debout auprès du feu. Elle me regarde de la tête aux pieds avec une hauteur qui me restera toute la vie gravée dans l'esprit. Elle avoit la tête sur l'épaule, elle ne fit aucune révérence, me mesurant de la façon la plus imposante. Quand je fus assez près d'elle, elle dit d'un ton de colère à son valet de chambre... « Tirez une chaise. »

La conversation continue longtemps sur ce ton. C'est ainsi que madame de Pompadour recevait un président du Parlement.

Voici maintenant madame du Barry aux prises avec les réceptions de la cour ou du grand monde.

C'est M. de Belval qui parle d'abord:

Elle étoit nonchalamment assise, plutôt même couchée dans un grand fauteuil, et avoit une robe fond blanc.

Elle arriva en carosse à six chevaux, seule, entra avec aisance et noblesse. Elle étoit grande, bien faite et étoit une très jolie femme de toutes les manières. Au bout d'un quart d'heure, elle fut aussi à son aise avec nous que nous le fûmes avec elle

A six heures, elle nous quitta aussi lestement qu'elle étoit arrivée, nous laissant l'impression qu'elle avoit eu le bon esprit de rentrer dans un état mitoyen, avec une bonhomie sans exemple, qu'elle avoit dû être une maîtresse charmante, et noire étonnement cessa sur le rôle qu'elle avoit joué vis-à-vis d'un homme de 64 ans, blasé sur tous les plaisirs. Sa conversation ne nous laissa aucun déboire. Enfin je la peins telle que je lai vue, et nous nous en trouvâmes si bien que nous dînâmes une seconde fois avec elle chez le comte de Pilos (t. II, p. 54).

Madame de Pompadour a fait écrire au pape, directement.

Le pape a écrit une lettre à l'occasion de madame du Barry, mais il l'a adressée au roi.

Madame de Pompadour avait des habitudes de la petite société bougeoise. Elle donnait des sobriquets à tout le monde, tels que: *Cavendish, grand'femme, petit saint, cher Nigaud, pigeon pattu, marcassin,* et même elle déclinait ce dernier: *marcassinus, marcassina, marcassinum.*

On n'a rien reproché de semblable à madame du Barry, et elle ne parlait pas latin.

FIN DU TROISIÈME ET DERNIER VOLUME.
PIÈCES JUSTIFICATIVES
PIÈCES JUSTIFICATIVES
PIÈCE N I.
LK DECAMPATIVOS.

Quand la reine fut relevée de ses couches, le tableau des amusemens de Versailles changea. Plus de bals, peu de jeu, mais beaucoup de promenades nocturnes. Dès les premiers beaux jours, on s'assembla le soir, à l'entrée de la nuit, sur la terrasse du château, au parterre du Midy. Tout Versailles s'y rendoit; les femmes de toutes les espèces yjouoient un rôle et y continuoient un cours de débauche. Les femmes de la cour, les femmes de chambre, les femmes des premiers commis, des bourgeois, des valets du château et même les grisettes se mêloient et se promenoient ensemble dans l'obscurité. On finit par se déguiser; la Reine, Monsieur et le comte d'Artois et leurs singes couroient la terrasse et même les bosquets: les femmes avec des capottes et les hommes avec des redingottes et de grands chapeaux rabattus sur le nez. On se perdoit, on se retrouvoit et tout étoit au mieux dans le meilleur des mondes possibles.

La musique des gardes-françoises rendoit encore ces scènes plus touchantes par les airs les plus lascifs qu'elles jouoient pendant plus de deux heures sous les fenêtres du château. Le vieux Biron étoit le courtisan le mieux instruit de ce qui se passoit toutes les nuits par le moyen de ses sentinelles qu'il chargeoit d'épier; en intriguant *(sic)* adroit, il disoit tout tout bas et se faisoit encore valoir par son secret.

Enfin, tant que l'été dura, ces nocturnales durèrent, et un garde-du-corps, ne connoissant pas la Reine, la prit sous le bras, la mena dans un bosquet en lui tenant les propos les plus positifs, et là il se mit en devoir d'exécuter les promesses qu'il avoit faites en chemin: l'occasion et le moment n'étoient pas favorables; on se débarrassa en riant des mains du ravisseur, etc., etc. *(Essais historiques sur la vie de Marie-Antoinette d'Autriche,* etc., à Londres, 1789, p. 34).

On commença par interdire au public les promenades du parc après soûper; on faisoit illuminer, tant bien que mal, une partie des bosquets dans l'un desquels on avoit établi un trône de fougère, et là on jouoit au roi comme les petites filles jouent à madame.

On élisoit un roi.

Il donnoit ses audiences, tenoit sa cour et rendoit justice sur les plaintes qui lui étoient adressées par son peuple, représenté par les gens de la cour par le Roi et la Reine qui venoient se dépouiller de leur grandeur au pied de ce trône factice. On faisoit au nouveau roi les plaintes plus originales les unes que les autres: les peines et les récompenses ne l'étoientpas moins. Mais au bout de ces plaisanteries, qui ne pouvoient faire qu'un bon effet, Sa Majesté, qui étoit presque toujours Vaudreuil, prenoit fantaisie de faire des mariages; il marioit le Roi avec une femme de la cour, la Reiue avec un des hommes (on a remarqué qu'il se l'approprioit presque toujours). Il en faisoit de même pour les autres hommes et femmes de la société; il les faisoit approcher par couples au pied du trône, ordonnoit que chacun se prit par la main, et là on attendoit le mot sacramantal qui étoit *décampativos.* Aussitôt prononcé, chacun avec sa chacune fuyoit à toutes jambes vers un des bosquets qu'il choisissoit; défenses de par le roi des Fougères de rentrer avant deux heures dans la salle du trône; défenses d'aller plus d'un couple ensemble...; défenses de se voir, de se rencontrer, de se nuire, de se chercher, ni de se parler. On assure que ce jeu plaisoit fort au Roi, qui trouvoit très plaisant de se voir ainsi détrôné sur l'herbe par Vaudreuil. *(Essais historiques sur la vie de Marie-Antoinette,* p. 48).

PIÈGE N II.
INVENTAIRE DES COLLECTIONS ET OBJETS D'ART APPARTENANT A M. DE BRISSAC .
Rue de Grenelle-Saint-Germain, à Paris.
Du 8 floréal an II et jours suivants.
Tableaux.
1. Le portrait de Charles Quint et de son fils, par Le Titien, ils sont de grandeur naturelle, vu à mi corps; hauteur 3 pieds 7 pouces, largeur 2 pieds 7 pouces, sur toile ragrandie tout autour. *(Museum.)* 2. Une kermesse ou fête de village richement composée d'un grand nombre de figure, par David Teniers; hauteur 27 pouces, largeur 37, du plus beau faire. *(Museum.)* 3. Un rémouleur, sur bois, par David Teniers; hauteur 15 pouces 6 lignes, largeur *H* pouces, du plus beau faire. *(Museum.)* 1. Nous avons copié cette pièce textuellement, sans même chercher à corriger les noms propres. Telle est l'orthographe ou plutôt l'ignorance grossière du temps. Nous ne pouvons que la signaler, sans nous en faire juge.
4. L'intérieur d'une chambre de paysan où l'on voit sur le devant un homme qui fume, trois autres figures enrichissent ce tableau qui est sur toile et peint par David Teniers. *(Museum.)* 5. Une grande bataille, par Ch. Wouvermans; hauteur 36 pouces, largeur 49, sur toile, l'un des plus capitaux. *(Museum.)* 6. Une danse de paysans devant la porte d'un cabaret rustique, jolie composition de très petites figures, sur bois, par David Teniers; hauteur o pouces, largeur 10. *(Museum.)* 7. L'intérieur d'une chambre ou l'on voit une femme assise, qui chante; elle est accompagnée par un homme qui est auprès d'elle, derrière eux est un jeune homme portant une aiguière, peint par Gérard Terburg; hauteur 17 pouces, largeur 15 pouces 6 lignes; il est cintré du haut et est sur bois. *(Museum.)* 8. Deux tableaux représentants chacun une femme à mi corps, l'une est occupée à peler un citron et l'autre tient une canette, par Gabriel Metzu; hauteur 10 pouces, largeur 9 pouces, sur bois. *(Museum.)* 9. Un tableau sur bois où l'on voit une jeune fille qui verse du lait d'un vase dans une jatte, par Gérard Dow; hauteur 13 pouces, largeur 9 pouces 6 lignes (il vient du cabinet Poulain), du beau faire. *(Museum.)* 10. Un homme vu à mi corps tenant une canette, par Andrieu Van Ostade; hauteur 7 pouces, largeur 5 pouces 6 lignes, sur bois. *(Museum.)* 11. Une femme à mi corps tenant une guirlande de fleurs, servant de pendant au numéro 12, peint sur cuivre, par Corneille Poëlembourg. *(Museum.)* 12. Une femme hollandoise tenant un peint sur bois, par Eglon Vanderneer; hauteue 8 pouces, largeur 6. *(Museum.)* 13. Deux têtes en bustes représentants, l'une une jeune fille, l'autre un jeune garçon, peint sur bois, par Godefroy Scalken; hauteur 5 pouces 6 lignes, largeur 4 pouces 6 lignes. *(Grancourt.)* 14. Deux vues de ports de mer, sur toile, de Claude Lorrain, figures de J. Miel; hauteur 20 pouces, largeur 26. *(Museum.)* 15. Une femme qui se lave les pieds au bord d'une rivière, plusieurs bestiaux et un fond de paysage termine ce tableau, peint sur toile par Adrien VandenVelde.; hauteur 14 pouces, largeur 18. *(Grancourt.)* 16. Une vue de village et campagne, ou l'on voit sur le grand chemin nombre de petites figures et bestiaux, peint sur bois par Adrien VandenVelde; hauteur 9 pouces, largeur 10 pouces 6 lignes. *(Museum.)* 17. Deux tableaux dont l'un représente des baigneuses, l'autre des pâtres gardants des bestiaux, sur cuivre, par Corneille Poëlembourg; hauteur 6 pouces, largeur 9. *(Museum.)* 18. Deux tableaux dont l'un représente des pâtres gardant des bestiaux, et l'autre la porte d'une auberge ou sont deux cavaliers peints sur cuivre,

par Pierre Delar, dit Banboche; hauteur 12 pouces, largeur 15 pouces 6 lignes, de forme ovale en travers. *(Museum.)* 19. Un tableau représentant la porte d'une ferme, ou l'on voit des chevaux près d'un auge à qui l'on va donner à manger, la droite offre un lointain, par Paul Potter; hauteur 8 pouces, largeur 9 pouces, sur bois. *(Museum.)* 20. Deux vues intérieures d'église, peints sur cuivre, par Pierre Neffs; hauteur 4 pouces, largeur 6. *(Denor .)* 21. Deux tableaux représentants chacun un homme vu en buste avec mains, l'un porte une toque sur la tête et l'autre 1. *Denoor* était un Hollandais à qui le gouvernement de la République devait de l'argent pour des fournitures qu'il lui avait faites. Il se fit rembourser en nature en prenant des objets d'art dans les dépôts et magasins provisoires. C'est ordinairement sa femme, la citoyenne Denoor, qui allait faire les choix au dépôt de Nesle. Le marquis de Laborde en a parlé dans les *Archives de la France pendant la Révolution.* Edition in-12, p. 255 et 256. est un vieillard à barbe, peints sur bois par Rembrand; hauteur 30 pouces sur 24, ovale. *(Museum.)* 22. Un tableau d'animaux variés, et plusieurs figures de femmes, peint par Nicolas Berchem; hauteur 39 pouces, largeur 32, sur toile. *(Museum.)* 23. Deux grands paysages enrichis de figures; les paysages par Paul Bril; les figures par Louis Carrache; hauteur 38 pouces, largeur 54. *(Museum.)* 24. Un paysage ou l'on voit un charriol de voyageurs, peint sur bois par Dvries; hauteur 9 pouces, largeur 7. *(Denor.)* 25. Diane découvrant la grossesse de Calysto, peint sur cuivre, d'après Rotterhamer; hauteur 9 pouces, largeur 12. *(Vendu.)* 26. Deux touffes de fleurs sur fond brun, peint sur toile par Veruedal; hauteur 9 pouces, largeur il. *(Denor.)* 27. Deux tableaux représentants des paysages, figures et animaux, peints sur bois par Michaux; hauteur 4 pouces et demi, largeur 6 pouces. *(Denor.)* 28. Un repos en Egypte, composition de treize figures, peint sur toile par Sébastien Bourdon; hauteur 42 pouces, largeur 54. *(Museum.)* 29. Deux chocs de cavalerie, peint sur toile par Philippe Napolitain; hauteur 11 pouces, largeur 18. (Denor.) 30. Un déluge, tableau sur toile; hauteur 74 pouces, largeur 96, très rembruni. *(Vendu.)* 31. Trois tableaux dont deux portent: hauteur 37 pouces, largeur 42, et l'autre de 42 pouces sur 48 de largeur, tous trois sur toile, par Le Bassan. *(Vendu.)* 32. Jacob donnant la bénédiction à son fils; hauteur 58 pouces, largeur 72, sur toile, par Lebel fils. *(M. de l'intérieur.)* 33. Caïn après avoir tué son frère Abel, peint sur toile, par Sébastien Ricchy; hauteur 75 pouces, largeur 58. *(Museum.)* 34. Deux tableaux dont l'un représente les filles de Laban, et l'autre le retour de Joseph, peint sur toile dans le genre de Pérugin; hauteur 55 pouces, largeur 73. *(Vendu.)* 35. Une Sainte-Famille, composition de cinq figures, peint sur bois par J. Jordans; hauteur 4 pieds 9 pouces, largeur 3 pieds 5 pouces. *(Museum.)* 36. Une tête de femme sur l'appui d'une croisée avec chapeau de paille, peint sur toile par Philippe Napolitain; hauteur 26 pouces, largeur 21, répétition. *(Museum.)* 37. Un paysage et marine, peint sur toile par Daniel Vertangue; hauteur 21 pouces, largeur 31. *(Denor.)* 38. Vénus couchée et environnée des Amours, peint sur cuivre par Philippe Napolitain; hauteur 8 pouces, largeur 7 pouces et demi. *(Denor.)* 39. Une marine, peinte sur toile par l'Espagnolet; hauteur 17 pouces, largeur 27. *(Denor.)* 40. Saint Joachim et sainte Elisabeth, deux tableaux pendants, de l'école d'André Dessarte; hauteur 29 pouces, largeur 24. *(Vendu.)* 41. Une Sainte-Famille, composition de deux figures à mi corps, d'un ancien maître; hauteur 27 pouces, largeur 22, sur bois. *(Museum.)* 42. Une Sainte-Famille, composition de trois figures peintes sur bois par Da. C. Bega; hauteur 35 pouces, largeur 28. *(Museum.)* 43. Des plantes, chèvres et cygnes, sur toile; hauteur 16 pouces, largeur 21. *(Denor.)* 44. Une femme tenant une médaille; hauteur 23 pouces, largeur 19, sur bois, par Jeannette. *(Museum.)* 45. Une femme vue à mi corps et trois enfants; hauteur 37 pouces, largeur 43, sur toile, par Pietro Genovese. *(M. de la justice.)* 46. Une Cléôpatre et deux aspicts prêts à la piquer, sur toile; hauteur 45 pouces, largeur 27, de l'école d'André Dessarte. *(Denor.)* 47. Du gibier mort, des poissons et des légumes; hauteur 37 pouces, largeur 69, sur toile, par Devas. *(Vendu.)* 48. Un tableau représentant des chiens, etc., sur toile; hauteur 46 pouces, largeur 75, par Séneiders. *(Museum.)* 50. Un homme vu à mi corps avec fraise au col, sur toile; hauteur 29 pouces, largeur 23, par Grimoux *(Museum.)* 51. Un paysage sur bois; hauteur 14 pouces, largeur 20, par Vanhuden. *(Grancourt.)* 52. Un pecheur, sur toile; hauteur 44 pouces, largeur 62 pouces, par J. Oudry. *(Vendu.)* 53. Un architecture, sur toile; hauteur 34 pouces, largeur 72 pouces, par Salvionse. *(Vendu.)* 54. Deux têtes, pendants inégaux; hauteur 12 pouces, largeur 10, sur bois, copies d'après Rembrand. *(Vendu.)* 55. Des ruines, hauteur 15 pouces; largeur 22 pouces, sur cuivre, d'après Bartholomée. *(Denor.)* 56. Un départ de chasse et un retour; hauteur 15 pouces, largeur 21 pouces, sur cuivre, copie de Wouvermans. (Denor.) 57. Une tête de Vierge en mosaïque moderne;,hauteur 15 pouces, largeur 10, sur cuivre. (Museum.) 58. Saint Pierre délivré par un ange de la prison; hauteur 70 pouces, largeur 50, sur toile. *(Vendu.)* 59. Deux tableaux, dont l'un la place et colonne trajanne, l'autre la colonne Antoine, sur cuivre; hauteur 15 sur 19 pouces, par Pierre Both et Gasparan. (Museum.) 60. Le portrait d'un guerrier cuirassé; hauteur 14 pouces, largeur sur marbre noir, par Alexandre Véronèse. *(Museum.)* 61. La Vierge et l'Enfant Jésus, sur bois de forme ronde, diamètre 4 pouces, d'après le Parmessan *(Museum.) Dessins et estampes montées.* 62. Dix estampes coloriées de la Pharmasienne, montées sous verre, d'après Raphaël, au Vatican. *(Bibliothèque nationale.)* 63. Trois dessins de plantes coloriées sur papier, dont celle de Magelonia, par Spandonck. (if. *des plantes.)* 64. Les desseins de la maison commune, par le Clerc. *(Denor.)* 65. Deux estampes de monuments, et piramides. (Denor.) 66. Deux autres *idem* des grandes fêtes, par Moreau (Denor.) 67. Trois estampes représentant les Saisons, par Gottius. *(Bibliothèque natio-*

nale.) 68. Un estampe, l'embarquement des vivres, d'après Berchem, par Aliamet, le verre est cassé. *(Bibliothèque nationale.)* 69. Deux estampes des fêtes, par Moreau, montées. (Denor.) 70. La mort de Dassas, par Laurent. (Denor.) 71. Deux estampes en feuilles, dont la mort de Socrate et le *portrait de J.-Jacques. (M. des finances.)* 72. Plus un dessin au bistre d'une bataille, dans le genre de Paon. (Denor.)

Plus une esquisse à la plume, représentant une antrée de l'ancien régime à la maison commune. (Denor.) *Bordures dorées.* 72. Six bordures dorées, dont trois rondes. *(Museum.)* 73. Deux grandes bordures de 8 pieds 3 pouces sur 6 pieds. *(Museum.)* 74. Une bordure chantournée de 4 pieds 8 pouces, sur 3 pieds 4 pouces, à cartouche. *(Museum.) Vases, coupes de matière précieuse.* 75. Un goblet de jaspe sanguin de 2 pouces 6 lignes de diamètre, sur 2 pouces 6 lignes de hauteur. *(Denor.)* 76. Une coupe de jade foncé vert; hauteur 2 pouces 6 lignes, diamètre 4 pouces. *(Denor.)* 77. Une petite coupe forme de gondole, en jade claire, démontée en trois parties, de 2 pouces 10 lignes. *(Denor.)* 78. Deux cassolettes agathe orientale, montées en bronze doré au mat sur pieds à chaînes; hauteur 8 pouces. (Denor.) 79. Une autre cassolette montée à quatre pieds; hauteur 9 pouces. *(Denor.)* 80. Deux tasses sardoine élevées sur quatre enfants en bronze, couleur antique et socles de porphyre, hauteur 5 pouces. *(Denor.)* 81. Une soucoupe de jaspe jaune, diamètre 5 pouces. (Denor.) 82. Une coupe forme de gondole à anses prises dans la masse de jaspe rouge; longueur 6 pouces, largeur 3 pouces 6 lignes. *Denor.)* 83. Un vase forme de goblet à pieds, avec secoupe en agathe sardoine, hauteur totale 3 pouces 4 lignes, diamètre 3 pouces 2 lignes. *(Denor.)* 84. Une coupe d'agathe blonde calcédoine, de 2 pouces 6 lignes de hauteur, sur 4 pouces de diamètre. (Denor.) *Cristaux de roche.* 85. Un goblet et son couvercle avec plateau de forme triangulaire à trois pieds, enrichi d'un culot en or formé de plusieurs enfants jouants avec des pampres de vignes; hauteur du culot en or 2 pouces 4 lignes, diamètre 2 pouces 6 lignes; diamètre du plateau 7 pouces 6 lignes, hauteur 7 pouces. Le tout dans un étui de velour bleu. *(Denor.)* 86. Un goblet à six pans avec sa soucoupe, le tout gravé; hauteur totale 4 pouces 6 lignes, diamètre 5 pouces, 6 lignes. *(Denor.)* 87. Un goblet de forme ovale avec son anse saillante; hauteur 4 pouces 10 lignes, largeur 4 pouces 6 lignes. (Denor.) 88. *Idem* en forme de lys en rubans; hauteur 3 pouces 10 lignes, diamètre 3 pouces 7 lignes et étui de bazane. *(Denor.)* 89. Une écritoire sur plateau avec tiroir de laque, sur lequel sont trois petits godets en cristaux de roche, dont deux avec leurs couvercles, le tout garni en or. *(Denor.) Porcelaine d'ancien Japon, Chine, etc.* 90. Six vases de porcelaine céladon moderne à plantes blanches en relief, montés en bronze, il manque deux pièces à deux anses, hauteur 23 pouces. *(Directoire* 2, *Museum* 4.) 91. Deux autres vases *idem* à fleurs en relief, montés en bronze sur socles carrés; hauteur 19 pouces 6 lignes. (Directoire.) 92. Deux autres *idem* à dragons formants les anses avec couvercles; hauteur 19 pouces. *(M. des finances.)* 93. *Idem* un autre vase sans couvercle à tête de bouc; hauteur 16 pouces. *(Directoire.)* 94. *Idem* deux grands pots pourris à boutons en relief en tabouret chinois moderne, enrichis de bronze doré; hauteur 24 pouces. (Vendu.) 95. Plus un autre *idem* d'ancien céladon orné de bronze doré; hauteur 14 pouces, diamètre 15 pouces. *(M. des finances.)* 96. Deux vases de porcelaine de Perse, jaspé d'un gris bleuatre, orné de bronze doré à anses ornées de feuilles de laurier; hauteur 20 pouces. *(M. des finances.)* 97. Cinq vases céladon moderne, dont deux bouteilles, une restaurée, garnies en bronze et deux portants 14 pouces de hauteur, 29 pouces 1/2 de pourtour, le 5 10 pouces 1/2. *(Jf. de la justice.)* 08. Quatre perroquets de porcelaine de la Chine coloriés sur leur rochers; hauteur 15 pouces. *(M. de la justice.)* 99. Quatre vases de forme Lisbert fond lapis, ornés de bronze. (Directoire.) 100. Deux oiseaux de biscuit de Japon montés sur des rochers et sur un pied en bronze doré. *(Vendu.)* 101. Deux bouteilles coloriées à plantes de fleurs en forme de poire en porcelaine. *(Denor.)* 102. Une carpe en violet et bleu céleste de la Chine, sur un pied de bronze doré au mat, morceau capital sous cage de verre. *(Museum.)* 103. Deux forts vases de porcelaine de Perse; hauteur 20 pouces, jaspe rouge et violâtre orné de bronze. *(M. de l'intérieur.)* 104. Un cornet ou vase en porcelaine de Saxe à fond jaune; hauteur 17 pouces. *(Denor.)* 10a. Une espece de vase ou cornet chinois en cuivre des Indes; hauteur H pouces.

106. Un vase forme d'escargot orné de bronze bleu céleste de la Chine, hauteur 5 pouces. *(Vendu.)* 107. Une theyere bleu céleste de la Chine à bambouck, sur pied de bronze doré, les anses sont cassées. *(Vendu.)* 108. Deux lions bleu céleste et violet sur pied de bronze doré formant girandoles à deux beches. (Directoire.) 109. Un pot avec sa jatte de porcelaine de bleu celeste, monté, garni en vermeil; hauteur 8 pouces. *(Venor.)* 110. Deux mortiers à huit pans, première sorte à plantes de fleurs sur pieds de bronze; hauteur 4 pouces 1/2, largeur 4 pouces. (Denor.) 111. Un *idem* plus petit. (Denor.) 112. Deux mortiers, première sorte à huit pans, avec leurs soucoupes. (Denor.) 113. Quatre pots porcelaine de Chine coloriés avec leurs couvercles, dont deux sur leurs pieds de bronze doré, de 11 pouces de hauteur. *(Vendu.)* 114. Quatre pots pourris de porcelaine du Japon à fond rouge et rosasse ornés de bronzes, dont deux couvercles cassés. *(Vendu.)* 1)5. Un magot couché, un oiseau portant un petit pot pourri. *(Vendu.)* (16. Une theyere à anses en terre des Indes. *(Denor.)* 117. Une autre *idem* très petite. *(Denor.)* 118. Quatre tasses avec leurs soucoupes sur leur plateaux en laque rouge. *(Denor.)* 119. Deux theyere en terre des Indes à bambouck. *(Denor.) Lustres de cristal de roche.* 120. Trois lustres de cristal de roche à bobèches. *(M. de l'intérieur.)* 121. Un lustre à huit branches a mi corps doré *idem. (Au citoyen Menier.)* 122. Deux girandoles *idem*, hauteur 24 pouces. *Meubles de Bout.* 123. Deux grands meubles enrichis de bronze doré avec glaces, ouvrans en trois parties, hauteur 4 pieds 1/2, largeur 6 pieds t

pouces. *(Museum.)* 124. Deux autres *idem* a glaces, figures et ornements. *(Museum.)* 12o. Deux gaines à placage genre de Boul sur écaille rouge. (4 *Nations.*) 126. Deux lustres en bronze. (4 *Nations.*) 127. Deux *idem.* (4 *Nations.*) 128. Deux flambeaux portés par des satires en bronze vert antique avec futs de vert antique sur socles dorés. *(Denor.) Meubles en acajou.* 129. Un meuble à deux tablettes, hauteur 2 pieds 10 pouces, largeur 3 pieds 9 pouces. (Muséum.) 130. Une petite table ronde en racine de bois des Indes, enrichie de camée de Seve bleu et blanc, recouvert d'une glace, montée en trépied, bronze doré au mat. *(Directoire.)* 131. Francois I à cheval, grand émail du tems, de 10 pouces de diamètre. *(Museum.)* 132. Une petite cage de verre avec son pied en velour. *(Museum.)* 133. Une table de pierre fine de Florence représentant des oiseaux, guirlandes de fleurs, montée sur un pied noir garni de bronze. *(Museum.) Coffres en laque.* 134. Un coffret de forme longue; hauteur 8 pouces, largeur 12 pouces 1/2, à trois tiroirs et à dessus d'évantail. *(Museum.)* 135. Un plateau à huit pans *idem (Denor.)* 136. Un coffret àcoq et poules du Japon, de forme oblongue. *(Vendu.)* 137. Un grand coffret en forme de bahu, à fleurs et ramages de Burges avec son pied blanc et doré. *(Vendu.)* 138. Deux boêtes ou coffres assez grands, vernissé en nouveau laque. *(Vendu.)* 139. Une boête à perruque, *idem,* forme de fruits de Chine. *(Vendu.) Armes.* 140. Deux épées et deux sabres à poignées incrustées, garnis, damasquinés en or et argent. *(M. des antiques.)* 141. Deux poignards, ou couteaux de chasse modernes. *(M. des antiques.)* 142. Une petite hache damassée et incrustée en or. (Museum.J 143. Une canne d'yvoirde4pieds 6 pouces avec sa pomme en or, le tout de 4 pieds 6 pouces avec son étui. *(Vendu.)* 144. Une espece déspingole. *(Commission des armes.)* 145. Un carquois indien avec une vingteine de flèches et dards. 146. Une paire de pistolets carabinés, par Batker, à Londre, avec culasse en argent. *(Commission des armes.)* 147. Un bouclier en corne. *(M. des antiques.)* 148. Une bordure quarrée, bon pour une estampe. *(Museum.)* 149. Une paire de souliers chinois ou indiens avec un étrier galonné en or. *(M. des antiques.)* 150. Quatre tapis de pieds en point de Turquie. *(Manufacture des Goblins.) Histoire naturelle.* 151. Sept coquilles, un morceau de bois pétrifié, 8 divers mineraux, un morceau de divers marbres, breche universelle, deux œufs d'autruche, un pied de sanglier, dans un bocal une corne de rhinôsserosse, plus deux échelles doubles. *(M. des Plantes.) Marbres, bronzes antiques et modernes.* 153. Deux futs de colonnes marbre bianc de Paros, 3 pieds 9 pouces, veiné, base et socles de verd sur 8 pouces de diamètre, et sur les deux futs deux bustes, dont un jaune. (4 *Nations.*) 154. Un buste en bronze de Francois I" de grandeur naturelle sur piedestal, marbre fond verd d'acier, chapiteau et bâse de meme, socle bleu turquin, encadrement blanc veiné. *(Mon. français.)* 155. Un fut de colonne cervelat, 3 pieds 5 pouces de haut, 6 pouces 1/2 de diamètre, base de marbre blanc, statuaire et ceinte de jeaune de sienne claqué. (4 *Nations.*) 156. Deux fuis (dont l'un un peu mutilé) de colonnes granit rose n 1, de 62 pouces de haut sur 48 de diamètre, chapiteau quarré de 1 pied 10 pouces en marbre blanc, base *idem. (Museum.)* 157. Sur les dits futs deux bustes de 3 pieds de haut, l'un est un empereur, tête de marbre blanc, statuaire corps et draperies marbre de couleur, l'autre une femme, marbre blanc moderne. 158. Six gaines en marbre de différentes couleurs et deux bustes, marbres de Paros. (4 *Nations.*) 159. Une figure par Vassé, en marbre blanc, représentant la Fortune commerciale, 2 pieds 9 pouces de proportions, sur socle de marbre blanc statuaire. 160. Le Mercure de bon Boulogne de Florence en bronze; hauteur 4 pieds, porté par une tête de vent (l'aile du pied droit cassée), sur piedestal de marbre blanc, hauteur 2 pieds 10 pouces sur 1 pied 5 pouces, orné de figures et ornements de très bon gout antique. *(Museum.)* 161. Un Ganimède moderne statuaire, hauteur 40 pouces piédestal blanc veiné, hauteur 3) pouces. 162. Deux petits bustes ou mascarons antiques de marbre rouge antique sur des piédouches de marbre blanc. *(Museum.)* 163. Un socle verd de mer, proportion 8 pouces 6 lignes quarré sur o pouces 1/2 de haut. *(Museum.)* 164. Un chien et une panthere de marbre noir antique, sur socle jaune de Sienne, 9 pieds 9 pouces de long sur 4 pouces de large. *(Archives du Corps législatif.)* 165. Une table très beau verd de mer, longueur 5 pieds, profondeur 1 pied 10 pouces. 166. Une *idem* de 3 pieds 8 pouces 6 lignes, profondeur 1 pied 10 pouces. 167. Deux vases élevés, de porphire canelés à anses, en corne de chevres avec piédouche et couvercles ajoutés; hauteur 1 pied 11 pouces, diamètre 14 pouces. *(Museum.)* 168. Une momie dans le genre égyptien de grandeur naturelle, tête et pieds noirs de Battu, la gaine en plaqué de marbre albâtre Fleury, draperie de la tête en agathe. (Muséum.) 169. Un petit buste, marbre Paros, tête de petite Romaine, piédouche porphire rouge. *(Museum.)* 170. Quatre table marbre rouge de Sicile, et gris veiné de dessins chantournes, longueur 4 pieds 10 pouces, profondeur 2 pieds sur pieds dorés. 171. Une autre table même matière, longueur 6 pieds 1/2, profondeur 2 pieds 5 pouces (cassée dans le transport). *(Vendu.)* 172. Deux fuis de colonnes, de Languedoc, cannelés, avec bases et socles, 5 pieds de haut sur 1 pied de diamètre, blanc veiné, deux bustes d'empereur, 2 pieds de proportion, tête de bronze, draperie marbre statuaire. *(Archives du Corps legislatif.)* 173. Un fut de colonne, breche africaine, hauteur 4 pieds bâse et chapiteau, diamètre 10 pouces sur socle de bleu turquin. *(Museum.)* 174. Un bouquet de rose de forme ovale en pierre Tonnerre, par Guichard. *(Vendu.)* 175. Un oiseau dans son nid se défendant des approches d'une laire. *(Museum.)* 176. Un Bacchus marbre grec antique tenant une tasse: hauteur 4 pieds 2 pouces 6 lignes. *(Museum.)* 177. Une table de griotte d'Italie; longueur 5 pieds, profondeur 2 pieds 4 pouces, épaisseur 2 pouces avec son pied doré. *(Museum.)* 178. Apollon et Diane en marbre, de travail antique, 3 pieds fi pouces sur 2 futs de colonnes en bois peint porphile rouge, base dorée octogone peint; hauteur 3 pieds 3 pouces, diamètre 17 pouces. *(Museum. M. de l'intérieur.)* 179. Un buste en marbre grandeur naturelle, représen tant une vestale. *(Museum.)* 180. Une figure de femme en porphire, 2 pieds 10 pouces base en bronze doré. *(Museum.)* 181. Piedestal en plaquage et verd de mer, marbre gris; hauteur 32 pouces, largeur 18, socle bleu turquin. *(Archives du Corps législatif.)* 182. Deux figure en bronze, l'un en Bacchus, l'autre une Vénus tenant une écrevisse; hauteur 1 pied 2 pouces 6 lignes, sur socles dorés. *(Denor.)* 183. Une Vénus accroupie, en bronze; hauteur 10 pouces, sur piedestal sexagone en grioite d'Italie, orné sur chaque fâce d'un mufle de lion portant des anneaux, et baze en bronze doré; hauteur,'i pouces. *(Museum.)* 184. Un Bacchus en bronze, le bras droit sur la tête, de l'autre main présentant des raisins à une panthère; hauteur 8 pouces et demi, socle grioite d'Italie, face à têtes de faunes et base doré. *(Museum.)* 18.'i. Buste de Jupiter, tête marbre blanc, buste albâtre orientale piedouche noir; hauteur 10 pouces, largeur 6, sur boisseau de beau porphire rouge, gorge de verd composé, et base doré; hauteur 6 pouces, diamètre 2 pouces 8 lignes. *(Museum.)* 186. Deux vases forme nacelle cannelés, de porphire rouge et de grand rouge à qaudron et gorge de cuivre doré à jour, sur socle de cuivre doré. *(M. des finances.)* 187. Deux gaines marbre de couleur, chapitaux en fruits marbre blanc, faces figures en gaines, l'une une jeune fille, l'autre un vieillard, elles portent deux bustes de chefs afriqains en marbre noir poli, yeux marbre blanc, prunelles noires, coeffures et plumes marbre de différentes couleurs, piedouche espece de breche violette, hauteur totale 32 pouces. *(M. de l'intérieur.)* 188. Une gaine en albâtre orientale plaquée; hauteur 4 pieds. *(4 Nations.)* 189. Un buste marbre blanc statuaire, un jeune Romain et une tête de femme pour pendant; hauteur 1 pied et demi. *(Museum.)* 190. Un vase forme de jatte serpentin, piedouche *idem,* ornements gorges ornés de bronze doré. *(Museum.)* 191. Un Moyse en bronze de Michel-Ange, proportion de 16 pouces, piedestal bois noir garni de bronze. *(Museum.)* 192. Deux futs de colonnes griot d'Italie, bases et socles dorés, surmontés de deux vases en makel servant de girondolles à quatre bobeches. *(Directoire.)* 193. Une table de verd de mer; 3 pieds 10 pouces et demi, profondeur 2 pieds, avec son pied. 194. Deux jattes de granit oriental noir et blanc, ayant pour anses des chiens dorés; hauteur 9 pieds, diamètre 1 pied 1 pouce. *(Museum.)* 195. Deux colonnes de granit oriental, chapitaux granit rose et bases *idem*, actraga, futs et bases garnis en bronze, socles de même granit de futs. *(Museum.)* 196. Un vase étrusque à trois anses; hauteur 1 pied, sur socle griotte d'Italie, base cuivre doré. *(M. des antiques.)* 197. Deux petits bustes d'empereurs, têtes pierres noires, draperies d'albâtre, piedouche bleu turquin; hauteur 6 pouces. *(Denor.)* 198. Deux fuis de porphire rouge sur socle *idem;* hauteur totale 6 pouces, socle quarré 5 pouces un quart. *Denor.)* 199. Un fut de porphire rouge, sur socle idem; hauteur totale 6 pouces, socle quarré S pouces un quart. (Denor.) 200. Un autre socle quarré *idem;* même dimantion. *(Denor.)* 201. Deux socles serpentins; 3 pouces quarrés. (Denor.) 202. Deux socles albâtre gris et un autre d'agathe d'Allemagne, jaspée. 203. Un enfant antique en marbre blanc; il est ailé, le corps fini en rinceau, et pattes de lion en forme de chimere; hauteur 2 pieds, sur un pied de marbre gris orné de cannelures; hauteur 13 pouces, mutilé. *(M. des antiques.)* 204. Un cheval et une chevre en bronze antique, sur socle de marbre noir, avec pattes de chiens en cuivre doré; hauteur 7 pouces et demi, longueur 6 pouces. *(Museum.)* 205. Une tête de Vierge, par François, drapée, en bronze, sur pied de cuivre en console; hauteur 6 pouces et demi. *(Denor.)* 206. Un fut de colonne verd antique, base de cuivre doré; hauteur 6 pouces un quart. (Denor.) 207. Une piramide cassée de la pointe, sur piedestal marbre noir antique; hauteur 1S pouces. 208. Un petit genie ailé, de bronze antique, monté sur boule dorée; hauteur 9 pouces servant de bobèche. (Denor.) 209. Deux vases granit oriental, sur socle de cuivre doré; hauteur 1 pied 7 pouces. *(Museum.)* 210. Deux tables griotte d'Italie chantournée; longueur S0 pouces, profondeur 19. *(Museum.)* 211. Une tête de negre, marbre noir, yeux blancs, bandeau de brocatel, draperie marbre de couleur; hauteur 22 pouces, socle de verd de mer de 8 pouces et demi sur 5 de haut. *(Museum.)* 212. Deux chandelliers en bronze doré de Boul, composés l'un d'une femme sur un poisson, l'autre un satyre assis sur une panthere et portant une corne d'abondance, servant de bobèche; hauteur 1 pied i pouce et demi. *(Denor.)* 213. Un fut de colonne de porphire; hauteur 11 pouces et demi, diamètre o pouces et demi, chapiteau et base de marbre blanc ornés de cuivre doré, un socle au-dessous de marbre couleur de chair; largeur 4 pouces et demi, hauteur totale 1 pied 4 pouces et demi. *(Museum.)* 214. Sur ledit fut de colonne orné de bronze, un vase de porphire sur socle de marbre noir; hauteur 11 pouces et demi. *(Museum.)* 215. Une petite tête d'enfant antique de blanc veiné, sur piedouche verd de mer; hauteur 1 pied, sur un petit piedestal, jeaune de Sienne, plaqué de pierres précieuses; hauteur 10 pouces. *Museum.)* 216. Deux tables rondes de granit rose; diamètre 1 pied il pouces et demi, épaisseur 1 pied et demi. 217. Un enfant à cheval, de bronze antique, sur un socle de marbre blanc, monté sur un autre marbre rouge, garni de bronze doré. *(Museum.)* 218. Un buste Louis 14, tête en bronze, draperie en albâtre. *(Mon. français.)* 219. Un vase d'espece de serpentin, granit verd, ayant pour anses des femmes. *(M. de l'intérieur.)* 220. Un fut de colonne de granit rose; hauteur 3 pieds 3 pouces, socle dessus, 9 pouces, demi-épaisseur 5 pouces et demi, la base marbre blanc orné, premier socle *idem,* le tout sur un socle granit noir plaqué; largeur I pied 1 pouce, épaisseur 3 pouces 4 lignes. *(Museum.)* 221. Une-colonne de cervelat; hauteur 3 pieds 5 pouces, de diamètre 10 pouces, la base marbre blanc orné, sur socle marbre couleur de chair; largeur 15 pouces. *(Museum.)* 222. Une Junon très mutilée, le bras gauche entier; 5 pieds

9 pouces. 223. La Comedie, assez bien conservée, le bras gauche mutilé; même hauteur. (Museum.) 224. Une petite Bacchante, le bras droit mutilé; même hauteur, marbre de Paros. Museum.) 228. Hécante tenante de la main gauche une coupe dans laqu'elle boit un serpent; hauteur 5 pieds et demi, bien conservée, en marbre de Paros. (Museum.) 226. Une belle Junon mutilée; hauteur 6 pieds 9 pouces. (Museum.) 227. Une Venus tenant un petit vase, le bras gauche et le col bien mutilés; hauteur 6 pieds.

Nota. — Toutes ces figures sont de travail antique, et sont de marbre Salin ou Paros.

228. Une Diane de 5 pieds de haut, le torse marbre de Paros, la tête *idem,* le bras gauche démonté, mais tenant au corps le droit cassé en quatre morceaux.
229. Une colonne de marbre ditte cannelée, fleursde léché, cannelée torse; o pouces de hauteur, chapiteau, base, griotte d'Italie, et socle Porto-Ré, plaque. (Museum.) 230. Un petit Orphée touchant de la lyre, bronze, le Cerbere enfoncé dans un antre; hauteur 3 pouces 2 lignes, sur socle marbre rougeâtre. (M. (les antiques.) 232. Un petit Hercule triomphant, en bronze; hauteur S pouces un quart, socle marbre rouge. *(M. des antiques.)* 233. Une amulette ou la Fortune, en bronze, sur pied *idem;* hauteur 4 pouces. (M. des antiques.) 234. Un petit timbalier en bronze, sur pied de bois figuré; hauteur 3b lignes, pied 3 pouces. (M. des antiques.) 235. Un Magot chinois en bronze, assis; hauteur 2 pouces 8 lignes. (M. des antiques.) 236. Deux petites femmes en bronze dont le bas à rinseaux d'ornements, portants girondolles, le tout bronze doré, sur deux petits futs de colonnes de verd antique. *(M. de l'intérieur.)* 237. Deux médailles fondues modernes François Ier et Michel-Ange. *(M. des antiques.)* 238. Deux Isis égyptiens en bassatte avec hiérogliphes, dont un publié par Caylus; hauteur 17 pouces, largeur 9. (Museum.) 239. Un sphinx en bronze moderne imitant l'égyptien; hauteur 7 pouces sur 16. (Museum.) 240. Un vase étrusque à un anse; hauteur 14 pouces. (Museum.) 241. Deux jattes ovales en albâtre orientale surmontées de deux anses àcignes aux ailes ouvertes montées sur deux socles, l'un de cuivre doré, et l'autre bleu turquin; hauteur totale 1 pied 8 pouces 1/2. (Directoire.) Objets de Brissac trouvés dans la maison *Tallerand de Périgord.*

Du 26 frimaire.

1. Huit cammes dont un sur turgot, agathe, jaspe, coquilles et autres, compris un espece d'anneau. (Denor.) 2. Vingt-deux pierres gravées en creux, dont cinq cornalines, deux Nicollot, trois gravées en Allemagne, et autres, dont trois pâte de verre. (Denor.) 3. Un cachet gravé représentant une tête de Médus de fâce sur Nicollot, la poignée formée d'une tête de negresse de relief monté en or, enrichi de rubis roses et brillants. (Denor.) 4. Un cachet dont la poignée offre un Henri 4 gravé de relief en jaspe de Sibérie. (Denor.) 5. Six assiettes d'ancien émail d'environ 6 pouces de diamètre, représentant divers sujets sacrés et profanes. (Museum.) 6. Quatorzes petites pierres, dont trois cornalines, une coupe de cabochon de grenat, turquoise, prime d'émeraude, etc. , fendue au milieu. (Denor.) 7. Quatre médailles, dont une d'argent. (Denor.) 8. Un poignard indien à poignée de fer inscrusté en or. (M. des antiques.) 9. Une boête ovale de granit cristalisé montée en similor. (Denor.) 10. Un petit plateau de laque usé, de forme quarrée circulaire d'environ 4 pouces. (Denor.) 11. Deux bustes, l'un de faune, l'autre de femme couronnée de fleurs sur piédouche quarré de marbre noir, par Laremberg. (Museum.) 12. Deux autres du même genre, plus petits, par le même sur piédouche quarré de marbre blanc. (Museum.) 13. Une tête casquée en marbre antique très veiné, sur pied quarré. (4 *Nations.)* 14. Un buste de femme en bronze sur piédouche, rond, force de nature. (Vendu.) 15. L'enlevement de Déjanire, copie d'après le Guide; hauteur 6 pieds environ sur 4, sur toile. (Vendu.) 16. Quatre portraits d'homme à mi-corps, cuirassés et autres, par Robert Tournier, d'environ 4 pieds sur 3. (2 *au Museum.)* 17. Deux copies, l'une d'après l'Amour, du Correge, et Jupiter et Leda, d'après Paul Véronèse, copies faites d'après la galerie du palais d'Orléans. (Vendu.) 18. Deux tableaux par La Hire, représentant l'un un enfant qui chante, l'autre qui joue de la basse; hauteur 3 pieds 1/2, largeur 22 pouces, sur toile. (Vendu.) 19. Quatre portraits, scavoir: l'un d'un parlementaire, l'autre d'une femme debout, par Belle père, un homme en perruque et assis, par La Hyre, et une femme, par Natier. (Vendu.) 20. Cinq têtes et portraits, sçavoir: l'un par Veleuque Porbus, et l'un pastel, par Le Moine, d'environ 24 pouces et 20, et portrait de femme, par Champagne. (Denor.) 21. Un paysage avec saint Pierre qui marche sur les eaux, par Philippe Napolitain. (Vendu.) 22. Deux paysage, genre de Both, avec chevaux blancs, d'environ 16 pouces sur 24. (Museum.) 23. Un Jupiter en bronze avec draperie en marbre et le tout d'environ 9 pouces. (Museum.) 24. Quatre jattes de porcelaine d'ancien violet de la Chine, avec pieds et gorges et anneaux en bronze doré. (Directoire.) 25. Deux desseins, dont un la fontaine des Innocents. (Denor.) 26. Cinq livraisons du palais d'Orléans et quatre estampes d'après Vendelvede. (Denor.) 27 28. Une femme portant corbeille, en bronze avec pied en Priape en bois, toute mutilée. (Denor.) 29. Deux petits Amours, l'un jouant du tambour, l'autre de la flutte, en bronze. (Denor.) 30. Deux gladiateurs, *idem.* (Vendu.) 31. Deux grues, *idem.* (Vendu.) 32. Une pagode, *idem.* (Vendu.) 33. Une tête de cerf dorée avec petit bois naturel. (Vendu.) 34. Sept cadres dorés grands et moyens. 3a. Cinq tableaux portraits, dont un Cossé (Vendu), et quatre de la famille Capet, dont plusieurs crevés. (Pris pour les toiles.) Voir à la Bibliothèque nationale, rue Richelieu, département des Manuscrits (F. Fr., acq. nouv., n 317), Catalogue des livres de la bibliothèque de M. le duc de Brissac, mai 1789. — Petit in-folio en maroquin gauffré d'or, la garde en tabis azur, les armes de la famille sur les plats.

PIÈCE N" III.

RESPECT ÉTRANGE DES SEPTEMBRISEURS DE VERSAILLES POUR LES OBJETS TROUVÉS SUR LEURS VICTIMES.

Après le massacre, le maire est ramené à la maison commune, où bientôt une scène horriblement dégoûtante succède à celle qui vient d'avoir lieu. Ces homicides teints de sang, l'œil égaré, viennent déposer les bijoux, les assignats, les effets de ceux qu'ils ont égorgés; ils portent comme en triomphe des membres encore palpitants; ils en laissent sur les bureaux. Plusieurs officiers municipaux et notables ne peuvent tenir à ce spectacle: ils sont forcés de se retirer. Les autres, avec le vice-secrétaire, reçoivent ces effets ensanglantés, ils en dressent un état.

(Extrait de l'acte d'accusation dressé contre les assassins du 9 septembre 1792).

PIÈCE N IV.

ÉTAT DES EFFETS TROUVKS DANS LES POCHES DE M. DEBBISAC (sic),

Le 9 septembre 1792.

Rapportés à la maison commune, sçavoir: i montre d'or de Robin.
1 cuillère de vermeille *(sic),*
i cuillère d'argent.
1 fourchette argentée.
8 louis d'or. *1* assignat de 300 livres. 1 assignat de 200 livres. 2 assignats de 50 livres. 9 assignats de o livres. mandat d'Orléans de 30 1. 3 mandats d'Orléans de 20 1. 1 mandat de 20 livres de la main de Descourre. 1 mandai de 10 livres. 1 demi-louis de 10 livres. carte de France. 2 paires de lunettes dans un étui de galuchat vert. 1 petite clé. 1 porte-clé. 1 coeffe de nuit.
La Constitution en batiste.
5 brochures. 1 étui de vermeille. 1 lorgnette. *Apporté par divers:* 10 louis en or trouvés dans la poche de Brissac. 1 paire de boutons à pierres en or et argent, où il manque deux pierres. *Effets apportés par M. Jean-Louis Muret, commandant du détachement de Montfort-FAmaury, Louis Pau/bot, Louis Silvestre:* 57 louis en or. 14 écus de 6 livres. 1 écu de 3 livres. 4 pièces de 30 sous.
En monnaie blanche, 6 liv.
En menue monnaie, 25 sous.
3 montres d'or, dont une à répétition. 1 flacon d'or. *1* boucle de col d'or. 2 petits anneaux d'or. 1 portefeuille garni d'effets de nulle valeur. Autre portefeuille. 1 billet du Barry de 56 liv. 30 livres en assignats de 5 I. Autre portefeuille en mar cassite. 1 louis en or. 57 livres en écus. 6 livres en monnaie. 1 étui de boisjenjmarcassite. 1 eur-oreille en argent. 1 assignat de 200 livres en argent. 23 assignats. 1 souvenir. 1 assignat de 100 livres. 9 boucles de souliers en argent. 8 boucles de jarretières. 5 paires de ciseaux. 3 couteaux. 1 canif. 2 tabatières. 1 écritoire. 9 doubles louis. 4 louis. 1 paire de boutons de diamans montés en or. 4 livres 8 sous de monnaie. 5 livres 5 sous en petits assignats. 4 paquet de différents linges. *Différents effets apportés par?...* 4 montres d'or. 2 petits fraguements d'ar 3 en argent. genterie. 2 paires de boutons à pierres. Petits assignats.

PIÈCE N V.

QUITTANCE DE REMBOURSEMENT DE M. LE DUC D'AIGUILLON A MADAME DU BARRY.

En présence, etc.

Très haut et très puissant seigneur, monseigneur

Emmanuel Armand Duplessis Richelieu, duc d'Aiguillon, pair de France, comte d'Agenois et de Condomois, chevalier des ordres du Roi, lieutenant général de ses armées, gouverneur général de la haute et basse Alsace, gouverneur particulier des villes et citadelle, parc et château de la Ferre, lieutenant général de la province de Bretagne au département du comté nantois, lieutenant de la compagnie des chevau-légers de la garde ordinaire du Roi et ministre d'Etat, demeurant à Paris, en son hôtel, rue de Bourbon, paroisse Saint-Sulpice.

A reconnu avoir ci-devant reçu, tant de haute et puissante dame J. Gomard de Vaubernier, etc.,

Que de M. Gourlade, acquéreur de Saint-Vrain, et du régisseur des boutiques de Nantes appartenant à ladite comtesse du Barry, en l'acquit de ladite dame, la somme de 227,213 livres 17 sousD deniers, savoir: 1 200,000 livres pour l'acquit et payement de pareille somme, contenue en l'obligation souscrite par ladite dame comtesse du Barry au profit de M. Louis Magne Binet de Beaupré, avocat au Parlement, devant M Le Pot d'Auteuil, qui en a gardé la minute, et son confrère, notaires à Paris, le 9 avril 1775, aux termes de laquelle obligation ladite dame comtesse du Barry devoit employer ladite somme au payement du château et terre de Saint-Vrain et dépendances qu'elle étoit sur le point d'acquérir de Jacques Sauvage, écuyer, conseiller secrétaire du Roi, maison, couronne de France et de ses finances, laquelle acquisition elle a effectivement faite par contrat passé le même jour que ladite obligation, devant ledit M" Le Pot d'Auteuil eUson confrère, contenant dépôt de ladite somme de 200,000 livres pour être employée a payer le prix de ladite acquisition après le sceau des lettres de ratification que ladite dame comtesse du Barry devoit obtenir sur ladite aquisition, lequel emploi a été fait suivant les quitances étant ensuite de la minute dudit contrat d'acquisition; 2 27,000 livres pour l'acquit et payement de pareille somme contenue en l'obligation souscrite par la dame comtesse du Barry au profit dudit M Binet, devant ledit M Le Pot d'Auteuil et son confrère ensuite de la précédente, le 31 mai suivant, desquelles deux obligations il a été passé déclaration par ledit M Binet au profit dudit seigneur duc d'Aiguillon, par acte passé en brevet devant ledit M Le Pot d'Auteuil et son confrère, les 9 avril et 31 mai 1775, et qui depuis ont été reportés audit M Le Pot d'Auteil par acte en marge des brevets originaux desdites déclarations du 24 août 1781; 3 87 livres pour main-levée des oppositions faites des lettres de ratification, etc.; 4 4 livres pour frais de l'opposition formée par M. le duc d'Aiguillon; 5 12 livres pour le cout des expéditions ou déclarations faites par le sieur Binet; 6" Et enfin 120 livres pour le remboursement de pareille somme payée par ledit seigneur duc d'Aiguillon en l'acquit de ladite dame comtesse du Barry au sieur Gourlade, par quittance du 26 janvier 1778, pour montant de l'estimation des ornements que madame la comtesse du Barry devoit fournir au prêtre chapelain de Saint-Vrain.

De laquelle somme de 227,000 livres

ledit seigneur duc d'Aiguillon quitte et décharge ladite dame comtesse du Barry, et de toutes choses relativement à ladite créance tant que frais, reconnoissant, en outre ledit seigneur duc d'Aiguillon, que ladite dame comtesse du Barry lui a payé tous les frais faits à Nantes sur les oppositions qui ont été fournies à sa requête sur ladite comtesse du Barry, tant entre les mains du régisseur des boutiques de Nantes.

Ledit seigneur duc d'Aiguillon déclare à ladite dame comtesse du Barry n'avoir point levé de grosses, celles desdites déclarations, ensemble toutes les pièces et procédures relatives à ladite créance et la quitance justifiant du payement fait par ledit seigneur duc d'Aiguillon au sieur Gourlade, en l'acquit de ladite dame comtesse du Barry, et en outre qu'il entend que la présente quitance ne serve que d'une seule et même chose avec celles particulières qui ont été ci-devant données à mesure des payements qui lui ont été faits sur ladite créance, etc.

Et par les présentes, monseigneur duc d'Aiguillon donne main-levée de toutes les saisies, arrêts et oppositions, tant mobilières qu'immobilières qui ont été formées à sa requête sur ladite dame comtesse du Barry, tant au bureau des hypothèques qu'entre les mains des payeurs des rentes et débiteurs de ladite dame comtesse du Barry, notamment du régisseur des boutiques de Nantes, etc.

Fait et passé à Paris, en l'hôtel de monseigneur le duc d'Aiguillon, le 30 août 1784, etc.

Ddc D'aiguillon Richelieu, — Griveau.

PIÈCE N VI.
MADA.ME DU BARRY ET MADAME VALOIS DE LA MOTTE. PROCÈS DU COLLIER. 1782-1786, *Information du 12 décembre* 1785.

Du mercredy sept décembre audit an, quatre heures de relevée, en la chambre d'instruction, est comparue:

Jeanne-Benedicte Vaubernier, comtesse duBarry, âgée de 35 ans, demeurante à Louvessienne, témoin assigné par exploit dudit jour fait par Regnaut, huissier de la cour, copie duquel elle nous a fait apparoistre;

Après serment par elle fait de dire vérité, lecture à elle faite de l'arrest sudatté contenant plainte;

A dit nestre parente, alliée, servante ny domestique des parties;

Dépose navoir aucune connoissance des faits énoncés dans la plainte, si ce n'est qu'il y a environ trois ans la dame De lamotte est venue à Louvessienne implorer ses bontés et sa protection pour faire parvenir au Roy un mémoire dans lequel elle supplioit Sa Majesté de la faire rentrer dans les terres qui avoient appartenu à sa famille et qui étoient rentrées au Domaine.

La première réponse que luy a fait la déposante est qu'elle ne vouloit en aucune façon se mesler de cette affaire, qu'enfin, fatiguée par ses larmes et ses supplications et l'exposé de la misère qu'elle luy faisoit, elle accepta le mémoire qui luy étoit présenté et le mit sur sa cheminée dans la ferme intention de n'en faire aucun usage. — Quelle se rappelle que le mémoire a été brûlée.

Se rapelle la déposante que depuis que cette affaire es; ebruittée entendant dire que ladite dame de la Motte avoil presentée aux joailliers un papier où étoit au bas la signature Marie-Antoinette de France, comme étant la signature de la Reine; elle dit, mais ce n'est pas un faux de sa part en ce qu'elle a mis Marie-Antoinette de France, parce quelle croioit se rappeler, sans pouvoir cependant l'assurer, que dans le mémoire quelle lui avoit laissé, dont elle vient de parler, elle avoit pris les noms de Marie-Antoinette de France de Saint-Remy de Valois, femme du sieur de La Motte, garde du corps de M. le comte d'Artois.

1. Elle avait 42 ans et s'en donnait 33. *Confrontation entre madame du Barry et madam-i de La Motte de Valois.*

Avons pareillement confronté à la dame de La Motte Jeanne-Benedicte Gomard de Vaubernier, comtesse du Barry, trente-unième témoin de la même information, recollé sur ycelle par devant nous,

Après serment par elles respectivement fait en présence l'une de l'autre dedire vérité interpellées de déclarer si elles se connoissent, ont dit se connoistre.

Ce fait avons à la dame de La Motte fait faire lecture des premiers articles des dépositions de la témoin avisée de... .. et interpellée l'accusée de fournir sur-le-champ de reproches contre la témoin si aucuns elle a, sinon quelle ny sera plus reçue après que lecture luy aura été faite des déposition et récolement de la témoin de leur entier suivant la demande.

L'accusée dit n'avoir reproches

Le témoin de ce interpellée a dit ses dépositions et récolement contenir vérité, y a persisté et que c'est de l'accusée cy-présente dont elle a entendu parler par yceux à laquelle elle les soutient sincères et véritables.

Par l'accusée a dit que dans la visitte qu'elle fit à la témoin à Lucienne, elle n'alloit point du tout pour implorer sa protection auprès du Roy, que cestoit le désir de la voir et de faire connoissance avec elle d'après la façon honneste dont elle avoit bien voulu recevoir quelques-jours auparavant le neveu d'elle accusée, qui étoit page chez Monsieur.

Que dans la conversation ayant dH que l'accusée sapeloit Valois, la témoin luy parût étonnée et luy dit quelle ne croioit pas qu'il y eu personne qui porta ce nom. A quoi elle accusée répondit qu'elle le portoit à juste titre, puisqu'elle avoit été reconnue en 1776, descendante de la maison de Valois, qu'elle luy tira de sa poche un mémoire généalogique de la maison de Valois, que c'est sans doute ce, mémoire que la témoin a pris pour un mémoire qui lui étoit présenté pour demander quelques grâces au Roy pour elle, — quelle n'estoit pas dans le cas de s'adresser à personne, puisque M. et madame la comtesse d'Artois et plusieurs dames de la Cour s'intéressoit (sic) à elle, — que d'ailleurs ce mémoire généalogique n'étoit pas signée d'elle accusée et qu'elle proteste avec la plus grande vérité qu'elle n'a jamais signé aucun mémoire ny placet de ses noms de baptême et de famille, qu'ainsi on n'a put voir au bas de ce mémoire les mots Marie-Antoinette de France, qui ne sont pas ses noms de baptême, que d'ailleurs elle n'avoit pas ce jour-là l'air supliante ny les larmes aux yeux, ainsy qu'il est dit dans la déposition, qu'il y avoit pour témoin un capitaine de dragons qui dit à l'accusée qu'il étoit cousin de la témoin.

Par la témoin a été profité dans ses déposition et récolement, lecture à elles faitte de la présente confrontation, elles y ont chacune à leur égard persistés et signés.

Dupuis,

Jeanne-Benedicte Gomard De Vaubernier, comtesse Du Barry, Comtesse De Valois De La Motte.

La deposante a tenu ce propos devant plusieurs personnes chez elle sans croire que l'on pût en tirer aucune conséquence.

Qui est tout ce qu'elle a dit sçavoir.

Lecture à elle faitte de sa déposition, la témoin de ce interpellée a dit sa déposition contenir vérité, y a persisté, n'a requis taxe et a signé.

Jeanne Gomard De Vaubernier, comtesse Du Barrv,

Frémyn. 1. Probablement M. de Boissaison, qui était dans les dragons.

PIÈCE N VII.

CORRESPONDANCE PRÉTENDUE DE MARIE-ANTOINETTE AVEC LE CARDINAL DE ROHAN.

Les lettres supposées de Marie-Antoinette au cardinal et du cardinal à la reine sont au nombre de trente. On les trouve dans les *Mémoires justificatifs de la comtesse de La Motte écrits par elle-même,* Londres, 1789, p. 249. Nous ne croyons pas devoir reproduire ici ce document apocryphe, œuvre d'un faussaire effronté. Nous préférons donner la déposition de madame du Barry telle qu'elle avait été publiée. En la comparant à la véritable déposition du procès, on verra quelle foi on peut ajouter à ces pièces imaginaires.

Lettre contenant la déposition de madame la comtesse du Ban-y.

Le nombre des personnes entendues depuis l'addition à l'instruction est assez considérable.

On a surtout remarqué la déposition de madame la comtesse du Barry.

Cette dame vint au Parlement le 7 au soir: elle y fut reçue à tous les honneurs d'usage. Le greffier vint la prendre et lui donna la main, un des huissiers portoit le flambeau. Voici ce qui a pu donner lieu à cette déposition. Madame Liimotte se présenta un jour chez la comtesse du Barry: elle venoit s'offrir pour être sa dame de compagnie. A l'étalage qu'elle fît de son nom et de sa naissance, madame du Barry la regarda comme peu propre à la place qu'elle venoit solliciter et la remercia en l'assurant « qu'elle ne cherchoit pas de compagnie, et que d'ailleurs elle n'étoit pas assez grande dame pour en prendre une d'une aussi haute qualité que madame de Valois. » Celle-ci ne fut pas absolument déconcertée par cette défaite polie: elle revint quelques jours après; elle se borna alors à prier madame du Barry de la recommander à des personnes qui pouvoient mettre un de ses placets sous les yeux du Roi. Dans ce placet, où elle demandoit une augmentation de pension, elle avoit signé après son nom les mots *de France*. Madame du Barry ne put s'empêcher de témoigner sa surprise à la vue de cette signature. Madame de Lamotte lui répondit qu'étant reconnue pour être de la maison de Valois, elle signoit toujours *de France*. Madame du Barry sourit à cette prétention et promit de recommander son Mémoire. Cette signature a trop de rapport avec celle de la convention faite avec le joailler Bohmer *(sir)* pour que la déposition de madame du Barry ne devienne pas intéressante dans cette clause. Un autre incident, etc.

PIÈGE N VIII.

LETTRES DE M. DE BRETEUIL A MADAME DU BARRY.

Paris, le I" aoust 1785.

J'ai été bien fâché, madame la Comtesse, que votre santé ne vous ait pas permis de venir à Saint-Cloud mercredy dernier. J'en suis encore plus contrarié aujourd'hui en vous marquant que je ne pourrai pas profiter de l'honneur que vous voulies me faire pour demain. Mais je vous prie de m'en dédommager mercredy. Soyez de me faire l'amitié d'en prendre l'engagement afin que je jouisse d'avance de la certitude d'avoir une occassion (sic) particulière de vous renouveler, madame la Comtesse, l'attachement que je vous ai voué.

Saint-Cloud, le 18 (ou 28) septembre.

Malgré ma vive impatience, madame la Comtesse, devons aller voir, jf suis forcée de me borner à demander de vos nouvelles. Dans ce moment j'en éprouve une sensible con, trariété et j'espère que vous voudrez bien la partager; mon amitié pour vous m'assure de la vôtre.

Vous sçavés que c'est le 28 que j'ai l'honneur de recevoir le Roi et la Reine. J'ai besoin que le beau temps favorise nia petite fétu et je crains beaucoup la saison; et voilà comme les choses les plus agréables sont troublées; j'en suis plus sur que jamais depuis huit jours que le plaisir d'avoir passé quelques heures avec vous ne me laisse que la peine de ne pas l'avoir répété en multipliant ce bonheur. Mon tendre attachement vous demande d'en estre bien persuadé.

Ce mercredy matin.

J'envoie sçavoir, madame la Comtesse, si vous voulés me donner aujourd'huy à dîner. J'aurai autant de plaisir à passer la journée avec vous que j'en ai à vous assurer de tous les sentiments de mon amitié.

PIÈCE N IX.

CONDAMNATION DU ROUÉ A PAYER 20,000 LIVRES A MADAME DU BARRY.

Du jeudi 24 aoust 1786.

Sur la requête faite en jugement devant nous à l'audience du parc civil du Châtelet de Paris par M. Pompon, procureur de madame Jeanne de Vaubernier, comtesse du Barry, épouse non commune en biens et séparée de biens de M. Guillaume, comte du Barry, chevalier de l'ordre royal et militaire de Saint-Louis, suivant leur contrat de mariage passé devant M Garnier-Deschènes, qui en a la minute, et son confrère, notaires en cette Cour, le 23 juillet 1768, et encore ma dite dame comtesse du Barry autorisée à la poursuite de ses droits et actions, opposante sur M. le comte du BarryCerès ci-après nommé, entre les mains de MM. Marsollier des Vivetières, Roscheron et Lenoir, payeur des reaies, défenderesse aux requête, ordonnance et exploit des 4 et 5 juillet dernier, tendant à fin de main-levée pure et simple de l'opposition formée à sa requête le 1 juin précédent, et de toutes autres faites ou à faire, en conséquence à ce que tous tiers saisis et débiteurs soient tenus de payer et vider leurs mains dans celles du sieur comte du Barry-Cerès, des sommes qu'ils peuvent devoir, à quoi faire, ils seront contraints, quoi faisant déchargés et à ce que madame la comtesse du Barry soit condamnée envers lui à dommages intérêts à donner par état et aux dépens, suivant ses fins de non-recevoir et défenses subsidiaires du 11 dudit mois de juillet dernier, aux écritures du lendemain, suivant celles du 19 dudit mois de juillet dernier, contenant demande incidente et tendante à ce qu'il lui soit donné lettres de ce que pour plus amples défenses, fins de non-recevoir, causes et moyens de ses oppositions, elle employoit le contenu aux dites écritures et faisant droit au principal, à ce que ledit comte du Barry-Cerès soit déclaré purement et simplement non recevable dans sa demande en main-levée desdites oppositions qu'elle a formée sur lui par exploits des 1 et 27 dudit mois de juin dernier, duement contrôlés, et à ce qu'il soit condamné à lui payer!a somme de 20,000 livres qu'elle lui a prêtée pour être employée au paiement de ses dettes et contenue au mandat de pareille somme qu'elle lui a donnée à recevoir sur le sieur Boggiano, banquier, datté du 7 janvier 1784, dûment contrôlé à Paris par Lezau, le 18 du mois de juillet dernier, laquelle somme il a reçue suivant l'acquit qu'il a mis au dos dudit mandat, lequel acquit il seroit tenu de venir reconnoitre pour être écrit et signé de sa main, sinon qu'il seroit.tenu pour reconnu, et aux intérêts de ladite sôuie, tels que de droit, et pour faciliter le paiement tant de ladite somme principale de 20,000 livres que desdits intérêts, frais et dépens, que lesdites oppositions seroient déclarées bonnes et valables, à l'effet de quoi et de tout ce que dessus madame la comtesse du Barry s'est constituée incidemment demanderesse, et autres fins y portées avec dépens, qu'elle a requis défenderesse aux écritures et fins de non-recevoir du 25 dudit mois de juillet dernier, suivant celles du 31 du même mois, assisté de M Hardouin, avocat, contre M Mesenge, procureur de M. le comte Jean du Barry-Cerès, partie saisie, demandeur en main-levée desdites oppositions, et défendeur assisté de M Picard, avocat.

Parties ouïes pendant trois audiences sans que les qualités puissent nuir ni préjudicier, nous condamnons la partie de Picard à payer à celle de Hardouin la somme de 20,000 livres, avec les intérêts à compter du jour de la demande. Suivant l'ordonnance et pour faciliter le paiement de laditte somme de 20,000 livres, déclarons l'opposition faite à la requête de la partie de Hardouin bonne et valable à payer et vuider leurs mains en celles de la partie de Hardouin, seront tous débiteurs tiers saisis contraints quoi faisant déchargés, condamnons la partie de Picard aux dépens, dont distraction au profit de M Pompon.

Pour M. le lieutenant civil,
Leroux.
Par prompte expédition pour lundi 28 aoust.

PIÈCE N« X.
M. DE RRISSAC, GRAND MAITRE DE L'ORDRE DU TEMPLE. (Ordre du Temple.) *Séance du 8 juin 1838.*

Dans cette période de notre histoire, il se trouve un troisième temps d'arrêt, marqué en lettres de sang. Je veux parler de l'exécution révolutionnaire de M. Timoléon de Cossé Brissac, en qui ses assassins ne découvrirent point un (les membres de l'ordre des Templiers. Le bourreau seul en le mettant à mort remarqua avec surprise une croix de laine rouge sur ses vêtements intérieurs. Hélas! le seul crime imputé à M. de Brissac était d'être un des membres les plus distingués de la caste nobiliaire alors proscrite en masse.

Liste des grands maitres de tordre des chevaliers du Temple depuis la mort de Jacques Uolay. 1340. Arnaud de Braque. 1349. Jean de Clermont. 1357. Bertrand du Guesclin. 1381. Jean d'Armagnac. 1451. Jean de Croï. 1478. Robert de Lenoncourl. 1497. Gabas de Palazar. 1516. Philippe de Chabot. 1544. Gaspard de Saulx-Tavannes. 1574. Henri de Montmorency. 1616. Charles de Valois. 1651. Jacques Russel de Grancey. 1681. Henri, duc de Duras. 1705. Philippe d'Orléans. 1724. Louis-Auguste de Bourbon, duc du Maine. 1737. Louis-Henri de Bourbon, prince de Condé. 1740. Louis-François de Bourbon, prince de Conti. 1776. Louis-Henri-Timoléon de Cossé Brissac.

PIÈCE N XI.
TESTAMENT D'ANNE BÉCU.

Par devant les conseillers du Roy, notaires au Châtelet de Paris, soussignés, fut présente dame Anne Bécu, épouse du

i. *Histoire des chevaliers templiers,* par E. de Montignac, 1864 (Bibl. uat. — H).

sieur Nicolas de Rancon Demonrabe, ancien officier du Roy, demeurant à Maisonrouge, au village de Villiers, paroisse de Longpont, distant de Paris de six lieues, y étant cejourd'huy, allant et venant à ses affaires et s'étant transportés à l'effet des présentes en l'étude de M Rouen, l'un des notaires soussignés, où M Paulmier le jeune, son confrère, s'est trouvé pour ce invité en bonne santé de corps, et aussi saine de mémoire, esprit et jugement, ainsy qu'il est apparu aux notaires soussignés par ses discours et actions,

Laquelle, en vue de la mort, à fait dicté et nommé aux notaires soussignés son testamànt ainsy qu'il suit:

Je recommande mon ame à Dieu par les mérites infinies de notre Seigneur Jésus-Christ.

J'institue ma légataire universelle de tous les biens, meubles et immeubles que je laisseroy, en quoi qu'ils puissent consister, madame de Boisseson, épouse de M. de Boisseson, lieutenant-colonel du régiment de Condé, dragons, pour en jouir par elle et en plaine et entierre propriété, à compter du jour de mon décès.

Et je prie monsieur de Boisseson d'être mon exécuteur testamentaire. Je révoque tous autres testaments et dispositions de dernière volonté que j'aurois pu faire jusqu'a ce jour.

Ce fut ainsi fait, dicté et nommé par la testatrice aux notaires soussignés, et a elle par l'un d'eux, l'autre présent lû et relû qu'elle a dit bien entendre et y persévérer, comme contenant ses dernières intentions.

A Paris, en l'étude, l'an mil sept cent quatre vingt cinq, le deux avril, sur les huit heures de relevée, et ladite dame testatrice signé avec lesdits notaires, la minute des présentes demeurée à M Rouen, notaire.

HÈCE N XII.

DONATION DE MADAME DU BARRY AU SIEUR RANÇON.

Louis, par la grace de dieu, Roi de France et de Navarre, à tous ceux qui ces présentes verrons, salut; faisons savoir que par devant les conseilliers du Roi, notaires du Châtelet de Paris, soussignés, fut présente dame Jeanne Gomard de Vaubernier, épouse non commune en biens, et déclarant qu'elle est suffisament autorisée à l'effet des présentes, ainsi qu'elle s'oblige d'en justifier, de Guillaume, comte Dubarry, demeurant à Luciennes, près Paris, y étant cejourd'hui, laquelle pour donner des preuves au sieur Nicolas Rançon de Montrabe, ancien officier du Roi, de sa sensibilité pour les bons procédés qu'il n'a cessé d'avoir pour dame Anne Récu, son épouse, qui vient de décéder, et lui témoigner sa reconnaissance des sentiments d'attachement qu'il a toujours témoignés à ladite feue dame son épouse, ainsi qu'à madite dame comtesse du Rarry dans différentes circonstances ou elle a eu occasion de rendre justice aux qualités du cœur dudit sieur de Montrabe, ainsi qu'à sa parfaite probité. Madite dame comtesse du Barry fait donation entre vifs, en la meileur forme que donnation puisse valoir et même à crée constitués audit sieur de Montrabe, demeurant à la Maison Rouge, village de Villiers, paroisse de Longponi, étant ce jour à Paris à ce présent et acceptant deux mille livres de rente annuelle et viagère, exempte de la retenue des impositions royales actuellement subistante et de toute celle qui pourroient survenir par la suite, sur telle dénomination que ce soit et puisse être, payable en quatre payements égaux par chaque année, dont le premier à compter du vingt octobre dernier, pour la portion du quartier courant échérra et se fera le premier jenvier prochain, le second pour un semestre intégral, le premier avril suivant, et ainsi de suite de trois mois en trois mois, pendant la vie et jusqu'au décès de M. de Montrabe. Cette rente insaisissable, non cessible, ni transport abe, pour telle cause et sous tel prétexte que ce soit, étant donnée par madite comtesse du Barry audit sieurde Montrabe à titre d'aliments, et parce quelle est son intention elle se prendra tant spécialement que généralement sur tous les biens présent et avenir de madite dame comtesse du Barry, qu'elle a affectés et lrypothéqués sans qu'une obligation déroge à l'autre, au payements de la rente viagère et à la garatis, fournir et faire valoir solvable en cause, et continuation d'arrérages, dans les termes et de la manière sus fixées, sans aucune diminution ni retranchement quelconque, transportant dessaisissent voulant, constituant procureur le porteur donnant pouvoir: pour jouir par ledit sieur de Montrabe de cette rente viagère pendant sa vie comme de choses lui appartenant. Et du jour de son décées elle sera éteinte et les biens de madite dame comtesse du Barry seront libérés et affranchis de l'hypothèque résultante des présentes, dont ledit sieur de Montrabe a remercié madite dame comtesse du Barry, pour laquelle il sera toujours pénétré de la gratitude la plus vive. Furent aussi présents et sont intervenus M. Paul Mathieu de Barbara de Boisseson, chevalier de l'ordre royale et militaire de Saint-Louis, lieutenant-colonel du régiments de Condé, dragons, et de M. J. Bécu, qu'il autorise à l'effet des présentes, demeurant audit Luciennes, aussi ce jour-là à Paris, lesquels se sont par les présentes volontairement constitués cautions de madite dame comtesse du Barry envers ledit sieur de Montrabe; en conséquence s'obligent solidairement avec elle, un d'eux seul pour le tout, sous les renonciations aux bénéiiees et exceptions de droits, à la garantie et au payement de ces dites deux mille livres de rente, sans retenue dans les termes et de la manière sus fixée pour sureté duquel cautionnement ils affectent et hypothèque sous ladite solidité tant spécialement que généralement, sans qu'une obligation déroge à l'autre, tous leurs biens présents et avenir. Et pour l'exécution des présentes, raadite dame comtesse du Barry et les sieur et dame de Boisseson élisent domicile solidaire en leurs demeure cy devant déclarées, auquels lieux nonobstant promettant, oblgeant, renonçant sous ladite solidité.

Fait et passé à Paris en l'étude, le dix sept novembre mil sept cent quatre vingt huit, avant midi, et ont signé les présentes. Ainsi signé: Barbara de Boisseson, M. J. Bécu, Rançon de Montrabe, Jeanne Gomard de Vaubernier, comtesse du Barry, Rouen et Raguideau; ces deux derniers notaires.

Mandons et ordonnons à tout huissier sur ce requis de mettre les présentes à exécution; à nos procureurs et avocats près les tribunaux de première instance d'y tenir la main; à tous commandants et officiers de la force publique d'y prêter main forte lorsqu'ils en seront légalement requis.

En toit de quoi les présentes ont été scellées.

L'an mil huit cent huit, le dix-sept octobre, collation des présentes a été faite par M André Cristy et son confrère, notaires à Paris, soussignés, sur la minute dudit acte de constitution de rente viagère, étant en la possession dudit M Cristy, comme successeur immédiat dudit M" Rouen, ancien notaire; étant observé que les qualifications prohibées par la loi ont été supprimées en les présentes.

PIÈCE N XIII.

LETTRE DE MADAME LANEUVILLE.

On vieillit trop vite, madame la Comtesse, je le sais, et cependant, depuis huit jours, j'avois le désir de profiter de l'époque où nous sommes pour vous entretenir un moment de vous; la Divinité reçoit l'encens des mortels sans mot dire; vous n'avez pas voulu me donner une petie marque de souvenir à la fin de l'année; mon attachement pour vous, madame la Comtesse, étant toujours le même, mes vœux sont de toutes les saisons. Je désire plus que je ne puis vous l'exprimer que par suite heureuse de votre étoile, les événements présents n'altère ni votre repos ni votre fortune. M. de Laneuville joint ses vœux aux miens pour tout ce qui peut vous être agréable. Il vous prie de recevoir l'hommage de ses sentiments; je me donne pour mes étrennes la jouissance d'Aline. S'il il étoit permis de découcher, je l'eusse mené sur votre montagne vous présenter les vœux et l'expression de sa reconnoissance. J'imagine qu'elle a eu l'honneur de vous écrire; je vous demende votre indulgence. Elle est à l'âge où l'on exprime mal ce que l'on sent le mieux. Je vous parlerai pas de *Chillon;* dans quelques années, il sentira votre pouvoir irrésistible; il aura, comme sa maman, le besoin de vous aimer. J'ai un voisin qui la (sic) bien éprouvé, madame la Comtesse; il a bien changé sur la route. Il se plaint amèrement de vous; je me garde bien de lui dire qu'il a raison; je me contente de le penser, et je ne dis qu'à moi seule (sic) que si vous avez senti le plaisir d'être aimé, vous avez rarement gouté le plaisir du retour. Il ne vous voit pas de même; il me disoit avant hier que vous aviez le tort des mauvais estomac, d'aimer ce qui ne leur vaut rien et ce qui les incomode; qu'excepté l'éloge de la fièvre et de la gale, il vous avoit entendu louanger Néron, Lovelace, etc., etc., etc. Sa bouche c'est fermé sur les modernes; mais vous savez, madame la Comtesse, que, même avant la Révolution pour la liberté, les jaloux ont eu leur franc parler. Il faut donc le (sic) laisser dire et me taire, en vous assurant du plaisir que j'aurai à vous voir et à vous parler de mon attachement.

A Chaillot, ce 31 décembre 1789.

J'ai reçu aujourd'hui une lettre de Mimi qui me marque quelle doit se rendre près de vous, je vous prie de lui remettre la lettre ci-jointe.

PIÈGE N XIV.
LETTRE A M. BLAIZOT, *Libraire, rue Satory, à Versailles.*

J'ai reçu votre lettre, Monsieur, par laquelle vous me demandez sy les bruits qui courent sont vrais. Il est très vrais que madame du Barry n'est pas morte et même quelle se porte bien, mais il est très vrai et très malheureux quelle a été voler tant qua elle et a ses amis. On a pris pour environ 15,000 francs de diamans et bijoux.

Je pense à votre mémoire, j'y ai pensée; mais je vous assure que ceci ne dérangera rien. Laissé nous, je vous prie, respirer un moment, et le *(illisible)* passé tout rentrera dans l'ordre; je ferai tout mon possible pour vous assurer le payement.

J'ai l'honneur d'être,
MoRIN.
A Louvecienne, ce 22 janvier 1791.
13 août 1791. — *Du même au même.*
Nous attendons madame la comtesse incessamment; elle a gagné complètement le procès avec les voleurs qui l'ont volée.
(Archives départementales de Seine-et-Oise).

SURNOM DONNE A L ASSASSIN PRETENDU DE M. DE BRISSAC.
9 thermidor an III. *Lurupt de Balène,* intendant dela liste civile à Versailles, a vu trois jeunes gens âgés, l'un de seize ans et les autres plus jeunes, se disant porteurs de la tête de Brissac. L'un d'eux, en effet, en portoit une sur la poignée d'un sabre ensanglanté. Il présenta cette tête à ma femme en lui disant: « Citoyenne, baisez Brissac. » Le lendemain, ma femme se mit au lit et mourut quelque temps après. *Louis-Martin Lamprié,* dit Brissac, vigneron à Monthléry. Cet homme s'est vanté d'avoir tué le ci-devant duc de Brissac. Il a si souvent répété son action que le nom de Brissac lui en est resté pour sobriquet dans sa commune. *Jean-Baptiste Guy, dit, Mignon,* volontaire dans le sixième bataillon de Seine-et-Oise, a rapporté à Buç, sa commune, le pied du cadavre de M. de Brissac dans un bas de soye gris et un soulier neuf. *Nicolas Louis Cabouat,* cordonnier à Neauffle, a été vu à Saint-Cyr, portant en triomphe un morceau de drap bleu de la redingote de Brissac et un petit doigt de son cadavre. Du 14 thermidor an III.
Louis Gauthier, demeurant à Neauphle-le-Château, déclare que le jour du massacre il étoit à Versailles comme officier des volontaires pour l'organisation des bataillons; que vers les quatre à cinq heures, sur la porte de l'auberge où il prenoit ses repas rue J.-Jacques, il a vu le nommé Vicuville... qui portoit la tête du duc de Brissac au bout d'une fourche

à fumier, qu'il la portoit en une espèce de triomphe, qu'il la faisoit mouver de côté et d'autre, qu'il a parfaitement bien reconnu la tête... *Cordier,* demeurant à Neaufle. Un sieur Cabouet avoit rapporté de Versailles un doigt qu'il disoit être du duc de Brissac, et qu'il vouloit faire attacher à l'arbre de la Liberté. Il prétendoit avoir passé son sabre au travers du corps du duc. *Marie Cécile de la Haye,* femme Vieuville, déclare que Vieuville le blond se vantoit d'avoir enfoncé une pique dans le cœur de Brissac, et qu'il avoit ensuite porté sa tête au bout d'une fourche, etc.

Un fait semblable eut lieu lors de l'arrestation de madame du Barry. Madame Sylvestre, âgée de 93 ans, sœur du sieur Cornichon dont il a été parlé, nous a dit ceci:

Madame du Barry était fort aimée parce qu'elle faisait beaucoup de bien dans le pays, donnant à tous et à pleines mains. J'étais là lors qu'on vint l'arrêter. Un nommé Guillemin s'écria: « Mais enfin, quel mal a-t-elle fait cette femme? Pourquoi l'emmène-t-on?» Aussitôt, Greive furieux le fit emmener lui-même; il resta longtemps en prison. Ceci lui valut le surnom de Guillemin-Dubarry. Il n'y avait pas de quoi en rougir.

J'ai bien connu madame du Barry, c'était une grande belle femme, blonde, ayant des cheveux superbes qui frisaient naturellement.

PIÈGE N XVI.
LETTRES DE MADAME DE MORTEMART.

Daignez agréer, madame, tous mes remerciements de vos bontés et mes regrets d'être obligée de renoncer à l'espérance de vous voir avant mon départ. Je suis bien affligée de l'idée d'être si longtemps sans voir mon père et de n'avoir pas la permission de l'embrasser hors Paris avant de le quitter. Il faut se soumettre, puisque c'est le seul parti qui nous reste. Recevez je vous supplie, madame, l'assurance des sentiments que je vous ay voue.
Note de Greive. — La Mortemart.
Madame de Mortemart a l'honneur de faire un millier de compliments à madame la comtesse du Barry et la prie de

vouloir bien luy faire donner des nouvelles de Monsieur son père; elle auroit envoyé plus tot à Lucienne si elle n'avoil craint d'importuner madame la comtesse du Barry et la prie d'agréer l'assurance de son attachement.

Note de Greive.—Ecriture de La Mortemart, fille de Brissac. PIÈCE N XVII.

PASSE-PORT DE MADAME DU BARRY.

Calais, ce jeudi à midi.

J'ai tant éprouvé votre obligeance, Monsieur, que j'y est encore recours avec confiance dans ce moment.

J'arrive à Calais munit de passe-ports qui m'étoit nécessaire pour aller à Londre pour y suivre le jugement de mes procès, et en arrivant ici on me dit que mes passe-port ne sont pas suffisant, qu'il faut que j'en est un du pouvoir exécutif. Je vous prie donc, Monsieur, de vouloir bien m'en procurer un pour moi, un pour ma femme de chambre, — *un valet de chambre, un laquais,* dont j'ai l'honneur de vous envoyer les passe-ports qu'ils ont eu pour maccompagner. — Pardon, Monsieur, de tant d'importunité.

Soyez sure que ma reconnoissance égalera les sentiments que je vous ai voiles et avec les quels j'ai l'honneur d'être votre très humble et très obéissante servante.

Vaubernier Du Barry. (Arch. dép. de S.-et-O., carton Q, 3, liasse 68, Bécu.)

In the court of chancery, application was made for further direction as to the redelivery of madame du Barri's jewels and the expenses incurred for their recovery. The lord chancelor made sonie pointed animadversions on the scramble for the *Reward* and expenses; and it was finalJy settled, that 3,000 L. should be deposited by madame du Barri to auswer all deinands, which are to be liquidated by arbitration, and the jewels immediately delivered up. Annual Register.— 1791, *Chronicle* december. 10 th. — Vol. 33, p. 45.

PIÈCE N XVIII.

LETTRE DE MADAME DU BARRY RELATIVE A SON TITRE DE COMTESSE.

Sans date d'année.)

Je viens d'être instruite, citoyen, que le ministre des affaires etrangeres, en faisant passer à l'administration du département la traduction des certificats qui m'ont été délivrés à Londres, lui a observé qu'il n'avoit pas vû sans étonnement que dans ces actes on m'ait donné le titre de *comtesse.* Je n'en suis pas moins ettonnée que lui, et si j'avois eu connoissance de la forme en laquelle ces certificats m'ont été expédiés, je n'aurois certainement pas laissé subsister un titre qui blesse la loi de mon pays, loi à laquelle je resterai invariablement attachée. Je n'ai absolument aucune connoissance de la langue angloise, j'ai dû me confier à un Anglois pour la poursuite de mon proce et cette inadvertence a pu lui échapper facilement, puisqu'il mavoit precedament connue sous ce titre et que c'est sous ce même titre, qui n'étoit pas alors prohibé, qu'il avoit intenté et suivi l'action dont il étoit chargé. Ainsi je n'ai en aucune manière participé à une erreur que je désavoue et contre laquelle je suis en droit sans doute de réclamer.

J'espère que cette explication ne laissera aucun doute à l'administration sur la pureté de mes intentions et ma soumission aux loix. Je vous prie, citoyen, de vouloir bien la lui remettre sous les yeux et l'engager à ne pas differer sa décision dans une affaire qui me tient depuis longtems en souffrance. Partagés avec tous ses membres les sentiments de mon estime et de ma reconnoissance.

De Vauberimer Du Barry.

Louveciennes, ce 18 aoust.

(Arch. départ, de S.-et-O., carton Q, 3, liasse 68)

PIÈCE N» XIX.

NOTES DE MADAME DU BARRY SDR SES VOYAGES EN ANGLETERRE.

J'ai été volé la nuit du 10 au H janvier 1791.

J'ai reçu un courrier de Londres le 15 février qui m'annonçoit que les voleurs de mes effets étoient arrêtés.

Je suis parti le lendemain 18. Je me suis embarqué à Boulogne le dimanche 20 et suis resté à Londres jusqu'au 1 mars que j'en suis parti pour me rendre à Lucienne où je suis arrivé le vendredi 4.

Deuxième voyage.

PaHi le 4 avril et arrivé le 9 à Londres, j'y suis resté 38 jours, c'est-à-dire jusqu'au 18 may que je suis repartie. Je suis arrivé chez moi le samedi 21 et ai été obligée d'en repartir pour Londres le lundi 23. Ayant reçu la nuit de mon arrivée un courrier qui m'annonçoit que ma présence étoit indispensablement nécessaire à Londres où j'ai resté jusqu'au 25 août que je suis revenu et depuis ce temps je suis resté à Lucienne jusqu'au 14 octobre 1792 que je suis reparti pour Londres muni de passeports et de lettre du ministère des affaires etrangères. J'y suis arrivé le 22 et mon procès ayant été jugé le 27, jour du terme du tribunal, je suis reparti de Londres le 3 mars et suis arrivé à Calais le 5, ou j'ai été retenu jusqu'au 18 pour attendre de nouveaux passeports du pouvoir exécutif, ainsi que le prouvent mon passeport de la municipalité de Calais et le certificat de la résidence que j'y ai faite.

Note de Greive. — Elle n'est revenue en France qu'après la nouvelle de l'apposition des scellés sur sa maison. — Fait certain. — Son passeport le prouve. — N'étoit que de six semaines. Elle y a restée 5 mois.

Remarquez bien les époques de ces voyages qui ne sont pas sans intérêt.

Autre note de Greive. — Apres son retour forcé de Londres au mois de mars, elle s'est servie de tous les moyens possibles pour avoir un nouveau passeport, sous prétexte que sa présence étoit nécessaire à Londres pour le i 7 avril. J'ai eu entre mes mains des certificats pour cet effet signés du duc de Queensberry et d'un certain Whitsed Reenel, deux des plus bas valets de Georges III, ennemis les plus acharnés de la Révolution, fait dont j'ai parlé dans ma brochure.

PIÈGE N XX.

LETTRES DE LEBRUN.

Paris, ce 2 octobre 1792, l'an 1" de la République françoise.

Dès qu'il est bien constant, Madame, que vous n'allez en Angleterre que pour assister au jugement du procès des voleurs de vos bijoux, je ne pense pas que votre municipalité puisse vous considérer comme émigrée, ni quelle se porte à vous traiter comme telle en faisant ap-

poser les scellés sur vos effets pendant votre absence; mais pour éviter toute espèce de méprise, et vous rassurer contre vos craintes à cet égard, vous feriez bien d'aller en personne renouveler votre déclaration sur les registres de la municipalité de Louveciennes et de demander une copie de cette déclaration que vous garderiez par de vers vous, ce qui pourroit vous servir dans l'occasion.
Le ministre des affaires étrangères,
Lebrun.
(Arch. départ, de S.-et-O.)
Paris, ce 21 septembre 1792, l'an IV" de la
Liberté et de l'Egalité.

J'ai l'honneur de vous prévenir, madame, que vos passeports viennent enfin de me revenir de la municipalité, visés et parfaitement en règle. Je vous prie de vouloir bien envoyer une personne de confiance pour les prendre. J'ai cru qu'il étoit nécessaire de prendre cette précaution pour éviter qu'ils ne tombassent en d'autres mains. Je suis bien fâché des retards que vous avez éprouvés, mais vous devez être convaincue qu'ils ne proviennent pas de mon fait.
Le ministre des affaires étrangères,
Lebrun.
(Arch. départ, de S.-et-O., carton Q.)
PIÈCE N XXI.
VOYAGE DE MADAME DU BARRY EN ANGLETERRE.
7 octobre 1792.

Ce jourd'huy, 7 octobre 1792, l'an I" de la République françoise, s'est présentée pardevant nous, officiers municipaux de la commune de Louvecienne, district de Versailles, département de Seine-et-Oise, dame de Vaubernier Dubarry, résidant habituellement en ce lieu, laquelle nous a déclaré qu'étant obligée d'aller à Londre pour assister au jugement définitif des voleurs qui, la nuit du 10 au 11 janvier 1791, lui ont volé ses bijoux dans son château de Louvecienne, elle nous en fait la déclaration, pour qu'elle ne puisse point être regardée comme émigrée pendant son absence ni traitée comme telle par aucune autorité constituée, de laquelle déclaration, elle nous a requis acte, que nous lui avons octroyé, vù la lettre de M. Lebrun, ministre des affaires étrangères, en date du 2 courant, qui est restée annexée à la présente minute.

Et a la susdite dame Dubarry signé avec nous les jour et an que dessus.
Louis Thuilleau; Leduc, maire; Capon; Bicault, procureur de la commune; Duchosal, secrétaire greffier. (Arch. départ. de S.-et-O., carton Q.) *Délibération du Directoire du district de Versailles.*

Vu un certificat délivré le 24 juin par Te maire et officiers municipaux de la commune de Marly; ledit certificat revêtu de toutes les formalités prescrites par la loi du 28 mars dernier et constatant que ladite citoyenne Dubarry réside dans ladite commune depuis 1777, — qu'elle ne s'est absentée que le 16 février 1791, et y est revenue le 4 mars suivant.

Qu'elle en est repartie le 4 avril suivant et y est rentrée le 21 mai.

Qu'elle en est encore repartie le 23 dudit mois de mai et n'y est revenue que le 25 août suivant.

Qu'elle a été obligée de faire ces trois voyages pour ses affaires et qu'à cet effet elle s'est munie de passeports ainsi qu'il appert par les registres de la municipalité de Louveciennes, et qu'enfin elle est repartie dudit Louveciennes le 14 octobre 1792, pour aller suivre un procès qu'elle avoit à Londres et a été de retour audit lieu de Louveciennes le 23 mars 1793, duquel retour ladite municipalité a, dressé procès-verbal dont expédition a été remise à la certifiée qui réside en ladite commune de Louveciennes sans interruption depuis ladite époque du 23 mars dernier.

Vu un extrait du procès-verbal des 17 et 18 février 1793, portant apposition des scellés sur le mobilier de ladite femme Dubarry en sa maison à Louveciennes.

Vu le procès-verbal d'inventaire et description sommaire de tout ledit mobilier, en date du 6 mars suivant.
(Archives de Seine-et-Oise, carton Q.)
PIÈCE N XXII.
MÉMOIRE DE DELAINVILE.
CONVENTION NATIONALE.
Comité de sûreté générale et de surveillance de la Convention nationale.

Aux citoyens président et membres députés à la Convention nationale.
Du — 1793, l'an II de la République françoise, etc.

Citoyens législateurs,

La citoyenne Dubarry, demeurante à Louveciennes, district de Versailles, déparlement de Seine-et-Oise,

Vous représente que sa municipalité l'a fait mettre en état d'arrestation chez elle.

Cette mesure de sévérité a été prise contre elle d'après la loy du 2 juin dernier et sur la dénonciation de quelque citoyens égarés par la malveillance qui l'ont déclarée suspecte d'incivisme et d'aristocratie.

La citoyenne Dubarry ne s'est point récriée sur une mesure fondée sur une loy salutaire, mais elle a demandé que son arrestation fût notifiée et approuvée par le département de Seine-et-Oise, conformément à la loy, pour que le corps administratif pût prendre connoissance de la dénonciation des faits ou preuves allégués au soutient de la dénonciation et en rendre compte à la Convention.

Cette faveur lui ayant été refusée, son arrestation lui paroissant être un acte arbitraire et la durée pouvant lui devenir préjudiciable à raison de l'opinion qu'elle pouvoit faire naître dans l'esprit de ses concitoyens, elle a adressé en son chef une pétition au département pour lui demander d'envoyer des commissaires sur les lieux pour prendre connaissance des faits et être sur leur rapport statué par le département en connoissance de cause, ce qu'il appartiendroit.

Le département a reconnu la légitimité de la réclamation de l'exposante. En conséquence, un membre du district s'est rendu à Louvecienne. Procès-verbal a été dressé sur les lieux en présence des officiers municipaux et en présence de la citoyenne Dubarry; la plus scrupuleuse recherche a été faite dans ses papiers; du tout il a été fait un rapport au gouvernement.

Dans cet intervalle, des citoyens égarés par les ennemis de l'exposante et vraisemblablement dans l'intention de la perdre dans l'opinion publique, se sont présentés à la barre de la Convention na'ionale et après avoir manifesté leur civisme en adhérant aux décrets promulgués depuis le 31 may, ils ont présenté contre l'exposante un libelle diffamatoire dont les faits sont tous controuvés, ainsy qu'il est facile de le prouver.

La citoyenne Dubarry a toujours donné des preuves d'un civisme non équivoque depuis le commencement de la Révolution. Elle n'a jamais donné lieu à aucun soupçon contre elle. Elle s'est entièrement séparée de ses anciennes liaisons et a vécu seule constamment dans sa maison de Louvecienne. Elle ignore ce qui a pu lui procurer la dénonciation qui est aujourd'hui présentée contre elle; mais pleine de confiance en son innocence autant que dans «la justice des sages représentans du Peuple.

Dans ces circonstances, elle réclame de votre justice autant que de votre bienfaisance, qu'il vous plaise, citoyens, ordonner que votre Comité de sûreté générale sera tenu de prendre des informations auprès du département de Seineet-Oise, tant sur la veracité des faits contenus en la dénonciation qui a été présentée à la barre de la Convention nationale que sur le civisme reconnu de l'exposante d'après les actes qui ont pu le manifester et d'après le compte qui sera rendu par les administrateurs du département de Seineet-Oise, être par votre Comité de sûreté générale statué en connoissarice de cause sur la durée ou la cessation de l'arrestation de l'exposante.

Signé: Delainville, deffenseur officieux. Pour copie conforme à la minute, Azur.
(Arch. du départ, de S.-et-O., carton Q.)

PIÈCE N XXIII.
LISTE DE SUSPECTS.
Du 30 juin 1793, an II de la République.

Liste des personnes notoirement suspectes d'aristocratie ou d'incivisme, d'après le décret de la Convention nationale du 2 juin 1773, l'an II de la République françoise.

Les citoyens et citoyennes:
La comtesse Dubarry.
La Graillet.
La Rousselle.
Morin.
Prétry.
Gouy et sa femme.
Devray.
Les citoyens ci-dessus sont toyens ci-dessous nommés:
Lheureux. Jean Tenot. Despois. Beaufrère. Allain. Renault.
reconnus suspects par les ci
Cheton.
Thuileaux.
Jean-Charles Laurent, qui a déclaré ne savoir signer. Bicault. Legresle.

PIÈGE N XXIV.
LETTRE DE VOULLAND
CONVENTION NATIONALE.
Comité de sûreté générale et de surveillance
de la Convention nationale.
Du 20 jour de brumaire, an II do la République.

Le Comité est instruit, citoyen procureur général sindic, qu'il existe au greffe du Directoire du département des pièces tendants à prouver que la femme du Barri est véhémentement suspecte d'émigration; tu dois sçavoir qu'elle est arrêtée déjà depuis plus d'un mois. Le Comité de sûreté générale est sur le point de faire un raport *(sic)* à la Convention sur cette fameuse courtisanne; il réclame des renseignements auprès de toy relativement à l'émigration dont elle est prévenue, et il me charge de te prier de me faire parvenir les pièces que cette femme peut avoir produit à votre Directoire et un précis des faits qui se sont passés à son sujet.

Le gendarme que le Comité m'authorise à te depêcher est chargé d'attandre ta réponse et les pièces que tu pourra lui remettre.

Salut et fraternité,
VoULLAND,
Député à la Convention et membre du Comité de sûreté générale.
Le procureur général syndic du département de Seine-etOise, à Versailles.
(Arch. du départ, de S.-et-O., carton Q.)

PIÈGE N XXV.
PREMIÈRE ARRESTATION.
Comité de sûreté générale, 4 *juillet* 1793.
Extrait du registre des délibérations de la commune de Louvecienne, département de Seine-et-Oise).

L'an 1793, le 30 juin, an II de la République françoise une et indivisible, dix heures du matin, nous, maire, officiers municipaux et notables, accompagnés de la garde nationale de la commune de Louvecienne, soussignés, certifions nous être transporté à la maison de la citoyenne du Barry, où, étant et' lui parlant, nous lui avons déclaré que nous entendions la mettre en état d'arrestation en vertu de la loi du 2 du présent mois de juin, comme notoirement suspect d'aristocratie et d'incivisme, sur la voix publique, annoncé par la signature de trente-trois citoyens de cette dite commune, laquelle dénonciation nous lui avons présentée, et après la lecture qu'elle en a fait elle nous l'a rendue.

Après quoi, nous lui avons notifié que nous la mettions en état d'arrestation chez elle, sur la responsabilité de ses meubles et immeubles, avec offre de se représenter à toute réquisition faite par nous, laquelle déclaration elle a refusé de signer.

Et après avoir délibéré, nous maire, officiers municipaux et notables, nous avons déféré au désir de ladite citoyenne du Barry et nous l'avons laissée dans sa demeure en état d'arrestation et ce jusqu'à nouvel ordre.

En vertu de la même loi et aux fins des mêmes réquisitions, nous avons sommé ladite citoyenne du Barry de nous représenter sur-le-champ, les nommés Graillet, nièce de ladite du Barry, la Rousselle, Prétry, Morin, Gouy et son épouse, les tous ses femmes de chambre et ses valets.

A quoi ladite citoyenne du Barry nous ayant au moment présenté la Graillet, sa nièce, la Rousselle et la femme Gouy, elle nous a déclaré sur sa même responsabilité les avoir chez elle en état d'arrestation, avec l'obligation de les représenter sur le caussionnement de sa personne. Mais qu'à l'égard desdits Morin, Prétry et Gouy, ses valets, ils étoient tous trois absens, et que, malgré qu'ils sont portés dans la dénonciation dont elle a pris lecture, comme suspecte d'aristocratie et d'incivisme, ils se présenteront dans la maison commune de Louvecienne d'un moment à un autre. Laquelle déclaration, nous après avoir délibéré sur icelle reçue et laissé lesdites femmes de la du Barry à sa charge et garde sur sa dite responsabilité, ce qu'elle a refusé de signer.

De tout quoi, nous officiers municipaux, notables et autres avons sur et audit lieu rapporté le présent notre procès-verbal pour valoir et servir ce que de raison les jour, mois et an que devant et avons signé:

Ledoux, maire; Ollivon, officier municipal;
Thuilleaux, procureur de la commune; Allain, officier municipal; Duchosal, secrétaire greffier.

Le jour suivant, Devray, Morin, Prétry et Gouy se représentent et prennent l'engagement de se rendre à la première réquisition.

(Arch. départ. de S.-et-O., carton Q, liasse 44).

PIÈCE N XXVI.
PÉTITION EN FAVEUR DE MADAME DU BARRY.
Aux citoyens administrateurs du département de Seine-et-Oise. 7 juillet 1793.
Citoyens,

Les citoyens de Louvecienne, soussignés, n'ont pu voir sans la plus vive émotion la citoyenne Dubarry enlevée de chés elle, sous le prétexte de soupçon d'incivisme, ils doivent hommage à la vérité et ils s'empressent de la déposer dans le sein du corps administratif de leur département. Oui, citoyens, nous vous déclarons connoître la citoyenne Dubarry pour la bienfaitrice de notre commune. Nous l'avons vue dans le tems où l'intempérie des saisons rendoit la vie difficile aux malheureux, venir à leur aide en leur faisant distribuer des secours pécuniaires; nous l'avons vû aussi depuis la Révolution donnant l'exemple de l'exécution à la loi, en se conformant à tout ce qu'elle prescrivoit aux citoyens, soit pour les contributions ordinaires et forcées, soit pour celle qu'exigeoit la levée des hommes destinés à la défense de la patrie. Elle a même donné à notre commune une marque non douteuse de son civisme, en lui donnant dans sa maison un local convenable pour ses assemblées.

Nous devons également, citoyens, justifier auprès de vous les personnes du service de la citoyenne Dubarry, et c'est avec plaisir que nous rendons justice à leur conduite, contre laquelle nous n'avons aucun reproche à faire.

Loin de nous, citoyens, tout esprit de discorde et de mésintelligence et noire commune, uniquement occupée de l'exécution de la loi, jouissoit en paix du bonheur qu'elle procure, elle n'avoit connu aucune de ces agitations qui troublent le bonheur de ses paisibles concitoyens, et ce n'est que depuis à peu près six mois que quelques individus qui sont venus s'établir au milieu d'eux, ont troublé l'ordre et la bonne harmonie qui y régnoit.

Le moment où la Constitution vient d'être décrétée nous impose le devoir d'oublier les haines particulières. Rallionsnous autour d'elle et que notre exemple apprenne à faire aimer la loi et à la faire respecter.

A Louvecie»nes, le 7 juillet 1793, l'an II de la République.
1. Thuilleaux, procureur.
2. Jean Richard. 4. Gaillard. 6. Bonnet. 8. Mondhuit. 10. Antoine Grenet. 12. Masson fils. 14. François Le Page. 16. Toussaint Thuilleaux. 18. J.-B. Couturier. 20. Duchosal. 22. Jean Debouchard. 24. François Userot. 26. Claude Grenet. 28. Jean Laurent. 30. A.-Michel Collier. 32. Toussaint Thuilleaux. 34. Jean Grenet. 36. J.-B. Chatou. 38. Jean Cuvillier. 40. Michel Dauboin. 42. Luentz. 44. Potel. 46. Rognon. 48. Richard Gillot. 50. Peltier. 52. Pierre Gié. 54. Gabillot. 56. F Despois, p. son mari. 58. Toussaint. 3. Richard. 5. Louis Thuilleaux. 7. Ledoux, maire. 9. Guichard H. Colombel. 13. Legresle. 15. Louis-Antoine Ricois. 17. Lené. 19. Louis. 21. Marquant. 23. A. Dauboin. 25. René Certain. 27. Denis-Michel Despois. 29. André-Albert Michel. 31. F Colombel, p. Colombel. 33. Petit Roger. 35. A. Frémont fils, p. son père. 37. Jacques Despois fils. 39. Louis Dauboin. 41. François Peltier. 43. Pierre Henriot. 45. François Bauguin. 47. Penot. 49. Illisible. 51. Leduc, notable. 53. Fleury. 55. Gié fils. 57. J.-Jacques Maurenard. 59. Masson père, notable.

PIÈGE N XXVII.
CONTRE-ENQUÊTE SUR LA LISTE DES SUSPECTS.

L'an 1793, II de la République françoise, et le 13 jour de juillet, en exécution de l'arrêté du Comité de sûreté générale de la Convention nationale, en date du 6 du présent mois, et en conséquence de l'arrêté du département, en date du 12 dudit mois, nous, commissaires soussignés, nous sommes transportés au lieu de Louveciennes, district de Versailles, à l'effet de prendre les renseignements demandés par l'arrêté du Comité de sûreté générale ci-dessus cité, sur la dénonciation faite à la barre de la Convention par les habitants dudit Louveciennes, sur le civisme ou l'incivisme de la citoyenne du Barry, demeurant audit lieu de Louveciennes; où étant après avoir requis la municipalité dudit lieu de se réunir au lieu ordinaire de ses séances, laquelle rassemblée, lui avons exhibé.... de nos pouvoirs et lui avons donné connoissance de l'objet de notre mission, et, sur-le-champ, avons procédé en la forme suivante:

Etoient présens de l'assemblée municipale les citoyens:

Louis Ledoux, maire;
Louis Ollivon;
Jean-Baptiste Pelletier;
Jean Alain;
Philippe Despoix;
Jean Monduit, tous officiers municipaux,

Et le citoyen Joseph Duchosal, secrétaire-greffier.

Gaillard, quarante-huit ans, chirurgien, n'a signé la liste de suspects que parce qu'il avoit été entraîné par la majorité; n'avoit aucun engagement pécuniaire ni autre avec la citoyenne du Barry, qu'il avoit seulement pour elle les soins qu'exigeoient sa profession quand elle le faisoit appeler; reconnoît sa rétractation et y persiste; quant aux autres, injures et menaces qu'il avoit éprouvées de la part du citoyen Decray. *Masson,* tailleur d'habits, interpellé de déclarer par quel motif il avoit signé la liste des personnes suspectes, a répondu que c'étoit parce qu'il avoit cru que c'étoit pour le bien, voyant que d'autres citoyens l'avoient signée. *Jean-Pierre Huville,* cinquante-quatre ans, pâtissier, a répondu qu'il n'a signé cette liste que comme un projet, tendant à la sûreté générale; que ceux qui la lui ont apportée l'ont présentée sous ce point de vue, et que d'après leur parole il ne l'a pas même lue; qu'au reste il ne regarde comme incivique ni madame du Barry ni les autres personnes désignées dans ladite liste. *Joseph Gabillon,* quarante-deux ans, concierge du citoyen Lecoulteux, et *François Legresle,* trente-quatre ans, tonelier de profession. Rétractation; ils y persistent. *Michel Gagné,* cinquante-huit ans, vigneron; s'il connoit les personnes désignées dans ladite liste? A répondu les connoitre toutes de vue et aucune particulièrement. Par quel motif il avoit signé cette liste? A répondu qu'il n'avoit pas su ce qu'il signoit, qu'il avoit cru que c'étoit pour la nomination d'un instructeur pour enseigner l'exercice aux jeunes gens; que s'il avoit su ce qu'on lui faisoit signer, il ne l'auroit pas fait, n'ayant aucun reproche d'incivisme ni autre à faire contre aucune des personnes portées dans ladite liste. *Charles Bilauré,* soixante-cinq ans, serrurier, se rétracte. Pourquoi a-t-il signé? Parce qu'on avoit trouvé chez la citoyenne du Barry des personnes regardées comme suspectes, qu'il n'avoit pas d'autres motifs. *Denis Mangé,* quarante-six ans; la citoyenne du Barry suspecte. Pourquoi? Parce qu'il a vu arrêter chez elle le nommé Mont-Sabré. *Philippe Despoix,* soixante-deux ans, vigneron et officier municipal; s'il reconnaît pour suspecte d'incivisme, etc.? A répondu qu'il n'en sait rien. Interpellé pourquoi il a signé? A répondu qu'il ne l'avoit signée que parce que d'autres l'avoient fait, et qu'il a été engagé à donner sa signature sans savoir ce qu'il signoit et a signé. *Signataires qui ont persisté dans leur déclaration de suspicion:* Pascal Chatou, quarante-deux ans, serrurier de profession. *Pierre Beaufrère,* trente ans, cordonnier. *Biaise Nicolas Jorre,* quarante-deux ans, maître d'école. *Jacques Christophe Bicault,* cinquante-six ans, vigneron. *J. François Lafosse,* quarante-six ans, tailleur d'habits. *J. Guillotel,* trente-sept ans, vigneron. *Noël Cavel,* vingt-huit ans, poseur de tuyaux à la Machine. A déclaré qu'ils ne connoissoient pour suspecte que la citoyenne du Barry, fondant ses motifs de suspicion sur ce qu'elle recevoit et avoit reçu chez elle des personnes reconnues pour aristocrates et particulièrement le nommé MontSabré qui a péri le 2 septembre, et le citoyen Labondie qui a été arrêté chez elle. *Toussaint Renaud,* quarante-un ans, bourgeois de Louveciennes. A dit qu'il les reconnoit pour suspectes (les personnes dénommées dans la liste), comme ayant été toutes désarmées, et la citoyenne du Barry particulièrement comme recevant chez elle le ci-devant chevalier de la Bondie et quantité de ci-devant comtes, barons et marquis. A ajouté reprocher en particulier au citoyen Decray des propos inciviques en présence de son épouse... . propos tendant tous à démontrer les sentiments les plus injurieux à la Révolution, à la liberté et à la nature. *Ténot,* vingt-cinq ans, musicien. A répondu qu'il ne reconnaissoit pour suspectes que la citoyenne du Barry pour avoir été intimement liée avec Brissac, grand criminel de lèzenation, et parce qu'il a été trouvé chez elle, après le dix aout par les bataillons des Petits-Augustins et des Marseillois, le nommé Montsabré, aide de camp de Brissac et depuis garde du corps de Louis le Traître; la citoyenne Graillet, parce qu'elle est fde d'un ci-devant garde de Charles-Philippe, émigré; le citoyen Morin pour lui avoir entendu dire qu'il voudroit qu'il ne restât pas pierre sur pierre à Paris. *Renaud (Charles-Paul),* quarante-deux ans, vicaire de la paroisse de Louveciennes, y demeurant. A-t-il signé la liste? — Oui. Interpellé s'il reconnoit pour personnes suspectes d'incivisme toutes celles dénommées dans ladite liste. A répondu qu'il ne reconnoissoit pour telles que la citoyenne du Barry et ses domestiques.

Que les motifs qui ont fait regarder à lui déclarant la citoyenne du Barry comme incivique, sont: 1 Les différentes réceptions qu'elle a faites chez elle de plusieurs personnes soupçonnées comme aristocrates et arrêtées comme telles chez elle; 2 Les scellés apposés chez elle depuis très longtemps; 3 A cause de l'émigration; 4 Le désarmement qui a été fait chez elle, d'elle et de tous ses domestiques; 5 A cause de la conduite qu'on a rapporté à lui déclarant que ladite du Barry a tenue à Londres, conduite qui peut être indiquée par le citoyen Blache.

Ses domestiques parce que lui déclarant a regardé comme moralement impossible que des gens étant aux ordres de ladite du Barry ne fussent fauteurs de la conduite incivique qu'elle a toujours tenue.

François-Marie Moutiev, vingt-cinq ans, poseur de tuyaux à la Machine. A répondu qu'il ne reconnoit pour telle que la citoyenne du Barry, et que ses motifs de suspicion étoient fondés sur ce que la citoyenne du Barry ne s'étoit pas conformée à la loi sur les certificats de résidence, qui est tout ce qu'il a déclaré. *Denis Vantar,* dit *Lheureux,* vingt-sept ans, instituteur. Ses motifs de suspicion fondés sur les personnes que la citoyenne du Barry a reçu et qu'elle reçoit journellement chez elle et qui sont les nommés feu Montsabré, La Bondie, la comtesse Rohan Rochefort et son fils Charles Rohan, et encore sur un mémoire rédigé par le citoyen Blache, contenant l'histoire de la conduite de ladite du Barry en Angleterre.

Les citoyens officiers municipaux ont ensuite été interpellés de déclarer s'ils ont quelques faits à arguer contre la citoyenne du Barry et les autres personnes dénommées dans la liste des personnes suspectes d'incivisme.

Lesquels ont répondu par l'organe du citoyen maire qu'ils n'avoient aucuns motifs de suspicion d'incivisme contre la citoyenne du Barry, que ceux allégués par les citoyens qui ont déjà fait leur déclaration sur la réception qu'a fréquemment faite ladite du Barry de personnes suspectes, tels que les Montsabré, La Bondie et les Rohan.

Le citoyen maire et le citoyen Ollivon déclarent particulièrement savoir: le citoyen Ollivon, officier municipal, qu'étant dans la maison de la citoyenne du Barry où ils avoient été requis de se rendre par le citoyen Charles Rohan, ils ont entendu ladite du Barry qualifier la citoyenne Rohan de princesse; l'un et l'autre ont déclaré qu'ils soupçonnoient le citoyen Charles Rohan, parce que sans pouvoirs il s'étoit permis de les faire demander comme officiers municipaux chez la citoyenne du Barry, où il étoit descendu et où il leur avoit fait plusieurs questions sur le compte d'un des citoyens habitans de la commune de Louveciennes, et que sur la demande qu'ils lui avoient faite de quel droit il les avoit mandés, et il les interrogeoit, et s'il étoit porteur de pouvoirs d'autorités supérieures à ce sujet, ledit citoyen Rohan avoit répondu n'en avoir aucun; sur quoi ils s'étoient retiré.

Le citoyen J.-B. Pelletier et le citoyen Jean Monduit et Philippe Despoix, tous officiers municipaux ici présents, s'en réfèrent sur le compte de la citoyenne du Barry et des autres dénommés dans la liste à la première réponse faite par le maire.

Et tous ont signé avec nous commissaires, assistés du citoyen Gazard, secrétaire du district, faisant les fonctions de secrétaire de la commission.

Jean-Baptiste Pelletier, officier municipal; Allain, officier municipal; Despoix; Mondhuit; Devèze: Chailuon; Pellé; Rotiers; Gazard, secrétaire.

(Arch. départ. de S.-et-O., carton Q.)

PIÈCE N XXVIII.
MISE EN LIBERTÉ DE MADAME DU BARRY.
Arrêté du Comité de sûreté générale.
Du 13 août.

Le Comité délibérant sur la pétition présentée par la citoyenne Dubarry à la Convention nationale, et renvoyé audit Comité pour y faire droit par décret du 5 juillet dernier; — vu les informations et procès-verbaux dressés tant par les commissaires du département de Seine-et-Oise, que ceux du district de Versailles, en datte des l, 7 et 3 juillet dernier.

Considérant qu'il résulte desdites informations et procèsverbaux, qu'il n'y a aucun reproche fondé à faire ni contre la citoyenne Dubarry ni contre les personnes attachées à son service;

Qu'il y a plus de 50 habitans de la commune de Louveciennes qui ont déposé en faveur de ladite Dubarry;

Arrête que la citoyenne Dubarry sera remise en liberté ainsi que ses domestiques et gens à ses gages qui auraient pu être arrêtés soit à Louveciennes ou dans l'étendue du département de Seine-et-Oise, suivant l'indication qui en sera faite par ladite citoyenne Dubarry.

Le Comité arrête également que la citoyenne Dubarry, ensemble ses propriétés resteront sous la sauvegarde immédiate du département de Seine-et-Oise et sous la surveillance des officiers municipaux de Louveciennes, conformément aux loix qui protègent la sûreté des personnes et le respect dû aux propriétés.

Signé: Julien De Toulouse, Lanot, Alquier, Bazire.

(Registre des arrestations et arrêtés du Comité de sûreté générale, A. F., K, 286.)

PIÈCE N XXIX.
REQUÊTE DE MADAME DU BARRY EN FAVEUR
DE SES DOMESTIQUES.
La citoyenne Dubarry aux citoyens administrateurs du département de Seine-et-Oise.
Louvecienne, le 16 août 1793 de l'an II" de la République françoise.

Citoyens,

Le Comité de sûreté générale de la Convention nationale par son arrêté du 13 du présent mois vient de me rendre la justice que j'avois lieu d'attendre des principes d'équité qui déterminent ses décisions.

Ma liberté m'est rendue et le même arrêté porte qu'elle sera également rendue à ceux des individus de ma maison qui auroient pu être arrêtés dans l'étendue de votre ressort et sur mon indication ou réclamation.

Je vous prie, en conséquence, citoyens, de vouloir bien faire mettre en liberté le citoyen Gouy, qui est à mon service et qui est détenu dans la maison d'arrêt de Versailles; ainsi, citoyens, en coopérant à un acte de justice, vous acquererez de nouveaux droits à ma reconnoissance.

Signé: De Vaubernier Du Barry.

Le corps de la pièce n'est pas de madame du Barry, mais la signature est bien la sienne.

Extrait du registre des délibérations du Comité de salut public du district de Versailles.
Séance du 17 août, l'an II" de la République françoise.

Le Comité arrête qu'au désir de l'arrêté du Comité de sûreté générale (du 13 août) Gouy sera élargi dans le jour même de la maison de détention, et que copie collationnée dudit an été du Comité de sûreté générale sera envoyé à la municipalité de Louvecienne et au département de Seine-etOise, pour qu'il soit exécuté selon sa forme et teneur.

Pour copie conforme: Vareille, président; Joubert, secrétaire.

(Arch. de S.-et-O., même dossier que ci-dessus, carton Q.)

COMITÉ DE SÛRETÉ GÉNÉRALE.
Le Comité de sûreté générale et de surveillance de la Convention nationale, aux administrateurs du département de Seine-et-Oise.
Du 16 août 1793, l'an II de la République françoise.

Nous vous envoyons ci-joint, citoyens administrateurs, expédition en forme de notre arrêté concernant la citoyenne Dubarry et les personnes attachées à son service, et nous vous invitons à la faire mettre à exécution en tout son contenu.

Les membres du Comité de sûreté générale de la Convention nationale, J. Julien De Toulouse, Alquier, Lanot.

PIÈCE N» XXX.
SECONDE ARRESTATION DE MADAME DU BARRY.
Comité de sûreté générale.
Séance du 21 sept. 1793.

Le Comité arrête que la femme nommée Dubarry, demeurant à Louvecienne, sera arrêtée et conduite à la maison de Sainte-Pélagie, à Paris, pour y être détenue par mesure de sûreté générale comme suspecte d'incivisme et d'aristocratie. *Les scellés seront mis sur ses effets, perquisition sera faite de ses papiers.* Ceux qui seront suspects seront apportés au Comité de sûreté générale. Commet pour l'exécution du présent arrêté le citoyen Greive, qui est autorisé à requérir tel officier civil et de justice nécessaires qu'il écherra et même la force armée si besoin est; au surplus, le citoyen Greive fera arrêter et conduire à Paris, pour être fermés par-mesure de sûreté générale, dans la maison de la Force, toutes les personnes qui se trouveroient à Lucienne chez ladite Dubarry au moment de l'exécution du présent arrêté.

Signé: Boucher-saint-sauveur, Amar, Vadier, Panis. (Arch. de l'Empire français, A. F., II, 288.)

PIÈGE N XXXI.

LE CITOYEN GREIVE A LUCIENNES.
Comité de sûreté générale.
Séance du 8 jour de l'an II.

Le Comité, en conséquence de son arrêté de ce jour, vous envoye, citoyen, la somme de trois mille livres, tant pour le remboursement des avances que vous avez faites relativement aux opérations qui vous ont été confiées par le Comité dans la maison de la Dubarry, que pour fournir aux frais que nécessitera la suite de ces opérations.

Vous voudrez bien accuser la réception de cette somme au Comité.

Signé: P. Jacquot, Amar, Vadier, David, Lavicomterie, P.-A. La Lot.

Le Comité, sur les représentations qui ont été faites au nom du citoyen Graive, par les citoyens Voulland et Jacquot, ses membres délégués à Luciennes; le Comité, considérant que le citoyen Graive a fait des avances pour fournir aux frais de garde et autres relatifs aux opérations dont il est chargé par le Comité dans la maison de la femme Dubarry, arrête que, tant pour le remboursement des avances déjà faites par le citoyen Graive, que pour fournir aux dépenses à faire pour la suite des opérations, il seradélivré par le trésorier du Comité, sur les fonds qui sont à sa disposition, la somme de trois mille livres audit citoyen Graive, à la charge par lui d'en rendre compte au Comité.

Signé; Vadier, Amar, Guffroy, David, Jagot,
La Loy, Lavicomterie.
(An. A. F., 286 ou 285, Registres.)

PIÈGE N XXXII

RENVOI DE MADAME DU BARRY AU TRIBUNAL REVOLUTIONNAIRE.
Arrêté du Comité de sûreté générale et de surveillance, gui renvoye madame du Barry et les Vandenyver devant le Tribunal révolutionnaire.
Du 29 brumaire, l'an II de la République françoise, une et indivisible.

Le Comité de sûreté générale, Ayant pris connoissance des diverses pièces trouvées chez la nommée Dubarry, mise en état d'arrestation par mesure de sûreté générale, comme personne suspecte, aux termes du décret du 12 septembre dernier (vieux style), considérant qu'il résulte de l'ensemble desdites pièces, que la femme Dubarry est prévenue d'émigration et d'avoir, pendant le séjour qu'elle a fait à Londres, depuis le mois d'octobre 1792 jusqu'au mois de mars dernier (vieux style), fourni aux émigrés réfugiés à Londres des secours pécuniaires et entretenu avec eux des correspondances suspectes et que les nommés Van den Yver père et fils, négocians, sont prévenus d'avoir fait passer des fonds à la femme Dubarry pendant qu'elle étoit en Angleterre;

Arrête:

Que la femme Dubarry, prévenue d'émigration et que les nommés Ven den Yver, père et fils, prévenu d'avoir fait passer à la dite Dubarry des fonds pendant son séjour à Londres, seront traduits au Tribunal révolutionnaire pour y être poursuivis et jugés à la diligence de l'accusateur public.

Les représentants du Peuple, membres du Comité
de sûreté générale de la Convention nationale,
Voulland, David, Vadier, Dubarran, Jagot,
Panis, Lavicomterie.

PIÈCE N XXXIII.
LETTRES DE CUSTINE.
Brunswick, ce 13 février 1792.
Reçue le 3 mars.

Le zèle avec lequel je me suis livré de tous mes efforts et de tous mes moyens à l'entreprise hardie de déterminer le duc me donne droit d'être écouté lorsque je dirai qu'il faut renoncer à cette espérance: c'est ce que je viens à regret vous annoncer. Si le Roi a jugé à propos d'accorder la lettre dont j'ai indiqué l'idée le 22 du mois dernier (et tout alors en présageoit le plus heureux succès), cette lettre restera dans mon portefeuille, et je n'en ferai aucun usage sans un nouvel ordre de Sa-Majesté; peut-être serez vous porté à me juger d'après ce que vous venez de lire que le duc m'a moins bien reçu, plus froidement traité; au contraire, il m'a marqué plus de bonté, il a été plus amical, plus confiant que jamais, et c'est là surtout ce qui m'ôte tout espoir. Voici quelques-uns des traits qui m'ont découragé; je rapporterai ses propres paroles pour que vous puissiez mieux juger de ses dispositions.

« Je suis d'autant moins étonné de ce que la lettre de M. de Ségur vous a appris à votre arrivée (m'a-t-il répondu lorsque je lui annonçai la raison qui m'obligeoit à le quitter) que je le sçavois depuis plus de huit jours (ceci est assez remarquable d'ailleurs, d'où le savoit-il?). Je ne vous dissimulerai pas les difficultés que vous rencontrerez à Berlin. Cependant, n'appréhendez rien de l'hippotèse où l'objet de votre mission près de moi viendroit à être connu du Roi. Ce prince me connoît depuis longtemps; aussi n'en prendra-t-il pas d'ombrage; il sçait que je ne prends de partis importans qu'après de mûres réflexions, que je ne forme jamais d'entreprises, quelques *(sic)* brillantes qu'elles puissent paroître au premier coup d'œil, sans m'assurer d'une base dont la solidité soit à toute épreuve, et qu'il n'est pas en moi de tout compromettre pour obtenir quelque chose. »

Une autre fois, à propos de sa santé: « Il s'en faut de beaucoup qu'elle soit dans un état rassurant. J'ai cinquante-sept ans. Mes nerfs ont prodigieusement souffert de l'agitation morale où je me suis trouvé presque continuellement depuis quelques années. Nous avons couru des risques incalculables dans cette expédition projetée contre la Russie, où l'Angleterre, comme je l'avois prévu, nous a si mal secondés. Nous ne pouvions pas nous passer de la mer, et si, selon notre premier plan, nous nous pouvions porter en avant, la défection de la flotte anglaise eût rendue *(sie)* notre position très critique, etc. Chacun a sa folie; j'ai'eu celle de la guerre dès mes plus jeunes ans. Voyant envahir les Etats de mon père, il a bien fallu m'armer pour les deffendre. Ce que m'avoit commandé la nécessité devint bientôt en moi une habitude et presque un besoin. Depuis la mort de mon père, j'ai senti plus particulièrement que ma position m'obligeoit à me concilier la cour de Prusse et même à y avoir des liaisons qui m'assurassent sa bienveillance; obligé d'y paroître, je n'ai pas voulu y jouer le triste rôle qui venoit traîner une existence inutile, et voilà ce qui m'a tracé la route que j'ai suivie; mais tout cela s'oublie et s'affaiblit avec l'âge, et les hasards de la guerre et tant d'autres raisons apprennent au bout de la carrière, que cette passion, même satisfaite, n'est encore qu'une folie. »

Tout cela ne ressemble plus au duc de Brunswick électrisé par l'ambition d'une gloire brillante et nouvelle, par l'espoir de fixer l'enthousiasme d'un grand peuple qui, depuis si longtemps, tient en Europe le sceptre de l'opinion et qui, sous toutes les formes, aura toujours une prodigieuse influence. Vous y reconnoîtrez, au contraire, le duc de Brunswick refroidi par la pénible expérience de ses dernières années, par les soucis de tout genre que lui a causé *(sic)* l'expédition de Hollande, dans laquelle il m'a dit lui-même que des hasards l'avoient favorisé miraculeusement comme ils auroient pu le détruire, le duc de Brunswick, en un mot, qui n'a pas voulu prêter l'oreille un seul instant aux propositions les plus séduisantes pour les ambitions ordinaires du trône de Pologne et de la souveraineté du Brabant.

Voici une dernière observation peut-être plus décisive encore.

Vous avez vu dans mes lettres précédentes que le duc paraissoit s'identifier avec notre ordre de choses et généralement avec nos principes. Il en est qui de tout tems ont eu son approbation; mais, pour vous donner de lui une idée juste et complette, je dois vous observer que plusieurs autres lui répugnent, malgré que son esprit vraiment philosophique le dispute quelquefois à de certaines affections contraires; ainsi, l'un des premiers jours de mon voyage, il me disoit au sujet de l'institution dela noblesse: « C'est un préjugé, j'en conviens; mais ce préjugé étant reçu dans l'Europe entière, l'Europe entière ne sauroit voir avec indifférence les efforts que l'on fait chez vous pour l'anéantir; et de là il passoit à son idée de conciliation par deux chambres. Je ne puis mieux le définir qu'en le comparant à ceux de nos mécontents qui, doués d'esprit et de lumière, ne sont les partisans ni de l'aristocratie cléricale et parlementaire, ni d'un système arbitraire oppressif et despotique, mais, à l'égard de cette entière égalité des droits sur lesquels repose notre constitution, elle a pour elle son esprit et non ses sentiments; il l'approuve peut-être, mais à coup sûr il ne l'aime pas.

Dans le tems où j'espérois et où j'avois lieu d'espérer, en effet, il sembloit avoir perdu ces mouvements de forte improbation que j'avois rencontrés dans mes premiers entretiens, et il reprend aujourd'huy ce genre de chaleur tout en se refroidissant sur l'autre, et je n'espère plus.

Berlin, ce 24 février 1192. Reçue le 4 mars.

Monsieur, je joindrai quelques réflexions générales que je crois essentielles à ce que M. de Ségur vous écrit aujourd'huy; elles dérivent des renseignements que j'ai pu me procurer à Brunswick, à Reinsberg et dans le reste de mon voyage en Allemagne.

La politique prussienne a totalement changée (sic) depuis un an. Le projet de faire la guerre à la Russie rendit alors nécessaire un rapprochement avec l'Autriche, et ce fut l'objet du premier voyage de M. Bischoffswerder à Vienne peu de semaines après la paix deReichembach. Bientôt, l'étroite alliance qui depuis plusieurs années avoit rejoint la Prusse à l'Angleterre, céda aux mécontentements du roi de Prusse. On sait qu'alors la flotte qui devoit agir dans la Baltique n'a pas quitté les côtes d'Angleterre, que la Cour de Berlin a été dangereusement compromise, pour avoir trop compté sur son alliée et forcée de faire la paix en renonçant aux avantages dont elle s'étoit cru d'abord assurée. Depuis ce moment, le cabinet de Londres a perdu toute influence sur celui de Berlin qui s'est de plus en plus rapproché de Vienne. La crainte de voir se propager les principes révolutionnaires que répandoient avec profusion les nombreux écrits dont toutes les parties de l'Allemagne sont inondées, est le véritable motif de cette alliance.

Les avis sont partagés ici. Les meilleurs esprits désirent la paix, mais les contre-révolutionnaires obsèdent le roi, et la licence des écrivains et folliculaires leur donne des moyens qu'ils se gardent bien de négliger.

Un assez grand nombre de généraux se joignent à eux pour prêcher la guerre et soutiennent que si l'on tardoit encore quelques tems, l'esprit d'insubordination gagneroit l'armée. Des conférences ont été tenues à Potsdam. Le duc de Brunswick y a été mandé précipitamment le lendemain de mon départ. M. de Bischoffswerder est parti de là pour Vienne où seront arrêtées les grandes déterminations. L'Empereur a l'Europe derrière lui. Cela n'est que trop évident. Le duc de-Brunswick m'a dit, dans un de ces moments de confiance que mes premières lettres pourroient vous rappeler, qu'il étoit loin de croire que l'indiscipline de l'armée françoise pût entraîner une déroute aussi facile que nos mécontents affectent de le répandre. — Que même la guerre seroit un remède à ce mal. Que la valeur françoise, exaltée par un sentiment de plus, seroit sans doute égale à ce qu'elle a jamais été. Que s'il avoit à nous attaquer, il se garderoit de rien précipiter et de ne livrer des batailles où le retard est toujours pour quelque chose. Qu'une bataille gagnée par nous ruineroit nos ennemis, et qu'une bataille perdue ne nous laisseroit pas sans ressources. Que son plan seroit de porter longtemps et d'entretenir longtemps sur nos frontières de nombreuses armées; de leur faire occuper des positions où elles n'eussent pas d'attaques à redouter et d'attendre là notre défaite, sans inquiétudes intérieures de la banqueroute, etc.

Est-ce cela qu'il aura dit à Potsdam et se démentiroit-il au point d'agir contre nous7 Je l'ignore, mais l'ambition rend tout croyable!

C'est ainsi qu'un autre grand personnage, le prince Henry, beaucoup plus porté que le duc de Brunswick pour la révolution française, a cependant dit au Roi dernièrement que s'il vouloit agir en France, de prendre garde, qu'il ne serait que l'instrument passif de l'Empereur, ou qu'il ne joueroit qu'un rôle secondaire, à moins qu'il ne fit marcher autant de troupes ou même davantage et qu'il ne marchai lui-même. Qu'alors sa situation politique le désintéressant de cette cause, lui assureroit la confiance des François et les principales influences, et que lui-même s'offroit à suivre Sa Majesté comme volontaire dans une pareille expédition.

Le chargé de France à Berlin,
Signé: Custine.

Note de Greive. — H y a toute apparence que ces documents ont été tirés du bureau des affaires étrangères ou communiqués à la Dubarry à Londres. Or, "comment? Par qui et pourquoi? Il y a de quoi faire des questions, des réflexions.

PIÈCE N XXXIV.
CONTRIBUTION PATRIOTIQUE.
Notât des sommes qui ont été payées par les gens de madame Dubarry.
Sçavoir: 1. Sieur Morin 151.10s 2. Sieur Tranchant 15 » 3. Sieur Salanave, promet tous les ans.. 20 » 4. Sieur Nollet S » 5. Sieur Marechal " 6. Sieur Lejeune 3 » 7. Sieur Matisse. 3 » 8. Sieur Froment 5 » 9. Sieur Baudoin 2 » 10. Sieur Toulorge 10 » 11. Sieur Gouy 5 » 12. Sieur Baptiste 2 10 13. Sieur Foudrillon, dit Mesierre 10 » 14. Sieur Zamor 5 » 15. Sieur Schouilt 3 » 16. Sieur Prétry 10" 1191. » s.

Mesdames, 17. Monrosier 51. » s. 18. Frénois » 19. Planche » 20. Lanoix 21. Maot et sa fille '0 » 22. Lecouture " 23. Roussel » 24. Sieur Pierre Brunei, cocher 10" 1691.10s.

PIÈCE N XXXV.
ÉCROU DES DOMESTIQUES.
Du 8 nivoae.
Louis-Benoist Zamor, nègre, âgé de 31 ans, Indien, demeurant à Versailles, arrêté par l'ordre de l'administration de police comme très suspect.

(Du 26 pluviôse, en liberté.)
(O. du Coin, de sûr. gén.)
22 pluviôse.
Marie-Joseph Lameaux, femme de Charles-Marie Roussel, âgée de 51 ans, native de Paris, demeurant à Luciennes. '(Translation 0. de police.) *(En liberté, le 20 vendemiaire.)*
Marie-Henriette Picard, femme de Jean-Léandre Couture, âgée de 26 ans, native de Carlepont, département de la Somme, demeurant à Luciennes. (Translation 0. de police.) *(Idem.)*

PIECE N XXXVI.
MADAME LA COMTESSE DU BARRY DOIT A AUBERT, JOAILLIER DU ROY ET DE LA COURONNE ».
Sçavoir:
Janvier 1772.
5 Pour monture de 8 gros brillants à jour en boutons liv. de Compère S6
Pour une bague d'un brillant parfait avec l'anneau en brillants, 22,000 18 Pour monture at façon de 373 brillants en chatons à jour à 2 1. (0 chaque 935
Février.
10 Pour monture de 8 bouillons ou coques composés de 170 gros brillants montés à jour et à griffe.. 576
Mars.
10 Pour monture d'un gland composé de 77 brillants avec de petites inorduches en or 120 1. Aubert présentait de temps en temps ses factures; elles allaient toujours en grossissant. Celle-ci est la dernière et la plus considérable. Nous l'avons placée dans ce volume, pensant que le vol des diamants donnerait plus d'intérêt aux détails qu'elle renferme.
Avril.
5 Pour un colier avec son esclavage, une pendeloque et un nœud composé de 649 brillants dans lesquels j'en ai fourni 149 dits:
Dont un pendeloque pez 7 grains 1/2. ... 750
Plus 3 brillans pez' 4 k. 3/4 1/8 1,800
Plus 130 brillants pez' ensemble 35 k. 3/4 1/8
à 220 1. le karat 7,878
Plus 2 brillants pez 2 karats 5ii0
Façon du colier, esclavage et pendeloque, le tout monté à jour 960

Pour un étuy en roussette verte 45 11,973
May, 13 Pour deux barrières de colier composées de 14 brillants dont deux au milieu 540
Plus 12 dits pez. 4 k. à 220 1. le karat 880
Façon 60
Plus 9 grands morceaux de cornaline 360 1,840 25 Pour une paire de boucles de souliers composée de 44 brillants dans lesquelles j'en ai fourni 12 à 650 1. chaque 7,800
Façon des dittes et chappes 200
Pour l'étuy des dittes boucles en roussette verte garni en argent 18 8,018
Pour 2 pompons composés chacun d'une émeraude au milieu dont j'en ai fourni une et fait retailler l'autre 500
Plus 16 brillants formants les 2 entourages à 280 1. chaque 4,480
Façon et monture 72 5,052
Pour un étuy en roussette verte, contenant des brosses, une grille d'argent, des tenailles et du fil de laiton 42
Juin.
10 Pour une culière à bouche, une fourchette et un couteau; le tout en or émaillé à fleurs 1,200
Pour monture d'un bouillon de tête, composé de 21 brillants à jour 72 20 Pour deux chiffres en brillants pour brasselets, sur deux émeraudes venant d'une seule qui pezait 103 k., sçavoir:
Les chiffres composés 10 brillants pez 5 k. 1 /2
1/8 à 200 1. le karat 1,237
Pour les émeraudes taillées, sciage et gravure des dittes a,800
Façon monture et incrustages des chiffres.. 300 6,337 Juillet.
1 Pour un bec composé de 7 brillants de 5 grains chaque à 460 1. pièce 3,220
Façon du bec monté à jour 36 3,256
8 Pour monture et façon des cadenats, composés chacun de 4 brillants à jour et à coulisse 72
Plus une bague d'un rubis oval, parfait, monté à jour avec l'anneau en brillants 2,000
Septembre.
14 Pour monture d'un brillant en épingle à jour avec une queue à visse 12
18 Pour façon de 44 chatons de brillants

forts montés à jour à 3 1. chaque 132
28 Pour 2 nœuds de boucles et pendeloques composés d'un rubis au milieu de chaque de la première couleur, pez chacun 3 grains forts 240

Plus 36 brillants pez ensemble 5 k. 3/4 à 2001.
le karat 1,150

Plus 16 petites roses ii8
Façon 72 1,510
Octobre.

15 Pour une guirlande composée de 21 gros rubis et de 84 brillants dans lesquels j'ai fourni 24 brillants pez1 11 k. 1/2 à 120 1. chaque brillant... 2,880
Façon et monture de la guirlande à jour. .. 500 3,380 24 Pour une boête à 8 pans fond émaillé en rouge avec des cartels en grisaille et le dessus garni de diamans a, 800 26 Pour 12 épingles de brillants montés à jour pez1 ensemble 18 k. à 650 1. chaque brillant 7,800

Pour un grand nœud à mettre derrière la tête à quatre parties, composé de 145 brillants dans lesquels j'en ai fourni 74 dont 1 pez1 k. 1/2. 650

Plus 3 brillants pez1 3 k. 3/4 à 460 1. chaque.. 1,380

Plus 7 brillants pez1 6 1/2 à 300 1 2,100

Plus 7 brillants pez1 5 à 240 1 1,680

Plus 3 brillants pez1 3 1/4 1/8 à 400 1 1,200

Plus 53 brillants pez1 21 3/4 1/8 à 230 lekarat. 5,051
Façon 500 12,541

Pour 4 queues à visse pour pompons 8 décembre.

t Vn brillant pour un crayon d'or fait par Drais... 450 Pour deux nœuds de manche en gros brillants mon tés à jour, composés ensemble de 254 brillants dans lesquels j'ai fourni 31 brillants dont un au milieu d'une des grosses bandes très blanc, net et de belle forme en place d'un qui avoit des points et que j'ai rendu à madame la Comtesse pour celui que j'ai
fourni 2, MO
Plus 4 brillants égaux 2,400

Plus pour 18 brillants à 125 1. chaque... 2,250

Plus 8 brillants pendeloques à 280 1. chaque. 2,240

Façon et monture des deux nœuds 1,200

Pour un écrain en roussette verte 48 10,538
Janvier 1773.
23 Pour monture d'un bouillon de ruban de tête à 3 rangs de gros diamans 72

Pour monture ou coque à 3 rangs de gros brillants. 72 Février.
22 Pour monture de deux épingles de brillants à jour. 12
Mars.
8 Pour monture de 4 gros brillants en épingles à jour. 48 16 Pour 27 chatons de brillants à 200 1. chaque 5,400 30 Pour monture d'un brillant à chaton avec un visse d'or. 15
Avril.
6 Pour 2 glands composés de 130 brillants dans lesquels j'enai fourni 52 dits pez130 k. 3/4 1/8 8,027

Plus 5 brillants pez1 1/8 k. 1/16 1/32 45

Façon des deux glands montés à jour à morduche d'or 480 8,552 liny.
!i Pour une boête à bonbons garnie de diamants fournie par M. Beaulieu 2,000
11 Pour monture d'un grand brillant servant de bague

Pour monture d'un grand collier à nœud avec de» bouillons de chaque côté et deux gros diainans, une pendeloque à treffle avec un esclavage et un grand nœud au bas, le tout composé de 270 très gros diamants montés à jour 1,500

Plus pour monture de 2 brillants en chatons à jour 5 1,505

Pour 2 rangs de 64 perles parfaites, égales et rondes. 32,000 16 Pour monture de 2 chatons de brillants à jour.... 5
Juin.
1 Pour monture d'un gros brillant en épingle à jour. II 14 Pour monture d'un gros brillant en épingle à jour. il
Pour monture d'un diamant brillant de 43 grains en coulant à jour Ï4
A oust.
30 Pour 2 pompons composés chacun de 8 diamants brillants dont un au milieu de l'un des pompons pez1 22 grains 3/4 à («ic) 12.000

Plus un autre brillant faisant le milieu de l'autre pompon pez 21 grains 12,000

Plus pour les deux entourages 14 brillants à 1,000 1. pièce 14,000

Pour monture des deux 72 38,072

Septembre.
H Pour une paire de boucles d'oreilles *de nuit*
composée de 6 brillants, dont 2 pez1 2 k.
1/2 ensemble 800

Plus les 4 restants pez1 2 k. 3/4 1/8 à 240 1. le karat 690

Pour monture des dittes à jour, brisure d'or. 30 1,520

Pour un diamant pez 30 grains faisant le milieu d'un pompon, cy 23,000

Pour monture du dit entouré à jour.... as 23,048 Novembre.
14 Pour un diamant remis dans l'anneau de sa bague diamant blanc 9
Décembre.
6 Pour un jonc composé de 34 diamants pez1 1 k. 1/32 288

Plus pour 5 épingles d'un brillant à 120 1.
chaque 600 888 10 Pour 12 queues de pompons en or à visse 96 POUR LA GRANDE PARURE FOURNIE LE 15 NOVEMBRE fourni 20 brillants pour un nœud augmenté *Sçavoir*:

D'une pièce de corps, de deux tailles de devant, deux tailles de derrière, deux épaulettes, d'un nœud de derrière appellé trousse-queue:

La pièce de corps composée de 1,013 diamants brillans, dans laquelle j'en ai fourni 671 dits, sçavoir: 1 brillant forme pendeloque faisant le bout de la pièce fort, net et cristallin 7,200

Plus un diamant placé entre le précédent et le bouton d'ensuitte 4,000 2 brillants parfaitement égaux nets et cristallins placés au bout des deux grandes parties du haut de la pièce 10,MO

Plus 2 brillants placés au bout des deux secondes parties du haut de la pièce parfaitement nets et blancs 4,800

Plus 2 brillants placés au bout des parties qui sont ensuite des deux précédentes, les dits deux brillants très étendus et parfaits... 5,400

Plus H brillants parfaitement blancs et nets placés au bout des parties ensuite des précédentes 12,000

Plus 85 brillants placés dans les bandes de la pièce à 110 1 9,350

Plus 80 brillants plus forts que les précédens placés dans les susdittes bandes à 120 l. la pièce 9,600

Plus 492 brillants pez' 53 k. 3/41/81/16 à 2401.

le karat 12,945

Façon et monture des dits 1013 brillants montés à jour, dont la plupart sont forts. 4,000 77,695

Les tailles (sic) de derrière composées de

1054 brillants dans lesquelles j'en ai fourni

977, dont 44 dits faisant les plus forts des bandes à 170 l. chaque 7,480

Plus 82 brillants à 110 l. chaque 9,020

Plus 853 dits pez' 207 k. 1/2 1/8 à 240 l. le karat 49,830

Façon et monture des dittes tailles composées de 1054 brillants à jour

Les tailes sic) de devant et les épaulettes, composées ensemble de 1413 brillants dans lesquelles j'en ai fourni 1338 brillants, dont 53 à 180 l. chaque

Plus 557 dits pez1 110 k. 1/8 à 240 l. le karat 26,430

Façon et monture des dits 1413 brillants montés à jour ii,800

Le nœud de derrière appelé troussequeue composé de 81 brillants dont un au milieu très étendu, net et du premier cristallin 11,000

Pour les deux brillants qui sont à côté du précédent 1,500

Plus 2 brillants placés dans l'entredeux des gances du nœud, parfaitement blancs et nets 2,000

Plus 32 brillants à 132 l. chaque 4,224

Plus 44 dits pez1 16 k. 3/4 1/8 à 240 1. le karat 4,050

Façon et monture des dits 81 gros brillants montés à jour 240

Pour l'étuy renfermant la parure de l'autre part détaillée en maroquin doré et armoirié garni de bronze, charnière, entrée, deux portants, portecouvercle, cizelés et dorés en or moulu, doublé en velour noir et satin blanc avec coussin d'étoffe

piqué 18 Pour monture de 2 bouillons à 3 rangs de gros brillants, chaque à 72 l. pièce 144

Pour 2 brillants fournis dans les dits bouillons 420

24 Pour un étuy de roussette avec crochet et charnière d'argent pour 9 pompons 31 Pour 10 épingles de brillants montées à jour à 120 l. pièce 1,?00

Pour une guirlande composée de 104 brillants de 21 gros rubis dans laquelle j'ai pez1 4 k. 3/16 à 220 l. le karat 921

Façon et monture de la ditte guirlande à jour, les rubis à certissure d'or 550 2,671

Janvier 1774.

15 Pour monture par ordre de madame la comtesse de la bague de M. La Croix, composée d'un portrait en relief sous un cristal avec entourage de diamans et les côtés à 3 rangs de roses à l'antique pour fa

çon de la ditte 48

Pour fourniture du cristal 3

Pour 3 brillants fourni dans la ditte 24 75

Pour une rose composée de 527 brillants dont un gros au milieu que madame la comtesse m'a fourni et le reste par moi en entier, sçavoir: 8 brillants à 700 l. chaque 5,600

Plus 16 brillants à 200 l 3,200

Plus 17 brillants à 110 l 1,870

Plus... brillants pez1 48 k. 3/4 3/16 à 2o0 l.

le karat 12,234

Façon et monture de la ditte rose rapportée en plusieurs morceaux, dont les diamants sont montés à jour 1,200 2ii, 10fi 19 Pour une montre à repetition avec sa chaîne et deux berloques, le tout enrichi de diamants et emeraudes, que j'ai fait remettre à neuf, dont le chiffre en diamants et emeraudes a été refait, le fond de la montre damasquiné en entier, sçavoir:

Pour le damasquiné 48

La façon du chiffre 48

Pour émeraudes fournies dans la montre, la chaîne et le chiffre 72 168

Total 544,949 *Sur quoi j'ai reçu, sçavoir:*

Janvier 1772.

15 En espèces 5,000

May.

21 En 4 effets 15,000

Septembre.

29 En 3 effets 15,000

Octobre.

15 Eu 42 brillants restants de la guirlande en diamans et rubis pez 2 k. 3/4 à 160 l. le karat MO

Janvier 1773.

4 En 8 brillants restants de l'ancien nœud de derrière la tête 120

En espèces à compte de 2 fils de 64 perles.. 10,000

En espèces 10,000

Février.

26 En espèces, dont 6,000 l. à compte des perles et 4,000 l. sur le mémoire 10,000

Avril.

9 En 3 effets et espèces 10,000

May.

5 En un diamant jaune pez 38 grains et 85 k. 3 /4 de brillants de différentes façons 28,000

Aoust.

13 En espèces 20,000 15 En une parure de diamants et émeraudes.. 30,000

En un diamant pez1 27 grains faisant le milieu d'un pompon 15,000

Octobre.

5 En 4 effets sur M. de Beaujon. 73,000

Novembre.

26 En 8 effets remis par M. de Beaujon 20,000 261,560

PIEGE N XXXVII.

NOTE DE ROUEN, JOAILLIER.

Je soussigné, fait accusation et déclaration que les diamans, perles et bijoux soit disant volés la nuit du 10 au 11 janvier 1791, à Louvetienne, près Marly, appartenant à la cidevant comtesse du Barry, évalués avec léquité la plus scrupuleuse, en l'année 1791, à la somme de 1,500,000 liv., lesquel bijoux, je donne attestation et preuves qu'ils sont inclus dans une boëte sous sceel, et en dépôt chez les sieurs Ransom Morland, Vhammerstay, banquiers, Pal Mail, à Londres, en face la maison Malbroux; sur ce je réclame sur toutes les reprises de la cidevant comtesse du Barry, mes soins, peines et salaires d'une œuvre laborieux que j'ai fait a différents ouvrages par elle commendés, dont j'ai son arretez fait à Londres en date du 5 mars 1793. A Paris, le neuvième jour de la deuxième decade de la deuxième année de la République, une et indivisible.

Bon pour déclaration:

J. Rouen, jouaillier, Rue Révolutionnaire, ci devant Saint-Louis au Palais, u 70.

PIECE N XXXVIII.
NOTICE SUR GREIVE.

Extrait *des délibérations de la commune de Louvetienne de la conduite de George Greive, Anglois de nation, savoir:*

George Greive, en 1791, logoit ches François Renault, aubergiste à Louvetienne et officier municipal. Greive à tres longlems logé ches le dit Renault, sans être connu dans la ditte commune.

Greive s'est tait enregistrér au greffe de la municipalité le mercredi 28 mars 1793, v. s. l'an II de la République françoise, suivant le décret du 28 février de la présente année relative au pasport, etant toujour logé chez le citoyen François Renault, qui alors étoit bourgois et qui a signé lenrégistrement comme témoin, ainsi signé George Greive, certifie F. T. Renault, Duchosal, secrétaire greffier.

Le 29 avril 1793, la municipalité a été requise par le nommé Blache, commissaire, pour larrestation du nommé Chatillon, le 30, parles recherches de la municipalité et par lactivité de la garde national de notre dite commune, Chatillon fut trouvé.

Le 21 juin, Greive commençoit à se communiquer avec le maire et les officiers municipeaux, vantoit sa probité par son aubergiste Renault, pour les mieux tromper, cétoit déjà fait connoitre par plusieurs individus qu"il avoit déjà séduit par son beau langage, au point qu'il a été chercher le decret du 2 juin, relative à l'arestation des personnes suspecté d'aristocratie et dincivisme, avec plusieurs individus qu'il avoit en confidence. Le dit decret leurs a été délivré au département de Seine-et-Oise le 20 juin, à 11 heures du soir, et le 21, il engagat le citoyen Le doux, maire, a convoquer une assemblée au secrétariat de puis 8 heures du soir jusqua 11, dont il a été convenu que lasemblée seroit remise dans le jour, parce que les assemblée général d'une commune ne doivent pas se faire la nuit. Le 29 juin, l'assemblée a été convoqué par le maire le decret lù au prône et 33 a 36 citoyens ont déclaré que la maison de la citoyenne Dubarry leurs paroissoient suspecte, suivant que Greive les avoient disposé, ensuite Greive s'est réunie avec Blache concernant l'afaire de la citoyenne Dubarry, a fait une adresses à la Convention contre la ditte citoyenne et a engagé la municipalité a signer la ditte adresse contenant les voyages qu'elle avoit fait en Angleterre, puis invita les membres de la municipalité de l'accompagner à la Convention pour présenter la ditte adresse et mercredi 3 juillet ou lecture faite de la sus ditte adresse, la municipalité reçu l'ordre de mettre la citoyenne Dubarry en arrestation dapres les dénonciations faite par Blache et Greive.

Greive chercha dans le moment à se procurer une place auprès des représentans du peuple, en surprenant leurs bonne foi, ainsi que la municipalité de Louvetienne, meme à leurs détriment.

Le 21 septembre 1793 2 année, Greive a réçu du Commité de sureté général de surveillance un pouvoir de mettre la citoyenne Dubarry en arrestation, signé Bouché Saint-Sauveur, président, Amar, Vadier, Panis et David aussitôt Greive sest rendu à Louvetienne, s'est permis de vexer la municipalité et cherchaparmis les individus de la commune ceux qu'il croioit pouvoir être de son parti, il en forma une garde et la posa des linstant chés la citoyenne Dubarry sans en prevenir la municipalité qui ne la apris que par hazard, etant en fonction avec un commissaire nommé Bau- cheron pour un autre objet.

Le dit Greive na meme pas fait enregistrér ses pouvoir que le 5 octobre suivant, 15 jours après la datte de lexécution du dit pouvoir. Le dit Greive voiant la municipalité arrivé chez la citoyenne Dubarry avec le commissaire Baucheront pour les chevaux de luxe, nous a dit qu'il alloit nous envoyer chercher pour l'accompagner dans ses fonctions ainsi que le juge de paix du canton. On a tout'resté chez la citoyenne Dubarry avec la dite garde et le juge de paix, nous avons fait la recherches des papiers et paraffés à fur et à mesure par ledit juge de paix, sous la reserve d'une partie des papiers que le dit Greive s'est permis de faire enlever et porter par un de ses garde dans un carton, chez son encien aubergiste Renault, et ce, sans être visé du juge de paix, ni paraffé, ni vue de la municipalité. Dans la meme nuit du 21 au 22, jour de l'arrestation de la citoyenne Dubarry le premier trésor sest trouvé dans l'aipesseur d'un mur et dans un caveau de la cave, le second dans un sellier ou reser, a 18 pouce de profondeur dans la terre, dont les objets doivent être détaillé. Le commissaire Greive nétoit point à son poste dans ce moment, on l'envoya chercher sur les dix heures du soir pour reconnoître les objets. Greive ayant marqué de l'humeur de ce que on avoit trouvé ce trésor, quelques jours après, il fit mêttre un placart à la grille d'entrée de la maison de la citoyenne Dubarry, que personne de la commune, même de la garde nationale ny municipeaux de la ditte commune ne puissent entrer sans sa permission et qu'il ni avoit que sa garde affidée qui avoit le droit d'entrée.

Quelque jours après, Deliant, froteur de la citoyenne Dubarry, a fait déclaration du trésor des étoffes, linges et dentelles au citoyen Jean Allain, municipal. Le dit trésor étant trouve, Greive a commencé par insulter tous ceux qui avoient travaillé dans les opérations, 1 le secrétaire du juge de paix, la garde nationale, tous ceux qui lui avoit paru trop-honnête, pour le suivre dans les injustice, il a dabord fait mettre en prison le procureur de la commune, et un autre citoyen de Louvetienne, injustement; il en a garantie 3 autres de la qui le meritoient bien, mais cétoit des hommes affidé à lui et jacobin comme lui, il a fait changer les capitaines de la garde national, bon citoyen du commencement de la Révolution, qui se sont toujour bien montré en bon patriote, de peur d'être lui même surveillé, et il leur a porté une haine si grande jusqu'à en faire assasinér un chargé de famille, et des plus surveillant patriote, et premier capitaine du centre de la ditte même commune jusqu'à linsultér dans le temple de la vérité, dans une fête de fraternité, lui et quatres de ses satellites, dont l'agent national à appaisé cet assacin prémédité.

Greive ayant déjà mis la terreur à lordre du jour dans notre dite commune, sétant fait un parti de 12 où 15 individus de notre commune, y compris sa garde choissie à son gré — Le 9 octobre 1793, v. s., où le 18 jour du premier mois de l'an II de la République, Gpeive fit changer la municipalité par les representais du Peuple Charles de la Croix et Joseph-Mathurin Musset, par ses conseils séditieux, et ce pour éloigner de lui la municipalité, qui avoit été presente aux premieres opperations des tresors trouvé en partie par eux ches la citoyenne Dubarry, ainsi que des sellées appossées sur les meubles et effets qui ont été appossées, sur les meubles qui ont élé levée plussieurs fois par lordre de Greive, pour faire voir les trésors a ceux qui lui plaisoit, et ce avant que les commissaires de ladministration du districts de Versailles ne soient venue pourla vérification de tous les tresorts, meubles et effets trouvé dans la dite maison par la première municipalité et après qu'il a eû rédigé ses pro cès verbeaux des premiers inventaires, par la terreur qu'il avoit porté dans la dite commune et les communes voisines, en faisant enprisonner beaucoup de personnes innocentes, ménassent tous ceux de notre commune qui n'étoient pas de son parti, de prison et de Guillotine, il a été asser injuste bien du tems apres avoir fait changer la municipalité, de les rappeller pour signer ses procès verbeaux, sans leurs représenter les objets inventories depuis longtems et dont il setoit permis d'en avoir fait lever les scéllés plusieur fois de son autorité privé et sans faire lecture même des dits procès verbeaux, les municipeaux ont signé par crainte du dit Greive, le reconnoissant pour un homme de sang, faux et injuste au de la de toute expression, les municipeaux donneront un désavoëux de leurs signatures a toutes requisitions, vue qu'ils ont été contrain par la terreure que Greive leur à porté ainsi que ses agents et tous agents de robespierre.

Greive à établie la société populaire de Louvetienne le 1 frimaire de l'an II; il en a été le dictateur et toujours président, et quand il étoit absent, c'étoit l'un de ses agents tèrroriste; où il s'est passé tant d'injustice et de terreur que l'on pourroit dire de despotisme le plus outrageant qui alloit jusqu'a la scéleratesse. Greive avoit déjà ordonné au commandant de sa garde et à un de ses fussilliers d'aller tout briser les meubles du temple, ce qu'ils ont executés le 21 brumaire an II, avec tant d'acharnement et de cruauté qu'ils ont tout cassés jusqu'au vitreaux; ce ci s'est passé sous les yeux de la municipalité, le maire et l'agent présent, le fussillier, leur dit avant de commencer leur cruauté sur les effets du temple, comme saints, tableaux et autres, nous avons des ordres pour venir ici et nous verrons les B. g. qui nous en empecheront. Non comptent de cette premiere sotise, le fusil lier a été boire avec d'autres gardes de la commune et se sont permis, sous l'ordre et la protection injuste de Greive, d'aller chez les propriétaires de la commune, et notament chez le citoyen Duchosal, maître de pension, le sabre a la main, de la prison; la gouvernante qui étoit seulle a la maison avec un jeune homme d'environ six a sept ans ont forcé d'ouvrir la porte de la chambre dudit citoyen Duchosal pour y prendre des tableaux qui representoient l'un la Piété filliale, l'autre le Pere de famille et l'autre une vierge en mignature, et s'en sont emparé. Le citoyen Duchosal a fait dresser procès verbal par la municipalité; les perturbateurs ontélé arrêttés et conduits en prison, mais Greive les a fait sortir et leur a donné de l'argent. Comme il en etoit l'instigateur, Greive changea toute la municipalité dans l'intention de faire tout le mal qu'il lui plairoit de faire; il savisa d'ordonner a l'agent national qui l'avoit choisi, de faire former un comité de surveillance dans nôtre commune, qui n'est composé que de neuf cents ames, ce qui à été sur le réquisitoire de l'agent national, le 19 ventôse an H, dont Greive en étoit le maître; quand il y alloit il y présidoit, comme presque tous les membres dudit comité étoit ses agents: tout étoit dirigé par lui, les membres dudit comité métoient en arrestation, et l'établissoient gardiens; enfin il sy est passé tant d'injustice, de cruauté et de véxation que Greive passe et passerat dans l'esprit des bons citoyens de nôtre commune et des communes voisinnes pour le tiran le plus cruel et le plus justement aborré; il a été rayer de la société populaire de Louvecienne par procès verbal de la ditte société, en datte du 20 frimaire de l'an III, ainsi que le nommé Zamore, a qui la citoyenne Dubarry faisoit une pension, le logoit et le nourissoit. Ce Zamore étoit l'agent de Greive, le dénonciateur de sa bienfaitrice, ainsi que le nommé Jean Ténot, domestique, a qui elle avoit fait donné des maitres pour avoir quelque talents pour vivre, les deux ingrats sont devenus les agents de Greive et les dénonciateurs de leurs maitresse, le citoyen Ténot à fait de fausses dénonciations contre le citoyen Gourdonneau, notaire a Marly, pour lui avoir refusé 1200 livres, la fait mettre en prison par le citoyen Greive, où il a reste dix a onze mois Greive aiant fait mettre les scellés chez le citoyen Nicolas Tranchant, cuisinier de la citoyenne Dubarry, après l'avoir fait conduire a la Force n'a point jugé a propos d'établir de gardien, et Greive s'est permis, d'après les scellés apposés, de faire prendre chez ledit citoyen Tranchant soixante-douze livres de chandelle, dont il les a reclamé à la levé desdits scellés.

Greive fut arreté vers Amiens, au mois de nivose an III, par un gendarme, et conduit dans les prisons de Versailles, a la diligence et dénonciation du juge de paix du canton de Marly, Louis-Kéné Hondon, et écroué par vingt-deux autres dénonciateurs qui ont parut devant lui, et Charles Lacroix, représentant du peuple en mission à Versailles, et le représentant lui à donné son elargissement sans que les dénonciateurs sçachent le résultat et les motifs de son elargissement.

Greive s'est vanté dans notre commune d'avoir fait tomber dix-sept têtes sur l'échaffaut, et notamment celle de la citoyenne Dubarry, ainsi qu'il l'a fait écrire sur sa carte d'hospitalité, enregistrée au gref de la municipalité de Louvecienne le 21 germinal de l'an II, le dit enregistrement dicté par lui, vray ou faux, a été signé par crainte par la municipalité. Pour connoitre Greive, Voyez le *Journal des loix* du 20 pluviose an III, n 851, dimanche 2 février 1795, au rédacteur du *Journal des loix,* Paris, 19 pluviose, an III. Vous le verrez peint tel qu'il est. Il croit que personne n'a pu le connoitre, et que pour le bien connoitre il faudrait etre luimême.

MANUSCRITS
ET
PUBLICATIONS RELATIVES A MADAME DU BARRY.

On a beaucoup écrit sur madame du Barry: une liste complète des pièces manuscrites ou imprimées qui la concernent formerait à elle seule un ouvrage; elle ferait ici un double emploi avec notre texte, puisque nous n'avons omis aucun morceau de ce genre, soit que nous en ayons donné le contenu, soit que nous l'ayons mentionné à sa date. Nous ne reproduirons donc que les titres des pièces les plus importantes, sous forme de table. Nous suivrons, autant qu'il nous sera possible, l'ordre chronologique, et nous commencerons par les manuscrits du temps pour finir par les dernières publications qui ont eu lieu de nos jours.

Ajoutons que nous n'avons donné que les indications vulgaires, et que nous n'avons entendu, en aucune façon, faire une œuvre bibliographique.

PIÈCES MANUSCRITES.

La Bourbonnaise, chansons allégoriques et satyriques, vaudevilles, farces, parades, biographie bouffonne, estampes, caricatures.

Nous avons consacré un chapitre spécial à la Bourbonnaise et nous ne pouvons qu'y renvoyer.

Papiers de M. de Paulmy. Bibliothèque de l'Arsenal.
Recueil de pièces chroniques et d'anecdotes, tant en vers
qu'en prose. Année 1770, in-12, relié. Le Réveil des Muses, des Talents et des Arts, prologue en vers libres, par l'abbé de Voisenon. Le Marchand de baromètres, proverbe en vers libres, par le même.

Pièces inédites appartenant à l'auteur, reproduites t. II, Pièces justificatives.

Fragments de mémoires inédits du duc de Choiseul, manuscrits appartenant à M. Jobez, ancien député, auteur d'une histoire de Louis XV. Mémoires inédits de M. Duffort de Cheverny, appartenant à la bibliothèque de Blois.

Collection de Chalabre à la Bibliothèque de la ville de Paris; manuscrit aujourd'hui brûlé. Mes Loisirs, ou Journal d'événements remarquables, tels qu'ils parviennent à ma connaissance. Bibliothèque nationale, département des manuscrits, F. Fr., n 6680.

En note de la main d'un tiers: L'auteur du journal des événements de 1764 à 1790 est M. Hardy, ancien libraire. 5 volumes in-fol. manuscrits.

Papiers de madame du Barry. Bibliothèque nationale, manuscrit F. Fr., n 8157-8160, 4 vol. in-fol. 1 et 2 meubles, 3 et 4 immeubles.

Mémoires de fournisseurs, comptes de sommes reçues par madame du Barry de M. de Beaujon, etc., etc.

Quatre Cartons de la préfecture de Versailles, lettre Q.

Archives De Madame Du Barry Et De Ses Héritières. 1200 pièces. Bibliothèque de Versailles

Registres des privilèges ou copie des feuilles envoyées au Sceau, connues sous le nom vulgaire de registres de la librairie.

Département des manuscrits de la Bibliothèque nationale. 1. Voir Préface, t. I, p. vu.

Nouvelles à la main dè diverses origines, conservées à la bibliothèque Mazarine, spécialement les recueils du même genre faits pour le duc de Penthièvre, écrits sur des lettres à lui adressées, portant ses armes sur le dos du volume et contenant de longues annotations de sa main.

Registres des magasins du Roy, au château de Versailles, bureau de l'architecte.

Bons du Roi, archives générales, 0'.

Dossier du parquet du Tribunal révolutionnaire, 12 liasses formées des pièces réunies par Greive contre madame du Barry.
(Archives générales, W. 16).

Comptes de Denys Morin, valet de chambre de madame du Barry.

Pièce communiquée à la Société des sciences morales de Seine-et-Oise, par M. V. Lambinet, alors juge d'instruction près le tribunal de Versailles, et lui appartenant.

Ouverture du règlement de la. contribution du Barry, le 6 mars 1840. (Greffe du tribunal de Versailles).

ÉPIORAMMES KT PIÈCES DIVERSES IMPRIMÉES.

Servins de Mobert, vers sur madame du Barry *(Mercure de France)*.

Mérard de Saint-Just, vers sur madame du Barry *(Almanach des gourmands,* 1807). La Messaline que tu vois (1790). La Licence, etc. (1771). Gasconnade sur l'état de la France. Vers sur un portrait de madame du Barry'. Vers sur le buste de Pajou (Salon de 1771). Vers de la Beaumelle pour mettre au bas de la gravure en couleur de Gaulthier Dagoty. Avez-vous vu ma du Barry-? 1772.

1. Ledit portrait, par Drouais (Salon de 1771).

Sans esprit, sans talents.
(Vers composés pour un portrait de madame du Barry, 1773).

Pièce de vers par Meister.
(Almnnach des Muses, 1774).

Epitaphe de Félix Faulcon *(Journal de Paris).*

OUVRAGES IMPRIMÉS.

Les Sultanes nocturnes et ambulantes de la ville de Paris contre les réverbères, 15 septembre 1708. 66 pages in-18. (Bibliothèque nationale). Complainte des filles auxquelles on vient d'interdire l'entrée des Thuileries à la brune. 1768. Brevet d'apprentissage d'une fille de modes. Lettres de Phryné à Xenocrate. Amathonte, 1768. Vie d'une courtisanne sur le trône de France. La Haye, 1770. 1 vol. in-8. Comment une p devint maîtresse d'un Roi. Brochure in-8. Londres, 1771. Les Hauts faits de la comtesse du Barry. Petit in-8 de 96 pages (sans date).

Ces trois derniers ouvrages ne se sont trouvés ni à la Bibliothèque nationale, ni à celle de l'Arsenal, pas plus qu'à la Mozarine. M. Georges d'Heilly m'a affirmé ne pas les avoir vus et ne les avoir cités dans son ouvrage de *Cotillon III* que sur la foi de catalogues où ils sont énoncés. Des recherches exactes poursuivies en Angleterre, en Autriche, en Belgique et en Hollande ne les ont pas fait découvrir.

Précis historique de la vie de madame la comtesse du Barry. Paris, 1774, avec portrait. Une brochure in-8 de 103 pages.

Gazette de Cythère, ou Histoire secrête de madame la comtesse du Barry. A Londres, chez P.-G. Wauckner, 1775. (Bibliothèque nationale, L, n 27, n 5036).

Barbier donne encore cet autre titre sous le n 69!i8.

Gazette de Cythère, ou Aventures galantes et récentes arrivées dans les principales villes de l'Europe, avec précis de la vie de la comtesse du Barry, par Bernard Hollandais. Londres, 1775, in-8. Histoire et vie de madame lacomtesse du Barry au Pontaux-Dames. 1775, in-8.

Les trois ouvrages ci-dessus n'en forment qu'un seul; je les ai collationnés attentivement; il n'y a pas une ligne de plus dans l'un que dans l'autre: ce sont des copies déguisées sous des titres différents; l'original, qui paraît provenir d'Angleterre, est peu intéressant.

Les Etrennes de l'amour, par Cailhava, musique de Boyer, avec une dédicace manuscrite en vers, par l'auteur.

Le Royalisme, ou Mémoires de madame du Barry de SaintAunez et de Constance Cezelli, par M. de Limayrac. Paris, Valade, 1770.

Le Fatalisme, avec une dédicace à madame du Barry, par le chevalier de la Morlière. 1 vol. in-8, 1769.

Le Gazetier cuirassé, ou Anecdotes scandaleuses de la cour de France, imprimé à cent lieues de la Bastille, par Thévenot de Morande.

La Gazette noire, par un homme qui n'est pas blanc.

Mémoires authentiques de madame la comtesse du Barry, maîtresse de Louis XV, roi de France.

Extrait d'un manuscrit que possède madame la duchesse de Villeroy, par le chevalier Fr. N. (Nogaret), traduit de l'anglais. Londres, 1775.

Ouvrage entièrement et grossièrement apocryphe.

Anecdotes sur madame la comtesse du Barry, par Pidansat de Mayrobert. Londres, 1775 et 1776.

Vie de madame la comtesse du Barry, suivie de ses correspondances épistolaires et des intrigues galantes et politiques. 1790, de l'imprimerie de la cour, avec portrait, in-8 de 95 pages.

Nouvelles à la main provenant des archives de la maison d'Harcourt, publiées par M. Hippeau.

Lettres originales de madame la comtesse du Barry avec celles des princes, seigneurs, ministres et autres qui lui ont écrit et qu'on a pu recueillir. Londres, 1779.

Cet ouvrage est découpé dans les anecdotes de Pidansat de Mayrobert; les notes seules peuvent avoir quelque intérêt.

Procès de M. le comte du Barry avec la comtesse de Tournon, contenant les deux mémoires justificatifs pour et contre. Amsterdam, 1781, in-8 de 84 pages. Anonyme. Remarques sur les anecdotes de madame la comtesse du Barri, par madame Sara G. (Sarah Goudard), traduit de l'anglais. Londres, 1777.

Madame du Barry venait de sortir du couvent de Pontaux-Danies; elle peut avoir inspiré ce livre, il est important, mais trop court.

Mémoires secrets pour servir à l'histoire de la république des lettres en France depuis 1762, ou Journal d'un observateur, par M. de Bachaumont. Londres, 1777.

Mémoires de M. le duc de Choiseul écrits par lui-même et imprimés sous ses yeux à Chanteloup, 1778. — 2 vol. in-8 à Chanteloup et à Paris.

D'une authenticité incontestable.

La Gazette de France, 1769 à 1775.
La Gazette de Hollande, 1769 à 1775.
La Gazette de Leyde, 1769 à 1775.
Le Mercure de France, 1769 à 1775.
Affiches, Annonces et Avis divers, 1769-1793. (Bibliothèque nationale et Bibliothèque de Versailles.) Vie de Grosley, par lui-même. Londres, 1787.
Le Livre rouge, ou registre des dépenses secrètes de la cour, 1793.
Dulaure, nouvelle description des environs de Paris. l édition, 1786, in-12.
Le Courrier de l'Europe.
Le Journal de Paris.
Biographie toulousaine, 1821.
Année des Dames nationales, par Restif de la Bretonne. 1 vol. in-12, 382 pages, 1794.

Les fastes de Louis XV. A Villefranche, chez la veuve Leberté, 1782.

L'Observateur anglais.

Voyage dans les deux siècles, par Scwinnburne. 4 vol. in-8, Paris, 1785.

Tableaux de bonne compagnie, ou Traits caractéristiques recueillis dans les sociétés du bon ton. 2 volumes in-12, Paris, 1787.

Mémoires de Duclos, 1751.

Mémoires historiques de Jeanne Gomart de Vaubernier, comtesse du Barry, par M. de Favrolle (madame Guenard). 4 vol., an XI.

Les illustres victimes vengées des injustices de leurs contemporains et réfutation de Soulavie, par Montigny. In-8, 1802.

Mémoires secrets et universels, par Laffont d'Aussonne. Répertoire universel des femmes célèbres, par Prudhomme. 1826.

Mémoires de madame du Barry sur la ville, la cour et les salons de Paris sous Louis XV, par le baron de LamotheLangon.

Cet ouvrage n'est qu'un pur roman historique. L'auteur l'avoue avec franchise dans l'avant-propos de la seconde édition. Lorsque les deux premiers volumes parurent en 1829, M. de Saint-Cricq, qui était en ce moment ministre, eut occasion d'en parler au comte d'Artois, alors Roi de France. Ce prince convint que le pastiche était hien réussi et qu'on ne pouvait trouver une peinture plus fidèle du temps.

L'année littéraire, par Fréron.

Correspondance de Grimm et Diderot, depuis 1733 jusqu'en 1790. Paris, Furne, 1829. Journal de l'abbé Baudeau, revue rétrospective de 1833. Journal des inspecteurs à M. de Sartine. 1 volume in-8".

Bruxelles et Paris, 1833. Rapports de police sur les femmes galantes de Paris, 1759-1760.

Collection Bouilly (revue rétrospective, 2 série).

Correspondance secrète de Métra.

Journal de police à la suite de Barbier.

Portraits du xvm siècle, par Sénac de Meilhan.

Lettres de Jean du Barry; Revue de Paris, 1836.

Frédérick II, Catherine et le partage de la Pologne, par de
Smitt. Paris, 1861.
Lettres de madame Geoffrin, publiées par Demouy.
Mémoires historiques de Suard. 2 vol. in-S.
Selwyn and lus contemporaries, by Joseph Hedge.
The letters of Horace Walpole, earl of Oxford, editedby Peter
Cuningham, Richard Bentley. London, 1859, 9 vol. Bertrand de Motteville, Annales de la Révolution, volume 1, note 15, page 383. Correspondance de madame du Defiant.
— de madame de Choiseul.
— d'Horace Walpole.
Journal d'un voyageur qui se repose, par Dutens.
Esprit de madame Necker.
Les révélations indiscrètes du xviii siècle (l'Epingle noire).
Galerie des Dames nationales (article Elmire attribué à Mirabeau), par Brissot.
Portraits de la Révolution française, par Bonneville et Quénard.
La vie privée de Louis XV, par Mouffle d'Angerville. 4 vol. Mémoires du prince de Ligne.
— de madame Campan.
— de madame de Genlis.
— de M. d'Allonville.
— du baron de Besenval.
— de l'abbé Georgel, 1817.
— du prince de Montbarey. 3 vol., 1812.
— de Collé.
— de Brissot.
— souvenirs et anecdotes du comte de Ségur, 1827.
— de la comtesse de Fars.
Mémoires do mademoiselle Bertin.
— d'Augeard.
— de Vaublanc.
— de Léonard.
— de madame du Hausset, 1821.
— de la princesse de Bourbon Conti.
— de M. le duc d'Aiguillon. Souvenirs de Louise Fusil. 2 vol., 1841. Souvenirs d'un homme de cour.
Correspondance secrète inédite de Louis XV, publiée par Boutaric.
Correspondance de Marie-Thérèse, Marie-Antoinette et M. de Mercy, publiée par MM. d'Arneth et Geoffroy. Didot, 3 vol. in-8.
Mémoires du marquis de Valfons.
Souvenirs de madame Vigée Le Brun. 2 vol.
Catalogue des livres de madame du Barry, par le bibliophile Jacob. Paris, Fontaine, 1874.
Mémoires de Pajou et Drouais pour madame du Barry, par M. le baron Pichon.
Porcelaines de madame du Barry, par le baron Davillier.
Souvenirs d'un chevau-léger, par M. de Belleval.
Mémoires du duc de Lauzun. 1862.
Mémoires du comte d'Hézecque. 1873.
Portefeuille d'un Talon-Rouge.
Cotillon III, Jeanne Béqus, comtesse du Barry. In-12, 1867. Mémoires de la Société des sciences morales de Seine-et-Oise. 1855-59.
Madame du Barry. 1768-1793-1855, par M. Le Roi.
Ce travail a été fait avec la collection personnelle de M. Vatel. Mademoiselle de la Neuville, n'étant décédée que huit ans après, plusieurs lettres de madame du Barry et de M. de Brissac ont été publiées dans cet ouvrage comme lui appartenant. M. Le Roi s'est, en outre, aidé de renseignements qui lui étaient personnels et qui lui avaient été fournis par les conseils de mademoiselle de la Neuville et de Graillet, par les Archives de la préfecture de Seineet-Oise, etc., etc.
Nous avons dit que M. Le Roi avait apporté beaucoup de passion dans l'énoncé de ses griefs contre madame du Barry. Nous en citons deux exemples frappants: 1 M. Le Roi énumère les sommes que madame du Barry a coûté à la France. Il dit, p. 85:
«,Pour l'achat de son hôtel de Versailles par Monsieur, frère du Roi, le 24 octobre 1775 225,000 liv. »
Comment? madame du Barry rentre dans une somme qu'elle avait déboursée; elle fait une recette, et c'est ce que M. Le Roi appelle une dépense! Quand on accuse, il faudrait parler français. Veut-il dire que cette somme était sortie originairement du Trésor? Nous le voulons, mais puisque la dépense est rentrée, il fallait le reconnaître, sous peine de commettre, un double emploi, et, pour généraliser cette pensée, il serait juste de faire une distinction entre les dépenses utiles et celles qui ont été faites en pure perte.
Quand on veut faire des chiffres et procéder par évaluations, la première condition est d'être exact, si l'on veut que cette comptabilité soit acceptée. Est-ce là ce qu'a fait M. Le Roi? Nous contestons ses comptes, et nous allons dire nos raisons. Il parle d'abord des dépenses faites à l'ancien château. A combien se sont-elles élevées? M. Le Roi ne l'a jamais su. Nous avons posé un chiffre très modeste (138,000 livres. 1 vol., p. 64); et d'ailleurs madame du Barry a payé la dépense. Là encore, il faudra reconnaître qu'il y a un double emploi évident dans le calcul du docteur
Il en est de même de la construction du pavillon qui ne s'élève pas à des millions, et que madame du Barry a payée sur sa pension, 200,000 livres.
Pareillement, les dépendances ont été achetées et payées en totalité par elle, les titres sont à la préfecture de Seine-et-Oise.
Quant à l'évaluation de la maison Deville et de l'étroite bande de terrain qui l'accompagnait, elle n'a jamais valu un capital de plusieurs millions. C'était une dépendance du Domaine qui passait de main en main sans qu'on ait jamais songé à en tirer parti. Les servitudes des eaux qui grevaient la propriété lui ôtaient toute valeur. Il faut donc rayer l'évaluation fantaisiste de l'accusateur.
Henri III avait une liste civile de plus de 60 millions.
Louis XV ne pouvait avoir moins et il n'aurait pu dépenser un million par an pour ses menus plaisirs!
Les Maîtresses de Louis XV, par E. et J. de Goncourt. Paris, F. Didot, 1860.
Tome II, livre 3, madame du Barry.
MM. de Goncourt ont été incontestablement les premiers initiateurs avec et après M. Le Roi de l'histoire de madame du Barry. Ils ont trouvé ou mis en lumière des pièces capitales qui étaient restées inconnues ou inexplorées jusqu'à ce jour. Les documents sur le

couvent de Sainte-Aure, les comptes conservés au département des manuscrits de la Bibliothèque nationale, le dessin du Louvre par Moreau le Jeune, le Mémoire du chevalier de l'Angle, la correspondance de madame du Barry avec sir Henry Seymour, tout cela leur est dû et leur appartient sans conteste. Mais après leur avoir rendu cette justice, nous nous permettrons de leur demander pourquoi ils n'ont pas fait un plus grand usage des sources qu'ils ont ouvertes. Ils n'ont pas détruit une seule des erreurs de la légende fantastique qui avait cours avant eux. Ils ont tenté de réhabiliter Soulavie, eux les historiens de MarieAntoinette! Ce n'est pas une critique, c'est un simple regret que nous exprimons. Ils ont préféré à l'austérité des faits l'élégance du style. Us ont réussi à faire une œuvre littéraire très brillante: la littérature y a gagné, niais l'histoire y a perdu.

Les Reines de la main gauche, madame la comtesse du Barry, par M. Capefigue. Amyot, 1862, Paris.

On a dit que M. Capefigue avait voulu faire la béatification de madame du Barry. Il est certain qu'avec les meilleures intentions, il a dépassé tous les livres qui avaient été publiés contre elle. Jamais la fable du pavé de l'ours n'a reçu une application plus frappante. Un seul fait montrera le cas qu'il faut faire de la véracité de l'historien. 11 renvoie sans cesse à la collection des chansons du Recueil Maurepas. Or, le Recueil Maurepas s'arrête en 1747, et Jeanne Bécu était née en 1743.

TABLE DES MATIÈRES
DU TOME TROISIÈME ET DERNIER.

Année 1777.
Pages.
Chap. I. Madame Cahilet de Villers, amie de madame du
Barry 1
Année 1778.
II. Madame du Barry chez Voltaire. — Elle lui présente Brissot. — Les promenades nocturnes sur
la terrasse de Versailles. — Mort d'Adolphe du
Barry 10

Années 1779-1780.
111. Amours et correspondance entre madame du Barry
et Henry Seymour 28
Années 1780-1783.
IV. Monsieur le duc de Brissac. — Madame du Barry
à Bayeux 31
Année 1784.
Pages.
V. Remboursement de plus d'un million fait par le
roi à madame du Barry 47
Année 1785.
VL Madame du Barry chez don Olavidez de Pilos... 52
Année 1786.
VII. Madame du Barry et l'affaire du collier 69
Année 1787.
VIII. Madame Vigée Le Brun chez madame du Barry à
Louveciennes. — Authenticité de ses mémoires
discutée. — Amours avec le duc de Brissac. —
Correspondance. — Assemblée des notables. —
Pièces diverses 79
Année 1788.
IX. Les ambassadeurs de Tippoo-Saïb à Louveciennes.
— Mort du duc d'Aiguillon. — Décès d'Anne Bécu,
femme Rançon, se disant de Monrabe. — Lettre
de Rançon. — Lettre du Roué à madame du
Barry. — Du prince de Beauveau à la même.. 96
Année 1789.
X. Lettre d'un membre de la noblesse à madame du
Barry. — *L'Organt,* poème de Saint-Just, et madame du Barry. — Jacquerie qui suivit la prise de la Bastille. — Monsieur de Brissac au nombre des aristocrates proscrits. — Lettre de madame d'Angiviller à madame du Barry. — Lettres du
Pages.
duc de Brissac. — Madame du Barry reçoit les
gardes du corps fugitifs après les 5 et 6 octobre.

— Lettre à Marie-Antoinette. — Pièces diverses. 109
Année 1790.
XI. Attaque de Marat. — Vers trouvés dans le parc de C
Marly. — Lettre de madame du Bourdic. — Lettre
de madame d'Angiviller 135
Année 1791.
XII. Vol des diamants de madame du Barry. — Seconde
lettre d'un émigré, recherches de ce personnanne. 139
Année 1792.
XIII. M. de Brissac commandant de la garde constitutionnelle. — Licenciement de cette garde. — M. de
Brissac envoyé devant la haute cour d'Orléans.
— Arrestation de M. de Brissac. — Lettre de M. de
Maussabré à madame du Barry. — Projet de
lettre de madame du Barry à M. de Brissac. —
Lettre de madame de Mortemart. — M. de Brissac
devant la Haute-Cour. — 11 est transféré à Versailles, il y est massacré. — Sa tête portée à Louveciennes. — Quatrième voyage de madame du
Barry en Angleterre 151
Année 1793.
XIV. Mort de Louis XVI. — Madame du Barry prend le
deuil. — Prêt de 200,000 liv. à M. de Rohan-Chabot par madame du Barry. — Procès sur la quotité de la récompense due aux inventeurs des valeurs volées. — Retour de madame du Barry eu France. — Signalement des passeports. — Portraits. — Lettre de la princesse de Rohan-Rochefort. — Greive installé à Louveciennes 18S
Pages.
XV. Procès et supplice de madame du Barry 191
XVI. Détails anecdotiques se rattachant à la fin de madame du Barry 293
XVII. *Epilogue.* — Le chevalier Es-

courre. — Morin et Labondie. — Jean du Barry. — Deliant et sa femme. — La princesse Lubomirska. — Zamor.

Prétry. — Greive 302

Comparaison entre les faits et gestes de madame de Pompadour et ceux de madame du Barry 311

Pièces Justificatives 383

Bibliographie 476

FIN DE LA TABLE DU TOME TROISIÈME ET DERNIER.

Versailles. — Imp. *E.* AuberU

CPSIA information can be obtained at www.ICGtesting.com
Printed in the USA
BVOW08s0227270114

343109BV00010B/712/P